关爱和　著

中国百年学术与文学

中国大百科全书出版社

关爱和，1956年生。河南汝南人。1978年3月入河南大学中文系学习，1984年，跟随任访秋教授攻读中国近现代文学研究生。1986年起在河南大学工作。河南大学教授，博士生导师。2014年，兼任中国近代文学学会会长、中华文学史料学会副会长。主要著作有《中国近代文学史》《中国近代文学大系》《古典文学的终结》等。

中国百年学术与文学

关爱和　著

中国大百科全书出版社

图书在版编目（CIP）数据

中国百年学术与文学 / 关爱和著 . -- 北京：中国大百科全书出版社，2021. 6

（中国近代文学研究论集）

ISBN 978-7-5202-1004-1

Ⅰ. ①中… Ⅱ. ①关 … Ⅲ. ①中国文学—近代文学—文学研究—文集②中国文学—现代文学—文学研究—文集
Ⅳ. ① I206.5-53 ② I206.6-53

中国版本图书馆 CIP 数据核字（2021）第 119646 号

出 版 人 刘国辉
策 划 人 胡春玲
项目统筹 冯 然
责任编辑 胡春玲
责任印制 邹景峰
封面设计 黄 琛
版式设计 博越创想
出版发行 中国大百科全书出版社
地　　址 北京市西城区阜成门北大街 17 号
邮　　编 100037
网　　址 http://www.ecph.com.cn
电　　话 010-88390639
印　　刷 北京地大彩印有限公司
开　　本 710 毫米 ×1000 毫米 1/16
字　　数 429 千字
印　　张 31.25
版　　次 2021 年 6 月第 1 版
印　　次 2021 年 6 月第 1 次印刷
定　　价 88.00 元

序

『大文学史』视野下的百年中国文学

袁凯声

爱和兄的《中国百年学术与文学》即将付梓，嘱我这位与他有四十四年学术与生活交往的师弟代为作序。坦率地说，我是缺少这个资格的，但爱和兄的信任又让我无法拒绝。

如果从1980年的第一篇学术论文撰写与发表算起，爱和兄从事学术研究已经四十年。这四十年来，我们经历了改革开放，经历了中国经济的高速发展和中国社会的巨大变迁；这四十年来也是中国学术发展繁盛的年代。踏着时代的步伐，爱和兄一步一个脚印，踏踏实实地从事他所爱好并为之甘愿付出的中国文学研究，发表学术文章近百篇，出版学术著作十余种。其中一些重要的学术文章，大多在代表国内学术与学科最高水平的《中国社会科学》《文学评论》《文学遗产》《文艺研究》等刊物刊出，这还是他在承担繁重的行政事务之余完成的，因为仅大学校长和党委书记，他就任职二十年。我曾开玩笑对他说，河南大学百年的历史你主政就占去了将近四分之一。在此重负之下从事学术研究，其间的甘苦非外人所能体会。当然学术的问题自然是靠学术成果说话，爱和兄从未因承担行政事务而放弃或放松自己的学术追求和研究规划，且用力更勤，精进日益，始终站在学科研究的前沿和顶端，每年都有影响中国近代文学学科建设的重磅文章推出，是中国近代文学研究的领军人物之一。

中国近代文学学科建设意识发萌于20世纪80年代初期，经过四十年的发展，中国近代文学作为独立的学科已经蔚为大观，形成了独特的学科体系、学术体系和话语体系。我们可以从爱和兄的研究成果和研究轨迹窥探到中国近代文学四十年的学科发展史。从作家作品研究到思潮流派研究，从学科建设的资料整理、爬梳到史料建设的完备，从文学史的研究到思想史、文化史、学术史的融会贯通……仅从本书结集的文章即可看到爱和兄在其中的重要贡献。或者可以这样说，四十年来每一阶段中国近代文学研究领域的拓展，研究方向和重要问题的提出，研究方法的丰富与完善，研究站位的提升和研究视野的开阔，都能看到爱和兄的重要成果与推动作用！如果我们对中国近代文学研究史进行总结评价，爱和兄的研究都会作为一个巨大的存在让你不能忽视，不敢忽视！相信阅读这部著作的读者都可以从中得出正确的判断。

1986年夏末，爱和兄、志熙和我三人为在北京万寿寺召开的中国近现代文学史分期研讨会合写了一篇论文。我们试图从中国现代化探索的历史进程和文化变革的角度讨论中国近现代文学分期，力图以更加多元的角度观照百年文学的发展，并视之为一个连续的历史过程，论文的观点和思路受到学界的重视。爱和兄一直秉持这种观点，并不断地提升、完善和深化。他以自己扎实的学术功底，对历史现象广泛而深入的把握，对百年文学的流变进行了全面的研究。他不仅发扬光大了任访秋先生“文史兼修，古今不隔”的学术传统，而且始终围绕着中国近代文学作为历史转折期的文学进行深入思考和研究。我们说，中国近代文学的发展表现为两个相互联系、相互渗透、相互影响又相互冲突的历史过程，即传统文学逐步走向衰落、产生蜕变的过程和新的文学逐渐滋生、发育、成长的过程。爱和兄几十年来正是围绕着这两个历史过程系统地展开研究，他关于以桐城派等为代表的传统旧派文学的系列研究，关于以梁启超和维新文学思潮以及五四转折期文学的研究，已经形成完整的体系。爱和兄研究的深刻性在于，阐明了中国近代文学自身演变的复杂性，在这种复杂性中揭示了文学发展的一般规律和特殊规律，使我们更加清晰地认识了中国近代文学演变的历史真貌，更加准确地判断中国近代文学的历史地位、价值与作用。

古与今、新与旧、中与西，是我们研究中国近代文学，包括五四文学必须认真去把握的三对关系，关于中国近代文学作为历史转折期文学所呈现的“历史中介物”的特征，正是从对这三对关系的把握中得出的判断。爱和兄的研究比较全面地揭示并阐明了这一点，从理论和逻辑上对三对关系中所蕴含的历史意义做出了令人信服的分析。特别是他关于近现代重要作家和人物的研究，如梁启超、夏曾佑、严复、王国维、吴汝纶、陈三立和钱玄同等，已经超越一般意义的作家论，通过自己深入而独到的研究，不仅更加细致地挖掘了“历史真相”，在复杂的历史演进中给人的活动以清晰的历史定位，准确地把握了古今、新旧、中西的关系，而且从历史哲学的高度阐明了人的活动是历史的主体这一真理。

其实我真正想说的是，爱和兄的研究渗透着强烈的历史意识，通过对中国近代文学的研究，业已形成了自己的“大文学史观”。这种文学史观认为，文学是人类或民族精神文化活动的产物，不同于把文学的动因归结为政治经济，也不同于单一强调文学自身的演变规律，而是从人的文化精神活动的高度，以时代、社会、文化、政治、审美等多个角度和多重维度去观照文学的发展与演变，把文学现象、文学史与思想史、文化史、学术史融会贯通，从而对文学的演变做出更加深刻的阐释。这种“历史化”和“思想化”的文学研究为今后的中国近代文学研究，乃至其他涉及“历史”的研究，提供了范式，当然也代表了中国近代文学研究的未来方向。

理论的深刻性来自于对历史现象、现实，乃至历史细节的洞察与把握。爱和兄的研究正是在对历史资料、现象、细节的洞察与把握中实现了理论的建构。爱和兄在评述先师任访秋先生的学术时，曾用“贯通古今的学术视野”“求真与明变的学术维度”和“倚重思想史、学术史解释文学史的理路与方法”来概括，这些不仅在爱和兄的研究中得以承续，而且他已经将其发扬光大，在新的历史与文化视野下实现了超越。

1977年恢复高考，我考入河南大学中文系，与爱和兄同班。当时我还是一个刚满十七岁的懵懂少年，是班里年龄最小的之一，爱和兄、慈健兄等待我亲如兄弟，从生活到学习给了我无微不至的关心和帮助。毕业后我重返河南大学读研，也是爱和兄的鼓励才让我有了信心。在学术上，爱和兄给予了我诸多指导和帮助，我们也经常合作进行学术研究，我常常是他学术文章和著作的第一位读者，我们也常为学术问题发生争论，有意思的是最后我们又总能达成共识，爱和兄对我来说亦师、亦友、亦兄长。我对他说，我期待你以后有更多更新的学术成果，他总是微微一笑。其实我知道，从行政岗位退下来以后，他全身心地投入到学术研究之中，深厚的学术功底和学术积累使他的文章写得越来越从容大气。“古人学问无遗力，少壮工夫老始成”，我的期待不会落空！

二〇二一年六月于郑州

目录

晚清：以报刊为中心的文学时代的开启

1894年爆发的中日甲午战争，是一场深刻影响中国命运的战争。“要救国，只有维新；要维新，只有学外国。”[①] 在救亡图存、西风东渐的背景下，一场以思想启蒙、政治变革为主要内容的维新变法运动蓬勃兴起。维新知识群体以文字所表达的社会关切，在晚清报刊所构筑的舆论话语空间激荡，从而产生的神奇力量，使维新知识群体享受了登高一呼、万众响应、一言兴邦、一言丧邦的“素王”之尊。变法维新的思想张力与报刊空间的舆论合力，促使维新知识群体在神州巨劫奇变与西学东渐的浪潮翻滚而来的国家、民族命运生死的对决中，以淬厉采补的手段、凤凰涅槃的勇气，考量中西，斟酌古今，商量旧学，邃密新知，致力于重建支撑民族崛起、国家富强的思想学术体系。文学作为国民精神的重要表征，是思想维新的重要内容；而文学自身所具有的陶冶情感、左右人心的特征，又是思想维新最佳的手段。对于文学，维新知识群体抱有“自新”与“他新”双重期待。随着报刊公共空间的急剧扩大，维新知识群体对文学维新的鼓吹，社会对诗、文、小说、戏曲创作与阅读热情的高涨，一个以报刊为中心的文学时代悄然到来。

① 毛泽东：《论人民民主专政》，《毛泽东选集》，北京：人民出版社1964年版，第1359页。

一、晚清：中国报刊时代的形成

中国近代中文报刊起源于外国传教士。19世纪初，来中国从事传教活动的传教士，出于传教和传播西方文化的需要，把西方已经流行的Magazine（杂志）与Newspaper（报纸）带入中国。根据中国的接受与传播条件，最初的办报人创造出一种合报纸与杂志为一的传播媒介——报刊。此类报刊的代表，鸦片战争前有英国传教士马礼逊1815年在马六甲创办的《察世俗每月统记传》，传教士郭士立1833年在广州创办的《东西洋考每月统记传》等。这些报刊中，已经有了自编自写的新闻和言论。鸦片战争后，随着传教与通商限制的逐渐放宽，外国商人与传教士合办中文报刊也渐渐增多。据方汉奇《中国近代报刊史》统计，到1890年，外国教会和传教士在中国出版的报刊发展到76家。其中影响最大的是《万国公报》和《申报》。《万国公报》是一个由教会创办的综合性时事刊物，最高时发行五万余份。1907年停刊，持续四十余年，影响甚大。1872年，英国商人美查等创办商业性的《申报》。《申报》定位于办"给华人看的"报纸，聘华人作主笔；重视新闻真相，具备省会和重要城市重大政治事件现场采访、独立报道的能力。《申报》从1872年发刊到1949年终刊，历时77年，成为研究中国近现代史的"百科全书"。

外国传教士与商人报刊在华的出现，给置身于闭关锁国之中的中国人带来了阅读的兴趣、阅读的文明。中国读者见识了不同于旧邸报的新报刊。外国传教士与商人主办报刊中的新闻与评论，成为中国读者开眼看世界的重要信息通道。鸦片战争时期，林则徐组织编译《四州志》，魏源受林则徐委托，辑录《海国图志》，其资料来源，都曾参考《东西洋考每月统记传》等报刊。魏源《海国图志》中"师夷之长技以制夷"的主张，代表着鸦片战争时期"开眼看世界"一代士人的思想水平。稍后《万国公报》《申报》创办，其对西政西学、民主民权的宣传，成为西学东渐的第一轮潮汐，也自然成为维新知识群体呼唤变法的思想根源。

国人自办报刊的第一次高潮，兴起于甲午之后。1895年11月康有为到上海，创设强学会上海分会。次年8月9日，强学会的喉舌《时务报》在上海创办。《时务报》以梁启超为主笔，汪康年任总经理。新报为旬刊，每期二十余页，容量在三四万字。1898年8月8日终刊，共出六十九期。最高发行量为12000份。在《时务报》风生水起的第二年，维新思想家严复等筹划在天津创办《国闻报》，与《时务报》形成南北呼应之势。《国闻报》出报两种：日报曰《国闻报》，以京津华北新闻为主。旬报曰《国闻汇编》，以重要消息与论说译文为主。《国闻报》馆主为王修植，主笔严复，总编辑夏曾佑。出于避祸的考虑，报馆馆址设在租界。百日维新中，《国闻报》报道新政事宜最为得力。维新政变后，《国闻报》在"视死如归"的题目下报道六君子为国捐躯之事后，"奉旨停办"。

维新时期有重要影响的另一位学者章太炎，也是从办报而走上社会的。章太炎在杭州诂经精舍时加入强学会，1896年到上海，任《时务报》笔政。章太炎在《时务报》所发表的文字，因古雅而被黄遵宪称为"文集之文，非报馆文"。后因政见与康、梁不合，于1897年4月回到杭州，编辑《经世报》，并不断为《实学报》《译书公会报》撰文。1898年初应张之洞之邀，到湖北筹办《正学报》。《正学报》最终胎死腹中，章太炎只留下一篇《正学报缘起》。

1898年2月17日，21岁的海宁青年王国维来到《时务报》馆当书记兼校对，开始了他的学术人生。王国维到报馆时，梁启超已辞去主笔。只能拿到12元月薪的王国维，偶遇罗振玉后，入罗振玉所办东文学社学习日文兼理庶务。《时务报》闭馆后，帮助罗振玉办《农学报》，编译并撰社论，正式走上办报之路。1901年，罗振玉在上海创办《教育世界》，王国维任编辑。《教育世界》是中国较早的教育专业刊物，偏重译述。第68期后，王国维接任主编，王国维任主编的8年间，对办刊投入了巨大精力。其个人的很多重要论文，首发即在《教育世界》。

这是一个不参与办报、不在报刊上刊布文章，就不好意思说自己是读书人的时代。全社会的知识精英，以及知识精英们的智慧，尽在报刊的平台上显露发布，尽在报刊的空间里碰撞交集，从而构成晚清中国特有的文化现象。报刊承载了传播社会政治信息、生成公共舆论、发表学术创获与文学作品的重任。这是过去未曾有过、后来也不可重复的时代。

这种精彩在维新变法失败后的中国仍在继续。1898年12月23日，逃往海外的梁启超在日本横滨创办《清议报》。梁启超《清议报叙例》申明办报宗旨是“为国民之耳目，作维新之喉舌”。1901年12月31日，《清议报》刚出满100期，报馆失火，报纸停刊。1902年2月8日，梁启超再创办《新民丛报》。《新民丛报》的编辑宗旨是“维新吾国”“维新吾民”。报纸为半月刊，最高发行量为14000册。1907年在与《民报》的论战中跌至不足3000册时被迫停刊，共出96号。《清议报》《新民丛报》时期的梁启超开通了西学东来的通道，成为舆论界的骄子。其1901年所写的《自励》诗中“献身甘作万矢的，著论求为百世师。誓起民权移旧俗，更研哲理牖新知”[①]的诗句，显示出以著论报国的宏大志向。

戊戌变法后，章太炎因列名强学会、参加变法宣传而被通缉，先至台湾，后又接受梁启超邀请来到日本。在日本与梁启超冰释《时务报》旧怨，并在梁的引见下认识孙中山。其《儒学真论》连载于《清议报》。稍后，又将《文学说例》分三次刊发于《新民丛报》。清末似乎是一个政治见解大于个人友谊的时代。梁启超1901年在《清议报》发表《中国积弱溯源论》，主张因积弱民智未开而实行君主立宪。章太炎针锋相对地写作《正仇满论》在《国民报》上发表，对梁启超的《中国积弱溯源论》予以驳斥，拉开“君主立宪”还是“排满革命”论战的序幕。1903年《苏报》谋划报纸改革，聘

---

① 梁启超著，汤志钧、汤仁泽编:《梁启超全集》第十七集，北京:中国人民大学出版社2018年版，第600页。

章士钊为主笔，章太炎、蔡元培为撰稿人。5月，邹容的《革命军自序》刊于《苏报》，稍后章士钊序、章太炎序及章太炎《驳康有为论革命书》节录相继在《苏报》发表，遂酿成轰动一时的“苏报案”。邹容死于狱中，章太炎铁窗三年。章氏出狱后到东京，加入同盟会，担任《民报》主编。《民报》是同盟会的机关报，以“颠倒恶劣政府，建设共和政体”为基本指向。章太炎自第六期起担任主编，策划了《民报》与《新民丛报》参与的关于中国民族与民主革命的论战。论战中《新民丛报》先退下阵来，于1907年6月悄悄停刊。《民报》则在1908年10月出至第二十四期时，被清政府通过日本政府叫停。

这一时期，章太炎成为主要撰稿人的还有《国粹学报》。《国粹学报》是1905年创刊于上海的国学期刊，是国学保存会主办的学术刊物。《国粹学报》以“发明国学，保存国粹”“爱国保种，存学救世”为办刊宗旨，谈学术而兼涉革命。邓实、黄节为主编。章太炎、王国维、刘师培、黄侃均为主要撰稿人。王国维著名的《人间词话》最初就是在《国粹学报》上发表。《国粹学报》出版7年，至1911年出至第八十二期时停刊。

从甲午到辛亥，历史的车轮只是转过了十几年的光阴，但这十几年间，中国的变化却是天翻地覆式的。社会变化的能量，来自于民族自新、民众思变。当遍地而起的报刊将世界进化的趋势与中华民族国家所面临的生存危机明昭大号于国民，将老大中国“变也得变，不变也得变”的道理条分缕析于国民时，思想革命、社会革命的风暴便随之拔地而起。当思想革命、社会革命的风暴兴起之际，文学便获得了“自新”和“他新”的巨大空间与源源不断的动力。

二、晚清报刊所建构的文学空间

晚清报刊是20世纪中国文学走向现代的最初的摇篮。晚清维新思想家、文学家对文学空间的打造，其用力之勤、寄托之厚，是前所未有的。晚清报刊所建构的文学空间，成为中国文学从古典走向现代的重要桥梁。

晚清报刊从问世的第一时间，就面临着“怎么写”的文体问题。如何在文言分离的书写传统及晚清汉学家述学之文与桐城派唐宋八家古文统治的格局下，创造出与政治革命、西风东渐时代氛围相适应，与国家重建、民族崛起宏大叙事相匹配，提升国民品格，传播文明思想，符合报刊读者接受能力和阅读兴趣的新文体？晚清报刊对文学空间的打造，首先是由报章文体起步的。

维新变法时期，康有为是中国人自办报刊的积极倡导者和实践者。其1895年6月的《上清帝第四书》中建言有五，第四条即为“设报达聪”：“中国百弊，皆由蔽隔，解蔽之方，莫良于是。”[①]1895年11月作《上海强学会章程》，将“刊布报纸”列为上海强学会应办事宜：“今之刊报，专录中国时务，兼译外洋新闻，凡于学术治术有关切要者，巨细毕登。”[②]热心于办报的康有为在北京经办《中外纪闻》、上海经办《强学报》，被取缔后，旋即筹划《时务报》。梁启超出任主编《时务报》不仅实现了康氏办报的理想，也承继了康氏“诡诞敢大言”的文风。当梁启超在《时务报》上连续发表《变法通议》，将今文经学派的三世说与西洋进化论的思想要义，全球列国大局及老大帝国“变亦变，不变亦变”的道理，“变之权操诸己，可以保国，可以保种，可以保教”“变之权让诸人，束缚之，驰骤之”[③]的两种前景，以振聋发聩、热情奔放的语言，要言不烦、条分缕析地讲述给读者时，也便创造了一种新的文体：报章文体。报章文体不同于汉学家志在经史考据，孜孜家法门径，佶屈聱牙、烦琐不堪的述学之文，不同于桐城派专意辞章之学，揣摩八

---

① 康有为著，姜义华、张荣华编校：《康有为全集》第二集，北京：中国人民大学出版社2007年版，第86、93页。

② 同上。

③ 梁启超：《论不变法之害》，见汤志钧、汤仁泽编《梁启超全集》第一集，北京：中国人民大学出版社2018年版，第28页。

家法度，拘泥义法、谨守雅洁的文人之文。报章文体选择国民与公众最为关心的公共话题，以“自觉有责，觉后是任”[①]的热情，以妇孺可解的语辞、简洁明快的逻辑，抒写胸臆，表达见解，提出解决之道。报章文体在维新变法运动兴起之际横空出世，讲述救国救民的道理与方法，自然是活力无限。维新变法时期主张“冲破一切罗网”的谭嗣同，1897 年 1 月作《报章文体说》一文，盛赞报章文体。谭文以为报章文体可涵纳兼备纪、志、论说等传统的三类十体的体裁职能，能担负起上下古今兼容并包、同条共贯的书写责任，其文则选，其事则史，“自生民以来，书契所记，文献所征”，“斯事体大，未有如报章之备哉灿烂者也”。[②]维新时期因报章文体写作暴得大名的是梁启超。在《时务报》浅易通俗、热情奔放的报章文体传播到大江南北，取得“举国趋之，如饮狂泉”[③]阅读效应的同时，梁启超也成为维新变法喉舌和舆论界的骄子。梁启超广采新知、文白杂糅、平易畅达、感情丰沛的时务文体，开启了中国“报章兴”的新时代。

遵循从众向俗、化雅为俗的大众路向，用浅显易懂、妇孺易解的报馆之文，鼓民力、开民智、新民德，这既是报章文体自身发展的需要，也是梁启超文体价值观氤氲生成的结果。《时务报》初刊，严复致函梁启超，劝其立言慎审。梁启超的回函，一方面言自己性格“性喜论议，信口辄谈”“当《时务报》初出之第一二次也，心犹矜持而笔不欲妄下。数月以后，誉者渐多，而渐忘其本来”。另一方面，又坦言自己的为文理念：“然启超常持一论，谓凡任天下事者，宜自求为陈胜、吴广，无自求为汉高，则百事可办。

---

① 梁启超:《举国皆我敌》，见汤志钧、汤仁泽编《梁启超全集》第十七集，北京:中国人民大学出版社 2018 年版，第 601 页。

② 谭嗣同著，蔡尚思、方行同编:《谭嗣同全集》，北京:中华书局 1981 年版，第 377 页。

③ 梁启超:《清议报一百册祝辞》，见汤志钧、汤仁泽编《梁启超全集》第二集，北京:中国人民大学出版社 2018 年版，第 354 页。

故创此报之意，亦不过为椎轮，为土阶，为天下驱除难，以俟继起者之发挥光大之。”[①]抱有为椎轮，为土阶，以俟继起者的办报为文理念，自然不妨信马由缰，做一回舆论界的陈胜、吴广。1897年底，梁启超在湖南时务学堂教授生徒，别出心裁地把天下之文分为“传世之文”与“觉世之文”，以为“传世之文，或务渊懿古茂，或务沉博绝丽，或务瑰奇奥诡，无之不可”，而“觉世之文，则辞达而已矣，当以条理细备、词笔锐达为上，不必求工也”[②]。鼓励以天下为己任的莘莘学子，走出“抱八股八韵考据词章之学，枵然而自大矣”[③]的误区，创造与写作直面时艰、救焚援溺、条理细备、平易畅达的觉世之文。

亡命日本后，梁启超总结戊戌变法失败的原因，逐渐认识到新民乃救国之前提，造就新型国民和改造国民性是建立新制度、新政府、新国家的基石，国民思想启蒙和国民精神再造才是救治中国根本之方。他遍览日文报刊和日译西学书籍，借道东洋，辛勤为国人采集西洋文明思想的薪火，相继创办《清议报》《新民丛报》《新小说》等，发表了大量政论、传记、述学之文，大力传播近代民主思想和民族国家观念，反思批判国人的奴隶根性，阐扬国民公德、国家思想、进取冒险精神、权利思想、自由理想、自治理念、合群观念等，大声呼唤尚武精神和“中国魂”，甚乃鼓吹革命、排满、破坏、暗杀、自立、共和，以“烈山泽以辟新局”的气度，充任“新思想界之陈涉”。[④]梁启超发表在《清议报》《新民丛报》上的“或大或小，或精或

---

① 梁启超:《复严复书》，见汤志钧、汤仁泽编《梁启超全集》第十九集，北京：中国人民大学出版社2018年版，第532页。

② 梁启超:《湖南时务学堂学约十章》，见汤志钧、汤仁泽编《梁启超全集》第一集，北京：中国人民大学出版社2018年版，第296页。

③ 梁启超:《论报馆有益于国事》，见汤志钧、汤仁泽编《梁启超全集》第一集，北京：中国人民大学出版社2018年版，第109页。

④ 梁启超:《清代学术概论》，见汤志钧、汤仁泽编《梁启超全集》第十集，北京：中国人民大学出版社2018年版，第281页。

粗，或庄或谐，或激或随”“能纳一切，能吐一切，能生一切，能灭一切”[①]的威力强大的文字，使得政治革命、民族革命、宗教革命、道德革命、学术革命、文学革命、文字革命、风俗革命的理念深入人心。梁启超“开文章之新体，激民气之暗潮”[②]的新体散文，因《新民丛报》坚持最久、影响最大，时称“新民体”。“新民体”是梁启超新文体的成熟形态，也是报章文体的成熟形态。1920年梁启超在《清代学术概论》中描述《清议报》《新民丛报》时期“新文体”写作的情况道：

> 自是启超复专以宣传为业。为《新民丛报》《新小说》等诸杂志，畅其旨义，国人竞喜读之。清廷虽严禁不能遏。每一册出，内地翻刻本辄十数。二十年来学子之思想，颇蒙其影响。启超夙不喜桐城派古文，幼年为文，学晚汉魏晋，颇尚矜练。至是自解放，务为平易畅达，时杂以俚语韵语及外国语法，纵笔所至不检束。学者竞效之，号“新文体”。老辈则痛恨，诋为野狐。然其文条理明晰，笔锋常带情感，对于读者，别有一种魔力焉。[③]

梁启超“新文体”的魔力，来自于作者对社会变革和公共事物发表言论的思想力量，来自于作者“先知有责、觉后是任”的精神力量。梁启超“先知有责，觉后是任”的承担精神，既有中国传统士人天下兴亡、匹夫有责的情怀，又有现代知识分子终极关怀的精神。梁启超“新文体”以特有的自信、乐观、热情，给闭塞萎靡中的中国读者以亮色的希望，这种自信、乐

---

① 梁启超:《清议报一百册祝辞》，见汤志钧、汤仁泽编《梁启超全集》第二集，北京：中国人民大学出版社2018年版，第351页。

② 同上，第356页。

③ 梁启超:《清代学术概论》，见汤志钧、汤仁泽编《梁启超全集》第十集，北京：中国人民大学出版社2018年版，第278页。

观、热情以社会承担精神为底蕴，表现出新一代士人坚毅向上、百折不挠的精神风貌，并给文字本身带来无穷的魅力。

创办《新民丛报》的1902年前后，也是梁启超全面提出“文学界革命”的时期。在梁启超新民救国的思想链条中，文学是不可或缺的重要环节。文学作为国民精神的重要表征，无疑是“新民”的重要内容；而文学自身所具有的转移情感、左右人心的特性，又是“新民”最有效的手段。从国民精神的进化而言，文学需要“自新”；从促进国民精神进化而言，文学又必须承担起“他新”的责任。对于文学，梁启超抱有“自新”与“他新”的双重期待。20世纪初，梁启超依托《清议报》《新民丛报》及《新小说》杂志，相继发起诗界革命、文界革命、小说界革命和戏曲界革命，掀起了一股强劲的文学变革之风，在文坛和知识界产生了巨大反响，极大地推进了中国语言文学体系从古典向现代的进步与变革。

报章文体的成熟是文界革命的标志性创获。梁启超心目中的“文界”，主要是指以报章文体为主的著译之业。在国势危急、民族被难之时，著译之业当以“维新吾国”“维新吾民”为第一要务，著译者当以“述其所学所怀抱者，以质于当世达人志士，冀以为中国国民遒铎之一助”[①]为首选。梁启超为文界革命设置的目标，是在传统抒写个人情志的文人之文和以经术为本源的述学之文之外，别创一种会通中西、融合古今、半文半白、亦骈亦散、条理明晰、自由抒写、流畅锐达、雄放隽快的文章新体，使之成为传播文明思想、拯救民族危亡的坚车利器。

在文界革命成功的鼓舞下，梁启超开始谋划鼓动其他文体的变革。梁启超最初提出“诗界革命”的主张，是在1899年底写作的《汗漫录》中。梁启超以为：“支那非有诗界革命，则诗运殆将绝”“欲为诗界之哥伦布、玛

① 梁启超：《三十自述》，见汤志钧、汤仁泽编《梁启超全集》第四集，北京：中国人民大学出版社2018年版，第110页。

赛郎，不可不备三长：第一要新意境，第二要新语句，而又须以古人之风格入之。”[1] 之后，梁启超在《清议报》《新民丛报》《新小说》上开辟“诗界潮音集”“饮冰室诗话”“杂歌谣”等专栏，鼓吹诗界革命。鉴于新诗实践中新语句与旧风格常相背驰的矛盾，以及新诗坛“以堆积满纸新名词为革命”的流弊，梁启超在《饮冰室诗话》中转而强调“然革命者，当革其精神，非革其形式”，将诗界革命纲领调整为“以旧风格含新意境”；并推重倡言“我手写我口”的黄遵宪的“新派诗”，为“能熔铸新理想以入旧风格”的典范。

在传统士人视为雅言的诗文中，梁启超文体革命的目标是“革其精神”，看重诗文作品的“新意境”，而提倡“新语句”；在传统士人视为小道的小说、戏曲文体中，梁启超文体革命的目标是打破雅俗壁垒，推小说（含戏曲）为“文学之最上乘”，充分发挥其改造社会、左右人心的作用。在维新变法时期，小说、戏曲左右人心、移风易俗的作用，便为康有为、严复、夏曾佑所看重。但晚清小说、戏曲界革命运动的倡导者，则是梁启超，《清议报》创办首期即开辟“政治小说”专栏。梁启超发表《译印政治小说序》等文，号召写作与翻译“以稗官之异才，写政界之大势”的政治小说。1902年创办《新小说》，梁启超以《论小说与群治之关系》为发刊词。受当时习惯的影响，梁启超使用“小说”概念时，也常常包含戏曲。他倡导的小说、戏曲界革命，将文学救国的神话演绎到极致。《论小说与群治之关系》以为“欲新一国之民，不可不先新一国之小说”，欲新道德、新宗教、新政治、新风俗、新学艺、新人心、新人格，“必新小说”，这极大提升了以小说、戏曲为代表的白话文学的文化、文体地位。小说、戏曲界革命带起了一个小说期刊和著译新小说繁荣的时代，小说、戏剧自此成为20世纪中国文学中的巨大家族。

《清议报》时期，除论说、新闻外，《清议报》即设有“政治小说”“诗

① 梁启超：《新大陆游记节录》，见汤志钧、汤仁泽编《梁启超全集》第十七集，北京：中国人民大学出版社2018年版，第261页。

文辞随录”等专栏，发表翻译小说、维新同仁诗文作品。《新民丛报》时期，设“小说”“文苑”专栏，“文苑”专栏第十号前为“诗界潮音集”，第十一号起“饮冰室诗话”与“诗界潮音集”交替刊载。自1906年第73号始，“小说”“文苑”栏目取消，改设“文艺一”“文艺二”栏目，继续刊载小说与诗话。梁启超对文学一直别有眷顾。1902年8月18日《新民丛报》第十四号刊出《中国唯一之文学报新小说》一文，预告中国历史上第一小说专刊《新小说》即将问世。预告文阐述《新小说》的编辑宗旨是“专在借小说家言以发起国民政治思想，激励其爱国精神，一切淫猥鄙野之言，有伤德育者在所必摈”。设想小说种类著译各半，文言俗语参用，官话粤语参用。内容除图画、论说外，分历史小说、政治小说、哲理科学小说、军事小说、探侦小说、写情小说、语怪小说、杂记体小说、传奇体小说、世界名人轶事、新乐府、粤讴及广东戏本等。从《新小说》的创刊预告中，我们知道小说的概念中包含戏曲。1902年11月14日，《新小说》问世，也拉开了小说、戏曲革命的帷幕。在《新小说》创刊号上，梁启超除发表《论小说与群治之关系》的论说外，还推出他本人创作的《新中国未来记》。《新中国未来记》是作者酝酿多年，构想宏大，以演绎政治理想为主题的政治小说。但其在《新小说》杂志上连载至第五回时，作者便中断了写作。《新中国未来记》是一部注定很难再写下去的小说。作者试图将演讲、辩论、游记、新闻、译诗诸种文类合而为一在小说文体中，而对小说的情节、结构、人物描写等基本元素，不甚关注，黄遵宪谓之“此卷所短者，小说中之神采（必以透切为佳）之趣味耳（必以曲折为佳）”[①]，小说作品缺失了这些要素，其写作也势必难以为继。梁启超在1902年前后，身体力行于戏曲革新，创作了《劫灰梦》《新罗马》《侠情记》传奇三种、《班定远平西域》粤剧一种，分别在《新民

① 丁文江、赵丰田：《梁启超年谱长编》，上海：上海人民出版社1983年版，第300页。

丛报》《新小说》上刊出。梁启超的政治小说《新中国未来记》虽然未能完成，但其小说改良群治的积极实践和革新，对当时的小说界具有巨大的示范效应。

随着小说地位的提高，各类专门刊载小说的刊物纷纷问世，梁启超主办的《新小说》之后，李伯元主办的《绣像小说》（1903 年）、龚子英主办的《新新小说》（1904 年）、吴趼人主办的《月月小说》（1906 年）、黄人主办的《小说林》（1907 年）相继创刊。与小说的社会需求相适应，小说的作者队伍也不断扩大，并出现了以小说的创作和翻译为职业的小说作家群体。政治小说，谴责小说，言情、侦探、科幻等小说，令人目不暇接，小说堂而皇之成为 20 世纪中国文学中的巨大家族。如同小说界革命一样，梁启超推动的戏曲界革命也获得了强烈的社会反响。借三尺舞台演绎中外家国兴亡故事，以曲词抒写新民救国情怀，成为一种流行的时尚，众多的报刊纷纷成为发表新剧作品的主要阵地。1904 年 9 月，柳亚子等人创办的第一个专门的戏剧杂志《二十世纪大舞台》在上海问世，标志着戏曲文学新时代的到来。而戏曲界的艺术表演家和作家，响应戏曲革命的号召，组织新型的艺术团体，改革不同的戏曲剧种，编写适应演出、具有较强艺术生命力的剧本，也给戏曲界革命增添了不少光彩。

《国闻报》创刊之初，自 1897 年 11 月 10 号起，至 1897 年 12 月 11 号止，在“论说”栏中，分六次连续刊登上万言的《本馆附印说部缘起》。1903 年梁启超在《新小说》第七期的《小说丛话》中誉之为雄文，并认定此文出自于严复、夏曾佑之手。《本馆附印说部缘起》是晚清小说界革命的第一声春雷。论说从执途人而问知曹操、刘备、阿斗、诸葛亮等《三国演义》中人物，宋江、吴用、武松、潘金莲、杨雄等《水浒传》中人物，唐明皇、杨贵妃、张生、莺莺、柳梦梅、杜丽娘等戏曲中人物，则路人皆知其故事且可以评论其是是非非的现象入手，揭示“说部”胜于“经史”的奥秘，在于“说部”擅长表现人类的“公性情”：英雄与男女。作者洋洋洒洒分别追溯中国与欧洲从洪荒时代到现今社会繁衍进化的历史，以为人类不论东方西方、古代现代，均以“英雄”与“男女”为人性之根本：“非有英雄之性不能争存，非有男女之性不能传种也。”说部易传，胜于经史的原因：一是所用语言为此种族人所行用，且与口说之语相近。与口说之语相远者不易传，相近者易传；二是说讲之故事中，服物器用、人心风俗、成败荣辱，与读者日习之事相似。言不习之事者不易传，言日习之事者易传；三是说部多人心之虚构，“稍存实事，略作依违，嬉笑怒骂，托迹鬼神，天下之快，莫快于斯”。书之言实事者不易传，言虚事者易传。史书所言，皆不易传；小说、戏曲所言，皆易传。在洋洋洒洒的论述、论证后，作者结语道：

> 夫说部之兴，其入人之深，行世之远，几几出于经史上。而天下之人心风俗，遂不免为说部所持……夫本馆同志，知其若此，且闻欧、美、东瀛，其开化之时，往往得小说之助，是以不惮辛勤，广为采辑，附纸分送。或译诸大瀛之外，或扶其孤本之微。文章事实，万有不同，不能预拟。而本原之地，宗旨所存，则在乎使民开化。自以为亦愚公之一畚，精卫之一石也。抑又闻之：有人身所作之史，有人心所构之史。而今日人心之营构，即为他日人身之所作。则小说者，又为正史之根矣。如因其虚而薄之，则古之号为经史者，岂尽实哉！岂尽实哉！①

以为说部“入人之深，行世之远，几几出于经史上”，在当时不啻为石破天惊之言。而立足于“使民开化”以提倡小说、戏曲，坚信“今日人心之营构，即为他日人身之所作”，也是从鼓民力、开民智、新民德大目标出发的明智之举。《国闻报》附印说部的事情并未付诸实施，但其倡导之功却影响巨大。梁启超在《新小说》创刊号上发表的《论小说与群治之关系》，有

① 严复、夏曾佑：《本馆附印说部缘起》，《国闻报》，1897 年 12 月 11 日。

明显的上承严、夏而“接着讲”的意味。

从刊发《本馆附印说部缘起》这一“雄文”开始，看重“小说戏曲与口说之语近、言日习之事、载人心之虚构而易传”的特点，提高词曲小说的社会地位，使之成为启民智、厚民德的利器，成为严复一以贯之的主张。1906年，严复翻译英国人倭斯弗《美术通诠》的其中三章，发表于《环球中学生报》。严复在按语部分论文字，以为文字可分为实录、创意二种，叙录实事、发挥真理者为实录，词曲、小说为创意，中西皆同。中国的创意文字，被视为乱雅，不列于著作之林，为缙绅之人所不道。而西人对词曲小说等创意文字，非常看重。此中国王实甫诸公，与英之犹斯丕尔，法之摩理耶，德之葛尔第，相异岂止云泥而已。叙实与构虚，前者谓之学人，后者谓之文人；前者以思理胜，后者以感情胜。前者资于问学，后者资于才气。前者为物毗于礼，后者为物毗于乐。“孔子曰：安上治民，莫善于理；移风易俗，莫善于乐。斯宾塞尔曰：‘瀹民智者，必益其思理；厚民德者，必高其感情。’故美术者，教化之极高点也。”构虚、以感情胜的“美术”，实为国民教化、国民进步之利器，却常被中国浅俗之人所置之无用之地，殊为可惜。“美术”关乎国民教化，也关乎国民审美与情感陶冶。严复在同年翻译出版的孟德斯鸠《法意》中，有一段按语，以为“美术”与国民审美、国民气质密切相关，而其核心，则直通“诚、善、美”境界。“吾国有最乏而宜讲求，然犹未暇讲求者，则美术是也。夫美术者何？凡可以娱官神耳目，而所接在感情，不必关于理者是已。其在文也，为词赋；其在听也，为乐，为歌诗；其在目也，为图画，为刻塑，为宫室，为城郭园亭之结构，为用器杂饰之百工，为五彩彰施、玄黄浅深之相配，为道涂之平广，为坊表之崇闳，凡此皆中国盛时之所重，而西国今日所尤争胜而不让人者也。而其事于吾国则何如？盖几几乎无一可称者矣……《记》有之：安上治民以礼，而移风易俗以乐。美术者，统乎乐之属者也。使吾国而欲其民有高尚之精神，诜荡之心意，而于饮食、衣服、居处、刷饰、词气、容仪，知静洁治好，为人道之所宜。否则，沦其生于犬豕，不独为异族之所鄙贱而唤讥也，则后此之教育，尚于美术一科，大加之意焉可耳。东西古哲之言曰，人道之所贵者，一曰诚，二曰善，三曰美。或曰，支那人于诚伪善恶之辨，吾不具知；至于美丑，吾有以决其无能辨也。愿吾党三思此言，而图所以雪之者。”①在国民情感陶冶的各个环节，提倡“诚、善、美”的精神，在词赋歌诗、图画刻塑等众多领域，培养高尚、优雅的国民气质，再现大国强国气象，构成了严复民族复兴理想的重要方面。

严复对文人之作、情感之作、词曲小说之作所持有的大度与宽容，在论及翻译文体时则不复存在。严复在1896年《天演论》翻译初成时作《译例言》，以“信、达、雅”为译事三难。“信”强调的是忠于不悖原文，“达”强调的是周悉洞察原意，“雅”强调的是字词尔雅高古。求信求达，严译《天演论》采用“词义之间，时有所傎到附益，不斤斤于字比句次，而意义不倍本文”，“将全文神理，融会于心，则下笔抒词，自然互备。至原文词理本深，难以共喻，则当前后引衬，以显其意。凡此经营，皆以为达，为达即所以为信也”。至于求雅，译者的体会是：“精理微言，用汉以前字法句法，则为达易；用近俗利俗文字，则求达难。往往抑义就词，毫厘千里。”《天演论》求信求雅的做法，近于意译，严复故而声明：“学我者病，来者方多，幸勿以是为口实也。”用汉以前字法句法求雅，译者遇到的一个不可逾越的障碍在于，“新理踵出，名目纷繁，索之中文，渺不可得”。因而译者深为“一名之立，旬月踟躇”所苦，也深恐“不佞此译。颇贻艰深文陋之讥”。翻译实践中名实背离的苦恼，一直伴随着严复翻译实践的始终。

如果说严复1896年翻译《天演论》时，立“信、达、雅”标准，刻意模仿先秦文体，请古文大师吴汝纶润色修饰，尚有抬高个人与译文身价、引

---

① 汪征鲁、方宝川、马勇主编：《严复全集》卷四，福州：福建教育出版社2014年版，第322页。

发社会关注的意图的话，1902 年《原富》出版时，严复与梁启超的争论，则更加明确了其译著以士大夫和社会精英阶层为主的阅读定位。《原富》是英国经济学家亚当·斯密的自由主义经济的代表著作。在《原富》例言中，严复特意说明："是译与《天演论》不同，下笔之顷，虽于全节文理，不能不融会贯通为之。然于辞义之间，无所傎到附益。"走出《天演论》意译的模式，《原富》的译文更加艰涩难懂。该年，梁启超在《新民丛报》创刊号上介绍《原富》，盛赞其体思宏大之后，提出"其文太务渊雅，非多读古书之人，一翻殆难索解"的批评。并由此重提"文界革命"。针对梁启超批评及其对文界革命的提倡，严复有《与梁启超书》，予以一一驳辩。[①]梁启超呼吁以从众向俗为导向的文界革命；严复认为从众向俗，取便不学，不是文界革命，而是对文界的凌迟。梁启超主张学理邃赜之书，也应用流畅锐达之笔行之，使学童受益；严复坚持报章文体与述学翻译文体有文野高下之分，学术译著，就是写给多读古书之人的。严、梁的分歧，显示出全民启蒙和精英启蒙出发点的差异，也显示出思想语言表达方面所持雅与俗标准的差异。

严复以先秦文体翻译西方学术著作，备尝艰辛。其《天演论译例言》举"导言"一词为例，严复初译为"卮言"，夏曾佑改为"悬谈"，吴汝纶以为"卮言"滥熟，"悬谈"佛学色彩重，应用诸子旧例，随篇标目。如此众说纷纭，故而"一名之立，旬月踟蹰"[②]。译文为求"信""达"，《天演论》采用"傎到附益，不斤斤于字比句次"意译之法。这种"傎到附益"，在《原富》时不使用了，但在 1903 年出版《群己权界论》时，又因为"原书文理颇深，意繁句重，若依文作译，必至难索解人，故不得不略为颠倒，此以中文译西书定法也"，"海内读吾译者，往往以不可猝解，訾其艰深，不知原书

① 汪征鲁、方宝川、马勇主编：《严复全集》卷八，福州：福建教育出版社 2014 年版，第 120 页。

② 汪征鲁、方宝川、马勇主编：《严复全集》卷一，福州：福建教育出版社 2014 年版，第 262 页。

之难，且实过之。理本奥衍，与不佞文字固无涉也”。[①] 翻译的艰辛，使严复苦水涟涟。严复 1899 年《与张元济》言翻译之难云：“复近者以译自课，岂不欲旦暮奏功，而无如步步如上水之船，用尽气力，不离旧处。遇理鲜奥衍之处，非三易稿，殆不可读。而书出以示同辈，尚以艰深为言；设其轻心掉之，真无一字懂得矣。”“仆下笔时，求浅、求显求明、求顺之不暇，何敢一毫好作高古之意耶？”[②] 严复在1906年出版的《政治讲义》中谈翻译之难，以为西方学理已成科学体系，与吾国寻常议论不同。“所恨中国文字，经词章家造用败坏，多含混闪烁之词，此乃学问发达之大阻力。诸公久后将自知之。今者不佞与诸公谈说科学，而用本国文言，正似制钟表人，而用中国旧之刀锯锤凿，制者之苦，惟个中人方能了然。然只能对付用之，一面修整改良，一面敬谨使用，无他术也。”[③] 严复用中国之刀锯锤凿制造西方钟表的比喻，描述以文言译西方学术著作的痛苦，正是从翻译这样一个特殊的方面证明：中国的思想现代化，需要一场文体语言的解放与变革。

与严复、梁启超致力于国民启蒙和社会运动不同，王国维的成功在于他脚踏实地走出了一条借助西方学理研究中国学问的路径。论及王国维学术，梁启超认为：“通方知类四个字能表现他的学问的全体。他观察各个方面都很周到，不以一部分名家。他了解各种学问的关系，而逐次做一种学问。”[④] 王国维“逐次做学问”的顺序是先哲学，后文学，终史学。1903年夏到 1904 年冬是王国维“与叔本华之书为伴侣”的时代，加上接办《教育世

① 汪征鲁、方宝川、马勇主编：《严复全集》卷三，福州：福建教育出版社 2014 年版，第 255 页。

② 汪征鲁、方宝川、马勇主编：《严复全集》卷八，福州：福建教育出版社 2014 年版，第 131 页。

③ 汪征鲁、方宝川、马勇主编：《政治讲义》第一会，《严复全集》卷六，福州：福建教育出版社 2014 年版，第 11 页。

④ 梁启超：《王国维先生墓前悼词》，《王国维全集》第二十卷，杭州：浙江教育出版社 2010 年版，第 119 页。

界》，这一时期王国维有很多哲学、教育、文学的文字发表。这些文字有 30 余篇收入《静庵文集》及《续编》中，是王国维“独学”时代汇通中西学术的成果。王国维读叔本华书并上窥康德，以为高严之哲学由知、意、情三者构建：知为理性，意为伦理，情为美学。知、意、情造就真、善、美。学术之于人类，无有用无用之分。人异于禽兽者，即在于其对真、善、美的追求。在这种思想逻辑下，王国维有《文学小言》，提倡文学的超功利性，反对哺啜的文学、文绣的文学、利禄的文学：有《教育偶感》，以为世界生百政治家，不如生一大文学家；有《古雅之在美学上之位置》，提出美之性质是可爱玩而不可利用；有《孔子之美育精神》，申明美之为物，不关于吾人之利害。

王国维强调文学的超功利性，对当时的文坛有纠偏的意义。其 1904 年发表的《论近年之学术界》说：“观近数年之文学，也不重文学自身之价值，而唯视为政治教育之手段，与哲学无异。如此者，其亵渎哲学与文学神圣之罪固不可逭，欲求其学之有价值，安可得也？故欲学术之发达，必视学术为目的，而不视为手段而后可。”[①]视文学为政治教育之手段一类的话，其锋芒所指，应为梁启超策动的文学界革命。文学界革命以文学鼓动“新民救国”，其着眼点与王国维非功利的文学价值观多有不同。至于严复，王国维用不以学术为手段的标准衡量，认为其翻译西方学术著作的社会功利色彩也过重。反省学术界现状及严复、梁启超的西学输入的不足，王国维认为：“中国之民，固实际的而非理论的。即令一时输入，非与我中国固有思想相化，决不能保其势力。”[②]独学时代，王国维追求西学与中学相化的实践之一，就是用西学的学理，运用于中国文学的研究、中国诗学与文学批评体系的建设，探索中西学术相化的路径。

---

① 王国维：《静安文集》，《王国维全集》第一卷，杭州：浙江教育出版社 2010 年版，第 123 页。

② 王国维：《静安文集》，《王国维全集》第一卷，杭州：浙江教育出版社 2010 年版，第 125 页。

王国维文学批评的尝试开始于《红楼梦评论》。《红楼梦评论》发表在《教育世界》的小说专栏，全文约一万五千字，分五个章节，论述《红楼梦》的基本精神，就是写宝玉因“欲”所产生的痛苦及出世的解脱之道。《红楼梦》的美学价值在于揭示人物的悲剧性质不是恶人作祟，也不是命运无常，而是人物的位置、关系相互作用不得不然。《红楼梦评论》用叔本华哲学理论分析中国小说本身就是大胆的跨界行动；以设置章节、剥茧抽丝的论述方式与学术的庄严，解析被社会视为小道的说部，更是一种创新和别开生面。当然，以西海之理说东海故事，其论述中的牵强附会处，也在所难免。

王国维的第二次尝试是《人间词话》的写作。在热衷词的写作数年之后，借鉴东方诗学的经验与西方诗学理论，王国维在 1908 年 10 月至 1909 年 1 月在《国粹学报》连载《人间词话》113 则。《人间词话》因为提出著名的“境界说”而成为王国维诗学思想的代表性著作。王国维写作《人间词话》，也是其学术兴趣由哲学转向文学的主要标志。《人间词话》论词，标举“境界说”。围绕景物、感情如何求“真”，王国维提出了诸如“有我之境与无我之境”“造境与写境”“诗人之境界与常人之境界”“优美与壮美”“隔与不隔”等词学范畴。依靠这些对举的范畴及对历代词人词作的分析点评，作者建构起“境界说”。以“境界”论词，作者颇为自信：“沧浪所谓兴趣，阮亭所谓神韵，犹不过道其面目，不若鄙人拈出境界二字为探其本也。”[①]《词话》引尼采语、叔本华语入词话，以“优美”“宏壮”区分词的风格，将喜怒哀乐视为人心中之一境界，以“虚构之境”与“求于自然”区分理想家与写实家两派，都可以看出读西方书的痕迹。

王国维的第三次文学批评尝试是《宋元戏曲史》。《宋元戏曲史》写就于 1913 年，同年在《东方杂志》连载。1922 年上海六艺书局出版时，改题

---

① 王国维：《人间词话》，《王国维全集》第一卷，杭州：浙江教育出版社 2010 年版，第 463 页。

《宋元戏曲考》。这是一部五万余言的中国戏曲史专论，前有序言，后有附录，正文十六章，体系完备，结构严密。作者认为戏剧起于歌舞，起于远古时代的巫、优。至唐有歌舞戏、滑稽，宋元始有纯粹演故事之剧。但真正之戏曲，是从元杂剧始。元杂剧合动作、言语、歌唱三者而成，出现关、白、马、郑四大家，其结构、其文章，使元杂剧成为足可与唐诗宋词比肩的一代之文学。作者依据“一代有一代之文学”的观念看待解释文学的发展、文体的更迭。认为元曲的特殊文学价值在感情的自由自然表达：“写情则沁人心脾，写景则在人耳目，述事则如其口出。”①

1907年间，王国维作《静安文集续编自序》，言己徘徊于哲学与文学之间。哲学与文学选择的困难在“知其可信而不能爱，觉其可爱而不能信”。“欲为哲学家，则感情苦多而知力苦寡；欲为诗人，则又苦感情寡而理性多”。又言己由词话而及戏曲史，是“因词之成功，而有志于戏曲”“词之于戏曲，一抒情，一叙事”。浸淫于文学之思久，王国维1911年作《国学丛刊序》，有“若夫知识道理之不能表以议论但可表以情感者，与夫不能求诸实地而但可求诸想象者，此则文学之所有事”②的论断。这种对文学特质的概括，已达到精确与经典的水平。

在王国维作《国学丛刊序》的前一年即1910年，章太炎在日本秀光社刊行《国故论衡》。《国故论衡》中有《文学总略》一文。章太炎为“文学”下了一个与王国维迥然不同的论断：

> 文学者，以有文字著于竹帛，故谓之文；论其法式，谓之文学。凡文理、文字、文辞皆称文；言其采色发扬谓之彣。以作乐

① 王国维：《宋元戏曲史》，《王国维全集》第三卷，杭州：浙江教育出版社2010年版，第109页。

② 王国维：《国学丛刊序》，《王国维全集》第十四卷，杭州：浙江教育出版社2010年版，第130页。

有阕，施之笔札谓之章。

夫命其形质曰文，状其华美曰彣；指其起止曰章，道其素绚曰彰。凡彣者必皆成文，凡成文者不皆彣。是故榷论文学，以文字为准，不以彣彰为准。

或言学说、文辞所由异者，学说以启人思，文辞以增人感，此亦一往之见也，何以定之？凡云文者，包络一切著于竹帛者而为言，故有成句读文，有不成句读文，兼此二事，通谓之文……不得以感人者为文辞，不感者为学说。①

在《文学总略》中，章太炎为“文学”下了一个高古的界定：“有文字著于竹帛，故谓之文；论其法式，谓之文学。”在这一界定中，一切书面文字均为文；研究文字的学问，即为文学。章太炎的“文学”的概念，包含了文学、历史、学术、文献等一切留存于竹帛的文字。章氏认为：采色华美的文辞可称之为彣彰，是文字的一部分。榷论文学，不可以采色华美与否自陷。西学传入，有论者将启人思者称为学说，增人感者称为文辞，章太炎认为感人与否，也不是学说与文辞的分界。关于章太炎此论的由来，许寿裳的《亡友鲁迅印象记》提供了与鲁迅有关的本事：“章先生出狱以后，东渡日本，一面为《民报》撰文，一面为青年讲学……鲁迅听讲，极少发言，只有一次，因为章先生问及文学的定义如何，鲁迅答道：‘文学和学说不同，学说所以启人思，文学所以增人感。’先生听了说：这样分法虽较胜于前人，然仍有不当。郭璞的《江赋》、木华的《海赋》，何尝能动人哀乐呢。鲁迅默然不服，退而和我说：先生诠释文学，范围过于宽泛，把有句读的和无句读的悉数归入文学。其实文字与文学固当有分别的，《江赋》《海赋》之类，辞虽奥博，而其文学价值就很难说。这可见鲁迅治学‘爱吾师尤爱真理’的态

① 章太炎：《国学论衡》，《章太炎全集》，上海：上海人民出版社2014年版，第223页。

度！”[1] 章太炎关于“文学”的界定，带有明显的文字学者的立场，又与西学东渐之后学术界对“文学”重在人的感情与想象的学科分类的共识相左相悖。章太炎的古文字学立场被学术界称为传统杂文学体系在晚清的坚守者。

作为语言文字学家，章太炎 1908 年前后，因留法学生提出的废汉文、用世界语的主张，而关注汉语言文字改革的问题。其《驳中国用万国新语说》提出汉语改造方案，要点有三：一是审音正音，推广统一读音。二是推行注音字母，既可识字，又利正音。三是推行标准草书，确定字形，便于识读。章太炎在《民报》刊登《博征海内方言告白》，以为“果欲文言合一，当先博考方言，寻其语根，得其本字，然后编为典语，旁行通国，斯为得之”。[2]1910年，章太炎任主办的《教育今语杂志》创刊，杂志的章程“以保存国故，振兴学艺，提倡平民普及教育为宗旨”。栏目设社说、中国文字学、群经学、诸子学、中国历史学、中国地理学、中国教育学、附录共八类。《刊行教育今语杂志之缘起》声明：“凡诸撰述，悉演以语言，期农夫野人，皆可了解。所陈诸义，均由浅入深。”[3]杂志以“今语”也即白话文行文。杂志的编辑事务，由钱玄同负责。杂志的“社说”文章，出自章太炎之手。发表于 1910 年《教育今语杂志》第四册的《论文字的通借》，汇集了章氏 1907 年以来关于文字通借的有关言论。其论及通借字音字形统一的必要性时说：“古人写得别字，通行到如今，全国相同，所以还可解得；今人若添写许多别字，各处用各处的方音去写，别省别府的人，就不能懂得了，后来全国的文字，必定彼此不同，这不是一个大障碍么？”[4] 章太炎在审音正

① 许寿裳：《亡友鲁迅印象记》，北京：东方出版社 2009 年版，第 24 页。

② 姚奠中、董国炎：《章太炎学术年谱》，太原：山西古籍出版社 1996 年版，第 121 页。

③ 姚奠中、董国炎：《章太炎学术年谱》，太原：山西古籍出版社 1996 年版，第 150 页。

④ 章太炎：《演讲集》，《章太炎全集》，上海：上海人民出版社 2014 年版，第 131 页。

音、注音字母、统一汉字字形问题上所表现的宏通及其建设性意见，与其对杂文学体系的文学观的坚守固执，形成了鲜明的对比。章氏弟子许寿裳后来追忆："现今常用的注音符号，亦系发原于章先生……至民国二年，教育部召集读音统一会。开会的时候，有些人主张用国际音标，有些人主张用清末简字，各执一偏，争执甚烈。而会员中，章门弟子如胡以鲁、周树人、朱希祖、马裕藻及寿裳等，联合提议用先生之所规定，正大合理，遂得全会赞同。其后实地应用时，稍加增减，遂成今之注音符号。"[①]章太炎有关语音字形统一规范的学理建设，在其弟子的实践操作下，推动了以言文合一为基本方向的中国语言文学的现代化进程。

三、五四《新青年》的悄然崛起

晚清思想家与文学家勉力搭建思想革命、文学革命的殿堂时，他们的理论与行为，悄悄地孕育着一代新人。他们的接力与创造，使思想与文学革命进入到一个新的时期。晚清与五四的融合，也是以报刊作为媒介的。

出入于日本章太炎讲学帷帐中，以"学说所以启人思，文学所以增人感"解释"文学"概念的周树人兄弟，忘不掉自己的"文学"之梦。1907年7月，周氏兄弟与好友许寿裳等人有感于日本留学生中没有专门的文学报刊，筹划创办一个文学杂志，以意大利著名诗人但丁的名篇《新生》作为刊名。后因为经费问题，杂志胎死腹中。恰好《河南》杂志向周氏兄弟约稿，周氏兄弟便把计划刊载于《新生》的文章在《河南》杂志发表。周树人的《摩罗诗力说》《文化偏至论》《破恶声论》，以"使观听之人，为之兴感怡

① 许寿裳：《章炳麟传》，长春：吉林人民出版社 2013 年版，第 60 页。

悦”“涵养人之神思”[①]为文学、文章之职与用，呼唤“掊物质而张灵明，任个人而排众数”[②]的精神，创造“起其国人之新生，而大其国于天下”[③]的文学。周作人《论文章之意义暨其使命因及中国近时论文之失》则强调“文章者，国民精神之所寄也。精神而盛，文章固即以发皇；精神而衰，文章亦足以补救”，从而提倡“虽非实用，而有远功”[④]的文学。周氏兄弟的主张，体现出在民族民主精神激励下，对“争天抗俗”文学之力的膜拜和对“人的文学”的呼唤。1909 年，周氏兄弟又有“求新声于异邦”的《域外小说集》的翻译出版。

1906 年，16 岁的胡适到上海中国公学学习，在中国公学竟业学会发行的《竟业旬报》发表白话文和小说。1908 年 8 月，胡适接办《竟业旬报》，直到 1910 年 2 月《竟业旬报》停刊。胡适在《四十自述》中回忆道：“这几十期的《竟业旬报》给了我一个绝好的自由发表思想的机会，使我可以把在家乡和在学校得着的一点点知识和见解，整理一番，用明白清楚的文字叙述出来。”同时，“还给了我一年多作白话语文的训练……白话文从此成了我的一种工具。七八年之后，这件工具使我能够在中国文学革命的运动里做一个开路的工人。”[⑤]更早一些的 1904 年，《安徽俗话报》在芜湖创办，创办人是 26 岁的陈独秀。《安徽俗话报》的编印路径是由陈独秀在芜湖汇编好稿子，寄给上海章士钊创办的大陆印刷局承印。《安徽俗话报》的宗旨有二：一是

---

① 鲁迅：《摩罗诗力说》，《鲁迅全集》第一卷，北京：人民文学出版社 2003 年版，第 73 页。

② 鲁迅：《文化偏至论》，《鲁迅全集》第一卷，北京：人民文学出版社 2003 年版，第 47 页。

③ 鲁迅：《摩罗诗力说》，《鲁迅全集》第一卷，北京：人民文学出版社 2003 年版，第 101 页。

④ 张菊香、张铁荣编著：《周作人年谱》，天津：天津人民出版社 2000 年版，第 74 页。

⑤ 胡适：《四十自述》，《胡适全集》第 18 卷，合肥：安徽教育出版 2003 年版，第 77 页。

“把各处的事体说给我们安徽人听”；二是“把各项浅近的学问，用通行的俗话演出来”。[①] 从1904年3月《安徽俗话报》创刊到1905年9月停刊的22期中，陈独秀用“三爱”的笔名发表论文、诗歌、小说、历史故事约50篇。1914年《甲寅》在日本创刊后，陈独秀协助章士钊办过《甲寅》。在《甲寅》社，陈独秀有豪言曰：“让我办十年杂志，全国思想都全改观。”[②]1915年9月，《青年杂志》在上海创刊，陈独秀有了自己主办的杂志，也更加努力打造一个实现自己诺言的平台。陈独秀以《敬告青年》为《青年杂志》发刊词，号召青年以“自主的而非奴隶的”“进步的而非保守的”“进取的而非退隐的”“世界的而非锁国的”“实利的而非虚文的”“科学的而非想象的”[③]自励。1916年3月，《青年杂志》改名为《新青年》。而在改为《新青年》之前的2月3日，在美留学的胡适致函陈独秀：“今日欲为祖国造新文学，宜从输入欧西名著入手，使国中人士有所取法，有所观摩，然后乃有自己创造之新文学可言也。”[④]

章门弟子、周氏兄弟、《新青年》主笔陈独秀、大西洋彼岸以创造新文学为此岸的胡适，新的文学队伍在暗暗地集结，新的文学革命也在静静地孕育。而报刊在接下来的历史进程中，继续充当着文学革命与新文学的摇篮。历史在思想与文学的递进中，开启了新的时代。

[刊于2020年5月《复旦学报（社会科学版）》第3期]

① 唐宝林、林茂生编：《陈独秀年谱》，上海：上海人民出版社1988年版，第31页。

② 唐宝林、林茂生编：《陈独秀年谱》，上海：上海人民出版社1988年版，第65页。

③ 陈独秀：《独秀文存》，合肥：安徽人民出版社1987年版，第4页。

④ 胡适：《寄陈独秀》，《胡适全集》第23卷，合肥：安徽教育出版2003年版，第95页。

梁启超“新民说”格局中的史学与文学革命

一、“新民说”形成

戊戌变法失败后，梁启超逃亡日本。在逃亡的兵舰中，梁启超有《去国行》一诗，抒写了“君恩友仇两未报”“割慈忍泪出国门”的惆怅。完成明治维新的日本，在梁启超心目中，是一个“种族文教咸我同”“驾欧凌美气葱茏”的国度。这让年方二十六岁的维新思想家，面对未来的流亡生活，充满着“潇潇风雨满天地”“前路蓬山一万重”[①]的遐想。客居他国的梁启超，很快做出两个重要选择。第一个选择是学习日语。梁启超初入日本，与日本人交流，多用笔谈。在东京一年，从日本学者学习日本文法，并编辑《和文汉读法》。梁启超《三十自述》追忆此时“稍能读东文，思想为之一变”。能读日文而思想为之一变的原因在于：明治维新后的日本，欧洲之学大量涌入。面对纷至沓来的新知识、新学理，从学问饥渴的中国走来的梁启超，感到：“畴昔所未见之籍，纷触于目；畴昔所未穷之理，腾跃于脑，如幽室见

① 梁启超：《饮冰室合集·文集·四十五下》，第5册，北京：中华书局1989年版，第2页。

日、枯腹得酒。”[①]通过日文阅读西方之书，使梁启超感到快乐。读欧洲、日本之书，痛定思痛，反思中国维新变法未能获得成功的原因，以为“欲维新吾国，当先维新吾民”[②]，于是梁启超便有了第二个选择：重操旧业，创办报纸，传播新知。梁启超秉持新民救国的宗旨，在旅日华裔的支持下，先后在横滨创办《清议报》《新民丛报》《新小说》等报刊，开始了以文字“维新吾国”“维新吾民”的伟大事业。

《清议报》时期，梁启超开始使用“饮冰室主人”与“任公”的名号。梁启超在《自由书叙言》中解释“饮冰室”来自庄子“我朝受命而夕饮冰，我其内热欤”[③]。“任公”出自他1900年所作的《二十世纪太平洋歌》：“亚洲大陆有一士，自名任公其姓梁。尽瘁国事不得志，断发胡服走扶桑。”[④]“饮冰室”与“任公”的称谓都包含志在救世、以天下为己任的担当精神。对于政变流亡，梁启超的感觉是：“愈压之则愈振，愈虐之则愈奋，正所谓‘野火烧不尽，春风吹又生’者，今时不过萌芽而已。”[⑤]对于中国时局，又以为：“非用雷霆万钧之力，不能打破局面，自今日以往，或乃敝邦可以自强之时也。”[⑥]1901年12月，《清议报》办满一百期，梁启超有《〈清议报〉一百册祝辞并论报馆之责任及本馆之经历》一文，以倡民权、衍哲理、明朝局、厉国耻概括《清议报》的特色。他这样归纳《清议报》文字的着力点和思想方向：

---

① 梁启超：《饮冰室合集·文集·十一》，第2册，北京：中华书局1989年版，第18页。

② 丁文江、赵丰田编：《梁启超年谱长编》，上海：上海人民出版社1983年版，第272页。

③ 梁启超：《饮冰室合集·专集·二》，第6册，北京：中华书局1989年版，第1页。

④ 梁启超：《饮冰室合集·文集·四十五下》，第5册，北京：中华书局1989年版，第7页。

⑤ 丁文江、赵丰田编：《梁启超年谱长编》，上海：上海人民出版社1983年版，第165页。

⑥ 同上，第162页。

有《饮冰室自由书》，虽复东鳞西爪，不见全牛，然其愿力所集注，不在形质而在精神。以精锐之笔，说微妙之理，谈言微中，闻者足兴。有《国家论》《政治学案》，述近世政学大原，养吾人国家思想。有章氏《儒术新论》，诠发教旨，精微独到。有《瓜分危言》《亡羊录》《灭国新法论》等，陈宇内之大势，唤东方之顽梦。有《少年中国说》《呵旁观者文》《过渡时代论》等，开文章之新体，激民气之暗潮。有《埃及近世史》《扬子江》《中国财政一斑》《社会进化论》《支那现势论》等，皆东西名著巨构，可以借鉴。有政治小说《佳人奇遇》《经国美谈》等，以稗官之异才，写政界之大势。①

由此可见，在《清议报》创办之初，国民教育与国民启蒙便是梁启超最重要的关注点。

1902年起，梁启超改办《新民丛报》。与《清议报》相比，《新民丛报》将办报宗旨转移到“维新吾国”“维新吾民”上来。10月，又创办《新小说》。两报创办后，销路甚好，主编梁启超因此也成为中国舆论界的风云人物。梁启超在晚年所著的《清代学术概论》中回忆说：“自是启超复专以宣传为业，为《新民丛报》《新小说》等诸杂志，畅其旨义，国人竞喜读之，清廷虽严禁不能遏。每一册出，内地翻刻本辄十数。二十年来学子之思想，颇蒙其影响。”②《新民丛报》时期，也是梁启超逐渐脱离康有为思想窠臼，思想与学术渐趋成熟的时期。其叙述《新民丛报》时期的思想特点云：“其保守性与进取性常交战于胸中，随感情而发，所执往往前后相矛盾。常自言

① 梁启超：《饮冰室合集·文集·六》，第1册，北京：中华书局1989年版，第55页。

② 梁启超：《饮冰室合集·专集·三十四》，第8册，北京：中华书局1989年版，第62页。

曰：不惜以今日之我，难昔日之我。”[①]在经历与章太炎主编的《民报》的政治论争和报馆火灾后，1907 年 7 月，发行量最高时达一万四千余份的《新民丛报》停刊。失去了《新民丛报》这一传播平台，梁启超舆论领袖的光彩也渐趋暗淡。

在作为维新变法亲历者的梁启超看来，19、20 世纪之交，对于中国来说是十分重要的关节点。他说："本朝二百年来，内变之祸，未有甚于此时者也。""中国数千年来，外侮之辱，未有甚于此时者也。"这是一个新陈嬗代的时代。中国的唯一出路，在民族强大、国家强大、国民强大。而关于报人的责任，梁启超在《清议报》时期，将其表述为"广民智，振民气"[②]；在《新民丛报》时期，表述为"欲维新吾国，当先维新吾民"[③]。办报为文十年间，梁启超无时无刻不在关注着民族自新、国民自强的事业。后人曾将梁启超 1902 年以后以"中国之新民"笔名发表在《新民丛报》上的二十篇政论文章，合并为《新民说》，收入《饮冰室合集》中，并出版单行本。其实，梁启超在《清议报》时期"广民智，振民气"的文字，在《新民丛报》时期"维新吾国，维新吾民"的文字，都可以汇拢在"新民说"的框架中。"新民说"是 19、20 世纪之交梁启超所策动的以民族自新、国家自新、国民自新为目标的思想工程。民族自新工程为 20 世纪初波澜壮阔的中国带来希望的曙色。

梁启超"新民说"中"新人学"的核心是改造国民性问题。甲午战争中，大清帝国败于蕞尔小国，被迫割地赔款并引发西方强国瓜分中国狂潮的现实，使沉浸在"同治中兴"睡梦中的中国人幡然猛醒。严复所译的《天演

---

① 梁启超：《饮冰室合集・专集・三十四》，第 8 册，北京：中华书局 1989 年版，第 63 页。

② 梁启超：《饮冰室合集・文集・六》，第 1 册，北京：中华书局 1989 年版，第 55 页。

③ 丁文江、赵丰田编：《梁启超年谱长编》，上海：上海人民出版社 1983 年版，第 272 页。

论》中“物竞天择，适者生存”的观念激发了中国人救亡图存的觉悟，鼓民力、开民智、新民德成为以“救亡图存”为伟大使命的中国知识分子的共识。中国近代气势宏大的思想启蒙也是从这里开始的。在鼓民力、开民智、新民德的思想启蒙运动中，梁启超与严复是同道，但两人对新学理新思想的启蒙的定位有所不同。严复选择的是精英启蒙路线。严复对西方学术著作的翻译，涉及生物学、经济学、社会学、法学、逻辑学等多个门类。严译名著所建立的西学西来的通道，使“多读古书”的中国士大夫阶层知道，西方在船坚炮利之外，还有许多精深的富国阜民之学。与严复不同，梁启超登上政治舞台之初，所选择的即是大众启蒙路线。这与他办报人的经历有关，也与他以“觉世”为核心的文学价值观有关。维新变法时期，担任上海《时务报》主笔的梁启超以“先知有责，觉后是任”的热情信念，将变法维新的道理，以浅易通俗、热情奔放的报章文体传播到大江南北。出道的成功，坚定了梁启超“为椎轮，为土阶，为天下驱除难，以俟继起者之发挥光大之”[①]的为文理念。以报章为言论阵地，以文字维新国民，成为梁启超驾轻就熟的思想启蒙方式。

《清议报》时期，梁启超关于改造国民性的思考的六十余篇文字，集中收入1899年成书的《自由书》中。作者在《叙论》中说明书名的由来：“西儒的约汉勒曰：人群之进化，莫要于思想自由、言论自由、出版自由。三大自由，皆备于我焉，以名吾书。”[②]书中《文野三界之别》以为：“国之治乱，常与其文野之度相比例。而文野之分，恒以国中全部之人为定断。”因此，“善治国者，必先进化其民”[③]。《理想与气力》感叹“我中国四万万人”“理想与气力兼备者几何人”[④]。《国权与民权》以为：“苟我民不放弃其自由权，民

① 梁启超:《饮冰室合集·文集·一》，第1册，北京：中华书局1989年版，第106页。
② 梁启超:《饮冰室合集·专集·二》，第6册，北京：中华书局1989年版，第1页。
③ 梁启超:《饮冰室合集·专集·二》，第6册，北京：中华书局1989年版，第9页。
④ 梁启超:《饮冰室合集·专集·二》，第6册，北京：中华书局1989年版，第16页。

贼孰得而侵之？苟我国不放弃其自由权，虎狼国孰得而侵之？”[①]《中国魂安在乎》以为：“今日之最要者，则制造中国魂是也。”兵魂乃中国魂。兵魂的基础在人民对国家的认同，“人民以国家为己之国家，则制造国魂之药料也；使国家成为人民之国家，则制造国魂之机器也”[②]。《传播文明三利器》以学校、报纸、演说为文明传播利器。而小说在传播文明思想方面也让人刮目相看。作者希望：“吾安所得如施耐庵其人者，日夕促膝对坐，相与指天划地，雌黄今古，吐纳欧亚，出其胸中所怀块垒磅礴错综繁杂者，一一熔铸之，以质天下健者哉！”[③]《自由书》之外，梁启超发表在《清议报》上与国民性改造有关的文字还有《国民十大元气论》《爱国论》《十种德性相反相成义》《少年中国说》《论中国人种之将来》《过渡时代论》等。其《过渡时代论》描写今日中国道：

> 故今日中国之现状，实如驾一扁舟，初离海岸线，而放于中流，即俗语所谓两头不到岸之时也。语其大者，则人民既愤独夫民贼愚民专制之政，而未能组织新政体以代之，是政治上之过渡时代也；士子既鄙考据词章庸恶陋劣之学，而未能开辟新学界以代之，是学问上之过渡时代也；社会既厌三纲压抑虚文缛节之俗，而未能研究新道德以代之，是理想风俗上之过渡时代也。语其小者，则例案已烧矣，而无新法典；科举议变矣，而无新教育；元凶处刑矣，而无新人才；北京残破矣，而无新都城。[④]

过渡时代的中国需要冒险性、忍耐性的人物担当道义。其《少年中国

---

① 梁启超：《饮冰室合集·专集·二》，第6册，北京：中华书局1989年版，第24页。
② 梁启超：《饮冰室合集·专集·二》，第6册，北京：中华书局1989年版，第38页。
③ 梁启超：《饮冰室合集·专集·二》，第6册，北京：中华书局1989年版，第42页。
④ 梁启超：《饮冰室合集·文集·六》，第1册，北京：中华书局1989年版，第29页。

说》则把中国的希望寄托于中国少年：

使举国之少年而果为少年也，则吾中国为未来之国，其进步未可量也；使举国之少年而亦为老大也，则吾中国为过去之国，其澌亡可翘足而待也。故今日之责任，不在他人，而全在我少年。少年智则国智，少年富则国富，少年强则国强，少年独立则国独立，少年自由则国自由，少年进步则国进步，少年胜于欧洲则国胜于欧洲，少年雄于地球则国雄于地球。①

到了1902年后的《新民丛报》时期，梁启超的“新民说”则更加系统，更趋深刻。《新民说·叙论》中说：“国也者，积民而成。国之有民，犹身之有四肢五脏筋脉血轮也。未有四肢已断，五脏已瘵，筋脉已伤，血轮已涸，而身犹能存者。则亦未有其民愚陋怯弱涣散浑浊，而国犹能立者。故欲其身之长生久视，则摄生之术不可不明；欲其国之安富尊荣，则新民之道不可不讲。”② 之后的《论新民为今日中国第一急务》以为：“吾国言新法数十年而效不睹者何也？则于新民之道未有留意焉者也。”③缺乏国民维新，是变法不能成功的主要原因。梁启超批评中国人因为缺乏国家思想，以致出现“联军入北京，而顺民之旗，户户高悬；德政之伞，署衔千百”④ 的丑象，让人汗颜；中国人因为缺乏进取冒险精神，因此在天下万国中，“退步之速，险象之剧”⑤，绝无仅有。中国如欲自立于世界民族之林，需要哥伦布、马丁·路德探寻新大陆、改革旧宗教的精神。其他如权利思想、自由思想、义务思

---

① 梁启超：《饮冰室合集·文集·五》，第1册，北京：中华书局1989年版，第12页。
② 梁启超：《饮冰室合集·专集·四》，第6册，北京：中华书局1989年版，第1页。
③ 梁启超：《饮冰室合集·专集·四》，第6册，北京：中华书局1989年版，第2页。
④ 梁启超：《饮冰室合集·专集·四》，第6册，北京：中华书局1989年版，第22页。
⑤ 梁启超：《饮冰室合集·专集·四》，第6册，北京：中华书局1989年版，第29页。

想、自治意识、进步意识、合群精神、尚武精神，《新民论》中均有提倡。其中的《论进步》一文，剖析中国两千年间群治缺乏进步的原因有五：一是大一统而竞争绝，二是环蛮族而交通难，三是言文分而人智局，四是专制久而民性漓，五是学说隘而思想窒。作者以梁启超式语体呼吁死寂沉沉的中国以“破坏”求“进步”，又以欧美国家的例子证明“破坏”是“进步”的前奏。

《新民说》专论之外，梁启超还有若干论国民性的文字，如《论独立》《说希望》《敬告我国国民》发表于《新民丛报》。其《论中国国民之品格》检讨数百年来中国文明的退化之迹云：“五口通商而后，武力且不足以攘外，老大帝国之丑声，嚣然不绝于吾耳。昔之浴我文化者，今乃诋为野蛮半化矣；昔之慑我强盛者，今乃诋为东方病夫矣。乃者翦藩属，割要港，议瓜分，夺主权，曩之侮以空言者，今且侮以实事，肆意凌辱，咄咄逼人。”国家见重于世界的前提，是国民品格赢得世界的尊重。梁启超把“爱国心薄弱”“独立性柔脆”“公共心缺乏”“自治力欠阙”看作国民品格的缺陷，希望从改善国民品格出发，提高国家民族的被尊重程度：“国民者个人之集合体也，人人有高尚之德操，合之即国民完粹之品格，有四万万之伟大民族，又乌见今日之轻侮我者，不反而尊敬我、畏慑我耶？”[①] 梁启超此类文字说理议论，在死气沉沉之中国和万马齐喑之中国思想界，如同黄钟大吕，让人警醒，催人奋起。

主办《清议报》和《新民丛报》时期的梁启超是果敢敏锐、极富救国救民情怀的。从学问饥渴的中国，来到新知识新学理纷至沓来的日本，梁启超在建立西学东来通道、向国人传播新思想的同时，引导国人清醒面对百年来天朝上国变而为老大帝国，文明礼教之民变而为东亚愚昧病残之民的现实，从民族复兴、国家强盛、人民自由幸福的高度，反省与西方发达国家相

---

① 梁启超：《饮冰室合集・文集・十四》，第2册，北京：中华书局1989年版，第4页。

比，国民精神品格存在的缺陷，以扫荡沉疴痼疾，再造国民精神的魄力，呼唤以改造国民精神为主要内容的“新民救国”运动。梁启超自称是“思想界之陈涉”①，应该是实至名归的。

二、新史学

梁启超“新民说”中“新人学”的立论，是改良国民、救亡图存思想启蒙的主体。围绕对“新人学”理论的阐发，20世纪初的梁启超还致力于“新史学”“新文学”的建设。“新史学”“新文学”从改良学术入手，以新学说、新学理、新观念支撑思想启蒙，支撑改良国民，支撑民族复兴。在梁启超“新民说”中，“新人学”是总目标，是核心；“新史学”“新文学”则是辅佐“新人学”的左右两翼。中国旧有的传统学术在西风东渐之后已是千疮百孔。支撑本民族自立于世界民族之林，需要新的学理、新的学术。梁启超1902年在《新民丛报》发表《近世文明初祖二大家之学说》，阐述学术与新民之关系云：“有新学术，然后有新道德、新政治、新技艺、新器物；有是数者，然后有新国、新世界。”“我国屹立泰东，闭关一统，故前此于世界推移之大势，莫或知之，莫或究之。今则天涯若比邻矣，我国民置身于全地球激湍盘涡最剧最烈之场，物竞天择，优胜劣败，苟不自新，何以获存？新之有道，必自学始。”②同年，梁启超发表于《新民丛报》的《释革》一文云：

> 夫淘汰也，变革也，岂惟政治上为然耳，凡群治中一切万事万物莫不有焉。以日人之译名言之，则宗教有宗教之革命，道德

---

① 梁启超:《饮冰室合集·专集·三十四》，第8册，北京：中华书局1989年版，第65页。

② 梁启超:《饮冰室合集·文集·十三》，第2册，北京：中华书局1989年版，第1页。

有道德之革命，学术有学术之革命，文学有文学之革命，风俗有风俗之革命，产业有产业之革命。即今日中国新学小生之恒言，固有所谓经学革命、史学革命、文界革命、诗界革命、曲界革命、小说界革命、音乐界革命、文字革命等种种名词矣。①

世界大势进入“天涯若比邻”的时代，中国恰处在竞争最剧烈之场，中国人没有退路。中国学人只有斟酌古今，考量中外，引进学理，变革学术，走国民自重、国家自立、民族自新之路。

20世纪初肇始的史学革命，对国家自立、民族自新的大事业而言，意义重大。如果说梁启超的“新人学”讨论的是打造什么样的国民精神和国民品格，回答的是“我到哪里去”的问题的话；那么其“新史学”讨论的是中华民族的起源、形成与发展，解决的是“我从哪里来”的问题。在晚清，讨论“我从哪里来”和讨论“我到哪里去”同样重要。因为“我从哪里来”牵涉到民族与国家认同，是民族国家团结、凝聚、发展的情感基础。

在近代中国，随着“进化论”的传播，优胜劣败的思想不胫而走。在近代西方民族国家渐次完成其民族国家的重建之后，中国的民族与国家认同，便也成为中国知识分子所关心和关注的问题。中国有着五千年的文明历史。如何从历史和现实、政治与文化的双重角度完成国家与民族的认同，对于中国的过去、现在和未来有着异乎寻常的意义。以梁启超为代表的近代知识分子，做出了极具建设意义的探索。梁启超在其发表于1900年的《少年中国说》中引入西方近代国家学说，以为国家是近代欧洲走出中世纪之后以民族为基础而形成的政治文化共同体，包含土地、人民、服从法律、享有主权等要素。这种意义上的国家，在欧洲也不过百余年的历史。以这种国家理念衡量中国，中国不是老大帝国，而是尚在襁褓之中的少年中国。梁启超发

① 梁启超:《饮冰室合集·文集·九》，第1册，北京：中华书局1989年版，第40页。

惊人之语曰：

且我中国畴昔，岂尝有国家哉？不过有朝廷耳。我黄帝子孙，聚族而居，立于此地球之上者既数千年，而问其国之为何名，则无有也。夫所谓唐、虞、夏、商、周、秦、汉、魏、晋、宋、齐、梁、陈、隋、唐、宋、元、明、清者，则皆朝名耳。朝也者，一家之私产也；国也者，人民之公产也。①

黄帝子孙，聚族而居五千年，只有朝代之名，没有国名，这是一个石破天惊的判断。依据这一判断，“欧洲列邦在今日为壮年国，而我中国在今日为少年国”。少年中国在梁启超心目中，是“红日初升，其道大光；河出伏流，一泻汪洋”的中国，是“纵有千古，横有八荒；前途似海，来日方长”②的中国。

自《少年中国说》后，梁启超对国家与民族的讨论一发而不可收。1901年，梁启超在《清议报》发表《中国史叙论》，对中国史问题发表了很多具有开创性意义的宏论。

首先是国家与国史之命名问题。梁启超以为：

吾人所最惭愧者，莫如我国无国名之一事。寻常通称，或曰诸夏，或曰汉人，或曰唐人，皆朝名也；外人所称，或曰震旦，或曰支那，皆非我所自命之名也。以夏、汉、唐等名吾史，则戾尊重国民之宗旨；以震旦、支那等名吾史，则失名从主人之公理。曰中国，曰中华，又未免自尊自大，贻讥旁观。虽然，以一姓之

① 梁启超：《饮冰室合集·文集·五》，第1册，北京：中华书局1989年版，第9—10页。

② 梁启超：《饮冰合全集·文集·五》，第1册，北京：中华书局1989年版，第12页。

朝代而污我国民，不可也；以外人之假定而诬我国民，犹之不可也。于三者俱失之中，万无得已，仍用吾人口头所习惯者，称之曰“中国史”。虽稍骄泰，然民族之各自尊其国，今世界之通义耳。我同胞苟深察名实，亦未始非唤起精神之一法门也。[①]

在一姓之朝代如“汉”“唐”，外人之假定如“震旦”“支那”，约定而俗成如“中国”“中华”的三个方案中比较，梁启超倾向于使用“中国”为国名。超越一姓之朝代，以“中国史”的名称来称述国史。这样称呼，可以唤醒国人的自尊、自信。

其次是中国史所辖之区域及人种。梁启超认为：中国史所辖之地域，应包括中国本部、新疆、青海西藏、蒙古、满洲五个部分。中国史范围中的人种不下数十，但最重要者是苗、汉、土伯特、蒙古、匈奴、通古斯族六种。梁启超的这种界定，从晚清的疆域、民族、政治、文化的现实出发，摆脱中原与边疆、华夏与蛮夷中的许多问题纠缠，断言五大板块、数十民族，共同缔造了中国，也共同成为中国史的主体。

再次是纪年和历史时代划分。在耶稣纪年、黄帝纪年、孔子纪年的争论中，梁启超支持孔子纪年。其理由是：“孔子为泰东教主，中国第一之人物，此全国所公认也。而中国史之繁密而可纪者，皆在于孔子以后，故援耶教、回教之例，以孔子为纪，似可为至当不易之公典。”[②]

中国史以黄帝为开端，其数千年历史可划分为三个时代：“第一，上世史。自黄帝以迄秦之一统，是为中国之中国，即中国民族自发达、自争竞、自团体之时代也。……第二，中世史。自秦一统后至清代乾隆之末年，是为亚洲之中国，即中国民族与亚洲各民族交涉繁赜竞争最烈之时代也；又中央

---

① 梁启超：《饮冰室合集·文集·六》，第1册，北京：中华书局1989年版，第3页。

② 梁启超：《饮冰室合集·文集·六》，第1册，北京：中华书局1989年版，第8页。

集权之制度日就完整，君主专制政体全盛之时代也。……第三，近世史。自乾隆末年以至于今日，是为世界之中国，即中国民族合同全亚洲民族，与西人交涉竞争之时代也；又君主专制政体渐就湮灭，而数千年未经发达之国民立宪政体，将嬗代兴起之时代也。”[①]

将五千年中国历史划分为三个时代，已是以简驭繁的极大成功；而中国之中国、亚洲之中国、世界之中国的概括，更是神来之笔。这一经典概括，影响极为深远。

此后，梁启超又在《新民丛报》上发表《新史学》《论中国学术思想变迁之大势》《中国专制政治进化史论》《历史上中华民族之观察》《地理与文明之关系》《中国地理大势论》等文字，继续将“中国史”有关问题进行深化。其主要贡献如下：

一、“中华民族”概念的提出与使用。梁启超在其发表于1901年的《中国史叙论》中提出以“中国”为国家之名，同时又使用“中国民族”作为民族之名。“中国民族”的称谓到了1902年写作《中国学术思想变迁之大势》时已经改为“中华民族”。“中华民族”既指汉族，又指汉族之外的其他民族。1905年，梁启超在《新民丛报》发表《历史上中华民族之观察》，已经比较自然地使用“中华民族”这一词汇。作者通过对中国历史的考察，“悍然下一断案曰：现今之中华民族自始本非一族，实由多数民族混合而成”[②]。这一“悍然断案”，与“中国”名称的使用一样，同是石破天惊之语。在“中国”和“中华民族”的称谓下，黄河、长江流域孕育绵延五千年、纷纭复杂的东方文明，在梁启超所阐发的符合世界通义的国家与民族学理中获得统一，成为政治与文化双重意义上的共同体。此后，“中国”与“中华民族”的称谓

---

① 梁启超：《饮冰室合集·文集·六》，第1册，北京：中华书局1989年版，第11—12页。

② 梁启超：《饮冰室合集·专集·四十一》，第8册，北京：中华书局1989年版，第4页。

不胫而走，日趋丰富。梁启超的初创之议，功不可没。

二、鼓吹新史学与史界革命。梁启超1902年所写的《新史学》认为："史学者，学问之最博大而最切要者也，国民之明镜也，爱国心之源泉也。"[①]史学是民族团结、群治进步的基础。史学在中国虽然发达，但与国民进步无关。中国旧史学有四弊：一曰知有朝廷而不知有国家；二曰知有个人而不知有群体；三曰知有陈迹而不知有今务；四曰知有事实而不知有理想。有此四弊，复生二病：能铺叙而不能别裁；能因袭而不能创作。对于读者来说，恶果有三：难读、难别择、无感触。梁启超说，"今日欲提倡民族主义，使我四万万同胞强立于此优胜劣败之世界"，必须有新史学，必须有史学革命。"呜呼，史界革命不起，则吾国遂不可救。"梁启超心目中的"新史学"，一是须叙述进化之现象，二是叙述人群进化之现象，三是叙述人群进化现象之后的公理公例。梁启超说："历史者，以过去之进化，导未来之进化者也。""史乎史乎，其责任至重，而其成就至难。""吾愿与同胞国民，筚路蓝缕以辟此途也。"[②]

三、礼赞中华民族。在"新人学"国民性改造话题中，梁启超批判反思的词汇居多；在"新史学"论及"中华民族"的话题时，则充满着骄傲与礼赞之语。写于1902年的《论中国学术思想变迁之大势》礼赞中华曰：

> 立于五洲中之最大洲而为其洲中之最大国者谁乎？我中华也。人口居全地球三分之一者谁乎？我中华也。四千余年之历史未尝一中断者谁乎？我中华也。我中华有四百兆人公用之语言文字，世界莫能及；我中华有三十世纪前传来之古书，世界莫能及。西人称世界文明之祖国有五：曰中华，曰印度，曰安息，曰埃及，

① 梁启超：《饮冰室合集·文集·九》，第1册，北京：中华书局1989年版，第1页。
② 梁启超：《饮冰室合集·文集·九》，第1册，北京：中华书局1989年版，第11页。

曰墨西哥。然彼四地者，其国亡，其文明与之俱亡。今试一游其墟，但有摩诃末遗裔铁骑蹂躏之迹，与高加索强族金粉歌舞之场耳。而我中华者，屹然独立，继继绳绳，增长光大，以迄今日。①

近代以来，中国文明是世界上唯一没有中断的原始文明的这一论断，曾鼓舞了多少救国救民的志士仁人，而此说的创始者是梁启超。

对东方文明来自骨子里的骄傲自信，在世纪之交，构成了强大的思想与精神气场。梁启超“新史学”借鉴西方建立民族国家的成功经验，传播现代民族主义理论，唤醒中国人的现代民族国家意识。其“中国”“中华民族”概念的创造性使用，显示出巨大的开放性和包容力，在中国现代民族国家的建设过程中，意义非凡。“新史学”号召历史书写与研究走出知朝廷而不知国家，知个人而不知群体，知陈迹而不知今务，知事实而不知理想的误区，成为“国民之明镜”“爱国心之源泉”。梁启超身体力行，着意从泰东历史文明中挖掘可以让中华民族引为骄傲的思想资源，使“新史学”的建设，紧紧围绕民族自信自立的宏大目标。

三、新文学

在构筑新民救国的理想时，梁启超充分意识到文学的价值和意义。新民救国既然是一场更新国民精神、改造国民性的思想启蒙运动，文学作为国民精神的重要表征，无疑是“新民”所不可忽视的内容；而文学自身所具有的转移情感、左右人心的特性，又是“新民”最有效的手段。从国民精神进化而言，文学需要自新；从促进国民精神进化而言，文学又担负着新的责

① 梁启超:《饮冰室合集·文集·七》，第1册，北京：中华书局1989年版，第1页。

任。对文学，梁启超抱有“自新”与“他新”的双重期待。而文学只有“自新”，才能担负起“他新”的责任。梁启超发起的文界革命、诗界革命、曲界革命、小说界革命，在服从“自新”“他新”的需要的前提下，对不同文体提出了不同的革新目标。

先说文界革命。近代报章文体兴起之前，文坛占主导地位的文体，一是桐城派的文人之文，一是汉学家的述学之文。桐城派以唐宋以来奇句单行古文传统的继承者自居，为文讲求言之有物、言之有序，文风雅洁尚简，擅长纪事、山水、书序、碑志等文体的写作。其“义法”旁通于科举之文。汉学家游弋于古代典籍之中，以广博厚重示人。其述学之文援引故实，求尽求详，然不免曲折奥衍。梁启超将桐城派文人之文与汉学家述学之文，都归于“传世之文”的行列。在国家民族生死危亡之际，其青睐属意的是“觉世之文”。而“觉世之文”的最好载体，就是刚刚兴起的报纸媒介。1896 年，强学会在上海办《时务报》，二十四岁的梁启超为报纸主笔。《时务报》把“开民智，雪国耻”作为办报宗旨，梁启超以浅易通俗、热情奔放的报章文字鼓吹变法，取得了“举国趋之，如饮狂泉”的极大成功。1897 年梁启超与严复的信中以“为椎轮，为土阶，为天下驱除难，以俟继起者之发挥光大之”概括办报为文的主旨。靠近最广大读者，传播新思想新学术，是梁启超报章之文成功的两大支点，也是他日后文界革命的起点。梁启超《夏威夷游记》（1899）记载：“读德富苏峰所著《将来之日本》及《国民丛书》数种。德富氏为日本三大新闻主笔之一，其文雄放隽快，善以欧西文思入日本文，实为文界别开一生面者，余甚爱之。中国若有文界革命，当亦不可不起点于是也。”①

欧西文思，即欧洲之学中的新思想新学理；雄放隽快之文，即节奏明快是非立判的文字。以此为起点的文界革命，首先应该撑起的是民族、国

① 梁启超：《饮冰室合集・文集・七》，第1册，北京：中华书局1989年版，第1页。

家、国民自新的大业。其次应该造就自由表达、自由书写的文体。围绕上述两大目标，梁启超进行了有益的尝试。其《清议报》《新民丛报》时期所创造的“或大或小，或精或粗，或庄或谐，或激或随”“能纳一切，能吐一切，能生一切，能灭一切”[①]，表现力强大的“新民体”，成为“文界革命”的成功作品。“新民体”是近代散文从书斋深宅的“传世”之作到报章传媒的“觉世”之作，从古雅深奥的文言到妇孺可解的语体之间过渡与转换的“中间物”。

再看诗界革命。“诗界革命”之语，首见于1899年发表的《夏威夷游记》：

> 故今日不作诗则已，若作诗，必为诗界之哥仑布、玛赛郎然后可。
>
> 欲为诗界之哥仑布、玛赛郎，不可不备三长：第一要新意境，第二要新语句，而又须以古人之风格入之，然后成其为诗。
>
> 吾虽不能诗，惟将竭力输入欧洲之精神思想，以供来者之诗料可乎？要之，支那非有诗界革命，则诗运殆将绝。[②]

之后，梁启超在《清议报》《新民丛报》《新小说》上开辟“诗界潮音集”“饮冰室诗话”“杂歌谣”等专栏，继续讨论诗界革命。在《饮冰室诗话》中，梁启超仍坚持新意境、新语句、古人之风格，是诗界革命成功作品的三个要素。但为了避免新语句与旧风格不相融洽的问题，他强调诗界革命“当

① 梁启超：《饮冰室合集·文集·六》，第1册，北京：中华书局1989年版，第49页。

② 梁启超：《饮冰室合集·专集·二十二》，第7册，北京：中华书局1989年版，第185页。

革其精神，非革其形式”“能以旧风格含新意境，斯可以举革命之实矣”[①]。依据旧风格含新意境的标准评价时人之诗，梁启超以为夏曾佑、谭嗣同戊戌之前所作的“新学诗”有“挦扯新名词以表自异”的倾向，而黄遵宪“我手写我口”的“新派诗”，才是“近世诗人中能熔铸新理想以入旧风格”的典范。《饮冰室诗话》还提倡以诗界革命之新诗，陶铸雄壮活泼沉浑深远的国民精神，打造不依傍古人，求新境于异邦的新诗传统。梁启超在《饮冰室诗话》中自言“向不能为诗”，“往往为近体律绝一二章，所费时日与撰《新民丛报》数千言论说相等”。东渡后，是梁启超情绪高昂的年头，其《壮别二十六首》《太平洋遇雨》《志未酬》等诗作，新语新意迭出，实践着其“旧风格含新意境”的诗歌主张。

在梁启超的“文学界革命”中，“小说界革命”的影响最为深远。戊戌变法之初，小说移风易俗、为百姓喜闻乐见的特点便引起康有为、严复、夏曾佑的注意。但“小说界革命”的发起人是梁启超。梁启超到日本后，对日本流行的政治小说十分欣赏。《清议报》首期便设置“政治小说”专栏，并发表《译印政治小说序》。序言以为：“今中国识字人寡，深通文学之人尤寡。小说学之在中国，殆可增《七略》而为八，蔚《四部》而为五者矣。”[②]作者为国人编制了西方“小说救国”的神话：“在昔欧洲各国变革之始，其魁儒硕学，仁人志士，往往以其身之所经历，及胸中所怀，政治之议论，一寄之于小说。”“往往每一书出，而全国之议论为之一变。彼美、英、德、法、奥、意、日本各国政界之日进，则政治小说，为功最高焉。英名士某君曰：‘小说为国民之魂。’”从“新民救国”的需要看重小说。1902 年《新小说》创刊，梁启超有《论小说与群治之关系》作为发刊词。此文开宗明义，提出

---

① 梁启超:《饮冰室合集・文集・四十五上》，第 5 册，北京：中华书局 1989 年版，第 1 页。

② 梁启超:《饮冰室合集・文集・一》，第 1 册，北京：中华书局 1989 年版，第 34 页。

“小说界革命”的口号：“欲新一国之民，不可不先新一国之小说。故欲新道德，必新小说；欲新宗教，必新小说；欲新政治，必新小说；欲新风俗，必新小说；欲新学艺，必新小说；乃至欲新人心，欲新人格，必新小说。”[①]

新民必新小说的原因，在于小说有熏、浸、刺、提四种不可思议的支配人道之力，有易感人之特性。因而，“小说为文学之最上乘”。中国群治中的乱象，诸如状元宰相思想、江湖盗贼思想、权谋诡诈机心、轻薄无行习气等等，其总根源在旧小说。“故今日欲改良群治，必自小说界革命始！欲新民，必自新小说始！”《论小说与群治之关系》成为20世纪小说界革命的宣言。

在《新小说》创刊号上，梁启超推出了他本人创作的《新中国未来记》。这是作者酝酿多年，构想宏大，以演绎政治理想为主题的政治小说。作者试图将演讲、辩论、游记、新闻、译诗等文类融合在小说中，而对小说的情节、结构、人物描写等基本元素不甚关注。小说连载至第五回时，作者便中断了写作。小说作品缺失小说必需的要素，其写作也势必难以为继。

梁启超政治小说的创作虽然未能取得成功，但其对小说的改革期待获得了社会的积极响应。小说界革命把小说与新民救国的宏大目标联系在一起，被推为文学之最上乘，提升了小说在文学体裁中的地位。随着小说地位的提高和阅读需要，各类专门刊载小说的刊物纷纷问世。在梁启超主办的《新小说》之后，《绣像小说》《新新小说》《月月小说》《小说林》相继创刊。小说的作者队伍不断扩大，并出现了以小说创作和翻译为职业的小说作家群体。政治小说、谴责小说、言情小说、侦探小说、科幻小说等，令人目不暇接。小说堂而皇之成为20世纪中国文学中的巨大家族。

受时代风气影响，梁启超在使用“小说”的概念时，常常包含戏曲。其论及小说界革命时，常将《西厢记》《长生殿》与《水浒传》《红楼梦》相

---

① 梁启超：《饮冰室合集·文集·二》，第1册，北京：中华书局1989年版，第10页。

提并论。戏曲与小说共同具有浅而易解、乐而多趣的文体特征，而戏曲在梁看来又是中国韵文进化的顶点。戏曲和小说一样，应该共同成为“新民救国”的重要资源。梁启超在 1902 年前后，身体力行于戏曲革新，创作了《劫梦灰》《新罗马》《侠情记》《班定远平西域》等剧本，在《新民丛报》《新小说》上刊出。“借雕虫之小计，寓遒铎之微言”[①]，在每一部剧中，梁启超对启发蒙昧、改良群治的创作宗旨再三致意。梁的剧作重视议论寄托，充满情感张力，且开创了“以中国戏演外国事”的先例，影响甚大。借三尺舞台演绎中外兴亡故事，以曲词宾白叙写新民救国情怀，成为文人的一时风尚。

梁启超在 20 世纪初策划的文学革命，揭开了文学变革的序幕，成为五四新文学运动的先导。在以文学促进社会变革方面，梁启超既是思者，又是行者。“自新”中的文学，在 20 世纪之初，勉力担负起“他新”的职责。

结语

梁启超《过渡时代论》（1901）指出：“过渡时代者，实千古豪杰之大舞台也，多少民族由死而生，由剥而复，由奴而主，由瘠而肥，所必由之路也。”[②]梁启超充满自信地预告：这是一个中国可以大有作为的时代。中国曾是千年间寸地不进、跬步不移的东方古国，现在“为五大洋惊涛骇浪之所冲激，为十九世纪狂飙飞沙之所驱突”，一定可以幡然猛醒，跋涉苦辛于维新之道，在凤凰涅槃、民族自新之后，重新崛起为东方大国。为中华民族自立于世界民族之林，为古老中国的浴火重生，梁启超致力于新人学、新史学、

---

① 梁启超：《饮冰室合集・专集・九十三》，第 11 册，北京：中华书局 1989 年版，第 2 页。

② 梁启超：《饮冰室合集・文集・一》，第 1 册，北京：中华书局 1989 年版，第 27 页。

新文学的事业，成为19、20世纪之交思想启蒙运动的引领者。在西学东渐呈现汹涌之势的背景下，梁启超乐观地预言："盖大地今日只有两文明：一、泰西文明，欧美是也；二、泰东文明，中华是也。二十世纪，则两文明结婚之时代也。吾欲我同胞张灯置酒，迓轮俟门，三揖三让，以行亲迎之大典，彼西方美人，必能为我家育宁馨儿以亢我宗也。"①

泰东文明与泰西文明结合的最高境界是兼容并包，为我所用。梁启超认为："新民之义有二。一曰淬厉其本有而新之。二曰采补其本无而新之。"②本民族文化需要淬厉其已有，外来文化需要采补我之所无。淬厉其已有需要创造性转化，采补我之所无呼唤创新性发展。

（刊于2018年9月《文学遗产》第5期）

① 梁启超:《饮冰室合集・文集・七》，第1册，北京：中华书局1989年版，第104页。

② 梁启超:《饮冰室合集・专集・四》，第6册，北京：中华书局1989年版，第5页。

中国文学的“世纪之变”

——以严复、梁启超、王国维为中心

中日甲午战争宣告了洋务运动“自强求富”之梦的破灭。中国政治、思想、文化的发展，从这一历史节点开始，超越“器物革命”而进入“政治革命”的时期。在救亡图存的政治需求和西学东渐的思想浪潮的共同推动下，与旧有传统迥然不同的学术格局和文学范式，处在快速急剧的构想构建之中。在 19、20 世纪之交中国学术与文学的“世纪之变”中，最具开拓之功者当数严复、梁启超、王国维。开拓者以考量域外、斟酌本土的努力，肩负起为老大帝国的涅槃重生而集聚香木、盗取火种的责任；而再造中国、再造文明的“世纪之变”，也成就了一代融汇中外、会通古今的学术与文学大师。

一、学术之变

严复、梁启超、王国维的教育背景、知识结构、学术路径和学术擅长各不相同。但他们以国家富强、民族复兴为出发点，在世纪之交西学东渐的思想背景下，融合中、西方思想资源，以各自的睿智和勤奋，初步搭建起与政治革命、思想革命需求相适应的知识体系与学术平台。

在学术的世纪之变中，严复是最应首先提到的人物。1866 年冬，14 岁的严复入福建水师学堂学习。1877 年 3 月，严复作为中国第一批海军留学生到英国格林尼次皇家海军学院学习。两年后回国执教北洋水师学堂。在严复 1879 年回国之后的 20 余年里，数、理、化、天、地、生之类的自然科学知识，远不如四书五经受到社会的重视，留学生也远不及科举中翻过跟头的人声名显赫，严复因此自嘲“当年误习旁行书，举世相视如髦蛮”[①]。为改变倍受歧视的尴尬，严复在四应乡试均未中之后，经人保奏，得道员身份。此种曲折，和名满天下后清政府派为学部行走、赐文科进士出身、执掌北京大学形成巨大反差。

严复是在救亡图存帷幕刚刚拉开的时候登上政治舞台的。1895 年 2 月到 5 月间，时任北洋水师学堂总办的严复先后在天津《直报》发表《论世变之亟》《原强》《辟韩》《原强续篇》《救亡决论》等文章。在《论世变之亟》中，严复振聋发聩地发出向西方学习富强之道以救国的议论：不讲富强，中国无自安之日；不用西洋之术，中国无可致富强之人。严复在《原强》中针对海禁既开以来，中国仿行西法，总有若亡若存、淮橘为枳之感的现实，提出超越洋务运动的眼界，全面学习掌握西方的天地人之学，知进化大势，明群学之理，谋“自由为体，民主为用”之政。标本兼治，实施以“鼓民力、开民智、新民德”为纲领的救亡图存方略。在《原强》中，严复首提达尔文进化论和斯宾塞的群学理论。进化论所描述的动植物界普遍存在的“弱肉强食”的现象，被斯宾塞推而广之地用来描述国与国之间的争夺——“弱者当为强肉，愚者当为智役”。这种“丛林法则”被欧洲完成工业革命后拼命向海外扩张的帝国主义国家所普遍遵循。国家、民族之间“弱肉强食”的

① 严复：《送陈彤卣归闽》，《严复全集》第八卷，福州：福建教育出版社 2014 年版，第 13 页。

道理，真正腾播于国人口耳之间，则是严复的第一部译作《天演论》问世之后。

19 世纪的欧洲，处于进化论流行的时代。1859 年英国博物学家达尔文发表了《物种起源》一书，阐明了生物物种进化中“适者生存”的现象。英国社会学家斯宾塞是进化论的支持者。达尔文《物种起源》发表后，斯宾塞从达尔文自然选择学说出发，将生物进化论扩大成为普遍进化理论，涵盖生命、精神、社会等人类社会的众多方面。晚于达尔文、斯宾塞的英国生物学家赫胥黎是进化论的信奉者、传播者，他 1893 年在牛津大学做过“进化与伦理”的演讲，后修改成《进化与伦理》一书，这便是严复《天演论》翻译的底本。

严复对《天演论》的翻译始于 1896 年夏，成稿并完成序言在本年的秋天。在《天演论》成稿到 1898 年 6 月正式出版之间，康有为、梁启超、夏曾佑、吴汝纶等学界巨子，已成为《天演论》的第一批读者。严复译书未问世而已誉满天下。《天演论》正式出版后，引发各地翻印，其版本之多，重印率之高，一时无二。

从严复 1896 年所作的《译例言》和 1898 年所作的《天演论自序》可以寻绎《天演论》翻译的主旨与方法。《译例言》开宗明义，以“信、达、雅”为译事三难。严复《天演论》的翻译，采取了意译的办法。所谓意译，表现为翻译过程中遵循以意为主、互备经营的求信求达的方法。意译之外，严复在翻译作品中还加有附益和按语。在这样一种开放的翻译体例中，译者在介绍赫胥黎学说的时候，可以随时拈出斯宾塞、达尔文的学说对照互见；在阐述西方学者观点时，又不时以中国元典的话语辞汇格义会通。《天演论》的翻译成为译者与西方学者如达尔文、斯宾塞、赫胥黎等进化论者及中国《周易》、老、庄、荀等诸家思想会通交流的平台，也成为译者发表自己政治意见、学术见解的平台。严复的《天演论》翻译，着力在异国文字与古人之书的互证中，寻找“年代国俗，无以隔之”[①] 的学术境界，这是一种以融合中西、会通古今为目标的翻译者“求仁得仁”的快乐。

严复《天演论自序》的重点揭示近二百年来东、西方学术此衰彼盛的现实。在救亡图存成为摆在东方民族面前的首要问题的时候，中国士人识时务者，应在东、西方思想学术的交汇之处，寻找富民强国之术。严复选择翻译赫胥黎《天演论》的初衷与主旨，即在于融合会通东西方思想学术资源，自强保种。严复用自己的方式，走出了学术与思想救国救亡的道路。“物竞天择，适者生存”的进化论迅速风靡世纪之交的中国。进化论的传播与接受，成为中国近代思想与学术发展的重要节点和重要转换。随着进化论的传播，严复的声名也远播天下。

《天演论》之后，严复翻译的西方学者的主要著作还有英国经济学家亚当·斯密的《原富》，英国社会学家斯宾塞的《群学肄言》，英国政治学家穆勒的《群己权界论》《名学》，英国政治学家甄克斯的《社会通诠》、法国启蒙思想家孟德斯鸠的《法意》、英国逻辑学家耶芳斯的《名学浅说》。严译名著在新学术谱系建立、东西方认识与思维方式的比较、语辞与文体的创新等诸多方面，为中国现代学术的形成铺下了众多基石。《天演论》后，“物竞天择，适者生存”腾播于知识界与民众之中。吃侉饼、看《天演论》，曾是年轻的鲁迅南京求学时期最惬意的事情，胡适的名字即来自于“适者生存”一词。其后，以自由平等、厚生进种讲求富强之道，以持世保民、群己权界规范个人社会关系，以自由为体、民主为用期待国体政体改革，以民力、民智、民德衡量国民进化，以三权分立验证民主专制分野，以内籀外籀考量学术思维，成为政坛学界风尚。由严复拟定的学科名词如逻辑、计学、群学、理学、天学、地学等，政治学名词如独治、贤政、霸政、庶政等，都广为

---

① 严复：《译天演论自序》，《严复全集》第一卷，福州：福建教育出版社 2014 年版，第 259 页。

传播。译书中传达出的其他学术理念，譬如“国治而后富强”“言自由，则不可以不明平等”“吾爱真理，胜于吾师”，影响更是深远。严译名著是19、20世纪之交中国学术史上的一块丰碑，筚路蓝缕处甚多。向西方寻求新理的严复，又时时注意在国粹中有真发现，这种熔中西学术于一炉的努力，使之赢得中学西学皆第一流人物的美誉。

与严复早年留学西洋的学术道路不同，梁启超则是早年科场的神童。梁启超11岁中秀才后，入阮元学海堂学习，得到汉学训诂词章的训练。16岁中举，入康有为万木草堂学习，接受今文经学思想，读经史子集，帮助老师完成《新学伪经考》《孔子改制考》，围绕大同理想，在传统学术方法中寻找改制的思想支点。当然还可以读到江南制造局声光电化类读物。1894年6月，在北京准备参加会试的梁启超、夏曾佑等人住在广东会馆，海阔天空，切磋学术。梁启超回忆说：

> 我们当时认为，中国自汉以后的学问全要不得的，外来的学问都是好的。既然汉以后要不得，所以专读各经的正文和周秦诸子。既然外国学问都好，却是不懂外国话，不能读外国书，只好拿几部教会的译书当宝贝，再加上些我们主观的理想，似宗教非宗教、似哲学非哲学、似科学非科学、似文学非文学的奇怪而幼稚的理想。我们的新学就是这三种元素混合构成。①

这是一个学问饥渴的时代。汉以前书、教会译书、主观理想，构成甲午战争前的年轻学者的新学。此后，梁启超参与公车上书，主笔《中外纪闻》《时务报》，名重一时。自通都大邑，至僻壤穷陬，无不知有新会梁氏

① 梁启超：《亡友夏穗卿先生》，《饮冰室文集》之四十四（上），北京：中华书局1989年版，第12页。

者。此时梁启超的学术认知，仍未脱康有为公羊三世说之窠臼。变法失败后，梁启超逃亡日本，创《清议报》，启用饮冰室主人笔名。日本自明治维新以来，大量译介西方政治、经济、哲学、社会学方面的著作，这些著作对从学问饥渴时代走来的梁启超来说，如久旱逢甘霖。自言“自东居以来，广搜日本书而读之。如行山阴道上，应接不暇。脑质为之改易，与前者若出两人”①。“既旅日本数月，肄日本之文，读日本之书，畴昔所未见之籍，纷触于目，畴昔所未穷之理，腾跃于脑，如幽室见日，枯腹得酒”②。由所读西学之书，反观中国学术的各个领域，梁启超深感需重新建构、全面革命之处甚多。出于更新国民精神和新学建设的需要，东渡后的梁启超，踌躇满志地提出经学革命、史学革命、学术革命、文学革命的主张，企望在输入西方学术及精神的前提下，推动中国知识学术体系的转型，在民族精神的改造与重建工程中，促进中国政治的渐进和社会的文明之化。

像一位辛勤的拓荒者，流亡之中的梁启超如饥似渴地在所能接触的著译之作中，为国人采集着思想的薪火，积蓄着除旧布新的希望。梁启超“肄日本之文，读日本之书”的努力，创造了西学输入中国的另外一个通道：西学东来。与严复翻译西方著作、构建新的学术体系不同，梁启超借途日本，传播西学的主要方式是在《清议报》《新民丛报》上发表文章与专著，以国民启蒙、国民自新、国民变革为基本目标，输入学理，张扬新知。被破坏的快意、创造的激情和民族未来的复兴所鼓舞，梁启超的笔端洋溢着浓烈的进取精神和爱国情感，充满着叱咤风云的气势和富有感染力的魔力。梁启超以他的新文体赢得了比严译名著更多的读者。

梁启超 1902 年在《新民丛报》上发表的《论中国学术思想变迁之大势》

---

① 梁启超：《夏威夷游记》，《饮冰室专集》之二十二，北京：中华书局 1989 年版，第 186 页。

② 梁启超：《论学日本文之益》，《饮冰室文集》之四，北京：中华书局 1989 年版，第 80 页。

认为：学术思想是显示一个国家文野强弱的窗口，政事、法律、风俗及历史上种种现象，只是形质，学术思想才是底蕴和根本。中华文明是世界唯一没有中断之文明，在中国学术青黄不接的过渡时代，应该张扬同胞的爱国精神，“不然，脱崇拜古人之奴隶性，而复生出一种崇拜外人、蔑视本族之奴隶性”[①]。这种输入西学、发明中学的见解与严复是相同的，但接下来热情澎湃的表述方式，则是梁启超式的：“盖大地今日只有两文明：一泰西文明，欧美是也；二泰东文明，中华是也。二十世纪，则两文明结婚之时代也。吾欲我同胞张灯置酒，迓轮俟门，三揖三让，以行亲迎之大典，彼西方美人，必能为我家育宁馨儿以亢我宗也。”[②]

发明泰东文明与输入泰西文明，成为《新民丛报》初创时期梁启超的首要任务。梁启超从日本文阅读入手，对泰西文明的传播，与严复严译名著的传播构成了一种呼应。两位中国近代的思想家，政见多有抵牾。但在发明中学、输入西学方面，还是英雄相惜、互相推重的。他们共同站在民族危亡、新民救国的高度，用自己的智慧和勤奋，引领中国新学的潮流，为古老中国的新生，搭建中西融合汇通的学术平台。身处日本横滨《新民丛报》报社这一新学新理纷至沓来之处的梁启超，与1894年住在广东会馆，以汉以前书、教会译书和主观理想为新学根底的梁启超，已经判若两人。1920年梁启超作《清代学术概论》时把1902年作为自己新旧学术的转折点：“启超自三十之后，已绝口不谈伪经，也不甚谈改制。”中国思想之痼疾，确在好依傍与名实混淆：“康有为之大同，空前创获，而必自谓出孔子。及至孔子之改制，何为必托古？诸子何为皆托古？亦依傍混淆也已。此病根不拔，则思想终无独立自由之望。”[③]走出旧学术托古改制、附会圣人的窠臼，追求学

① 梁启超：《饮冰室文集》之七，北京：中华书局1989年版，第3页。

② 梁启超：《饮冰室文集》之七，北京：中华书局1989年版，第4页。

③ 梁启超：《清代学术概论》，《饮冰室专集》之三十四，北京：中华书局1989年版，第63—64页。

术独立自由、无所依傍的境界，这对于梁启超这一代学人来说，无疑是一个革命性的提升。

发明中学、输入西学的目的还在新民救国。《新民丛报》时期的梁启超认为，所谓新民之义有二："一曰淬厉其所本有而新之；二曰采补其所本无而新之。"[①]围绕淬厉和采补目标，梁启超集中探讨国民品质的改良、国民责任的培养，国民性格的塑造，国民竞争力的提高。鼓民力、开民智、新民德，这是20世纪初启动的国民性改造工程的旗帜。严复、梁启超都是其中的引领者。

与严复、梁启超学术领袖的声名显赫相比，20世纪初年的王国维，则不断尝试将西学精神与方法应用于中学的发明，取得了石破天惊的成功，由一个读书人孜孜以求的"独学时代"逐步走入豁然开朗、左右逢源学术的"自创时代"。王国维是西学输入的实践者，更是中学发明的收获者。

作为一个孜孜以求的学者，王国维对20世纪初年的学术之变有着更深切的体会，也有着更宏通的见解。而作为晚出的学术新秀，王国维对严复、梁启超的学术主张，求同存异，甚或显示出纠偏的意向。其有关学术观念及学术贡献如下：

1. 学术应独立，破中外之见，毋为政论之手段。王国维1904年发表的《论近年之学术界》将自周之衰，诸子九流各创其学说看作是中国思想能动时代。汉时，儒家抱残守缺，佛教之东适，自六朝至唐，为吾国思想受动时代。宋儒将儒、佛相化合，中国重回能动时代。至今日，第二佛教又见告，西洋之思想也。西洋学术传入，明末至清咸同以来，皆形而下之学。近年来严复所译《天演论》等，一新世人之耳目。但由于其偏重于科学，不能感动吾国思想界。蒙西洋学说影响，改造古代学说者有康有为之"改制说"、谭嗣同之"仁学"。其震人耳目之处，在脱数千年思想之束缚，

① 梁启超：《新民说》，《饮冰室专集》之四，北京：中华书局1989年版，第5页。

其缺陷在以学术为政治之手段。“学术之发达，存于其独立而已。然则吾国今日之学术界，一面当破中外之见，而一面毋为政论之手段，则庶可有发达之日欤！”①

2. 学无新旧，无中西，无有用无用。王国维 1911 年所作的《国学丛刊序》中把古今东西之学，分为科学、史学、文学三类，其功能各有侧重而又自成系统：“凡事物必尽其真而道理必求其是，此科学之所有事也。而欲求知识之真与道理之是者，不可不知事物道理之所以存在之由与其变迁之故，此史学之所有事也。若夫知识、道理之不能表以议论而但可表以情感者，与夫不能求诸实地而但可求诸想象者，此则文学之所有事。”治学重在别真伪、明是非，故学无新旧。学无新旧，则学者为学，不必一切蔑古，或一切尚古；科学、史学、文学，中西方皆有之，其不同者，只在广狭疏密之间，故学无中西。西学东渐之后，中西学术交融借鉴之势已成，更无须强分中西；“事物无大小、无远近，苟思之得其真，纪之得其实，极其会归，皆有裨于人类之生存福祉。己不竟其绪，他人当能竟之；今不获其用，后世当能用之”，故学无有用无用。世之君子，多知学问的有用之用，而不知其无用之用矣。

3. “异日发明光大我国之学术者，必在兼通世界学术之人，而不在一孔之陋儒。”②“国家与学术为存亡。天而未厌中国也，必不亡其学术。”③前一论断发表于 1906 年，张之洞奏定大学章程而未设哲学科，王国维因此而有激愤之言。后一论断发表于 1919 年，此时民主与科学的浪潮席卷中国，王国维有感而发，与中国学术所寄之人相互鼓励。两个论断之间的十余年间，王

① 王国维：《王国维全集》第一卷，杭州：浙江教育出版社 2010 年版，第 125 页。

② 王国维：《奏定经学科大学文学科大学章程书后》，《王国维全集》第十四卷，杭州：浙江教育出版社 2010 年版，第 36 页。

③ 王国维：《沈乙庵先生七十寿序》，《王国维全集》第八卷，杭州：浙江教育出版社 2010 年版，第 620 页。

国维学术道路发生了巨大变化。1906 年治哲学，重在西学之输入；1919 年治史学，重在中学之发明。王国维在 1914 年《致沈曾植》的信中夫子自道个人学术方向变化："国维于吾国学术，从事稍晚。往者十年之力，耗于西方哲学，虚往实归，殆无此语。然因此颇知西人数千年思索之结果，与我国三千年前圣贤之说大略相同，由此扫除空想，求诸平实。"①

扫除空想、求诸平实的王国维，利用刚刚出土的殷墟甲骨文、殷周两代金文等地下新材料，补证古书纸上之材料，形成"以旧史料释新史料，复以新史料释旧史料"的"二重证据法"。最重要成果是《殷卜辞中所见先公先王考》及《续考》《殷周制度论》两考一论的问世。

在 19、20 世纪之交西风东渐的浪潮中，严复、梁启超、王国维是三位标志性的人物。他们给世纪之交的中国学术带来以下重大变化：

作为近代中国第一代公共知识分子，他们普遍接受物竞天择、优胜劣汰理论，用于认识和描述中华民族所面临的生存危机，从而自觉担负起"鼓民力、开民智、新民德"的社会责任，投身于民族自新国家富强的壮剧活剧之中。19 世纪与 20 世纪的交接，在梁启超看来，是一个"短兵紧接、新陈换代"的时代，是一个老大帝国行将就木而少年中国喷薄欲出的时代："今世之中国，其波澜倜诡，五光十色，必有更壮奇于前世纪之欧洲者。哲者请拭目以观壮剧，勇者请挺身以登舞台。"②其自信与热情，洋溢在新文体的字里行间。严复则将世纪之交的中国看作是艰难的蛇蜕时期，其在与梁启超的通信中说："不佞生于震旦，当十九、二十世纪之交会，目击同种阽危，剥新换故，如巨蛇之蜕蚹，而末由一藉手。其所以报答四恩、对扬三世，以自

---

① 王国维：《致沈曾植》，《王国维全集》第十五卷，杭州：浙江教育出版社 2010 年版，第 68 页。

② 梁启超：《自由书》，《饮冰室文集》之二，北京：中华书局 1989 年版，第 59 页。

了国民之天责者，区区在此。”[1]世纪之交救亡图存的宏大背景，给中国近代学术转换带来巨大动力，也唤醒了以国家民族进步为己任的知识群体。他们挺身以登舞台，成为充满创造激情的学术转换的推动者。

经历过维新变法的诸位学者，对照西方与日本的政治与社会变革，形成学先术后、学理是一切变革基础的共识。严复释“学术”一词，以为“学者，即物而穷理，即前所谓知物者也。术者，设事而知方，即前所谓问宜如何也。然不知术之不良，皆由学之不明之故；而学之既明之后，将学之良者自呈”。[2]“学”解决学理，“术”解决途径，学术之变是政治、社会之变的根据。梁启超《近世文明初祖二大家之学说序》绪言中说：“有新学术，然后有新道德、新政治、新技艺、新器物；有是数者，然后有新国、新世界，若是乎新学术之不可以已，如是其急也！近世史之新学术亦多矣，日出日精，愈讲愈密，其进化之速，不可思议。”[3]严复译孟德斯鸠《法意》，联系中国变法，以为：“不佞非曰吾法不当变，特变之而无其学识。姑耳食而盲随焉，其后害且烈于不变。”[4]其《政治讲义自叙》言：“世变之成，虽曰天运，岂非学术也哉！”“轻迅剽疾者之所以无当于变法。”[5]穷理治学先行，寻求国富民强之路，此正是诸位学术精英以自己的眼光和勤奋，输入新学，演绎新知，推进文明之化原因之所在。

以学术而谋救国的诸位思想家，敏锐认识到20世纪世界已进入“天涯若比邻”的“大通并立之世”，主张把学术眼光超越“船坚炮利”“中体西用”

---

① 严复:《与梁启超》,《严复全集》第八卷，福州：福建教育出版社2014年版，第121页。

② 严复:《政治讲义》,《严复全集》第六卷，福州：福建教育出版社2014年版，第12页。

③ 梁启超:《饮冰室文集》之十三，北京：中华书局1989年版，第1页。

④ 严复:《法意按语》,《严复全集》第四卷，福州：福建教育出版社2014年版，第585页。

⑤ 严复:《严复全集》第六卷，福州：福建教育出版社2014年版，第1—2页。

的思想藩篱，超越对西方物质文明的艳羡，而更多关注其社会组织、精神文明层面的成果。梁启超《近世文明初祖二大家之学说序》认为："我国屹立泰东，闭关一统，故前此于世界推移之大势，莫或知之，莫或究之。今则天涯若比邻矣，我国民置身于全地球激湍盘涡最剧最烈之场，物竞天择，优胜劣败，苟不自新，何以获存？新之有道，必自学始。"① 与梁启超"天涯若比邻"的判断相似，严复以为：世界已经进入"舟车大通，种族相见，优胜劣败之公例，无所逃于天地之间也"② 的时代。"曩者吾人以西人所知，但商业耳，火器耳，术艺耳，星历耳。自近人稍稍译著，乃恍然见西人之所以立国以致强盛者，实有其盛大之源。"③ 其强大之源在于以自由为体，民主为用。反观中国，自秦以来，商政之学，"则四千余年，仅成一治一乱之局，而半步未进"④。从而造成中学与西学的差距。在世界已成"天涯若比邻"的"大通并立之世"，继续恪守"中体西用"的思想规范，已是无补于世、徒添争论之举。

认识到"世界一体"的诸位思想家，着力寻求西方学术与本土经典的融会贯通的途径。他们既是西学的输入者，更是中学的发明者，期望在输入与发明中建立适应国家发展、民族进步的知识与学术体系。严复"盖中学之真之发现，与西学之新之输入，有比例为消长者焉"⑤ 的判断，梁启超关于20世纪是泰西文明与泰东文明结婚之时代，"彼西方美人，必能为我家育宁

---

① 梁启超：《饮冰室文集》之十三，北京：中华书局1989年版，第1页。

② 严复：《社会通诠按语》，《严复全集》第六卷，福州：福建教育出版社2014年版，第461页。

③ 严复：《英文汉诂卮言》，《严复全集》第六卷，福州：福建教育出版社2014年版，第86页。

④ 严复：《法意按语》，《严复全集》第四卷，福州：福建教育出版社2014年版，第147页。

⑤ 严复：《英文汉诂卮言》，《严复全集》第六卷，福州：福建教育出版社2014年版，第86页。

馨儿以亢我宗”的愿景，王国维“异日发明光大我国之学术者，必在兼通世界学术之人”的预言，均是一代学人朝“采中西之学术，于一炉而冶之”方向的努力。相比较而言，严复、梁启超西学输入、中学发现的学术指向着眼于国民启蒙处较多，王国维学无新旧、无中西，无有用无用之说更多的具有学术纠偏的意义。严复在西方进化论及经济学、社会学、逻辑学传播方面学术实践、梁启超在新史学框架与理论建立方面的学术实践、王国维在殷周文字与制度研究方面的学术实践，都体现了中西融合的精神和规范。

世纪之交中西融合所滥觞的学术精神与学科意识，在稍后兴起的中国大学中，被固定保存与发扬光大。严复、梁启超、王国维，三位开风气之先的学者后来都走入大学，大学以其特有的胸怀气度，接纳了信仰不同、性格迥异的学者，也保留了探赜索隐、教思无穷的学科门类。严复任复旦校董，北大校长，梁启超、王国维任教清华。清华研究院聘请王国维时，胡适有“先生宜为学术计，不宜拘小节”①之请，不拘小节的结果是拖着辫子的王国维可以在清华课堂上传授“殷周制度”和“二重证据法”。大学兴起后，很多学科知识学术思想在大学中传授传衍，而严复在《法意》按语中表达的“爱真理胜过吾师”，陈寅恪《海宁王先生之碑铭》中称赞的“独立之精神，自由之思想”，也成为大学的基本精神。

二、文学之变

1902 年，30 岁的梁启超在日本横滨创办《新民丛报》。《新民丛报》取《大学》“新民”之意，“以为欲维新吾国，当先维新吾民”②，因此《新民丛

① 胡适：《致王国维书信》，《文献》第 15 辑，1983 年 3 月。

② 丁文江：《梁启超年谱长编》，上海：上海人民出版社 1982 年版，第 272 页。

报》成为中国近代思想维新和文学革命的重要阵地。同年，梁启超与康有为通信云，“弟子以为欲救今日之中国，莫急于以新学说变其思想”，“弟子意欲以抉破罗网，造出新思想自任”[①]。梁启超东渡日本后，阅读了大量日本译介的西方政治、经济、哲学、社会学方面的著作。由所读西学之书，反观中国学术的各个领域，梁氏深感需重新建构处甚多。出于更新国民精神和新学建设的需要，梁启超提出经学革命、史学革命、文界革命、诗界革命、小说界革命、曲界革命等一系列的主张。

在构筑新民救国的理想时，梁启超意识到文学的价值和意义。新民救国既然是一场更新国民精神、改造国民性的思想启蒙运动，文学作为国民精神的重要表征，无疑是“新民”所不可忽视的内容；而文学自身所具有的转移情感、左右人心的特性，又是“新民”最有效的手段。从国民精神进化而言，文学需要自新；从促进国民精神进化而言，文学又担负着他新的责任。对文学，梁启超抱有“自新”与“他新”的双重期待。梁启超是20世纪初年文学界革命的倡导者、实行者。服从于新民救国的需要，他为文界、诗界、小说界、戏曲界等不同文体，设置了革新的设想与目标。其身体力行、对20世纪文学发展影响最大的是文界革命与小说界革命。公车上书后，梁启超主笔《时务报》，凭借流畅平易的笔触讲述救亡图存的道理而名噪天下。梁启超任教职于湖南时务学堂，在《学堂条约》中把文分为传世之文与觉世之文两类：“觉世之文，则辞达而已矣。当以条理细备，词笔锐达为上，不必求工也。”[②]东渡后，梁启超阅读日本三大新闻主笔之一德富苏峰的著作，颇有感触，以为“其文雄放隽快，善以欧西文思入日本文，实为文界别开一生面者，余甚爱之，中国若有文界革命，当亦不可不起点于

① 丁文江：《梁启超年谱长编》，上海：上海人民出版社1982年版，第278页。

② 梁启超：《湖南时务学堂学约》，《饮冰室文集》之二，北京：中华书局1989年版，第27页。

是也"[①]。1902年，在《新民丛报》创刊号上，梁启超在介绍严复的译作《原富》时，重提文界革命："夫文界之宜革命久矣。欧美日本诸国文体之变化，常与其文明程度成比例。况此等学理邃赜之书，非以流畅锐达之笔行之，安能使学童受其益乎？著译之业，将以播文明思想于国民也，非为藏山不朽之名誉也。"[②] 同年 11 月,《饮冰室文集》编成，梁启超为序，再次申明为文主张，以为"今日为文，只能以被之报章，供一岁数月之遒铎而已"[③]。用这样的文字自序文集，我们可以体会梁启超的执着与坦率。以新民救国为己任的梁启超，致力于以报章文体"播文明思想于国民"，其对新学理的推介不遗余力，对国民性的批判痛快淋漓，对时政的纠弹深刻老辣，对少年中国热情礼赞，形成了风靡一时的梁启超"新文体"时代。这得益于他对报刊媒体的成功运作，维新思想家找到了一种"或大或小，或粗或精，或庄或谐，或激或随"[④] 的发表政见、传播思想的文字载体，其活力和容量使奇句单行的桐城派文、佶屈聱牙的述学之文相形见绌。梁氏"新文体"的魔力，来自于作者对社会变革和公共事物发表言论的思想张力，来自于作者先知有责、觉后是任的启蒙关怀，来自条理明晰、平易畅达、笔锋常带情感的表达形式。新文体"震惊一世，鼓动群伦"的辉煌，深刻影响了五四一代青年。郭沫若、胡适在他们的著作中都多次谈到梁启超新兴气锐的言论和使人感发奋起的文章。

梁启超的文学贡献还在于他在 20 世纪初年推动"小说界革命"，对提高小说的社会地位、促进新小说创作与翻译小说的繁荣、改变 20 世纪中国文

---

① 梁启超:《夏威夷游记》,《饮冰室专集》之二十二，北京：中华书局 1989 年版，第 191 页。

② 梁启超:《绍介原富》,《新民丛报》第一期。

③ 梁启超:《饮冰室文集序》,《饮冰室文集》，北京：中华书局 1989 年版，第 1 页。

④ 梁启超:《清议报一百册祝辞》,《饮冰室文集》之六，北京：中华书局 1989 年版，第 49 页。

学格局起到了巨大的作用。东渡后，梁启超对日本流行的“以稗官之异才，写政界之大势”的政治小说十分欣赏。《清议报》开办的首期，即开辟“政治小说”专栏，并发表《译印政治小说序》：“在昔欧洲各国变革之始，其魁儒硕学，仁人志士，往往以其身之所经历，及胸中所怀，政治之议论，一寄之于小说。”“往往每一书出，而全国之议论为之一变。政治小说为功最高焉。”①这种文学救国的神话，与梁启超新民救国的思想符节合拍。1902年10月，《新小说》创刊，梁启超写作《论小说与群治之关系》作为发刊词。梁文借助熏、浸、刺、提四个佛学词汇描述小说移情感人的四种力量，推小说为文学之最上乘，根据创作方法的不同把小说分为理想派、写实派两种，这些对小说文体特性的认识都是极具理论贡献的。更重要的是梁启超从新民救国的需要出发，阐明“欲新一国之民，不可不先新一国之小说”的主旨。呼唤“今日欲改良群治，必自小说界革命始。欲新民，必自新小说始”②。因而此文成为20世纪初年小说界革命的宣言之作。

在《新小说》创刊号上，梁启超推出了他本人创作的《新中国未来记》。这是作者酝酿多年，构想宏大，以演绎政治理想为主题的政治小说。但小说连载至第五回时，作者便中断了写作。作者试图将演讲、辩论、游记、新闻、译诗诸种文类合而为一在小说中，而对小说的情节、结构、人物描写等基本元素，不甚关注。小说作品缺失了小说不可或缺的要素，其写作也势必难以为继。

梁启超政治小说的创作虽然未能取得成功，但其对小说的改革期待获得了社会的积极响应。小说界革命把小说与新民救国的宏大目标联系在一起，被推为文学之最上乘，提升了小说在文学体裁中的地位。随着小说地位的提高和阅读需要，各类专门刊载小说的刊物纷纷问世，梁启超主办的《新

---

① 梁启超：《饮冰室文集》之三，北京：中华书局1989年版，第34页。

② 梁启超：《饮冰室文集》之十，北京：中华书局1989年版，第6页。

小说》之后，《绣像小说》《新新小说》《月月小说》《小说林》相继创刊。小说的作者队伍不断扩大，并出现了以小说创作和翻译为职业的小说作家群体。政治小说、谴责小说、言情小说、侦探小说、科幻小说等，令人目不暇接。

同为世纪之交的思想领袖，严复在文学价值、功用方面的见解及雅俗取向与梁启超有所不同。

严复对文学的价值功用，持无用之用说。严复以鼓民力、开民智、新民德为救国之方，三方之中，又以开民智最为根本。开启民智，需变学术。在学术救国的格局中，中国最急需的是船坚炮利之学、经济社会之学，而中土学术，最尚词章之学。词章之学“虽极蜃楼海市，惝恍迷离，皆足移情遣意。一及事功，则淫遁跛邪，生于其心，害于其政矣。苟且粉饰，出于其政者，害于其事矣”①。娱于记诵词章，拘于训诂注疏，陋于经义八股，中土学术因此不振。欲开民智，非讲物理达用之西学不可，非废八股、试帖、策论诸制科不可。严复《涵芬楼古今文抄序》中以为：诗歌与古文，有为己与为人之别。为己者以得之为至娱，相欣而无穷，这是一种情感满足审美愉悦的境界；为人者假其途以有求，求得辄弃之，这是一种以诗古文为个人工具为敲门砖的境界。两者不可混为一谈，也不可同日而语。鉴于此，严复在《诗庐说》中有文学无用之用之说：

诗者，两间至无用之物也。饥者得之不可以为饱，寒者挟之不足以为温，国之弱者不以诗强，世之乱者不以诗治。又所谓美术之一也。美术意造，而恒超夫事境之上。故言田野之宽阔，则讳其贫陋；赋女子妍妙，则掩其佇蚩。必如其言，夷考其实，将

① 严复：《救亡决论》，《严复全集》第七卷，福州：福建教育出版社 2014 年版，第 49 页。

十八九无是物也。故诗之失，常诬而愚，其为物之无用而鲜实乃如此。虽然无用矣，而大地自生民以来，异种殊俗，樊然杂居，较其所以为群者，他之事或偏有偏无，至于诗歌，则莫不有。且恒发于隆古，盛于晚今，调韵按节，侔色揣称，不谋而皆合。《记》曰：十口相传为古。其所传者，大抵皆有韵之词也。是故，诗之于人，若草木之花英，若鸟兽之鸣啸，发于自然，达其自深而莫能自已。盖至无用矣，而又不可无如此。

诗之所以独贵者，非以其无所可用也邪？无所可用者，不可使有用，用则其真丧焉。①

严复对社会科学的翻译引进，是具有浓厚的功利色彩的，这种功利色彩体现了一个以救亡为中心的启蒙思想家民胞物与的情怀。但严复对文学功用的理解，更看重的是文学的情感属性与审美功能。在上述《诗庐说》中，严复表达了对诗三个方面特质的认识：第一，诗是美术之一种，具有意造和超夫事境的特点。第二，诗发于自然，是诗人情感的自然流露。第三，诗不可使有用，用则丧其真。把诗归入美术的类别中，慎言诗兴观群怨的社会功用，与严复读西方书，识理、情之别有着密切的关联。在救亡的学术格局中，主张先物理后文辞，重达用而薄藻饰；在对文学价值作用的认识上，注重文学情感与审美的特征，强调文学的非功利和私己性，以不用之用和诚、善、美为文学的至高境界，这些都使严复在文学观上显示出与梁启超的不同。

严复与梁启超的不同还表现在文学的雅俗观上。严复虽年长梁启超二十余岁，但几乎都是在甲午战争后登上政治舞台的。作为世纪之交的两位重要思想启蒙家，梁启超以报纸媒介为思想启蒙阵地，以生花妙笔，作惊奇可

① 严复：《严复全集》第七卷，福州：福建教育出版社 2014 年版，第 466 页。

喜之论，将通俗可读的报章文体发挥到风生水起的极致，梁启超新文体的阅读人群，从粗通文字的贩夫走卒到精通经史子集的士大夫，覆盖甚广。严复也有办报的经历，其对报章文体并不陌生。但在翻译实践中，他仍然坚持雅言的标准，有意与报章文体保持距离。这与严复从事翻译时的文化身份焦虑有关，也与他将翻译之作的阅读对象定位于士大夫有关，当然也与西方学术著作学理曲折有关。用中国文言文体词汇，翻译西方自成系统的学理，这种方枘圆凿式翻译实践其有两难：其一求名义了晰，截然不紊难；二是思理层折，准确表达难。文言翻译的艰难，并没有促使严复放弃对雅言的坚守。

王国维与严复、梁启超相比，其影响不在于国民启蒙和社会运动，而在于脚踏实地地走出了一条借用西方学理研究中国学问的路径。严复、梁启超的影响是全社会的，王国维的影响主要在学术界。王国维“逐次做学问”的顺序是先哲学，后文学，终史学。1903 年夏到 1904 年冬是王国维“与叔本华之书为伴侣”的时代，这个时期王国维对哲学、美术、文学的基本价值判断如下：

> 天下有最神圣、最尊贵而无与于当世之用者，哲学与美术是已。天下之人嚣然谓之曰无用，无损于哲学美术之价值也。至为此学者自忘其神圣之位置而求以合当世之用，于是二者之价值失。夫哲学与美术之所志者，真理也。真理者，天下万世之真理，而非一时之真理也。①
>
> 哲学之所以有价值者，正以其超出乎利用之范围故也。且夫人类岂徒为利用而生活者哉！人于生活之欲外，有知识焉，有感

① 梁启超:《论哲学家与美术家之天职》,《王国维全集》第一卷，北京：中华书局 1989 年版，第 131 页。

情焉。感情之最高满足，必求之文学、美术；知识之最高之满足，必求诸哲学。叔本华所以称人为形而上学的动物而有形而上学的需要者，为此故也。①

在这种思想逻辑下，王国维在《文学小言》等文中，提倡文学的超功利性，对当时的文坛有纠偏的意义。独学时代，王国维探索并逐渐确立了以西方学理，运用中国文学、史学研究的途径方法。他的《红楼梦》评论、《宋元戏曲考》研究，都体现出以西海之理，治东海之学的倾向。

以情感与想象作为文学的特质，摆脱文学的功利性，追求真善美的精神境界，王国维的纯文学认识标准与严复为近；写情则沁人心脾，写景则在人耳目，述事则如其口出，摆脱藏之名山传之后世之奢望，但摹写其胸中之感想与时代之情状，而真挚之理与秀杰之气时流露于其间，则又与梁启超文学价值取向为近。19、20 世纪之交学术与文学的三位引领者，其视野气象，和而不同。

1918 年底，第一次世界大战结束，梁启超恰在此时开始了他的欧洲游历。欧洲是世界近代文明的故乡。梁启超《欧游心影录》记述战后欧洲的所见所闻，认为欧洲战争，使中国明白了“富强”之外还有一个绝大的责任：“是拿西洋的文明来扩充我的文明，又拿我的文明去补助西洋的文明，叫他化合成一种新文明。”② 无独有偶，严复当年《与熊育锡》云：“不佞垂老，亲见脂那七年之民国与欧罗巴四年亘古未有之血战，觉彼族三百年进化，只做到‘利己杀人，寡廉鲜耻’八个字。回观孔孟之道，真量同天地，泽被寰区。”③ 王国维 1920 年代作《仓圣明智大学章程》论调与梁启超、严复如

---

① 王国维：《奏定经学科大学文学科大学章程书后》，《王国维全集》第十四卷，杭州：浙江教育出版社 2010 年版，第 34 页。

② 梁启超：《饮冰室专集》之二十三，北京：中华书局 1989 年版，第 27、35 页。

③ 严复：《严复全集》第八卷，福州：福建教育出版社 2014 年版，第 365 页。

出一辙："近世欧美之政教，以富强为政，以权力为教"，造成"外之则血战经年，伏尸百万；内之则上下交争，虞不可终日"。"欧美今世所谓新者，岂尚足以傲我中国之治与教哉！又乌知欧美之贤哲不将慕我中国之政教，思采用之，以救百年之失哉！"① 三位西学新政的输入者引进者，全都转向对西学西政的批判，并把拯救世界未来命运的希望寄托在东方文明之上。从这种群体转向可以窥知第一次世界大战对中国崇尚西方文明的知识分子的强大冲击。与之同时，中国大地上的新文化新文学运动正在进行中。新文化运动以民主科学为旗帜，呼唤伦理革命；新文学运动以"提倡白话文学"为着力点，呼唤人的文学。白话文学对梁启超来说，也许是一种求仁得仁的结果。梁启超十余年前在《小说丛话》中预言："文学进化有一大关键，即由古语之文学变为俗语之文学是也。各国文学史之开展，靡不循此轨道。"②王国维在《与顾颉刚》的信中对胡适《水浒》《红楼》考证甚为称许，但对"其提倡白话诗文，则所未敢赞同也"③。反对最为激烈的是做过北大校长的严复。严复 1919 年《与熊育锡》信中说：

> 北京大学陈、胡诸教员主张文白合一，在京久已闻之。
>
> 须知此事，全属天演。革命时代，学说万千。然而施之人间，优者自存，劣者自败。虽千陈独秀、万胡适、钱玄同，岂能劫持其柄？则亦如春鸟秋虫，听其自鸣自止可耳。④

一个因信奉进化论而改名为胡适的海归青年，充当了白话文学的旗手；一个为中国引进进化论的愈愚老人，对白话文学做出不过是春鸟秋虫、自鸣

① 王国维：《王国维全集》第十四卷，杭州：浙江教育出版社 2010 年版，第 704 页。

② 梁启超：《小说丛话》，新小说社 1906 年单行本。

③ 王国维：《王国维全集》第十五卷，杭州：浙江教育出版社 2010 年版，第 844 页。

④ 严复：《严复全集》第八卷，福州：福建教育出版社 2014 年版，第 372 页。

自止的判断。青年的行动和老人的判断，其依据都是天演时代、优胜劣败的进化论。最终，青年的行动，构成新一代文化人的登台；而老人的判断，则演绎成老一辈盗火者的谢幕。历史以这种方式做出了近代与现代的交接。

（刊于2016年7月《文学评论》第4期）

文化自信与中国现代学术百年

一、救亡图存与西学东渐背景下现代学术的起步

1840年的鸦片战争是已经完成工业革命的英帝国主义对中国发动的侵略战争。在西方毫不掩饰的军事入侵与经济掠夺行为中，中国人最初的危机意识，是由西方的“船坚炮利”所引发的。因此，鸦片战争后中国先进士人的最早的觉悟，是“师夷之长技以制夷”。“师夷之长技以制夷”的想法落实在国家行为中，是洋务运动的兴起。由各地封疆大吏参与主导的洋务运动，使中国有了最初阶段的军事与民用工业。1894年的甲午战争，是东方邻国发动的对华战争。这是一场更深刻影响中国命运、改变世界格局的战争。甲午战争后的割地赔款，引发了西方国家瓜分中国的狂潮，对中国进行债务勒索，使中国丧失主权，加深了中国殖民地半殖民地的程度。甲午战争宣告了以船坚炮利、器物革命富国强兵之梦的破产。“要救国，只有维新；要维新，只有学外国”[①]成为中国人无可回避的政治与文化选择。在救亡图存、西学

① 毛泽东：《毛泽东选集》，北京：人民出版社1964年版，第1359页，第759页，第623页。

东渐的背景下，中国现代学术蹒跚起步。

严复在天津《直报》发表《论世变之亟》《原强》《辟韩》等政论文章之所以振聋发聩，是因为他为百年学术做了一个气势不凡的破题与开场。严复以“运会”一词，描述中倭构难。运会形成，“其为祸也，始于学术，终于国家”。严复比较中西学术的不同，其一是中西学术价值取向抵牾：“中国最重三纲，而西人首明平等；中国亲亲，而西人尚贤；中国以孝治天下，而西人以公治天下；中国尊主，而西人隆民；中国贵一道而同风，而西人喜党居而州处；中国多忌讳，而西人众讥评。”其二是中西学术有代际的差别：西洋学术，“以自由为体，民主为用”。而国人举道德、政治、礼乐为大道者，反讥西学于此无知。“彼乘骐骥，我独骑驴；彼驾飞舟，我偏结筏。意若谓彼以富强，吾有仁义。”①文化价值取向与代际的差别，造成彼强我弱，彼富我贫。甲午政论后，鼓民力，开民智，新民德，成为严复救亡图存的思想旗帜；译介西方第一流学术著作，成为严复西学东渐最重要的学术实践。二十余年间，严复翻译八大学术名著。严译名著的贡献在于让中国人知道西方有船坚炮利的格致之学外，还有精妙绝伦的人文社会科学。格致之学与人文社会之学如车之两轮，共同支撑了西方国家的发展进步。这一本来存在的历史事实，却需要在国家付出血的代价之后，才进入国人的认知。严译名著中的两个概念对中国的思想革命和学术建构产生了较大的影响，一是《天演论》中“物竞天择，适者生存”的进化论，二是《社会通诠》中对蛮夷社会、宗法社会、国家社会三种进化形态的划分。进化论和社会形态论，让国人面对丛林法则盛行的世界，放下了天朝上国的虚骄，唤起了觉醒奋起的意志。学术的正能量，在国家富强、群体进步，自立于世界民族之林的伟大事业中，得以呈现。面对“中外”与“新故”两个纠缠中国学人百余年的问题，严复也做出旗帜鲜明的回答。他既反对中国士大夫“中体西用”“政本艺末”之

① 严复：《严复集》，王栻编，北京：中华书局1986年版，第46页，第560页。

说，也反对“尽去吾国之旧，以谋西人之新”之说，而提倡“阔视远想，统新故而视其通，苞中外而计其全”[①]。在维新变法时期，严复是眼界开阔，站在救亡启蒙与西学东渐前沿的知识领袖。

与严复同时站在救亡启蒙与西学东渐前沿的知识领袖还有梁启超。维新变法时期，梁启超参与公车上书，主办《时务报》，成为舆论界的骄子。这一时期，梁启超对严复“鼓民力，开民智，新民德”的救亡主张，与身体力行于译介西学，持赞成欣赏的态度。变法失败，梁启超流亡日本。明治维新后的日本，欧洲之学大量涌入。面对纷至沓来的新知识、新学理，从学问饥渴的中国走来的梁启超，通过创办《清议报》《新民丛报》《新小说》等平台，开辟了西学东来的通道。梁启超西学东来的通道与严复西学西来的通道，形成呼应之势在先，形成压倒之势在后。梁启超建立在“东学”基础上的“新民救国”理论，其学理结构是以“维新吾国，维新吾民”为主体目标，以“新史学”与“新文学”的发动作为学术变革的抓手与两翼，辅助新民救国主体目标的实现。中国旧有的学术在民族危机、西风东渐之后已是千疮百孔。支撑本民族自立于世界民族之林，需要新的学理、新的学术。梁启超1902年在《新民丛报》发表《近世文明初祖二大家之学说》，阐述学术与新民之关系云：“有新学术，然后有新道德、新政治、新技艺、新器物；有是数者，然后有新国、新世界。”“我国屹立泰东，闭关一统，故前此于世界推移之大势，莫或知之，莫或究之。今则天涯若比邻矣，我国民置身于全地球激湍盘涡最剧最烈之场，物竞天择，优胜劣败，苟不自新，何以获存？新之有道，必自学始。”[②]同年，梁启超发表于《新民丛报》的《释革》一文云：“夫淘汰也，变革也，岂惟政治上为然耳，凡群治中一切万事万物莫不

---

① 严复：《严复集》，王栻编，北京：中华书局1986年版，第46页，第560页。

② 梁启超：《梁启超全集》第二集，汤志钧、汤仁泽编，北京：中国人民大学出版社2018年版，第470页，第533页。

有焉。”“即今日中国新学小生之恒言，固有所谓经学革命、史学革命，文界革命、诗界革命、曲界革命、小说界革命、音乐界革命、文字革命等种种名词矣。”[①]此种言论，不啻为学术变革的宣言书、动员令。经学、史学、文学的变革，随之拉开序幕。学术变革的方向是创造“天涯若比邻”的时代，可以适应“物竞天择，优胜劣败”进化需求，可以新国，可以新世界的新学术。梁启超把20世纪初世界所处的时代称为“过渡时代”，梁启超充满自信地预告：这是一个中国可以大有作为的时代。在西学东渐呈现汹涌之势的背景下，梁启超预言：“盖大地今日只有两文明：一、泰西文明，欧美是也；二、泰东文明，中华是也。二十世纪，则两文明结婚之时代也。吾欲我同胞张灯置酒，迓轮俟门，三揖三让，以行亲迎之大典，彼西方美人，必能为我家育宁馨儿以亢我宗也。”[②]泰东文明与泰西文明结合的最高境界是兼容并包，为我所用。梁启超认为：“新民之义有二。一曰淬厉其本有而新之。二曰采补其本无而新之。”[③]淬厉其已有，采补我之所无，这是一种最具有建设性的开放和自信的文化态度。

与站立潮头的严复、梁启超不同，王国维走出了一条独学自悟，由西入中的学术道路。王国维读书著文、涉猎学术的顺序，是先哲学，次文学，后史学。哲学时期，攻读康德、叔本华之书，探求高严的哲学如何构建知、意、情的和谐统一。文学时期，用叔本华理论解读《红楼梦》，开始以西海之理，解东海之学的尝试。随后又有《人间词话》，以境界说论词。有《宋元戏曲考》，叙中国戏曲的起源发展，并有“一代有一代之文学”的论断。

---

① 梁启超:《梁启超全集》第四集，汤志钧、汤仁泽编，北京：中国人民大学出版社2018年版，第92页。

② 梁启超:《梁启超全集》第三集，汤志钧、汤仁泽编，北京：中国人民大学出版社2018年版，第18页。

③ 梁启超:《梁启超全集》第二集，汤志钧、汤仁泽编，北京：中国人民大学出版社2018年版，第470页，第533页。

历史学时期，研究殷墟甲骨文，有《殷墟辞中所见先公先王考》《续考》及《殷周制度论》，即“二考一论”问世，并创造了“地下之学问”与“纸上之材料”相互参证的“二重证据法”，走上了个人学术的巅峰。王国维学术兴趣转到“史学”后的1911年，罗振玉在北京创办《国学丛刊》。王国维作《国学丛刊序》，序中提出两个在现代学术史上具有地标性意义的观点：一是区分科学、史学、文学。王国维认为：“凡事物必尽其真，而道理必求其是，此科学之所有事也。而欲求知识之真与道理之是者，不可不知事物道理之所以存在之由，与其变迁之故，此史学之所有事也。若夫知识道理之不能表以议论，而但可表以情感者，与夫不能求诸实地，而但可求诸想象者，此则文学之所有事也。”[①]以如此言简意赅的语言，为科学、史学、文学下定义，区分其内涵外延，显示出王国维良好的学术意识与思维能力，也显示中国学术的分类在逐渐超越经、史、子、集的范畴，与西学接轨。二是申明学无新旧、无中西、无有用无用。持论学无新旧、无中西、无有用无用，体现出王国维不同于流俗的认识，有几分思辨和批判思维的成分。

在西学东渐的氛围中，学术著述的承载形式也在发生着变化。对文体敏感而又关心中学命运的桐城派大师吴汝纶，在为严复翻译的《天演论》作序时，有两个值得我们重视的判断：一是将严复译书与汉唐译书的文化背景作比较，以为“释氏之入中国，中学未衰也”。“今西学之流入中国，适当吾文学靡敝之时”[②]。因为汉唐与晚清中学的学术生命力有别，今赫胥氏以人治归天演的学术之道，其命运未知比释氏何如？吴文委婉曲折之中，与其说担心赫胥氏传播的命运，不如说其更担心中国学术、中国文学的命运。二是区分中国晚周以后的著述，分为集录之体、自著之体。集录者，篇各为义，不

---

① 王国维：《王国维全集》第十四卷，谢维扬、房鑫亮编，杭州：浙江教育出版社2010年版，第129页。

② 吴汝纶：《吴汝纶全集》第一卷，施培毅编，合肥：黄山书社2014年版，第147页。

相统贯；自著之体，建立一干，枝叶扶疏。唐以前，多自著之书；唐以后，一变而为集录之体。吴氏预告自严复译书后，中国的自著之体文，会悄然而兴。《天演论》后，梁启超写作《饮冰室诗话》、王国维写作《人间词话》，仍是沿袭诗文旧的评点形式，但梁启超的《新民说》、王国维的《红楼梦评论》《宋元戏曲考》则已是建立一干，枝叶扶疏的著述之体了。现代学术的起步，在学术观念，在学术视野，也在学术载体与形式。

二、五四思想文学革命与马克思主义的传入

五四思想文学革命与马克思主义的传入，均与《新青年》杂志有关联。1914 年，陈独秀在日本协办《甲寅》，曾有豪言："让我办十年杂志，全国思想都全改观。"[①]其启蒙国民改造社会的信心满满。1915年9月，《青年杂志》在上海创办，陈独秀拥有了一个实现自己诺言的平台。《青年杂志》一年后改名为《新青年》。在时代风云激荡推演中，《新青年》成为新文化运动的风暴眼。

《青年杂志》的创刊号上，主编陈独秀在"社告"中以"国势陵夷，道衰学弊。后来责任，端在青年"的话语说明办刊背景，在"答读者问"中声明"批评时政，非其旨也"。在相当于发刊词的《敬告青年》中提出"自主的而非奴隶的""进步的而非保守的""进取的而非退隐的""世界的而非锁国的""实利的而非虚文的""科学的而废想象的"的"青年六义"[②]。进入1916 年，在袁世凯复辟与第一次世界大战爆发的背景下，《青年杂志》很快

① 唐宝林、林茂生编：《陈独秀年谱》，上海：上海人民出版社 1988 年版，第 65 页。

② 陈独秀：《陈独秀文集》第一卷，北京：人民出版社 2013 年版，第 89 页，第 136 页，第 194 页，第 119 页，第 361 页，第 481 页。

由青年启蒙转向国民启蒙。1916年2月，陈独秀发表《吾人最后之觉悟》。陈文认为："欧洲输入之文化，与吾华固有之文化，其根本性质极端相反。数百年来，吾国扰攘不安之象，其由此两种文化相触接相冲突者，盖十居八九。凡经一次冲突，国民即受一次觉悟。"陈独秀此文把西洋文明输入吾国后的经历分为：最初的学术觉悟，其次的政治觉悟，当下的伦理觉悟。伦理觉悟兴起，其原因在于辛亥革命虽然建立了中华民国，但"三年以来，吾人于共和国体下，备受专制政治之痛苦"。共和宪制，须以自由平等独立为基础。而中国伦理政治以儒教纲常为大原，与共和政体不可相容，存其一必废其一。回顾西学东渐的历程，陈独秀断言："伦理的觉悟，为吾人最后觉悟之最后觉悟。"[①]维新时期的思想领袖康有为，在辛亥革命后，鼓噪成立"孔教会"，成为逆时代潮流而动者。针对思想逆流，陈独秀又有《驳康有为致总统总理书》《孔子之道与现代生活》等文，拥护平等自由的欧美文明价值观，剑指中国旧有的专制思想与孔教。其《袁世凯复活》一文指出："法律上之平等人权，伦理上之独立人格，学术上之破除迷信、思想自由，此三者为欧美文明进化之根本原因。"[②]而袁世凯之流以国粹礼教之说，阻吾前进。长此暗黑，其何以求适二十世纪之生存？创刊时声明不批评时政的《青年》，在礼赞欧美文明，批评中国专制时，又如何能绝缘于时政？

《新青年》打出伦理革命的旗帜之后，由于胡适的加盟，又竖起文学革命的旗帜。1906年，16岁的胡适到上海中国公学读书。读书期间，曾接办《竞业旬报》，经历了一年多白话文的训练。1915年10月，亚东图书馆的汪孟邹向在美国读书的安徽小老乡寄送《青年》杂志，并受陈独秀的委托向胡适约稿。在多次催促下，正在准备博士论文的胡适，1916年2月译一短

---

① 陈独秀：《陈独秀文集》第一卷，北京：人民出版社2013年版，第89页，第136页，第194页，第119页，第361页，第481页。

② 同上。

篇小说寄来，并有信于陈独秀："今日欲为祖国造新文学，宜从输入欧西名著入手，使国中人士有所取法，有所观摩，然后乃有自己创造之新文学可言也。"[①]胡适提出创造新文学主张之前，陈独秀在《青年》第1卷第3号上有《欧洲文艺史谭》一文，文中有"吾国文艺犹在古典主义理想主义时代，今后当趋向写实主义"的论断。胡适创造新文学的想法，甚合陈独秀心意。在多次通信讨论修改后，胡适在1917年1月的《新青年》上刊出《文学改良刍议》，拉开文学革命的序幕。

1917年初，陈独秀被蔡元培聘为北京大学文科学长，《新青年》改在北京出版。《新青年》以"伦理革命""文学革命"为旗帜的新文化运动，与严复、梁启超"鼓民力，开民智，新民德"思想启蒙相较，其最重要的变化，是通过青年这个特殊的群体，将民主、科学的观念精神，与每个个体的行为与生命方式结合在一起，以个体的觉醒，促进民族的觉醒。伦理革命在社会生活上，提倡思想自由，政治平等，扫除三纲五常的羁绊，维护共和政体。在个人发展上，追求人格独立、个性解放、家庭革命、婚姻自由。文学革命提倡文白合一、雅俗不隔、性情至上的文学书写和拼音识读、标点符号、简体字的国民教育。通过这些与现代人的现代生活紧密连接的方式，让思想与文学革命走进每个个体的生命空间。

《新青年》提倡伦理革命、文学革命，为社会所积极响应，但也招来守旧派的攻讦，被视为邪说怪物。陈独秀1919年1月作《〈新青年〉罪案之答辩书》："本志同人本来无罪，只因为拥护那德莫克拉西（Democracy）和赛因斯（Science）两位先生，才犯了这几条滔天的大罪，要拥护那德先生，便不得不反对孔教、礼法、贞节、旧伦理、旧政治；要拥护那赛先生，便不得不反对旧艺术、旧宗教，要拥护德先生，又要拥护赛先生，便不得不反对

① 胡适：《胡适全集》第23卷，耿云志整理，合肥：安徽教育出版社2003年版，第95页。

国粹和旧文学。”[①]“德先生”与“赛先生”，比科学与民主，更具形象性和亲和力。中与西，新与旧，在《新青年》团队看来，总是处在非此即彼的紧张冲突中。

随着思想革命和文学革命问题讨论的深入，《新青年》的容量已不敷所需。1918 年 12 月，陈独秀、李大钊创办了《每周评论》，支持北大学生傅斯年、罗家伦等于 1919 年 1 月创办了《新潮》。《每周评论》1918 年 12 月 22 日创刊，每周一期，以发表政治时事评论为主。第一次世界大战、俄国十月革命、马克思主义、北洋军阀政治，都成为《每周评论》的热题。陈独秀 1919 年初在北大取消文科总长、设置教务长的体制调整中，不再担任文科总长职务，但仍是北大教授。李大钊 1918 年 1 月起担任北大图书馆主任，同时也是《新青年》六人轮流编辑之一。李大钊关注俄国十月革命与马克思主义研究。1918 年 11 月在《新青年》第 5 卷第 5 号发表《庶民的胜利》《布尔什维主义的胜利》等文。1919 年 5 月，在他担任轮流主编时，编辑了“马克思研究号”，并发表两万字的《我的马克思主义观》。文章对马克思主义唯物史观、政治经济学、科学社会主义的三个组成部分都有所阐发，并认为“阶级竞争”如一条金线，把三大原理“从根本上联络起来”。在中国如此全面精准介绍马克思主义，李大钊是第一人。1919 年 5 月，五四爱国运动因为中国外交代表在巴黎和会上的失败而爆发。陈独秀 5 月 26 日在《每周评论》上发表《山东问题与国民觉悟》，披露五四运动中国民的两种觉悟：一是在强权蔑弃公理时，运用强力保护公理。二是国民的生存权利被政府危害时，运用国民力量维护权利。陈独秀把五四爱国运动后对外对内的两大觉悟概括为“强力拥护公理，平民征服政府”[②]。在 6 月 10 日曹汝霖等卖国贼被

---

① 陈独秀：《陈独秀文集》第一卷，北京：人民出版社 2013 年版，第 89 页，第 136 页，第 194 页，第 119 页，第 361 页，第 481 页。

② 陈独秀：《陈独秀文集》第一卷，北京：人民出版社 2013 年版，第 89 页，第 136 页，第 194 页，第 119 页，第 361 页，第 481 页。

罢免后，陈独秀想继续扩大战果，对北京政权予以“根本之改造”，于是就有6月11日到北京繁华街道散发《北京市民宣言》的行为。《新青年》的几位撰稿人陈独秀、李大钊、高一涵等都亲自参加了散发传单的活动。陈独秀在活动中被捕，《新青年》编辑部因为是陈独秀的住处而被查。83天后，陈独秀始获释放。陈独秀出狱时，《每周评论》被停刊。经过1919年的风云激荡，12月1日，《新青年》第7卷第1号发表“本志宣言”。“宣言”发表时未署名，现收入2011年人民出版社出版的《陈独秀文集》中。“本志宣言”首先，继续承认《新青年》是一个同仁杂志，“本志具体的主张，从来未曾完全发表。社员各人持论，也往往不能尽同”。其次，“宣言”重申《新青年》思想革命文学革命的基本宗旨：“我们相信政治、道德、科学、艺术、宗教、教育，都应该以现在及将来社会生活进步的实际需要为中心。我们因为要创造新时代新社会生活进步所需要的文学道德，便不得不抛弃因袭的文学道德中不适用的部分。”第三，“宣言”强调：“我们主张的是民众运动社会改造，和过去及现在各派政党，绝对断绝关系。我们虽不迷信政治万能，但承认政治是一种重要的公共生活；而且相信真的民主政治，必会把政权分配到人民全体。”[①]这是经历五四爱国运动之后陈独秀思想的重大变化，其中也蕴含着建立新的政党的重要信息。

陈独秀出狱后，出于安全考虑，也出于工作需要，1920年2月，在李大钊的帮助下暗中回到上海。不久《新青年》杂志也从北京迁至上海法租界。此年春天，俄共代表在北京与李大钊、在上海与陈独秀接触，陈独秀以上海马克思主义研究会为基础，加快了建党工作。1920年8月，中国第一个共产党组织在《新青年》上海编辑部成立，成员是上海马克思主义研究会骨干，陈独秀任书记。1920年底，共产党北京支部成立，成员大多是北大

① 陈独秀：《陈独秀文集》第一卷，北京：人民出版社2013年版，第89页，第136页，第194页，第119页，第361页，第481页。

进步师生，李大钊任书记。北京支部是毛泽东、周恩来接触马克思主义，参与建党工作的重要平台。随后，武汉、长沙、济南、广州、旅日党组织成立，并于1921年7月在上海召开第一次代表大会。灾难深重的中国大地出现了一个以马克思主义为思想武器，以社会主义、共产主义道路救中国的无产阶级政党。它对国家与民族命运，影响既深且巨，对中国现代学术的发展走向，也影响既深且巨。

三、徘徊在“中西”与“古今”中的中国现代学术

陈独秀将《新青年》迁回上海后，自1920年9月第8卷起，新进作者大多是上海马克思主义研究会的成员。迁至上海之后的《新青年》，不管是政治操作，还是学术建设，都秉承了新文化运动评判一切的理性精神，并成为宣传马克思主义的理论刊物。随后，上海又创办刊物《共产党》，介绍革命理论和政党知识。1920年，陈望道翻译的《共产党宣言》出版，成为马克思主义在中国传播史上的一个丰碑。此后，马克思主义的理论与学说，在社会与大学的青年中流传。中国先进知识分子与进步社团中的青年学生，开始以马克思主义的理论学说，研究中国社会、中国道路、中国学术。

失去了《新青年》的北京，进入后五四时代。胡适、钱玄同、鲁迅、周作人等在京的《新青年》成员，借助大学的讲坛讲席，著述为文，坚持把民主科学的价值观及重估一切价值的五四精神，贯穿到公共事务的评价和学术研究的领域，以自己的思考和理想，努力推动现代社会和现代学术与知识体系的建立。

胡适是新文化运动的主将。其发表在1918年4月15日《新青年》第4卷第4号上的《建设的文学革命论》把新文学的宗旨概括为“国语的文学，文学的国语”十个字。1919年2月，《中国哲学史大纲》由商务印书馆出版，

蔡元培作序，从“证明的方法”“扼要的手段”“平等的眼光”“系统的研究”四个方面称赞胡著。因为《大纲》只完成前半部，序者希望作者努力进行，编成一部完全的哲学史大纲。五四爱国运动爆发之际，胡适在上海陪杜威演讲。陈独秀在监狱期间的7月20日，胡适在《每周评论》发表《多研究些问题少谈些主义》，以为“空谈好听的主义，是极容易的事”[①]，“好听的主义”暗指对社会主义的提倡。李大钊予以反驳。胡、李论辩进行到三四个来回的时候，《每周评论》被封。11月1日，胡适在《新青年》第7卷第1号发表《新思潮的意义》，全面阐发自由主义与实证主义的文化学术观念。胡适认为：新思潮的根本意义是一种评判的态度，即尼采所说的“重新估定一切价值”。在此基础上，胡适提出“研究问题，输入学理，整理国故，再造文明”[②]的十六字方针。研究问题，输入学理是新思潮的成功之处。针对中国问题，输入西方学理，寻找解决问题的思想，养成研究问题的态度和研究问题的人才，才是中国学术发展的根本。整理国故，是新思潮的重要学术任务。对中国的旧学术，一不盲从，二不调和，将其整理出一个条理脉络、前因后果来，弄清其真意义真价值，才能实现新旧学术的转换。新思潮的最终目标是再造文明，用一点一滴学术进步，促进国家与民族进步。《新思潮的意义》可以作为胡适建立现代学术体系的纲领。声称不谈政治的胡适，1923年以后也身不由己地做起很多书斋之外的事情。半部《白话文学史》，半部《中国哲学史大纲》的遗憾，与时过境迁的学术兴致有关，也与中国激烈动荡的时局形势有关。

后五四时代，以“疑古”为突破口的国故整理的风暴在悄悄聚集之中，始作俑者是胡适，主将是钱玄同、顾颉刚。1921年9月，钱玄同致信胡适，

---

① 胡适:《胡适全集》第1卷，耿云志整理，合肥：安徽教育出版社2003年版，第321页，第691页。

② 同上。

评论章太炎、康有为、崔适的路径得失。以为除“仿泰西新法”这一路径外，“新国故党”超越前辈的第二件法宝就是摆脱“家法”，不以门派自限。为了标志自己新的学术方向确立，钱玄同自 1921 年起使用“疑古玄同”。此后数年，在讨论古书“辨伪”时，钱玄同获得第三件法宝利器——从辨伪入手，“经”之辨伪与“子”同等重要，或且过之。研究经史、整理国故，从辨伪入手，经子同辨；摆脱“家法”，超越今文古文派的眼界畛域；仿泰西新法，独出心裁，重建知识体系。三条在讨论中形成的定理，构成了钱玄同整理国故思想的核心。钱玄同以上述价值观方法论，对胡适、顾颉刚施加学术影响。

顾颉刚 1923 年发表《与钱玄同先生论古史书》，提出“古史层累说”[①]。这是“古史辨派”的理论基石，在当时是一种石破天惊的历史观。钱玄同看到后回信给予高度赞扬，还详谈了对六经的认识：一是六经于孔子无涉；二是托古的伪书伪解，也极有研究的必要和价值；三是中国经学史上，汉代最为混乱。在钱玄同、顾颉刚手中，辨伪依然只是手段。他们企望在建构起新学术之前，把古籍还原整理成可供使用的砖瓦石料，以待输入学理、再造文明者出现。辨伪者担任的是清道夫职责，辨伪的主要学术职能就是存真祛魅。

后五四时代的十余年间，以辨伪为突破口，以促进中国学术现代转换为目标的国故整理运动，影响深远。在五四以后评判一切精神的推动下，中国的现代学术转型大大加快。随着维新启蒙思想运动的领袖人物严复、梁启超、王国维等相继步入大学教坛，大学成为学术转换的枢垣：史学、文学、哲学等学科分类，代替了传统的四库分类，中国学科体系的初建悄悄萌生；以明变、求因、评判为学术目标自成系统的述学之作，数量上越来越多

① 顾颉刚：《中国近代思想家文库·顾颉刚卷》，顾潮编，北京：中国人民大学出版社 2014 年版，第 41 页，第 227 页。

于序、跋、笺注、评点的著作，新的知识体系和学术体系在缓缓生长；北大、清华、师大、燕大等高校研究院培养的新生代学者纷纷涌现，他们如顾颉刚所希望的“认定了一个小范围去做深入的工作”[①]，在新辟学科领域学有专攻、各有建树。如冯友兰的中国哲学史研究，郭绍虞、罗根泽的中国文论史研究，刘盼遂、姜亮夫的诸子学楚辞学研究，陆侃如、冯沅君的中国诗学研究，董作宾、朱芳圃的甲骨文研究，谭其骧、史念海的历史地理学研究等等，均以学有专攻的努力，开辟了许多新的学术空间。后五四时代的国故整理，以“史料”眼光看待古人古籍。在平等、评判、整理理念的引导下，走出了一条由“信古”，到“疑古”，再到“释古”“考古”的学术历程。上述新生代的出现和成长，使“整理国故”的接力，得以运行，中国现代学术的空间里，开始呈现出万木竞秀、千帆竞发的可喜局面。中国现代的学术格局初具规模。

在中国现代的学术推进过程中，“中西”与“古今”仍是以“研究问题”与“再造文明”为学术宗旨的学人无法回避绕行的问题。1919 年的胡适与李大钊“问题与主义”的争论刚刚偃旗息鼓，科玄论战烽火又起。1923 年 2 月张君劢在清华大学演讲人生观，区分“科学”与“人生观”，认为科学只能创造物质文明，无法解决人生观问题。第一次世界大战的灾难，就是西方的物欲横流的结果。解决精神文明需要东方文明的参与。丁文江把张君劢的人生观哲学称之为玄学，认为其立论存在着对科学与西方文明的误读。最后引用胡适的话“人类最大的责任与需要是把科学方法应用到人生问题上去”，为科学张目。张、丁论战几个回合之后，各种学术主张、学术路线的代表人物参与论战。对这场论战，评论不一，我们可以借用钱玄同的视角，透视各派的论说。钱玄同 1923 年 7 月至 8 月给周作人写信，谈起对学术界的感受

① 顾颉刚:《中国近代思想家文库·顾颉刚卷》，顾潮编，北京：中国人民大学出版社 2014 年版，第 41 页，第 227 页。

时说：我觉得近几年思想最明白的人有两个：一是吴稚晖，一是陈独秀。在将东方化连根拔去，将西方化全盘采用上，最可佩服。“关于这一点上，梁启超固然最昏乱，蔡元培也欠高明，胡适比较的最明白，但思想虽清楚，而态度则不逮吴、陈二公之坚决明了，故也还略逊一筹。”①梁启超之所以“昏乱”，是其《欧游心影录》，持欧洲科学破产论，将欧战以来世界文明的希望寄托于东方文明。胡适主张“研究问题，输入学理，整理国故，再造文明”，尽管预测趋势清晰。但不及吴稚晖、陈独秀的态度坚决明了。在科玄论战中，梁启超是张君劢的支持者，其肯定科学的作用，但不承认科学万能。胡适是丁文江科学论的支持者。胡适 1923 年 11 月作《科学与人生观序》，认为中国还不曾享受科学的赐福，中国的人生观还不曾和科学行见面礼，因此不必菲薄科学。已经是中国共产党领袖的陈独秀也应邀为《科学与人生观》作序。陈超越科学派与玄学派，标榜唯物史派。陈独秀以为“只有客观的物质原因可以变动社会，可以解释历史，可以支配人生观，这便是唯物的历史观”②。在陈独秀熟练地区分自然科学与社会科学，并持“唯物史观”批评张、丁、梁、胡的论点时，充满着一览众山小的自信。

钱玄同旁观科玄论战，其持“欧化就是全世界之现代化”的观点：“我坚决地相信所谓欧化，便是全世界之现代文化，非欧人所私有，不过欧人闻道较早，比我们先走了几步。”③钱玄同以自己的理解来解释“中外古今”：“我的‘古中’，是‘今化的古’和‘外化的中’。换言之，受过今外洗礼的‘古中’。我不幸自己不懂‘今外’，但我总承认‘古中’决非今后世界之活

---

① 钱玄同：《钱玄同文集》第六卷，北京：中国人民大学出版社 1999 年版，第 65 页，第 65 页。

② 陈独秀：《陈独秀文集》第二卷，北京：人民出版社 2013 年版，第 476 页。

③ 钱玄同：《钱玄同文集》第二卷，北京：中国人民大学出版社 1999 年版，第 155 页。

物。”[①]经改造的“古”、与现代文化接轨的“今”，才能成为世界的活物。挣脱古代，接轨现代，这是再造文明的意义所在。

科玄论战是后五四时代东西方文化本位的论战。这样的论争20世纪还进行过多次，如1935年萨孟武、何炳松十位教授发表“中国本位的文化建设宣言”。胡适写作《试评所谓“中国本位的文化建设”》批评说：“辛亥以来，二十多年了，中国经过五四时代的大震动，又经过民国十五六年国共合作的国民革命的大震动……虽然到处留下了不可磨灭的创痕，始终没有打破那个中国本位。”中国本位从未被打破，就不必替中国本位担忧。“我们肯往前看的人们，应该虚心接受这个科学工艺的世界文化和它背后的精神文明，让那个世界文化充分和我们的老文化自由接触，自由切磋琢磨，借它的朝气锐气来打掉一点我们的老文化的惰性和暮气。将来文化大变动的结晶品，当然是一个中国本位的文化，那是毫无可疑的。如果我们的老文化里真有无价之宝，经得起外来势力的洗涤冲击的，那一部分不可磨灭的文化将来自然会因这一番科学文化的淘洗而格外发辉光大的。”[②]也是在这次争论中，胡适在《充分世界化和全盘西化》一文中把1929年《中国今日的文化冲突》中“全盘西化”的提法修正为“充分世界化”[③]。

与自由主义文人“中西”“古今”文化本位坐而论道风轻云淡的讨论相比，五四之后诞生的中国共产党所推动的马克思主义中国化的革命实践与理论探索，却是一场惊天地、泣鬼神，经历血与火淬炼的伟大事业。这一伟大事业的不断前进不断成功，深刻地改变了中华民族发展的方向进程，深刻地

---

① 钱玄同：《钱玄同文集》第六卷，北京：中国人民大学出版社1999年版，第65页，第65页。

② 胡适：《胡适全集》第4卷，耿云志整理，合肥：安徽教育出版社2003年版，第578页，第584页。

③ 胡适：《胡适全集》第4卷，耿云志整理，合肥：安徽教育出版社2003年版，第578页，第584页。

改变了国家、民族的前途命运和世界发展的趋势格局。中国共产党人艰苦卓绝的革命实践中，形成了把马克思主义的普遍真理与中国具体实际相结合的思想路线，找到了改变中国社会，全面走向现代化的康庄大道。1940 年，处在中国共产党领导者位置上的毛泽东，写作了《〈共产党员〉发刊词》《中国革命和中国共产党》《新民主主义论》等文章，建构起新民主主义理论体系，全面回答中国革命性质、任务等重大问题。毛泽东首次使用新民主主义革命这样一个科学概念，以五四为界，把中国革命分为旧民主主义与新民主主义革命两个阶段。五四之前的中国革命，是中国资产阶级领导的旧民主主义革命，属于世界资产阶级资本主义革命的一部分。五四之前新学与旧学、西学与中学之争，因为世界已经进入帝国主义时代，旧的资产阶级民主文化已是腐败无力，失去灵魂，剩下躯壳，其失败是必然的。五四之后的中国革命，是中国无产阶级领导的新民主主义革命，属于世界无产阶级的社会主义文化革命的一部分。新民主主义革命，既不同于旧民主主义，又尚未到达社会主义，是两者之间的过渡阶段。其政治方向是社会主义，其文化目标是要建立民族的科学的人民大众的文化。所谓民族的，就是反对帝国主义压迫，主张民族独立解放的文化；所谓科学的，就是对外来文化，批判地吸收，取其精华，去其糟粕。反对全盘西化，提倡马克思主义的普遍真理与中国革命的具体实践结合；所谓大众的，就是民族形式，民族风格。无产阶级领导的新文化，经过若干年的发展，已经在哲学、经济学、军事学、历史学、文学、艺术等方面所向无敌。鲁迅就是这个文化新军最伟大最英勇的旗手。鲁迅的方向，就是中华民族新文化的方向。1941 年，毛泽东在《改造我们的学习》中把“马克思主义与中国革命的具体实践相结合”的思想，比喻为“有的放矢”：“‘的’就是中国革命，‘矢’就是马克思列宁主义。我们中国共产党人所以要找这根‘矢’，就是为了要射中国革命东方革命这个‘的’

的。”[①]1942年毛泽东《在延安文艺座谈会上的讲话》中提出文艺的民族形式和工农兵方向，奠定了40年代以后中国文艺的发展方向。上述观念，无不渗透着求实创新的精神。新民主主义理论是毛泽东思想的重要组成部分，是马克思主义中国化的重大理论成果，是毛泽东为代表的中国共产党人对甲午战争以来“中外”与“古今”争论背后所折射的文化本位的正确把握和回答。它与马克思主义的唯物史观、辩证法、阶级分析的方法，共同构成了马克思主义中国化理论的学术内涵。

四、实事求是思想与学术路线的回归

1949年，中国共产党领导的社会革命取得成功，中华人民共和国建立，中国和中华民族成为一个独立自主的伟大国家和自立于世界民族之林的伟大民族。这是中国人民“站起来”的开始。新民主主义革命的胜利，社会主义基本制度的建立，为当代中国一切发展进步奠定了根本政治前提和制度基础。如何在政治前提与制度基础奠定之后，完成经济建设与文化建设的任务，对中国共产党所领导的人民政权来说，是一副并不轻松的担子。

新中国建立之初，百废待兴。因大学教育和社会阅读的需要，毛泽东1941年在《改造我们的学习》中提出的研究中国共产党的历史和鸦片战争以来中国近百年史的倡议得到逐步落实。1950年5月，教育部“高等学校文法两学院各系课程草案”公布，以马克思主义的基本原理和新民主主义论为指导思想，编写中国史、中国文学史等教科书成为最急迫的任务。在文史学科，中国历史、中国文学被分为古代、近代、现代学科，后来又有了当代

---

① 毛泽东：《毛泽东选集》，北京：人民出版社1964年版，第1359页，第759页，第623页。

学科。在学术思想方面，提倡用现代科学思想与方法整理转化我国的优秀文化遗产，并在整理转化的过程中，注重用唯物主义经济基础与上层建筑的辩证关系解释历史的成因与过程，普遍运用阶级与阶级斗争学说评判人物、事件，诠解复杂的历史现象，分析文学作品；在历史叙事中，突出人民群众是历史创造者，是推动社会进步的重要力量，注重爱国主义、集体主义、反帝、反封建精神的挖掘，重视农民起义的评价研究，重视保护民间原生态艺术。建国初期，一批学养深厚的学者，尝试用新的历史观解释描述中国史、中国文学史。以前混沌不清，错综复杂，只知其然，不知其所以然的问题，得到了合理的解释。中国史（特别是中国近代史）、中国文学史（特别是中国现代文学）成为这一时期学术进步最为明显的学科门类。

毛泽东《新民主主义论》中有两个基本判断：一是新旧斗争，即革命与反革命的斗争，“从鸦片战争算起，已经整整一百年了；从辛亥革命算起，也有了差不多三十年了”[①]。二是五四之后，资产阶级的文化思想比它政治上的东西还要落后，绝无领导作用，至多是无产阶级文化思想的盟员。在新旧文化阵营截然划分的时代，旧阵营的异动是容易引发警惕的。俞平伯是五四时代以胡适为代表的“新红学派”成员，1923 年写有的《红楼梦辨》一书，1952 年 9 月，在北大任教的俞平伯将旧稿修改，以《红楼梦研究》的书名出版。此书的重新出版引发了新中国思想文化领域对资产阶级唯心主义的批判，随后批判蔓延到胡适，再后转向胡风，且形成胡风反党集团错案，株连甚广。1955 年 3 月，中共中央发出《关于宣传唯物主义思想批判资产阶级唯心主义思想的指示》，提出学术批评的若干原则，避免扩大化，但这些原则并没有在激化的思想战线斗争中得到落实。在确立了马克思主义在意识形态的指导地位后，如何指导文化艺术与学术研究工作，是摆在执

① 毛泽东：《毛泽东选集》，北京：人民出版社 1964 年版，第 1359 页，第 759 页，第 623 页。

政党面前的重大课题。1956 年 4 月，毛泽东发表《论十大关系》，在谈到中外关系时提出“向外国学习”的口号。“我们的方针是，一切民族、一切国家的长处都要学，政治、经济、科学、技术、文学、艺术的一切真正好的东西都要学。”[①]在此前后，中央又提出了新形势下对知识分子的政策、“向现代科学进军”的任务和“百花齐放、百家争鸣”的方针。但在随后 1957 年党的整风运动中，又发生反击右派的事件。“反右”的扩大化，实际也是处理人民内部矛盾与处理敌我矛盾，处理政治问题与处理学术问题把握不好的表现。这种向“左”方向偏转，是新中国成立后党的历史上的沉痛教训。

政治文化上向“左”偏转，也会带来学术上的偏转。在向科学进军的热潮中，继 1957 年教育部颁发《中国文学史教学大纲》后，1961 年初开始，国家全面铺开高校文科二百余种教材的编写工作。整个工作由中宣部副部长周扬主持，从全国科研机构和高等学校抽调数千人参与其事，成为新中国成立以来最大的学术工程。其中文学方面的《中国文学史》由游国恩等五人主编，《中国现代文学史》由唐弢主编。游编《中国文学史》1963 年即由人民文学出版社出版，而《中国现代文学史》却迟迟不能成稿。参与此书编写的樊骏先生《编撰〈中国现代文学史〉的若干背景材料》记述：“周扬本人对这本教材确实也抓得很紧，唐弢经常向编写组传达他的指示要求。针对庸俗化、简单化的教条主义倾向，已经渗透这门学科，他强调得最多的是不要受条条框框的束缚，写史就要从历史的实际出发，在此基础上提出自己的意见。甚至说大不了掉进修正主义的泥坑，到时候我把你们拉上来就是了。”1962 年秋，文学史写出提纲。提纲的审稿会正好紧接着中共八届十中全会之后召开。会议提出“以阶级斗争为纲”。“参加了中央全会的周扬立即

① 毛泽东：《论十大关系》，《毛泽东文集》第七卷，中央文献研究室编，北京：人民出版社 1999 年版，第 23 页。

将这一精神贯彻于教材的编写工作，他在审稿会上发言的基调也因此发生相应的变化。”“这样一来，原先置于首位的客观的历史实际不再具有决定性的意义，曾经备受推崇的‘春秋笔法’也弃置一边；对史家而言，关键还在于时刻警惕自己的立场观点是否端正。真可以说是编写方针上一次 180 度的急转弯。”[①]《中国现代文学史》1964 年赶印出上半册征求意见，下半部的手稿因为“文化大革命”而不知所终。在整整中断了 14 年之后，1978 年 9 月，唐弢重组编写组，三卷本 72 万字的《中国现代文学史》1979 年 6 月由人民文学出版社出版。书出版时，编写组已经成立 20 余年。时间拖得久只是问题的一面，更大的问题还在于主编唐弢对刚出版的史书颇有违心的论断而饱受学术良心的折磨：“想到书中的缺点，始终负疚于心。”[②] 盼望着尽快重加修订。《中国现代文学史》的编写出版是一个极富说明性的学术个案。我们感谢樊骏先生给我们留下了这些生动的历史细节。

社会主义是人类历史上全新的事业。在一穷二白的大国建设社会主义，实现现代化，不可能不遭遇许多困难和挫折。重要的是能不能在胜利时清醒，从错误中觉醒。清醒和觉醒的路径，是重返实事求是的思想路线。1978 年开始的实践是检验真理的唯一标准的讨论，拉开了中国共产党拨乱反正，重返实事求是思想路线的序幕。1978 年 11 月的中央工作会议上。邓小平所作的报告，又特意在“实事求是”前加上“解放思想”四个字。12 月 18 号召开的十一届三中全会提出把全党工作的重点转移到社会主义现代化建设上来，果断停止使用“以阶级斗争为纲”的口号。在 2019 年中华人民共和国成立 70 周年的时候，学术界描述各自学科拨乱反正的学术元年时，都不约而同地选择 1979 年。我们以史学为例：黎澍在评论 1979 年的中国历史学时

---

① 樊骏：《编撰〈中国现代文学史〉的若干背景材料》，《新文学史料》2003 年第 2 期。

② 唐弢：《关于重写文学史》，《唐弢文集》第 9 卷，北京：社会科学文献出版社 1995 年版，第 629 页。

指出："一九七九年历史学界在思想解放运动中一个最重要的收获，就是摆脱了现代迷信、教条主义和实用主义的精神枷锁，逐步回到了马克思主义的轨道。"他又指出："一九七九年，历史学界还有一个重要收获，就是开始抛弃过去那种简单化，绝对化的形而上学的方法，使实事求是的学风逐渐得到发扬。"[①]史学界的感受是真实和具有普遍性的。1979年以后，后五四时代成长发展的各个学科，共同回到实事求是的原点，因而有了各自长足的进步和发展。这些在新中国建立70周年的2019年，很多学者已经做了很好的描述，我们在此无须赘述。本文试图再通过一个世纪学术老人、一部学术自述，管中窥豹，以简驭繁，跟着冯友兰的讲述，走进现代学术的百年，知兴替，明得失。1983年，哲学家冯友兰写了一部《三松堂自序》，记述自己60余年从事学术研究的经历，许多关节点对现代学术百年有阐释性意义。

一、关于北大与胡适。冯友兰1915年入北京大学哲学门，招生简章上有三个哲学门，而真正开课的只有中国哲学门。中国哲学门有三门课程：中国哲学史、诸子学、宋学。胡适在三年级时做他的老师，发的讲义为《中国哲学史大纲》。讲义名引发大家的笑声，因为哲学史就是哲学的大纲，中国哲学史大纲，相当于大纲的大纲。胡适在美国的博士论文是《先秦名学史》，先秦之外的部分是讲课时加上的。既非蔡元培序所说的一年完成，其前后功力也深浅不同。

二、关于胡著与冯著《中国哲学史》。1927年以后，因为所供职的燕京大学需要讲中国哲学史，冯友兰开始《中国哲学史》的写作。冯自言写作哲学史时，马克思主义在中国传播，唯物史观也随之流传。因为唯物史观的一般原则，对冯有所影响，因此冯著与胡著也有显著不同。冯认为中国历史上有两个社会大转变时期，一是春秋战国时代，一是清末中外交通时代，于是

① 黎澍：《一九七九年的中国历史学》，《再思集》，北京：中国社会科学出版社1985年版，第122页。

冯著就把哲学史分为“子学时代”和“经学时代”。子学时代百家争鸣；经学时代僵化停滞。清代学术，偏于“信古”。钱玄同、顾颉刚由“疑古”发展为“辨伪”，冯自称自己则走到了释古。胡著对资料的真伪、文字的考订，占了很多篇幅，是汉学考据的路径；冯著则偏重各家哲学思想的了解和体会，是宋学义理的路径。汉学与宋学，都不是研究哲学的方法，但研究哲学史是有这两种方法。方法不同，结果亦异。

三、关于“中西”与“古今”。冯友兰认为：马克思主义历史观的一个显著特点，是从横的方面看历史。把社会分为许多类型的内容或特点。所以古今之分，其实就是社会各种类型的不同。在一个社会类型中，生产力等经济基础是体，政治、文化等上层建筑是用。体要改了，用会跟着改的。中国的当务之急是补产业革命之课。补社会主义工业化的课。在中国的现代化过程中，全盘西化与本位文化，都没有实现的可能。

四、个人文化观的三个阶段。《三松堂自序》最后一章名曰“展望”。有“卒章显志”的含义。其中全文收入冯友兰 1982 年 9 月 10 日在美国哥伦比亚大学授予名誉文学博士学位仪式上的答词。答词用英文写成，87 岁的冯友兰 60 年后重返 1920—1923 年读博士学位的母校，百感交集。他回顾自己的学术成长经历，以为他一生的学术努力，都在探究如何回答“所生活时代的文化冲突”这样一个根本问题。来美国时正值五四运动末期，这个运动是当时东西不同文化矛盾的高潮。“我是带着这些问题而来的，我开始认真地研究它们。为了解答这些问题，我的思想发展有三个阶段。”[①] 第一个阶段，用地理区域来解释东西方文化差别，文化差别是东方、西方的差别。第二个阶段，用历史时代来解释文化差别。文化差别是古代、近代的差别。第三阶段，用社会发展来解释文化差别，文化差别是社会类型的差别。冯友兰用

① 冯友兰:《三松堂自序》，北京：生活·读书·新知三联书店 2009 年版，第 407 页，第 413 页，第 415 页，第 416 页，第 414 页。

“踌躇摇摆”来描述其30年代写作《中国哲学史》和80年代初修改中面临的困难。“踌躇摇摆”主要来自于如何看待不同文化之间的矛盾冲突，如何继承精神遗产问题。“中国就是旧邦而有新命，新命就是现代化。我的努力是保持旧邦的同一性和个性，而同时促进实现新命。”①

冯友兰在《三松堂自序》中还谈到1946—1948年在美国讲中国哲学史的经历：“来西方的汉学家们，把中国文化当作一种死的东西来研究，把中国文化当作博物院中陈列的样品。我那时在西方讲中国哲学史，像是在博物院中做讲解员。讲来讲去觉得自己也成了博物院中的陈列品了，觉得有自卑感，心里很不舒服。”80年代再访美国，因为中国的进步，也因为自己学术的进步，冯友兰讲学的感觉则大有不同。“这次我到美国，虽然讲的也是中国的东西，但是心情完全不同了。自卑感变成了自豪感，不舒服变成了舒服。中华民族的古老文化虽然已经过去了，但它也是将来中国新文化的一个来源，它不仅是过去的终点，也是将来的起点。将来中国的现代化成功，它将成为世界上最古也是最新的国家。”②冯友兰的“自卑感变成了自豪感”过程，不正是中国人100年来由自愧不如走向文化自信的过程吗？在《三松堂自序》的结尾，这位世纪老人写道：“我认为中国古典哲学中有些部分，对于人类精神境界的提高，对于人生中的普遍问题的解决，是有所贡献的。这就有永久的价值。”“一个时代的哲学的建立，是需要时间的，往往需要几代人的时间，甚至几个世纪的时间。它是一个活的东西，活的东西的发展都是需要时间的。它的内容也是历史的产物，不是哪一个人或哪几个人随意确定的。马克思主义必定要与中国的具体实践相结合，成为中国的马克思主义，中华民族也会生出许许多多的人才，以完成这种事业。”③

---

① 冯友兰：《三松堂自序》，北京：生活·读书·新知三联书店2009年版，第407页，第413页，第415页，第416页，第414页。

② 同上。

③ 同上。

中国现代学术是中国现代化历史过程的一部分。中国现代化在国家与民族危亡之际艰难起步，在西学东渐中找到了马克思主义。十月革命的成功和马克思主义在中国的传播，在古老落后的中国催生了无产阶级政党——中国共产党。中国共产党以实现社会主义、共产主义为奋斗目标，在长期的革命实践中找到了马克思主义中国化、中国社会现代转型与中华民族伟大复兴贯通交汇的康庄大道。中国特色社会主义道路、制度的成功，使我们在获得道路自信、制度自信之后，也重新获得了文化与学术自信。反过来，文化自信又成为道路自信、制度自信中更深沉、更持久的力量。如何在新的全球化时代，在人类命运共同体时代，不忘本来，吸收外来，面向未来，是中国学术、中国学者的历史使命。旧邦新命，继往开来，冯友兰“智山慧海传真火，愿随前薪作后薪”[①] 的诗句，是我们的心声，也应该是我们的行动。

（刊于 2021 年 6 月《文学评论》第 3 期）

---

① 冯友兰:《三松堂自序》，北京：生活·读书·新知三联书店 2009 年版，第 407 页，第 413 页，第 415 页，第 416 页，第 414 页。

甲午之诗与诗中甲午

中日甲午战争是1894年日本帝国主义发动的侵华战争，是一场深刻影响中国命运、改变世界格局的战争。战争爆发已经一百二十年了，在两个甲子的星移斗转中，中国和世界都发生了沧海桑田般的巨大变化。在中国逐步走上民主、富强的康庄大道，中华民族伟大复兴指日可待的今天，重温甲午之战，重读甲午之诗，可以帮助我们透过历史的风尘，重观甲午之战给我们的国家和人民带来的巨大灾难，体味甲午之诗所蕴含的民族情感，坚定对中国现代化道路的信心。

甲午之诗

19世纪60年代，亚洲的两个邻国中国和日本几乎同时开始了向欧洲的学习。中国的洋务运动以“自强、求富”为目标，着力在船坚炮利方面向西方看齐，在中国兴办军事与民用工业，一度呈现“同治中兴”的景象。与中国的器物革命不同，日本则通过“明治维新”谋求政治革命，推动工业化，完成“脱亚入欧”的蜕变。19世纪末，世界范围内主要资本主义国家都在以侵略的行径扩大其殖民范围，使得正处在产业革命高潮中的岛国日本也跃跃欲试，蓄意向海外扩张，其在亚洲扩张的首选即是邻近的中国与朝鲜。

1887年，日本政府制定了《清国征讨策略》，并逐渐演化为攻占台湾、吞并朝鲜、进军满蒙、蚕食中国、征服亚洲的“大陆政策”。随着日本“大陆政策”的逐步实施，中日之间终于在1894年爆发战争。此年干支纪年为甲午，故称“甲午战争”。

战争是由朝鲜问题引发的。1894年，朝鲜爆发东学党起义，朝鲜政府向清政府乞援。清政府派直隶提督叶志超、太原镇总兵聂士成平息朝鲜内乱。日本也以保护侨民和使馆的名义出兵，并在“全州和议”达成之后，以协助朝鲜改革内政为名拒不撤兵。1894年7月23日凌晨，日军突袭汉城王宫，解散朝鲜亲华政府，成立亲日政府。政变后第三天即7月25日，日本在朝鲜丰岛海面袭击北洋水师，击沉为清军运兵的英国商轮“高升”号，九百五十名士兵落水而死，引爆甲午战争。

从丰岛突袭始，到北洋舰队覆没止，甲午战争持续近八个月，其进程大致可分为两个阶段。甲午战争的第一阶段主要在中国大陆外的朝鲜半岛及黄海北部进行，包括平壤战役和黄海海战。丰岛事件后，清军与日军在平壤的军事冲突日渐增多。朝鲜政府被日军控制后，清军的活动受到很多掣肘，清政府命叶志超统领平壤聂士成、马玉昆各军。平壤战役清、日两军兵力相当，战事分三个战场进行。玄武门之战中，高州镇总兵左宝贵中炮阵亡。在战局呈胶着状态时，叶志超下令撤退，退兵途中遭遇埋伏，死伤惨重。平壤之战以清军大败告终。此后，清军狂奔逃至鸭绿江边，渡江回国，日军完全占领朝鲜。平壤陷落三天后的9月15日，日本舰队又在鸭绿江口大东沟附近的黄海海面上发动海战。海战进行五个多小时，邓世昌、林永升率舰奋战，卒至牺牲。清政府的北洋舰队损失五艘军舰，死伤官兵千余人，日军五舰被重创，死伤官兵六百余人。北洋舰队为保存实力，退缩到威海港内，日本夺取了黄海制海权。甲午战争的第二阶段主要在辽东半岛、威海卫进行，包括鸭绿江江防之战、金旅之战与威海卫之战。鸭绿江江防之战是清军对日军发起的保卫战，宋庆为诸军总统。由于清军各部实难协调，加之平壤新败，士气萎靡，而日军野心勃勃，扬言要直捣北京。保卫战不到三天，清军的鸭绿江防线全线崩溃，日军占领丹东等地。接下来的金旅之战持续约一个月，大连湾和旅顺口陷落，号称“东亚第一要塞”的旅顺落入敌军之手，深藏在威海卫港内的北洋舰队的门户被打开。日军在旅顺制造了血流成河的屠杀惨案。1895 年 1 月底，日军发动对威海卫炮台的进攻，不久占领威海陆地，北洋水师提督丁汝昌所在的刘公岛成为孤岛。日军劝降，丁汝昌拒绝。旗舰定远中雷搁浅，弹药告尽，刘步蟾炸沉定远号自杀。此后，丁汝昌、杨用霖在主降派胁迫下自杀。主降派牛昶昞与日军签订《威海降约》，将威海卫舰只、刘公岛炮台军械悉数交与日军。北洋舰队最终以缴械投降的方式覆没。而一直进行中的辽东之战，自鸭绿江江防被突破后，清政府调两江总督刘坤一督办东征事务，任命湖南巡抚吴大澂及宋庆为帮办，以挽回颓势。3 月 9 日，牛庄、营口、田庄台相继失守，清军从辽河东岸全线溃败。战争以清政府海、陆两军的完败告终。此后，便是丧权辱国的《马关条约》的签订。

甲午战争中国方面的失败，宣告清王朝苦心经营的“同治中兴”局面不复存在，洋务派以船坚炮利作为富民强国路径的梦想彻底破灭，让国人深深失望；东方大国惨败在蕞尔小国的枪炮之下，和约又是那么苛刻沉重，让民族重重蒙羞；战争的过程和结果向世界暴露了清政府的无能与中国的积弱积贫，引发帝国主义对中国的瓜分狂潮，国家处于危亡边缘。失望、痛心、忧患、愤恨的国家与民族情感酝酿交集，成就了甲午之诗。甲午战争时期的诗歌作品，被阿英先生搜集在《甲午中日战争文学集》[①] 中。在甲午战争爆发两个甲子之后，重读甲午战争时期的诗歌，穿越时间的隧道，我们似乎又回到那个炮火连天、铁血阴冷的时代。

“我手写我口”的黄遵宪是甲午时期最活跃的诗人。1894 年 11 月，黄

① 阿英：《甲午中日战争文学集》，北京：中华书局 1958 年版。

遵宪从新加坡任上回国，亲身感受中日战事给国人带来的揪心和压抑。第二年的3月23日，黄遵宪参加沈葆桢的公祭。此时威海卫与辽东半岛战事刚刚结束，又传来日舰进发台湾澎湖的警报。面对日军的贪婪，黄遵宪写下了《乙未二月二十七日公祭沈文肃公祠》一诗，诗中记叙大东沟、威海卫等海战的失败，邓世昌、林永升的死难，以及战争中“人船兵甲各糜化，虫沙万数鱼鳖千”的惨烈。黄遵宪关于甲午战争的史诗，大多是1898年南归乡居后补写的，其有《悲平壤》《东沟行》《哀旅顺》《苦威海》《马关纪事》《降将军歌》《台湾行》《度辽将军歌》《书愤》等。诗人有意将甲午时期所见所闻之事以如椽之笔记录下来，留此存照，激浊扬清。《悲平壤》写两军互相对峙时，清军叶志超突竖白旗，清兵溃败逃过鸭绿江的情况道：

> 天跳地踔哭声悲，南城早已悬降旗。三十六计莫如走，人马奔腾相践蹂。驱之驱之速出城，尾追翻闻饿鸱声。大东起舞小东怨，每每倒戈飞暗箭。长矛短剑磨铁枪，不堪狼藉委道旁。一夕狂驰三百里，敌军便渡鸭绿水。一将拘囚一将诛，万五千人作降奴。[①]

平壤首败，败不在军力，败在将官的胆识与军队的士气。陆军如此，海军同样如此。《东沟行》记黄海海战道：

> 濛濛北来黑烟起，将台传令敌来矣，神龙分行尾衔尾。倭来倭来渐趋前，绵绵翼翼一字连，倏忽旋转成浑圆。我军瞭敌遽飞炮，一弹轰雷百人扫，一弹星流药不爆。敌军四面来环攻，使船使马旋如风，万弹如锥争凿空。地炉煮海海波涌，海鸟绝飞伏蛟

① 阿英：《甲午中日战争文学集》，北京：中华书局1958年版，第1页。

恐，人声鼓声噤不动。漫漫昏黑飞劫灰，两军各挟攻船雷，模糊不辨莫敢来。此船桅折彼釜破，万亿金钱纷雨堕，入水化水火化火。水光激水水能飞，红日西斜无还时。两军各唱铙歌归，从此华船匿不出。人言船坚不如疾，有器无人终委敌。①

大东沟在鸭绿江口。9月15日，清舰护送四千余名入朝援军，返航至大东沟附近遭日军阻截，海战由此爆发。日本海军在海战中投入战舰十二艘，包括其全部精华。北洋舰队出动军舰十艘、附属舰八艘，由丁汝昌率军。清舰以人字应敌，日舰以一字进攻，开始了近代海战史上所罕见的战斗。黄遵宪的诗描述了战争的惨烈，也道出了清军的劣势。黄海海战之前，清政府已十年不添一舰一炮，军械设备老旧，舰炮威力不足，弹药时有不爆，影响战斗力的发挥。“一弹星流药不爆”即是指此种现象。此外，战略指挥也难辞其咎。黄海海战，北洋水师虽损失巨大，但并没有战败，“两军各唱铙歌归”是一种因天晚各自鸣金收兵的情况。然李鸿章为保存实力，令北洋舰队躲进威海港内，使日军掌控了制海权。“从此华船匿不出”这种龟缩的自我保护，铸成后来北洋舰队被围缴的大错。“人言船坚不如疾，有器无人终委敌。”痛定思痛，诗人认为大东沟海战失利的原因不在器物，而在人谋。其“有器无人”之语，可谓明快沉痛。黄海海战功亏一篑，旅顺口的陷落也匪夷所思。黄遵宪《哀旅顺》一诗写道：

海水一泓烟九点，壮哉此地实天险！炮台屹立如虎阚，红衣大将威望俨。下有深池列巨舰，晴天雷轰夜电闪。最高峰头纵远览，龙旗百丈迎风飐。长城万里此为堑，鲸鹏相摩图一啖。昂头侧睨视眈眈，伸手欲攫终不敢。谓海可填山易撼，万鬼聚谋无此

---

① 阿英：《甲午中日战争文学集》，北京：中华书局1958年版，第1—2页。

胆。一朝瓦解成劫灰，闻道敌军蹈背来。[①]

旅顺口背山面海，水深港阔，地势险要，难攻易守，是清政府北方重要军港。诗人极笔力写其戒备森严，固若金汤。而敌军先占领大连，不从海上而是选择从军港背后陆地发起进攻，天险之守，瞬间瓦解。旅顺失守，又是人谋不周。旅顺当哀，而威海当哭。黄遵宪《哭威海》一诗记叙甲午战争的最后一战威海卫之战，可谓惊心动魄：

台南北，若唇齿；口东西，若首尾；刘公岛，中间峙。嗟铁围，薄福龙；龙偃屈，盘之中；海与陆，不相容。敌未来，路已穷；敌之来，又夹攻。敌大来，先拊背；荣城摧，齐师溃。南门开，犬不吠；金作台，须臾废。万钧炮，弃则那；炮击船，我奈何；船资敌，力犹可；炮资敌，我杀我！危乎危，北山嘴；距南台，不尺咫；十里墙，薄如纸；李公睡，戴公死。寇深矣！事急矣！麾海军，急上台！雷轰轰，化为灰；山号跳，海惊猜；击者谁？我实来。南复北，台乌有；船孑孑，东西口。天大雪，雷忽发；船蔽裂，龙见血。鬼夜哭，船又覆；地日蹙，龙局缩。坏者撞，伤者斗；破者沉，逃者走。噫吁戏！海陆军！人力合，我力分。如蠖屈，不得申；如斗鸡，不能群；毛中虫，自戕身。丝不治，丝愈棼；火不戢，火自焚；遁无地，谋无人！天盖高，天不闻。四援绝，莫能救；即能救，谁死守？炮未毁，人之咎；船幸存，付谁某？十重甲，颜何厚！海漫漫，风浩浩；龙之旗，望杳杳；大小李，愁绝倒；岿然存，刘公岛。[②]

① 阿英：《甲午中日战争文学集》，北京：中华书局 1958 年版，第 2 页。

② 阿英：《甲午中日战争文学集》，北京：中华书局 1958 年版，第 2—3 页。

诗中先写威海炮台地势险要，南北守望，难攻易守，次写清兵水陆两军不甚合作。日军陆军分两路进犯威海：海军从海上进攻，形成对威海港的合攻；陆军先夺威海港南岸炮台，复又进攻威海和北岸炮台。日军将南岸炮台修复后，从海岸射击北洋水师，这就是诗人“炮资敌，我杀我”的由来。威海港的海、陆混战，甚为血腥，“人力合，我力分”，其结果当然是迥然不同。半月有余的对垒，北洋水师渐入“天盖高，天不闻。四援绝，莫能救”的困境。最后丁汝昌等人自杀，《威海降约》签订，北洋舰队十艘舰船被插上日本旗。北洋水师以屈辱的方式全军覆没，威海卫和山东半岛的失陷，使京畿门户大开。

黄遵宪关于甲午战争的诗还有《降将军歌》《度辽将军歌》。前诗写威海卫之战丁汝昌事。丁汝昌作为北洋水师提督，是威海卫之战的总指挥，在战局不可挽回的绝境中吞鸦片自杀，以死殉国。威海卫战役中前后因战事失利自杀的还有刘步蟾等五人。北洋舰队投降后，以身殉国的将领灵柩被运出威海。黄遵宪听信丁汝昌先降后死的传言，对丁汝昌之死语含讥讽：“前者阖棺后舆尸，一将两翼三参随。两军雨泣咸惊疑，已降复死死为谁？可怜将军归骨时，白幡飘飘丹旐垂，中一丁字悬高桅。回视龙旗无孑遗，海波索索悲风悲。悲复悲，噫噫噫！”[①]而历史的真实是丁汝昌在“四援绝，莫能救”的绝望中自杀在前，其部下向敌军求降在后，丁汝昌不应背负降将军之名。后诗写湖南巡抚吴大澂事。吴因为得到一块刻有“度辽将军”字样的古印，以为是万里封侯的征兆，请兵出征山海关，任东征事务帮办，驻军牛庄。战前吴帅虚骄自大，先是自夸武艺高强，次又讥讽遭受败绩的淮军将领，并要求幕僚预先写好纪功立碑的文字，在营前竖起“投诚免死”之牌，然而“两军相接战甫交，纷纷鸟散空营逃。弃官脱剑无人惜，只幸腰间印未失”[②]。战

① 阿英:《甲午中日战争文学集》，北京：中华书局1958年版，第3页。

② 阿英:《甲午中日战争文学集》，北京：中华书局1958年版，第3页。

前的虚骄与战时的仓皇形成鲜明对比。读者对败将耻笑之余，对国事前途则倍感痛心。

生活在甲午时期的许多诗人像黄遵宪一样，关注着中日之间每一场战役的胜负，关心着国家的苦难和民族的命运。他们用诗记述甲午战争的所见所闻，抒写复杂纠结的情感。

关于平壤之役，桐城派诗人王树楠有《八月二十日闻平壤之败》诗：

> 撤戍销兵孕祸胎，当年铸错事堪哀。一时血誓抟沙散，大澥腥波卷地来。劲舰未穷榑木窟，溃军已哭牡丹台。益州烽火通霄汉，补过还思百里才。[①]

诗人由平壤兵败反思清政府在朝鲜问题上的错误。1882年朝鲜发生壬午兵变，日本首次获得在朝鲜的驻兵权。后两年，日本帮助朝鲜开化党发动甲申政变，最终与清政府订立了《天津会议专条》，规定中日两国同时从朝鲜撤兵，两国出兵朝鲜须相互通知。这就为甲午中日战争埋下祸胎。诗人希望清王朝从平壤战败中反省朝鲜决策的错误。曾任总理衙门行走的袁昶，其《近事书愤和友人作》诗写道：

> 月照大同江上愁，孤军转战烬余收。空拳不敌炮车恶，折戟犹椿长狄喉。菂偃幸能旋马首，陈安旋惨失蛇矛。犒军内帑颁金阙，敌忾畴分圣主忧。
>
> 久将玉斧划藩陲，追咨珠盘屡失词。鸭绿岂容邻异域，乌黄谁迅赴兵机？楚纵未合前言食，秦嫱须成右臂规。交远近攻应决

① 阿英：《甲午中日战争文学集》，北京：中华书局1958年版，第32—33页。

策，喻张方略用奇时。[1]

前诗记8月16日平壤大营失陷左宝贵死难，叶志超停止抵抗事。诗人希望清军能同仇敌忾，为圣主分忧。后诗写平壤战役中的国际调停事。在中日平壤军事摩擦初起之时，李鸿章等寄希望于美、英、俄等大国的调停，而调停排解未果，日军已在丰岛开炮击毁“高升”号。诗人希望清政府早定远交近攻的方略，打好外交之战，并在本诗的自注中特别提醒国人提防俄、日之间的暗中援结。曾任兵部主事、湖北安襄郧荆道的曹允源写于甲午年的《书事》一诗，追溯中国自鸦片战争以来番舶络绎，通使通商，江海门户洞开，洋人得陇望蜀，政府一误再误，及近来兴办洋务，研习机器，规度西法，追求自强的过程，多有感慨。谈及日本的兴起及在朝鲜问题上与中国的争斗，其诗云：

神州左翊数日本，援西背中事夺攘。维新纪年革旧俗，桀骜往往侵边疆。朝鲜与国我藩服，无端肇衅幽其王。箕踞汉城胁兵力，海东生尘障日光。帝赫斯怒下明诏，声灵先播师堂堂。阃外诸将谁颇、牧，羽书旁午催颜行。安得犁庭奋神武，出奇拊背兼扼亢。廓然天途扫流彗，坐看初旭升榑桑。[2]

明治维新后的日本，援西背中，变得桀骜强悍。朝鲜本是大清藩属国，日本无端肇衅，箕踞汉城。诗人希望军中有如廉颇、李牧能用兵者出，奋其神武，犁庭扫穴，驱除倭寇。但战争的结果却与愿望大相径庭。曹允源又有《闻官军退渡鸭绿江》诗，记述了“平壤一失摧锋棱”“退数百里如山崩”的

① 阿英：《甲午中日战争文学集》，北京：中华书局1958年版，第18页。
② 阿英：《甲午中日战争文学集》，北京：中华书局1958年版，第16页。

溃败。诗人对清军的军事能力添了几分哀痛："未申天讨安黎蒸，画江自守险足凭。东海何日重清澄，我书军事徒拊膺。"[1]诗人此时的哀痛，到再记旅顺之战时已变成愤怒。战争不仅是军队双方武器的较量，还是军队士气和国家意志的较量。曹允源对战争由乐观到哀痛再到愤怒的情感历程，是甲午战争时期很多士人共同经历过的。

再看黄海海战。甲午年出版《盛世危言》一书鼓吹变法自强的郑观应，著有《罗浮待鹤山人诗草》，其《闻大东沟战事感作》一诗云：

> 东沟海战天如墨，炮震烟迷船掀侧。致远鼓楫冲重围，万火丛中呼杀贼。勇哉壮节首捐躯，无愧同袍夸胆识。梁宏立志果不虚，生当封侯死庙食。愧杀辽东众将弁，曳兵弃甲无人色。喧传中外尽惊奇，兵饷虚糜尚减克。那堪平旅如金汤，拱手让人千万亿。措置乖方咎孰归，春秋大义为贤责。粉饰因循若养痈，堂堂师挫弹丸国。我欲退步学神仙，不愿长为世所抑。功名富贵本由天，任尔畸士求不得。呜呼！流芳遗臭竟如何？懦夫贪夫听我歌。广厦千间眠七尺，良田万顷食无多，曷不为国执干戈？君不见，蒙耻贪禄一刹那！[2]

诗先写大东沟海战的激烈和邓世昌等将士的英勇杀敌，随后斥骂国中军中的懦夫贪夫。正是他们的兵饷虚糜、粉饰因循、措置乖方，造成"曳兵弃甲无人色""堂堂师挫弹丸国"的败局。缪钟渭《纪大东沟战事吊邓总兵世昌》诗写战争与英雄道：

---

① 阿英：《甲午中日战争文学集》，北京：中华书局1958年版，第16页。
② 阿英：《甲午中日战争文学集》，北京：中华书局1958年版，第45—46页。

阴云暗惨海气黑，王濬楼船誓杀贼。两军鏖战洪涛中，雷霆铿锵天异色。高密后裔真英雄，气贯白日怀精忠。炮石攻击乱如雨，血肉激射波涛红。敌舰纷纷多击毁，我舟力尽亦沉水。不分猿鹤与沙虫，全军尽葬鱼腹里。将军历险得生出，当留此生待异日。志存灭虏图再举，畴谓将军节遽失？将军大呼曰不然，宁为玉碎毋瓦全。誓与士卒共生死，人死我生何腼颜？呜呼人生孰不死，死亦要贵得其所。重如泰山轻鸿羽，流芳遗臭俱万古。将军视死甘如饴，凛凛大节青史垂。嗟彼军前身伏法，畏敌如虎亦奚为？[①]

诗中的“重如泰山轻鸿羽”诗句曾广为流传。作为致远舰管带的邓世昌，在大东沟海战致远号多处受伤全舰起火的情况下，命令致远舰冲向敌舰，敌舰炮火击中致远舰鱼雷发射管，致远舰爆炸沉没。邓世昌落水后，拒绝救助，蹈海而死。全舰二百五十余名官兵一同殉国。邓世昌及致远舰官兵的牺牲精神成为黄海海战中国海军的亮色。

关于旅顺与威海之战，曹允源有《纪愤》一诗云：

铁舰何巍巍，负重万牛力。巡海尾快艇，速率如飞翼。巨炮吞洪涛，烟焰弥天黑。格林最轻迅，环发利转侧。制器非我长，借材法与德。十年成海军，决胜计良得。蛟龙辟三舍，日月黯无色。楼橹极千里，纵眸远镜侧。忽传敌舰至，未战气先北。枪丸不中程，手僵心惶惑。机牙坏轮轴，乘危火炬逼。器利掉不灵，金钱糜万亿。旅顺古天险，蹙地咎谁职？驿骚渤海民，十步生荆棘。忠裔蹈海亡，庸将系徽纆。彼苍岂不仁，正气钟英特。[②]

---

① 阿英：《甲午中日战争文学集》，北京：中华书局 1958 年版，第 48 页。

② 阿英：《甲午中日战争文学集》，北京：中华书局 1958 年版，第 17 页。

十年而成、糜钱万亿的海军，黄海交战，“未战气先北”，“枪丸不中程”，失天下之望。忠裔之后是指林则徐的侄孙林泰曾。林在黄海海战中荣立战功，旅顺失守后撤往威海，因战舰入港时损伤，极为自责，自杀身亡。

袁昶《于湖小集》中有《闻金州陷》《哀旅顺口》《哀威海卫》诗，诗中记三场战事云：

> 金州表里边门险，老将黄回气未平。倭马无端饮裨海，佛狸行自毙坚城。北来兵气传丛雁，东拒军心触骇鲸。未与至尊分旰食，只嫌无补是书生。
>
> 金州锁钥东地维，三面犄海背负巇。戈船作坞军器监，九攻九距输墨机。漆城荡荡无不有，一旦雷轰资虏守。虏嗤主者先遁逃，利器尽入倭奴手。呜呼海沸神怒号，奔军应伏杜邮刀。蛇盘乌栊天险失，夺还何日犁腥臊？
>
> 我军左威右镏岛，形胜天然鬼工造。增台巨炮震九地，火弩水雷环百道。堡坞却作偃月形，杀气飞鸟不敢停。如何黑云朝压垒，壮士夕化虫沙并！呜呼内讧梁柱蠹，亿万金泉铸此错！几时鞭石驾鼍梁，义旗东指王师渡。[①]

金州、旅顺、威海均有天险可凭，难攻易守，但防线无一不顷刻之间土崩瓦解。金州是“佛狸行自毙坚城”，旅顺是“利器尽入倭奴手”，威海是“呜呼内讧梁柱蠹”，诗人以“只嫌无补是书生”之语自责，期待“夺还何日犁腥臊”，“义旗东指王师渡”胜利的到来。

一生游幕四方的倪在田是和黄遵宪、袁昶一样关注战争进程的诗人，其《枯生松斋集》中的《望旅顺》《望威海》诗云：

① 阿英：《甲午中日战争文学集》，北京：中华书局1958年版，第20—21页。

百丈山头望烽火，铁舰如云逐飞舸。当时万骑出宽河，今日悬车战辽左。辽东经年未解围，大东沟北海参崴。五陵烟树乔山剑，万里彤云白雁飞。

猛士按剑熊津道，汗血名驹龁秋草。都护高车四十王，扶桑花落东瀛早。倭寇金甲尽痕穿，扑地歌钟趵突泉。风尘觌面丘山起，愁读临江节士篇。[①]

田庄是辽东战役的最后一战。此时海战北洋水师已全军覆没，陆战也已接近尾声。曾任翰林院编修的周锡恩有《悲田庄》一诗记田庄战事云：

锦州逃军为余说，一言一咽声断绝。去年大帅出榆关，炮火烧空天欲裂。湘军淮军塞路衢，河魁上将刘与吴。抚军忠勇世莫比，天赐度辽铜虎符。轻裘缓带巡亭障，九重览奏颜色壮。高竖降旗招岛酋，隐然敌国谁能抗？上相行成东海隈，战书夜抗田庄台。李军魏军作掎角，雄炮顿发如春雷。抚军忠勇世莫比，才闻炮声胆堕地。回身上马若电轩，未欲奔敌误反奔。此时三千鸦鹘军，若水泻瓶波裂盆。山号海啸相吞吐，揉搽出火以自燔。积胔支道脂膏原，或降或杀无一存。抚军捧诏还南服，豹节霓旌军吏肃。老妪哭儿妻哭夫，泪痕斑尽湘江竹。不能再战只言和，岁币古来无此多。常恨朝廷不主战，主战如此将奈何？[②]

诗中首句“抚军忠勇世莫比”，是讲清军大将的庄严威武。清政府在辽东之战中派出两江总督刘坤一为钦差大臣督办东征，同时任命湖南巡抚吴大

---

① 阿英：《甲午中日战争文学集》，北京：中华书局 1958 年版，第 23—25 页。

② 阿英：《甲午中日战争文学集》，北京：中华书局 1958 年版，第 59 页

澂与宋庆帮办，动用了上百营的兵力，很多是湘军淮军的班底，不可不谓精兵强将，大兵压境。第二句“抚军忠勇世莫比”则语含讥讽了。两军接阵，清军不堪一击，如鸟兽散。田庄一战，宣告清朝陆军在辽东保卫战中彻底失败。半年之内，清朝海、陆军均告溃败，清政府无法言战，只有求和了。朝野清流，多恨朝廷不主战，主战的结果是反招大侮！清政府和清军的腐败与无能，已经使他们无法打赢任何一场战争。

诗中甲午

北洋舰队全军覆没，东征战役全线溃败，京、津危急。清政府只有乞和。1895 年 3 月 19 日，李鸿章带随员前往日本马关与日本首相伊藤博文商定和约。谈判进行得异常艰难，4 月 17 日，李鸿章被迫在条约上画押。《马关条约》的主要内容是：朝鲜自主；割让辽东半岛、台湾、澎湖列岛给日本；赔偿军费两万万两；开放沙市、重庆、苏州、杭州为通商口岸。5 月，在俄、法、德列强的干涉下，中国以三千万两白银将辽东半岛赎回。《马关条约》是中国近代史上影响最为巨大的不平等条约，它的签订，大大影响了中国与世界的格局。就中国而言，台湾等领土的割让，破坏了中国主权的完整；巨额赔款，迫使中国向外国举债；通商口岸的开放，大大加重了中国殖民地化程度；以“富国”“强兵”为主旨的洋务运动宣告失败，中国现代化的进程进入政治变法阶段。就世界而言，中国作为一个东方大国的战败，其国际地位大幅度下降，世界列强把中国作为掠夺的对象，中国面临着国家被列强瓜分的危险；得到巨额赔款、朝鲜控制权、中国台湾等战略要地的日本，成为亚洲新兴强国，其在亚洲和世界范围内的霸权主义扩张越演越甚。除去上述有形的伤害之外，甲午战争给中国带来的最大伤害、最大阴影在于国家情感、民族情感方面。具有五千年历史的泱泱大国，败在一直为中国附庸的蕞尔小国的武力之下，在铁与血铸就的事实面前，中国人有愤怒，有反省，也有奋起。我们从“甲午之诗”中读到的是有关甲午战争的记述与记忆，我们在“诗中甲午”中感受到的是与甲午战争有关的民族情绪与情感。

先看甲午时期诗人对《马关条约》的情感。黄遵宪《马关纪事》诗云：

> 括地难偿债，台高到极天。行筹无万数，纳币一千年。恃众忘蜂虿，惊人看雀鹯。伤心偿博进，十掷軏成韃。
>
> 竟卖卢龙塞，非徒弃一州。赵方谋六县，楚已会诸侯。地引相牙犬，邻还已夺牛。瓜分倘乘敝，更益后来尤。[①]

“纳币一千年”是指辽金时中原每岁纳币二十万两，而甲午战争的赔款竟高达两万万两，是辽金时期的一千年的数量。更可怕的是中国示弱日本之后，可能引发帝国主义列强对中国的瓜分高潮，此局面让人担忧。与张謇交往甚密的无锡诗人顾森书《马关和方退庐作》一诗写道：

> 扶桑弓劲海东头，元老和戎域外游。可异身遭曹沫劫，遑言口伐可汗谋？作翁原已痴聋久，怯敌弥教华裔羞。私计熟权公谊薄，由他官谤出清流！
>
> 属国句骊已陆沉，天南割地复何心？铸兹大错六州铁，竭我余膏九府金。衮衮诸公劳补救，茫茫四海益愁深。圣朝宽典包容广，犹许黄扉搢笏临。[②]

前诗言李鸿章早已是痴聋之人，办马关事，为世人所诟病；后诗言朝

① 阿英：《甲午中日战争文学集》，北京：中华书局 1958 年版，第 5 页。
② 阿英：《甲午中日战争文学集》，北京：中华书局 1958 年版，第 64 页。

鲜陆沉，台湾被割，铸六州错，竭九府金，如此罪人，仍被宽容重用。邹增祜《闻和议订约感赋三首》云：

早有忧时语，无如幕燕嬉。南溟弃屏翰，东道失藩蓠。曲突薪谁徙，危楼木岂支！舐糠须及米，深悔补牢迟。

圣主终神武，其如国贼何？元戎甘割地，上将竟投戈。漏瓮焦难沃，谚台债愈多。向来无一策，富贵只求和。

委肉当饥虎，虚名说善邻。金缯罗掘尽，匕鬯丧亡频。刑马要盟汉，输龙枉誓秦。徒闻天帝怒，麟阁尔何人？[①]

倭谋朝鲜，早有迹象。而智者所言，不为谋国者所重，造成危楼难支、割地赔款、忍辱求和的结局，让国人深悔。曾在李鸿章幕府多年、向李执弟子礼的吴汝纶，1902 年访问日本，有《马关》《过马关》诗：

万顷云涛玄海滩，天风浩荡白鸥闲。舟人那识伤心地，为指前程是马关。

愿君在莒幸无忘，法国摧残画满墙。闻道和亲有深刻，欲移此碣竖辽阳。[②]

辽阳威海惨败而有《马关条约》，每一个中国人怎能不把马关看作伤心之地？

甲午战争后的另一伤心地是台湾。台湾远古时代与大陆相连，后因地壳运动，形成海峡，出现台湾岛。因此岛孤悬海外，自 17 世纪初，便不断

---

① 阿英：《甲午中日战争文学集》，北京：中华书局 1958 年版，第 99—100 页。

② 阿英：《甲午中日战争文学集》，北京：中华书局 1958 年版，第 54 页。

遭受荷兰、西班牙侵犯。1661年郑成功从荷兰手中收复台湾后，清政府设置台湾府，隶属福建省。1884年中法战争期间，法军进攻台湾，遭刘铭传重创。1885年，台湾划为单一行省。《马关条约》后，台湾割让给日本，台湾全省哭声震天。协理台湾军务的清军将领刘永福率军民反抗日本占领，坚持了五个月的抗战。之后，台湾沦为日本殖民地达五十年之久。1945年8月，日本在第二次世界大战中战败，台湾才重返中国。台湾割去，在甲午时期诗人的笔下，是一种撕心裂肺般的痛苦。黄遵宪《台湾行》诗云：

城头逢逢雷大鼓，苍天苍天泪如雨，倭人竟割台湾去！当初版图入天府，天威远及日出处。我高我曾我祖父，艾杀蓬蒿来此土。糖霜茗雪千亿树，岁课金钱无万数。天胡弃我天何怒，取我脂膏供仇虏。眈眈无厌彼硕鼠，民则何辜罹此苦。亡秦者谁三户楚，何况闽粤百万户。[①]

曾任福安、连江知县，晚年渡海，宦游淡水、基隆等地的张景祁对台湾之痛，感受更为深切，其有《台疆杂感》诗，诗云：

基隆形势逊安平，使节偏屯北府兵。筹海十年成铸错，东溟从此失金城。

岛国新更自建旄，登坛拜印励同袍。煌煌露布书犹湿，一叶扁舟驾海涛。

大旗日落将星孤，半壁支持仗寄奴。犹道越南雄略在，鸦军齐作黑云都。

昔年作尹海东头，宫阙金银发隐忧。眼见蛟龙营窟宅，从今

① 阿英：《甲午中日战争文学集》，北京：中华书局1958年版，第5页。

域外问谁收？[①]

第一首诗言安平险隘，基隆夷旷，建省台北，诚为失计。第二首言自割台后，台民自请自治，以巡抚为大总统，不十日而事溃。第三首言刘铭传驻守台南，率军曰“黑旗军”，其名至今沿用。第四首言诗人宰淡水时，曾赋词有“本是蛟龙窟宅，误认金银宫阙，征战几时休”句，不幸成台湾今日战事频繁之语谶。诗人毛乃庸《赤嵌城》是一首哀台民之作：

赤嵌城头鬼夜哭。白骨如山压城麓。炮雷一震城门开，长须虾夷海上来。马前酋长发新令，文物衣冠更旧政。峨峨大岛悬南天，狉榛一启三百年。诗书礼乐沐王化，奈何从此污腥膻！虾夷得意肆荼毒，日日括金还括粟。姬姜憔悴执盘匜，王谢流离溷厮仆。横行淫掠复何堪！轻乃拘囚重诛戮。城中碧血化青磷，城外狐狸饱残肉。天寒日暮哀遗民，北望神州泪盈掬。泪盈掬，鬼夜哭。不恨虾夷不诉苦，但恨生不得为中国民，死不得葬中国土。[②]

白骨如山，生灵涂炭；昔日主宰，今日囚徒；王道湮没，兽道横行；北望神州，何处归路？“恨生不得为中国民，死不得葬中国土”的悲哀，是何等的沉痛！钱振锽《简大狮》记台民简大狮事。诗前序交代事情的由来道：“光绪乙未，我割台湾予倭。台民简大狮与日本战年余。至厦门，为当事所获。简大狮供：倭淫虐妻妹，皆死焉。予之战，不敌，故至此。我反倭，非反大清也。今为中国官吏所杀，亦复无恨。若以我予倭，则死不瞑目。当事者竟缚大狮献于倭，置极刑。后其弟简大度复与倭战，亦败。”诗云：

① 阿英：《甲午中日战争文学集》，北京：中华书局1958年版，第9—10页。
② 阿英：《甲午中日战争文学集》，北京：中华书局1958年版，第52—53页。

痛绝英雄洒血时，海朝山涌泣蛟螭。他年国史传忠义，莫忘台湾简大狮。[1]

同样是台湾抗日志士，丘逢甲的命运要好于简大狮。丘逢甲是台湾苗栗人，祖籍在广东镇平。光绪十五年（1889）进士，授工部主事，无意仕途，回台讲学、游幕。甲午战争爆发后，他深以国事为忧，奔走呼号，动员台民自主抗战。《马关条约》签订后，他刺血上书，恳求朝廷废约抗战，未果。乃举义师以抗日，失败后离台内渡，定居镇平。其所著《岭云海日楼诗钞》多有怀念故土的情思和收复河山的壮志。丘逢甲1895年7月仓促内渡时有《离台诗》六首，诗云：

宰相有权能割地，孤臣无力可回天。扁舟去作鸱夷子，回首河山意黯然！

虎韬豹略且收藏，休说承明执戟郎。至竟虬髯成底事，宫中一炬类咸阳！

卷土重来未可知，江山亦要伟人持。成名竖子知多少，海上谁来建义旗？

从此中原恐陆沉，东周积弱又于今。入山冷眼观时局，荆棘铜驼感慨深。

英雄退步即神仙，火气消除道德编。我不神仙聊剑侠，仇头斩尽再升天。

乱世团圆骨肉难，弟兄离别正心酸。奉亲且作渔樵隐，到处名山可挂单。[2]

---

① 阿英：《甲午中日战争文学集》，北京：中华书局1958年版，第56页。

② 丘逢甲：《岭云海日楼诗钞》，上海：上海古籍出版社1982年版，第415页。

宰相丧权辱国，英雄无力回天。且收拾起虎韬豹略，作离乡背井的漂泊之客。常怀想卷土重来，仇头斩尽，不坠壮士之志；不忍看中原陆沉、荆棘铜驼，且作渔樵之隐。内渡初的诗人充满着复杂纠结的情感。内渡后三年，有《元夕无月》一诗，诗云：

满城灯市荡春烟，宝月沉沉隔海天。看到六鳌仙有泪，神山沦没已三年！①

两岸之月成为寄托诗人思乡之情的性灵之物。其《对月书感》云：

明月出沧海，我家沧海东。独怜今夜见，犹与故乡同。丧乱山河改，流亡邑里空。相思只垂泪，顾影愧归鸿。

把酒酹明月，客怀殊不欢。流光当此夕，照梦到长安。水落龙愁夜，山空鹤话寒。中天宫阙迥，孤对岭梅看。②

台湾虽为异域，夜夜来赴梦中。丘逢甲《往事》《乞陈颐山乔森作画》诗云：

往事何堪说，征衫血泪斑。龙归天外雨，鳌没海中山。银烛鏖诗罢，牙旗校猎还。不知成异域，夜夜梦台湾。

百粤河山霸气孤，英雄遗迹冷秋芜。先生自有千秋笔，乞写朝台吊古图。③

---

① 阿英：《甲午中日战争文学集》，北京：中华书局1958年版，第82页。
② 阿英：《甲午中日战争文学集》，北京：中华书局1958年版，第83页。
③ 阿英：《甲午中日战争文学集》，北京：中华书局1958年版，第80页。

台湾在诗人的魂牵梦绕之中。《送颂臣之台湾》诗其六云：

亲友如相问，吾庐榜念台。全输非定局，已溺有燃灰。弃地原非策，呼天倘见哀。十年如未死，卷土定重来。①

丘逢甲 1912 年临终弥留之际，嘱咐家人："葬须南向，吾不忘台湾也。"其心其志可鉴。

甲午战争进行之中，国人对于战争过程中每一场战役的胜负得失诚为关心，对积小败为大败的战争结果痛心疾首。但只有到了《马关条约》签订，巨额赔款账单开出，台湾澎湖割让，帝国主义列强蠢蠢欲动，觊觎从广州湾到渤海湾的所有港口与土地时，中国政府与国民才意识到这场局部战争给中国带来的严重后果。甲午战争时期诗人群体对国家民族在弱肉强食生存环境中未来命运和选择的忧虑，对政府腐朽无能、丧权辱国、奄奄而无生气的失望，对军队文恬武嬉、一触即溃的愤恨，对社稷倾危、生民涂炭、民不聊生生存危机的关注，产生了许许多多以《感事》《书愤》《春愁》《秋怀》为题的诗。诗人们以自己的诗作，记录了甲午战争这一中华民族最为危难时期社会与民族的情感历程。黄遵宪《书愤》云：

一自珠崖弃，纷纷各效尤。瓜分惟客听，薪尽向予求。秦楚纵横日，幽燕十六州。未闻南北海，处处扼咽喉。（其一）

弱肉供强食，人人虎口危。无边画瓯脱，有地尽华离。争问三分鼎，横张十字旗。波兰与天竺，后患更谁知！（其五）②

---

① 阿英：《甲午中日战争文学集》，北京：中华书局 1958 年版，第 78 页。

② 阿英：《甲午中日战争文学集》，北京：中华书局 1958 年版，第 6—7 页。

前诗言自清政府被迫同意德国租用胶州湾之后，列强纷纷效尤。沙俄强租旅顺、大连，英国强租威海卫，法国强租广州湾。中国从南到北的海岸线，处处遭人扼喉。后诗言当今世界，是个弱肉强食的时代，中国积贫积弱，恐蹈波兰、印度之覆辙！王树楠《书愤》诗云：

刀弧帖括求文武，珍重先朝旧典章。文学力争盐铁论，衣冠翻笑武灵王。暑寒颠倒供裘葛，儒墨纷纭较短长。所习至今非所用，一番蒿目一回肠。

大言邹衍说神州，万水浮沉绕地球。何事华夷区内外，行看盟诅变春秋。宣尼问学传龙鸟，诸葛遗谋创马牛。造物已开恢诡局，宰臣须用识时流。

大沽环望水群飞，夜半风霜动鼓鼙。小国未防蜂虿毒，诸军已作鹤猿啼。书生有策惟流涕，肉食无谋痛噬脐。每读开元占筮语，天寒十月见横霓。

少年争欲觅封侯，彼已狂言尚未休。安汉顿忘娄敬策，存燕翻弃将渠谋。老嫠独陨宗周涕，一傅何堪众楚咻。举国已成孤注势，伤心一发可能收？[①]

前两诗言选士用人，学非所用，不识时务；后两诗言肉食者无谋，举国成孤注之势，伤心也就难免。缪钟渭《书愤》、周馥《感愤》诗云：

一木何堪大厦支，边隅日夜羽书驰。已嗟待兔功难建，且补亡羊事未迟。江夏方移陶侃节，睢阳空盼贺兰师。貔貅坐拥称无

① 阿英：《甲午中日战争文学集》，北京：中华书局1958年版，第34页。

敌，未肯同心报主知。[1]

岂真气数力难为，可叹人谋著著迟。自古师和方克敌，何堪病急始求医？西邻漫恃和戎策，东海宁逢洗辱时。蠢尔岛夷何负汝？茫茫天道竟难知。[2]

大厦将倾，一木不支；气数将尽，人力难为。师不和，难克敌；病急重，方求医。本是守株待兔之战，反作亡羊补牢之悔。和战方略不定，终至蒙羞岛夷。

再看感事之作。诗人陈寅《感事》诗云：

白门事偾祸初胎，尽撤藩篱户洞开。异种居然通百粤，苍生今又哭全台。儒冠自古元无用，士气于今实可哀。大展苠才持国是，中朝谁是出群才？

谋国纷纭说自强，果将何术报君王？出金得矿原藏富，筑铁腾车或裕商。债帅安居军帐美，强邻环伺海氛狂。百年罂粟根株结，赋税中含鸦片香。[3]

诗人从鸦片战争《南京条约》的签订，向外国人开放口岸通商说起，到朝鲜独立，台湾被割，儒冠无用，士气衰敝，国家无可用之才。自强之谋，开矿筑路，引得强邻环伺，海氛不靖，其祸胎结于通商互市，致使藩篱洞开。张罗澄、徐维成、张同《感事》诗云：

① 阿英：《甲午中日战争文学集》，北京：中华书局1958年版，第47页。
② 阿英：《甲午中日战争文学集》，北京：中华书局1958年版，第46页。
③ 阿英：《甲午中日战争文学集》，北京：中华书局1958年版，第40页。

南关旧恨积难平，又听东隅战马声。谁铸九州成大错？忍教万里坏长城？延陵仗剑前锋挫，越石投戈一枕横。漫怪相公颜独厚，创深痛巨苦寻盟。[①]

高歌拔剑一何哀，率土须眉气尽颓。史册前朝无此局，功名盖代亦庸才。翻宣骄态忘担荷，空捣孤心在草莱。安得鲁阳能返日，全消蜃雾海天开！[②]

莽荡乾坤万事非，世情多与愿相违。金瓯已缺谁能补？铁锁都沉不可归。亘古瀛寰成创局，孤臣海峤怅斜晖。狂澜未倒犹堪挽，拔剑高歌赋采薇！[③]

张罗澄诗以为有中法越南之和，故有日本之变。“相公”句讥讽李鸿章马关谈判时被刺，忍痛寻盟。徐维成诗以为中国缺少须眉阳刚之人，高歌拔剑、敢于担荷者出才有可能雾散天开。张同诗和徐维成诗意相近，以为金瓯已缺，铁锁都沉，挽狂澜于未倒，须有拔剑高歌之人。

中华民族积弱积贫、生死存亡之际，是一个呼唤英雄和在全民族中张扬英雄主义精神的时代。甲午战争诗人群体对左宝贵、邓世昌、丁汝昌、刘步蟾、刘永福、简大狮等抗战英雄的褒赞，对吴大澂、叶志超、李鸿章等丧权辱国者的贬抑，显示着民间清议的力量。陈天锡《感事》诗云：“捐躯痛哭英雄将，逃死飞奔浪子兵。辜负筹边十年事，战云愁压凤凰城。”[④]王贡南《台北感事》诗云：“送目飞鸿仍讶梦，关心戎马复经秋。廿年防海知无补，此恨空教付水流。”[⑤]甲午战争宣告了洋务运动“自强求富”之梦的破灭，同

---

① 阿英：《甲午中日战争文学集》，北京：中华书局 1958 年版，第 100 页。
② 阿英：《甲午中日战争文学集》，北京：中华书局 1958 年版，第 105 页。
③ 阿英：《甲午中日战争文学集》，北京：中华书局 1958 年版，第 106 页。
④ 阿英：《甲午中日战争文学集》，北京：中华书局 1958 年版，第 62 页。
⑤ 阿英：《甲午中日战争文学集》，北京：中华书局 1958 年版，第 112 页。

时也孕育了中华民族“变法维新”之梦的开始。谭嗣同因台湾被割而作《有感》诗云：“世间无物抵春愁，合向苍冥一哭休。四万万人齐下泪，天涯何处是神州。”[①] 四万万人齐下泪之后的痛定思痛，便是以“救亡图存”取代“自强求富”。“要救国，只有维新，要维新，只有学外国”[②] 成为中国人的生存选择。以康有为、梁启超、谭嗣同为代表的维新派因呼吁拒签《马关条约》的“公车上书”而登上历史舞台。向西方寻找真理的严复于1895年在天津《直报》上发表《救亡决论》，又于1896年翻译出版赫胥黎《天演论》，前者振聋发聩地提出“救亡图存”的号召，后者启发蒙昧地传播“物竞天择”的要义。中国的政治、思想及现代化发展从此超越鸦片战争之后的“器物革命”而大踏步进入“政治革命”的时代。在甲午战争爆发两个甲子之后，重读甲午之诗，更知诗可以兴观群怨，可以鉴往知来，可以感发奋起。

（刊于2014年7月《文学遗产》第4期）

---

① 谭嗣同著，蔡尚思、方行编：《谭嗣同全集》（增订本下册），北京：中华书局1981年版，第540页。

② 毛泽东著，中共中央毛泽东选集出版委员会编：《毛泽东选集》，北京：人民出版社1964年版，第1359页。

夏曾佑与晚清文坛

夏曾佑（1863—1924），字穗卿，号碎佛，浙江杭州人。其父夏鸾翔与李善兰、戴煦并称为杭州三大算学家。夏曾佑1888年中举，1890年成进士，授礼部主事。候选期间来往京、沪、汉，与黄遵宪、梁启超、严复、谭嗣同等人结识。1897年初到天津育才馆教授文史，7月与严复共同创办《国闻报》。《国闻报》迅速成为与上海的《时务报》南北呼应的具有全国影响力的大报，该报一年后“奉旨停办”。1899年，夏氏任安徽祁门知县。1903—1905年等待知州候补期间居上海，任《中外日报》主笔，写作《中国古代史》。1906年随出洋五大臣赴日本考察宪政。1907年再到安徽任职。1912年中华民国成立后，任北京政府教育部社会教育司长、京师图书馆馆长等职，兼任北京大学历史教授。1924年病逝。

夏曾佑去世后，梁启超作《亡友夏穗卿先生》一文，回忆与夏曾佑认识交往的过程，有两句盖棺论定之语：一是“穗卿是晚清思想革命的先驱者”，一是“穗卿是我少年做学问最有力的一位导师”。①另一位特别看重夏曾佑的是五四新文学健将钱玄同。1937年，钱玄同抱病作《刘申叔遗书序》，把近五十年的国故研究运动分为两期，1917年前称为“黎明期”。钱氏认定“黎明期”最卓特者计12人，分别为康有为、宋衡、谭嗣同、梁启

① 夏曾佑:《夏曾佑集》，杨琥整理，上海：上海古籍出版社2011年版，第1149页。

超、严复、夏曾佑、章太炎、孙诒让、蔡元培、刘师培、王国维、崔适。[①] 钱玄同在推重夏曾佑的同时，还用多年的工夫，整理编辑夏氏遗文和诗集。

本文拟从晚清报人、历史学家和文学革新者的多重身份入手，解读夏曾佑在晚清文坛的存在及贡献。

一、晚清报人与报章文

国人自办报刊的热潮，兴起于甲午之后。1896年8月在上海创办的《时务报》是中国人主办的最早的时论新闻报刊。在国人自办报刊形成热潮之后，报刊成为中国先进知识分子参与时局、发表政见、传播新知的重要平台。夏曾佑的报人生涯主要有两段：一段是天津《国闻报》时期，一段是上海《中外日报》时期。成进士后，因候选官职遥遥无期，生计困窘，夏曾佑接受同乡先辈孙宝琦的邀请，于1897年1月来到天津，到育才馆教授文史。夏曾佑到天津后，与严复过从甚密，遂有创办《国闻报》之议。《国闻报》由王修植、严复、夏曾佑合办，报馆设在租界内，报务实际以严复为主导。在商议报纸定位时，合作人一致同意仿《泰晤士报》之例，日报之外，附设旬刊。日报详本国事，重在新闻报道；旬报详外国事，重在学理介绍引进。《国闻报》10月26日开张，创刊号上有严复所撰写的《国闻报缘起》。《缘起》论办报宗旨有二：一是通上下之情，一是通中外之故。并解释日报、旬刊分设的想法是为了适应不同读者的需求。报馆的最初分工是王修植、杭慎修负责日报，严复、夏曾佑负责旬刊。《国闻报》日报、旬刊分设的想法，显示了中国报纸的进步。日报的新闻版面，按国内电传、国外电讯、主笔论

---

① 钱玄同:《钱玄同文集》卷四，刘思源整理，北京：中国人民大学出版社1994年版，第319页。

说、北方新闻的顺序安排，且明确不涉东南各省新闻，与《时务报》各有侧重。旬刊《国闻汇编》部分刊发6期，即告中止，其主要贡献是首次发表严复翻译的《天演论》《群学肄言》的部分译文。日报新闻方面的重要贡献是，正面报道了若干有关百日维新的新闻。六君子被杀，《国闻报》以“视死如归”的题目予以报道，体现了鲜明地支持维新变法的立场。这也正是《国闻报》随后“奉旨停办”，被迫转售日本人的原因。

严复是《国闻报》的主要投资者与主笔，但出于自我保护的原因，从未对外公开宣称。甚至在光绪帝召见严复，问及严复是否是《国闻报》主笔时，严复仍是闪烁其词。[①] 据王栻主编《严复集》时考证，《国闻报》共发表论说42篇，其中有25篇来自严复。夏曾佑来天津后，与严复来往甚多。其1897年年初的《日记》有“夜与又陵谈耶芳辨学”“夜与又陵谈塞彭德群、静、重学”“晚与又陵谈非拉索非”[②] 的记载。严复长夏曾佑9岁。夏曾佑与号称“西学第一人”的严复交往切磋，收获颇丰。夏曾佑发表在《国闻报》的评论约为9篇，分别为《斥师》《本馆附印说部缘起》《论山东曹州教案》《治国经权说》《论中国科举不能变之故》《关中不可建都说书后》等。9篇评论中，以《本馆附印说部缘起》最为著名，被誉为中国近代最早讨论小说革命的力作。此文在1959年人民文学出版社出版的《中国近代文论选》中署名为严复、夏曾佑。但据王栻考证，文章写作可能严复参加过一些意见，而从行文风格与文中作者自述身世的表述来看，应该出自夏曾佑之手。其抒情写意的古文句法，不是报章文体笔法，是初为报人的夏曾佑率性而为。

《斥师》《论中国科举不能变之故》两文讨论国家教育问题。前文认为在科第得失成为求师之准绳后，以道义相切磋、以经史相发明的风气淡薄，今日庠序之所习，即为异日国家之所用的本旨缺乏，造成士林中夤缘奔竞之风

① 严复:《征文恭记》,《国闻报》，清光绪二十四年八月初四日。

② 夏曾佑:《夏曾佑集》，杨琥整理，上海：上海古籍出版社2011年版，第694页。

日起，师道不立，人才毁弃。[1]后文以为今日科举，文则制艺、试帖、楷法，武则弓矢、刀石。耗天下之聪明材力，使相率出于无用之途："同文、方言之馆，则必西人为之师矣；机器电报之局，则必西人董其事矣；水师武备之堂，则必西人允其教习矣；江河关市之税，则必西人掌其利权矣。"[2]如此之局，不思改弦更张、正本清源的原因，在于在朝大官，无一不科举出身；改科举，则断其试差、学差、冰敬、炭敬之源。将锢蔽四百兆元元之手足聪明之科举不改的原因，归咎为朝中数十个达官贵人衣食之故，夏文是辛辣而别出心裁的。

夏曾佑发表在《国闻报》上的《治国经权说》，显现出其历史观和中西学观。夏文认为：三皇五帝以来的中国之局有六次大变：尧、舜文明之治为一变；汤武征诛之局为一变；秦皇一统六国、行封建井田为一变；五胡乱华、晋分东西为一变；赵宋以经义取士，国祚遂弱为一变；清道光之际，欧洲西方争利中原，中外之势更一大变。面对道光以来变局，如何守其经，权其变？夏文的结论是：需要由千年不变的"以夏变夷"，转为智者之选的"以夷变夏"。

> 然而目孔之儒，咫闻之士，且鳃鳃然相聚而言曰：我中国也，彼固夷也，奈何用夷而变夏哉？呜呼！其亦不思之甚矣！夫古之所谓夷者，谓其风俗之不醇，政教之不修，獉狉暴悍而日以攘夺剽劫为事者也。今欧美诸国，其民安其俗乐其业，为人谋则忠，与人交则信，不得谓风俗之不醇也；文教之明修，武备之简厉，国有议院而上下之情联，民无坐食而生养之道得，不得谓政教之不修也；死亡相救，疾病相扶，无残暴之刑、杀掠之事，伐国必

① 夏曾佑：《夏曾佑集》，杨琥整理，上海：上海古籍出版社 2011 年版，第 1 页。

② 夏曾佑：《夏曾佑集》，杨琥整理，上海：上海古籍出版社 2011 年版，第 28 页。

告其君，灭国必存其主，入国必安抚其民，不得谓獉狉暴悍以攘夺剽劫为事也。以是而斥为“夷”，则安知彼之不目笑而夷我乎？

“以夷变夏”的主张足够骇人听闻。夏文随即笔锋转向以夷变夏所可能给中国带来的未来的描述：

夫中国民生之众、物产之饶、人才之盛，他洲数十国所亟称也……欲求善变之方以救中国今日之急，援推本孔子遗教，首明经权之义发其大。凡有国事之责者，比量之，拟议之，反复而思之，举而剀切陈之，次第行之，则一世而后，环地球而不共推中国一为盟主者，吾不信也。若复自满自大、自逸自谤，塞向墐户，苟目前之安，则中国之祸，吾虑其不旋踵而至也。悲夫！①

从发现西方到礼赞西方，从以夏变夷到以夷变夏，中国知识分子在甲午后经历了逐渐觉悟和痛苦选择的过程。而夏曾佑所持的礼赞西方、以夷变夏的立场对中国读者来讲，无疑是有冲击力的。而放下自满自大，虚心学习，百年之后中国为地球盟主的未来，又特别让作者与读者共同神往。无独有偶，梁启超1902年写作的小说《新中国未来记》中1962年维新60年后在中国召开世界议会，推中国为盟主的政治想象，与夏曾佑的描述如出一辙。

《国闻报》存续期间，夏曾佑还在1898年6月9日的《时务报》发表《论近代政教之原》一文。此文“今政教之源，皆出于秦”的论断，成为作者后来所著《中国古代史》的基本理论。夏文以为：“今日之政法，秦人之政法，非先王之政法也；今日之学术，秦人之学术，非先王之学术也；今日之教宗，秦人之教宗，非先王之教宗也。”以政治制度而论，秦之井田、封

① 夏曾佑：《夏曾佑集》，杨琥整理，上海：上海古籍出版社2011年版，第27页。

建，影响深远。以思想学术而论，秦用韩非、李斯之术。韩、李之学来自荀子：

> 是以秦人一代之政，即荀子一家之学，千条万派，蔽以一言，不过曰“法后王”与“性恶”而已。惟法后王，故首保君权。古之治天下也，以民为本位，故井田、学校、封建，均从宗法而积之；今之治天下也，以君为本位，故财赋、兵刑、建置，均从天子以推之。惟人之性恶，故猜防御下。古之人知天下之可为君子，故衣裳钟鼓之化，达乎上下；今之世料天下之必为小人，故凡食货、选举、职官一切诸政，非以求进化也，防流弊也；非以待驯良也，御盗贼也；非以礼士夫也，蓄奴隶也。①

这种推演，以及结论，都足以振聋发聩。作者中外比较的学术视野，以简驭繁的旧学功底，言简意赅的推理判断，救亡图存的学术立场，使夏曾佑成为与严复、梁启超一样，站在变法维新前沿的晚清思想家与报人。

夏曾佑第二次报人经历在1903年至1905年间。其祁县知县期满，寓居上海，又丁母忧，受表兄、著名报人汪康年之邀，任《中外日报》主笔。《中外日报》是《时务报》内讧之后的产物。《时务报》创办伊始，由汪康年任经理，梁启超任主笔。康有为主张《时务报》采用孔子纪年，且希望报纸宣传“康教”“康学”。梁启超没有坚持《时务报》用孔子纪年，但其所作《变法通议》又如何离开宣传康学？汪、梁矛盾由此而起。1897年底梁启超离开报馆，入湘执教，汪康年独立支撑《时务报》门面，《时务报》的影响力因此受到重创。百日维新中，在康有为的策动下，上谕《时务报》改为官办，并令康有为督办此报。汪康年不满康有为公报私仇的行为，将《时务

① 夏曾佑：《夏曾佑集》，杨琥整理，上海：上海古籍出版社2011年版，第32页。

报》空名让出，更名为《昌言报》。同时将1898年5月创办的《时务日报》更名为《中外日报》。《中外日报》一度因攻讦康梁新党、拥护慈禧垂帘听政而为同情变法文人所不能接受。夏曾佑1898年底因《国闻报》卖出，离开天津，《与汪康年书》有“鄙人二馆俱辞，一官未得，其窘可知”[①]的牢骚。到祁门后，称“地方极贫，风俗极坏，官场尤坏”，“一二年内即当鼠窜，以终我天年”。[②]身处僻壤，唯有读报，得以知祁门之外的事情。时梁启超在日本横滨办《清议报》，夏曾佑托汪康年买来转寄，信中屡屡催问。其1900年5月24日信中写道：“《清议报》补买二十二、二十七两本，以后从三十五起定长年。其三十七最要，期早寄来。《中外日报》准由安庆寄一月以与杭校，费照算。”[③]读报则为国忧，为己忧，为报馆忧。对上海报业的持续关注，对国内外局势的如鲠在喉，使得夏曾佑一旦得到《中外日报》的平台，便大刀阔斧地大显身手。

据《夏曾佑集》的整理者杨琥考订：夏曾佑发表在《中外日报》上的文章约有350篇。1904年，夏曾佑兼任《东方杂志》主笔，将其发表在《中外日报》上的文章转载于《东方杂志》的约有30余篇。[④]夏曾佑《中外日报》期间所写作的政论文章，涉及政治、经济、军事、外交、教育、学术等诸多领域。这些政论文章更多是对新闻、时局的深度分析与评论。夏曾佑的学者眼界、学识与鞭辟入里的文风，给《中外日报》带来了生气。

夏氏政论文最鲜明思想倾向首先是同情维新，呼唤变法。夏曾佑亲历维新变法运动，对维新变法持同情支持的立场。作《中外日报》主笔之后，仍基本坚持这一立场。1902年年底其在《中外日报》发表的《论袁慰帅诋京师大学堂事》一文，就本报一则新闻所展开的评论；新任北洋大臣袁世凯

---

① 夏曾佑：《夏曾佑集》，杨琥整理，上海：上海古籍出版社2011年版，第457页。
② 夏曾佑：《夏曾佑集》，杨琥整理，上海：上海古籍出版社2011年版，第461页。
③ 夏曾佑：《夏曾佑集》，杨琥整理，上海：上海古籍出版社2011年版，第468页。
④ 夏曾佑：《夏曾佑集》前言，杨琥整理，上海：上海古籍出版社2011年版，第12页。

在北京召见京师大学堂管学大臣张百熙，以为大学堂所聘教习，皆平素主张民权自由之人。若以此化导后生，则将来之祸，更甚于戊戌。夏曾佑对这一新闻的评论，火力全开：

> 大地之由长夜以进日光也，各地不能同等，必山头木杪先接之，而后及于平原幽谷；国家之由闭塞以进开通也，各人不能同等，必报馆、学堂先化之，而后及于官场政府。当官场政府鼾然不知有此事有此说时，而报馆、学堂即已为晨鸡之鸣，此所以文化军中之先锋，必为旧党目中之怪物也。①

夏曾佑对报社、学堂是文化军中之先锋的看法，是有见地之言。庙堂之上与报馆、学堂之下交战的概括，也极得晚清矛盾之真相。对袁世凯如此，对同样断送变法前途的官员与皇太后，夏曾佑更是破口大骂了。其1903年3月所刊发的《论文悌升贵州贵西道事》，评论满族官员文悌升职事。文悌在康有为变法维新得势时极尽巴结，在康有为失势时，则上书诋毁康有为成立"保国会"是"保中国，不保大清"，因而被光绪帝免职。变法失败后文悌反获升职。夏文揭露此等人升职，"于社会不能无影响，且于我皇太后之影响为尤大"。随后则将批评对象转向太后："且今之人，分为两途。在朝之人则以太后为女中尧舜。在野之人则以太后为新政魔君。"②这种"新政魔君"的直骂，在当时的中国，也是需要胆量的。夏曾佑1904年所作《论中国必革政始能维新》一文把鸦片战争以来绵延一个甲子的中国维新分为五个时期：鸦片战争到戊戌变法前为浮慕新法时代；戊戌百日为实行新法时代。此后进入阻遏新法时代与敷衍新法时代。作者认为：时至今日当下，随

---

① 夏曾佑：《夏曾佑集》，杨琥整理，上海：上海古籍出版社2011年版，第41页。

② 夏曾佑：《夏曾佑集》，杨琥整理，上海：上海古籍出版社2011年版，第53页。

着学校、科举、农工、商务有新气象，似已进入第五个时代，即“试行新法时代”。[①] 夏曾佑对戊戌之后政局的区分描述，体现出鲜明同情变法维新的立场。

其次是揭发伏藏，预告危机。经历庚子事变后的中国，内政外交，乏善可陈。夏曾佑著文，揭露种种矛盾、种种危机，昭告世人：国家已到了极贫、极弱，濒于崩溃的边缘。1903 年 9 月 27 日，夏曾佑在《中外日报》发表《论政府之将来》一文，论述瓜分的危险日益逼近中国：

> 天下岂有甲国之国事而乙国、丙国直接协商而可不必关白甲国者乎？如其有之，则甲国必将不得为国矣。俄日协商，其实行瓜分中国之第一步哉？自此之后，于扬子江则英、德协商，于黔、蜀、滇、粤则英、法协商，于汴、晋、藏、卫则英、俄协商，于闽、浙则英、美、日协商。协商之后，无不妥洽；妥洽之后，无不施行；施行之后，无不无阻。而外部衙门将无外国人之车辙马迹矣，外部官吏皆可作逍遥游矣。事势至此，则我国人之感情当何如哉？夫他国之人心，愈穷则愈奋，而中国之人心，愈穷则愈玩。此非种智使然，盖中国之遭际，其苦况实有非他人所有者矣。第一，有满汉之隔阂；第二，有皇太后与皇上之隔阂。此二者为障碍者之至大者，而专制之政，凉血之俗，犹次之也。[②]

夏曾佑认为：两种隔阂造成了特殊的国情。第二种太后与皇上之隔阂，百日维新后已昭然天下；而第一种满汉之隔阂，原来若皇帝的新衣，现在又被《苏报》章太炎、邹容《驳康有为论革命书》《革命军》所说破。此事不

---

① 夏曾佑：《夏曾佑集》，杨琥整理，上海：上海古籍出版社 2011 年版，第 131 页。
② 夏曾佑：《夏曾佑集》，杨琥整理，上海：上海古籍出版社 2011 年版，第 84 页。

啻加烈火之薪而决大河之岸。对《苏报》为代表的打出反满旗帜的革命派的异军突起，夏曾佑及《中外日报》是怀有种种不安的。夏曾佑1903年9月30日有《论新党之将来》一文，称举起反满旗帜者为新党，而赞同保皇者则为旧党。夏文认为，新党的弱点有四：有宗旨而无办法；有议论而无心志；知有人而不知有己，易盲从；知有己而不知有人，易过激。作者担心：逐满之声腾于遐迩之时，便是神州血流成河之日。

除了被洋人瓜分与反满流血的危机外，夏曾佑政论文所关注的国家危机还有内政腐败、南北分裂等。他惊呼：渐亡或顿亡，已成为中国人所面临的选择。作者在《论中国改革之难》一文中提出“自改革”的主张：“中国时局，至今已危险万分，势不得不急筹挽救之法。”“我不自行，他人必将起而代谋”，他人代谋的结果，必然是“改革之局一成，而中国之保存愈为无望，有沉沦终古而已矣”。[①]

夏曾佑“自改革”的主张，在日俄战争时期的知识分子中具有代表性的意见，其思想深处是盼望国家借日俄战争的机会推动政治改革。但政府和民众的表现又使他们失望。国家的命运系于何人？民族的危机如何化解？是萦绕于作者心中的问题。

满汉对立之外，还有南北对立的问题。义和团兴起后，东南各省宣布联合互保，以避免义和团与八国联军战乱的波及。夏曾佑1904年10月17日《论中国有南北分裂之兆》一文，以为南北原来就有的分歧，因东南互保之事，有日益加剧的危险。忧患重重，忧虑也便重重。民族多难，报人政论也愈加显得沉重。

其三，维新吾国，维新吾民。严复《原强》一文所提出的“鼓民力、开民智、新民德”的思想，基本成为维新变法者救亡图存的思想纲领。梁启超逃亡日本后所展开的新民救国运动，是鼓民力、开民智、新民德的一种继

① 夏曾佑：《夏曾佑集》，杨琥整理，上海：上海古籍出版社2011年版，第178页。

续和深化。夏曾佑对梁启超所办的《清议报》《新民丛报》耳熟能详，有些观点是接受与分享的状态。比如夏曾佑 1904 年 7 月 3 日《论焚书坑儒之新法》中“今日中国之时势，固无人不知为过渡时代也。凡过渡时代之政治，必新旧交战，日有不同；凡过渡时代之风俗，亦必文野相错，日有不同”[①]之类的话，就是从梁启超 1901 年发表的《过渡时代论》中搬来的。在救亡图存的方法和路径上，夏曾佑的立论也大致不出鼓民力、开民智、新民德的范围。

夏曾佑 1903 年 12 月 5 日有《论中国将有瓜分之祸》一文。描述戊戌变法以来的中国时局的变化，经历了渴望皇上执权，实行新政，渴望日、俄开战，中国危机或有缓解消除。国人生活在种种等待幻想中，如同束手待毙，日复一日。但痴梦不可不醒，地狱不能不下，自保主权终成为国家民族生存的底线：“设能自保主权，既可以弭列强之争端，并可以延国家之正朔，犹不失为中国之民，则生聚教训，但得民智渐开，学问、实业渐有成就，百十年后，潜蓄势力，以待天下之变。或者赤县神州之域，尚可为黄帝子孙所统一乎？未可知也。”[②]为守生存底线，夏曾佑主张皇上出国游历。以为君主外交，是国家大事常事：“非出游，无以变外人之政策；非出游，无以振通国之精神；非出游，无以使皇上实验欧美富强之故。”[③]为守生存底线，夏曾佑附和梁启超“新民说”，在倡导国民爱国、守信、自立、尽责、有耻等现代国民所需要的品质之外，又主张开官智，造就可办教案、赔款商务之人。开民智官智之外，救亡图存大计，还需有赖于士大夫。以士大夫身份自处的救亡报人夏曾佑，对新党鼓吹反满之际充满警觉，告诫世人“暗杀无益”，呼吁避免“流血革命”，加快国家“立宪之举”。

---

① 夏曾佑：《夏曾佑集》，杨琥整理，上海：上海古籍出版社 2011 年版，第 196 页。

② 夏曾佑：《夏曾佑集》，杨琥整理，上海：上海古籍出版社 2011 年版，第 113 页。

③ 夏曾佑：《拟请皇上出洋游历议》，杨琥编《中国近代思想家文库夏曾佑卷》，北京：中国人民大学出版社 2015 年版，第 91—93 页。

其四，学者本性，学术视野。夏曾佑《中外日报》时期的政论，以其学者本性、学术视野显示出特立独行之处。其1903年3月接连发表《乱事之已往》《乱事之将来》两文，是以历史之因说将来之果的文字。其中渗透着夏曾佑式的思维和逻辑。夏曾佑认为：如以下等人反对上等人为革命，中国历史上的革命大者有四：秦汉之际，前后汉之际，元明之际，咸同之际。四次革命中，前三者成功，后一次失败。其合乎人心者成，拂乎人心者则败。咸同之际的太平天国革命，将秦汉革命之“复祖国”、前后汉之际“继血统”、元明之际“逐异种”三种名义合而用之，宜可成矣而终败者，则以其奉耶教排偶像，大违乎上、中、下人之积习也。太平天国之败，非中兴诸公之力也。夏文以通俗易懂的语言划分中国社会阶层，以化繁为简的方式概括中国宗教中国历史，以报刊上最流行的话语词汇为四次革命定性，以奉耶教排偶像归纳太平天国失败之原因，这些均是以学问之力为基础，借报刊文体淋漓尽致地发挥演绎。

夏曾佑对历史过程的理解与勾勒，带有今文经学的理路；他用“一治一乱，迭起相循”的历史观概括两千年历史，以为如无欧人的掺入，历史会循环无穷，百世可知；有欧人的掺入，虽不可知，但变者势，而不变者种性。[1]以经术作政论，本是今文经学所擅长。夏曾佑借今文经的理论解释历史，点化现实，生发政论，言之凿凿，极易说服读者。1905年5月11日，夏曾佑在《论中国前途当用何种宗教》一文中提出“孔教改良”的主张。夏曾佑认为：中国儒家，含道、释两家之杂质。中国宗教杂用数宗教，故有宗教与无宗教等，且各得其弊。在与外国宗教狭路相逢，故不得不别择一最宜之宗教，以为中国前途托足之地时，最大可能的选择“则莫如孔教改良矣”。改良孔教的第一步是恢复孔教，第二步才是改良孔教。这种学者式的正本清源、改良宗教的苦心，不知《中外日报》的读者，能有几人可以心领神会？

---

① 夏曾佑：《夏曾佑集》，杨琥整理，上海：上海古籍出版社2011年版，第37页。

报刊设立《论说》栏目是中国早期报刊的重要特色。《论说》担负着新闻分析、时政评论的重要任务，集中显现出办报人的报德与报识。论说文水平的高低，是报刊质量的重要衡量标志。《中外日报》是以上海为举办地，比较早地采用新闻纸双面印刷，分版分栏和实行句读加点的中文报刊，有过销量过万的记载。在夏曾佑担任主笔期间，《论说》之文撰写的任务大多是由主笔完成的。《中外日报》1903—1905 年的《论说》栏目，给夏曾佑提供了一个发表见解政论的重要平台。众多如夏曾佑一类的知识分子写作政论文，促进了晚清文体的议论叙事新功能的发育成熟。

夏曾佑的政论以思想深刻、观点鲜明见长。其《中外日报》时期的政论文大致遵循着君主立宪的政治立场，其集中讨论的日俄战争、义和团事件、《苏报》案、中央集权、新政立宪等问题，其立论与论证立场坚定，旗帜鲜明，敢于且善于阐述自己的核心观点。以教案问题为例。夏曾佑在祁门任知县时，即处理过乡间教案纠纷。担任《中外日报》主笔期间，教案频发，教案成为国人无可逃避的重大问题。夏曾佑 1904 年 7 月 25 日、26 日发表的《论教案之由来》《论教案之大概》，探讨教案的由来及趋势："自道光以后，传教载入条约，而宗教始与政治相连，而滔天之祸从此始矣。""我中国之教案问题与他国异：非宗教上之问题，乃政治上之问题也；非内治上之问题，乃外交上之问题也。"一言以蔽之，"则不过中国之兵力不及外国之兵力耳。何宗教之有？何条约之有"①？作者认为，普遍发生在中国的教案已超出条约、宗教的范围，最终演变成为外国政府钳制中国的手段。夏曾佑在《论施南教案之结果》一文中身怀忧虑地写道："则中国坐亡之祸，殆将与教案为终始乎？"②夏文抽丝剥茧式的分析，显豁明白的结论，鲜明的中国立场、民族情感，容易引起读者响应、国民共鸣。梁启超评论夏曾佑这一

---

① 夏曾佑：《夏曾佑集》，杨琥整理，上海：上海古籍出版社 2011 年版，第 215 页。

② 夏曾佑：《夏曾佑集》，杨琥整理，上海：上海古籍出版社 2011 年版，第 216 页。

时期的政论文："读起来令人很感觉他思想的深刻和卓越。"[①] 夏曾佑政论文的另一重要特点是善于以史为鉴，立据成论。夏曾佑是今文经派的历史学家，从中外历史中选取例证，演绎归纳，以古证今，以史明今，构成夏曾佑政论文的文体特点与风格。夏曾佑文中，言外国之史，常有希腊罗马、中古之世、欧人进化变法之谓；言中国之史，常有黄帝尧舜、秦汉之世、汉唐以来、甲午前后、戊戌庚子之谓。如对中国的闭关锁国之说，夏曾佑的《论中国人对外感情之异》以史为证，说明中国并非闭关：

> 中国闭关自守者，号称四千年，其实非闭关也。北之匈奴、鲜卑、突厥、辽、金、蒙古，西之三十六国、安息、大食、吐蕃，南之天竺、暹罗、缅甸、安南，东之新罗、百济、高勾丽、日本，非与我往来之别族乎？所与今异者，有和战，有互市，有庆吊，而无今日之国际法耳。[②]

以这种实证的方式说明中国数千年并非闭关是极具有说服力的，中国缺少的是在国际法背景下的外交经历而已。夏曾佑《论暗杀无益于革命》为说明暗杀适于报仇不适于革命的道理，考据中国历史上之暗杀、之刺客，仅存于战国之际。然战国时期之刺客，皆因个人之事，而非关国家之事。"由斯以谈，故知所谓暗杀主义者，不过泄愤之一端，而于政治之问题为无涉。若以暗杀为惟一之机关，恐求一宪法而不可得，而况乎革命哉！"[③] 以史证今喻今，是夏曾佑政论文习以为常轻车熟路的说理之道。

夏曾佑政论文的第三个特点是条理明晰、生气灌注。夏曾佑的政论文，

---

① 夏曾佑：《亡友夏穗卿先生》，《夏曾佑集》，杨琥整理，上海：上海古籍出版社 2011 年版，第 1149 页。

② 夏曾佑：《夏曾佑集》，杨琥整理，上海：上海古籍出版社 2011 年版，第 390 页。

③ 夏曾佑：《夏曾佑集》，杨琥整理，上海：上海古籍出版社 2011 年版，第 285 页。

是浅显的文言表述。其文不及梁启超的新民体文字那样情感充沛、激情四射，但表现出条理明晰、生气灌注的文风。其1904年8月29日所写的《论义和团第二次之出现》一文，叙义和团起事时荼毒无辜，庚子事变后政府又借赔款之名，搜抢民财的情景道：

> 洎乎明年，而拳匪之祸果起，焚掠市肆，凌辱缙绅，荼毒无辜，违反秩序，数日之间，上下皇皇，不复知有其生，此固不待有联军，而北方二百余年之元气已索然尽矣。逮至联军既入，畿辅之间，无一干净，室无完器，女无完节，在当时者，固不足言也。直至于今，行乎吾之野，而见吾之小民，一斤之肉，一瓶之酒，无不重税，富者为贫，贫者为饿殍，鹑衣流汗，日夜不得息，稍有风雨寒热之变，则转死于道路。政府曰，为赔款故，不得不尔也；督抚曰，为赔款故，不得不尔也；州县曰，为赔款故，不得不尔也；劝捐之绅士曰，为赔款故，不得不尔也。于是民之仇外益深，而教案愈不可制，教案益多，而戕贼益甚，其事无穷矣。①

夏文在三百字之间，将义和团起，联军至，政府因赔款征税，民众仇外，教案益多的连环灾难，层垒迭加的因果关系，叙述交代得清清楚楚。“不得不尔”句式的反复使用，勾画出从政府到乡绅的无奈与无赖。夏曾佑政论文中偶尔有铺张渲染的书写，如《论中国人宜急思保存之策》中“若论今日之时局，则正如万斛巨舟转侧于洪涛巨浪之中，而又有大风疾雨以随其后，稍一不慎，则倾覆随之，无可挽救矣”② 之类的书写，但更多的文字是以穷形极相、条分缕析见长。

---

① 夏曾佑：《夏曾佑集》，杨琥整理，上海：上海古籍出版社2011年版，第233页。
② 夏曾佑：《夏曾佑集》，杨琥整理，上海：上海古籍出版社2011年版，第172页。

二、“新史学”与新史著

夏曾佑作为史学家的名气大于报人。这是因为他在 1903 年至 1905 年间完成了一部《最新中学教科书中国历史》共三册，分别为上古史、中古史上（秦汉）、中古史下（魏晋南北朝）。1904 年到 1906 年在商务印书馆分年度出版。此三册课本至 1918 年年初，发行在 8 万至 12 万册左右。1933 年商务印书馆出版“大学丛书”，将该书重版，更名为《中国古代史》。这是一部原计划五册，仅完成三册的史学著作。这半部《中国古代史》奠定了夏曾佑新史学家的地位。

夏曾佑《中国古代史》的成功在于响应梁启超倡导的“新史学”号召，用新的历史观念、新的叙述方法，对中国古代史予以重新建构的学术实践，具有为学界“导夫先路”的开创性地位。

梁启超逃亡日本之后，有机会大量阅读翻译为日文的西方社会科学方面的著作。由所读西方之书，反观中国学术界，感到需要革新、需要建设的地方很多。梁启超在《释革》等文章中踌躇满志地提出文学革命、史学革命的主张，希望以异域学术的精神、改造中国的思想学术体系，使其适应“维新吾国，维新吾民”的需要。梁启超 1902 年写作《新史学》一文，其基本要点是：历史研究是历史事实与研究者共同完成的；新史学与旧史学的重要区别是不以王朝更替和一姓兴衰为研究对象，而应以人群进化现象为研究对象；史学应借助其他学科的成果丰富发展自己；史学是“国民之明镜，爱国心之源泉”；史学应该成为学问中最博大最切要者。

夏曾佑在上海办报期间，张元济是《中外日报》股东之一。商务印书馆欲延聘通才，主持编译。于是在印书馆主持编译事务的张元济便约请夏曾佑“编纂课本，或撰小说”，因为“二者皆为转移风化之要事”，且有适当的收入。关于小说，夏曾佑有《小说原理》之作，印入《绣像小说》第三期。关于课本，则有历史教科书之作。

夏曾佑《中国古代史》第一册“叙”，申明写作主旨云：

> 智莫大于知来。来何以能知？据往事以为推而已矣。故史学者，人所不可无之学也。虽然，有难言者。神州建国既古，往事较繁。自秦以前，其纪载也多歧；自秦以后，其纪载也多仍。歧者无以折衷，仍者不可择别。况史本王宫，载笔所及，例止王事，而街谈巷语之所，属之稗官，正史缺焉。治史之难，于此见矣。然此犹为往日言之也。洎乎今日，学科日侈，日不暇给，既无日力以读全史，而运会所遭，人事将变，目前所食之果，非一一于古人证其因，即无以知前途之夷险，又不能不亟读史，若是者将奈之何哉？是必有一书焉，文简于古人，理富于往籍，其足以供社会之需乎！今兹此编，即本是旨。[①]

以古鉴今，读史知来。这是作者史书写作的现实需要所在；“文简于古人，理富于往籍”，自然成为作者史书写作的主旨与目标。

中国古史繁杂，教科书编写又必须纲目清晰，不容含混。如何文简于古人？我们从《中国古代史》上册第一章的前几个小节及每册的“凡例”部分，可以集中看出作者的写作策略：

一是依照天演进化强弱盛衰的节奏划分历史阶段。夏曾佑对中国历史分为三大期、七个小期，其具体是：

> 中国之史，可分为三大期。自草昧以至周末，为上古之世；自秦至唐，为中古之世；自宋自今，为近古之世。若再区分之，求与世运密合，则上古之世，可分为二期，由开辟至周初，为传

① 夏曾佑：《夏曾佑集》，杨琥整理，上海：上海古籍出版社 2011 年版，第 789 页。

疑时期，因此期之事，并无信史，均从群经与诸子中见之，往往寓言、实事，两不可分，读者各信其所习惯而已，故谓之传疑期。由周中叶至战国为化成之期，因中国之文化，在此期造成。此期之学问，达中国之极端，后人不过实行其诸派中之一分，以各蒙其利害，故谓之化成期。中古之世，可分为三期。由秦至三国，为极盛之期，此时中国人材极盛，国势极强，凡其兵事，皆同种相战，而别种人则稽颡于阙廷。此由实行第二期人之理想而得其良果者，故谓之极盛期。由晋至隋，为中衰之期，此时外族侵入，握其政权，而宗教亦大受外教之变化，故谓之中衰期。唐室一代，为复盛之期。此期国力之强，略与汉等，而风俗不逮，然已胜于其后矣，故谓之复盛期。近古之世，可分为二期；五季、宋、元、明为退化之期，因此期中，学殖荒芜，风俗凌替，兵力、财力逐渐摧颓，渐有不能独立之象。此由附会第二期人之理想，而得其恶果者，故谓之退化期。国朝二百六十一年为更化之期，此期前半，学问、政治集秦以来之大成，后半世局人心，开秦以来所未有。此盖处秦人成局之已穷，而将转入他局者，故谓之更化期。此中国历史之大略。①

传疑时代与信史时代的分界在寓言实事，秦汉以后的变局的标志在强弱盛衰。在夏曾佑中国古代史的分期中，读者仍然感觉维新派政治立场的存在。

二是在分期的基础上，根据每个历史阶段呈现的主流历史现象，依次择要论列，做到纲举目张。上册“凡例”云：

① 夏曾佑:《夏曾佑集》，杨琥整理，上海:上海古籍出版社2011年版，第792页。

> 是编分我国从古至今之事为三大时代，又细分之为七小时代。每时代中于其特别之事详，而于普通之事从略。如言古代则详于神话，周则详于学派，秦则详于政术是也。余类推。①

每个时代，选择其最值得详述之事，如远古之神话，周之学派，秦之政术，其余皆略。时代如此，一朝之事，一人之事，皆依此原则。第二册“凡例”云：

> 本册用意与第一册相同，总以发明社会之原为主。文字虽繁，其纲只三端：一、关乎皇室者，如宫廷之变，群雄之战，凡为一代兴亡之所系者，无不详之。其一人一家之事，则无不从略，虽有名人，如与所举之事无关，皆不见于书。一、关乎外国者，如匈奴、西域、西羌之类，事无大小，凡有交涉，皆举其略，所以代表。一、关乎社会者，如宗教、风俗之类，每于有大变化时详述之，不随朝而举也。执此求之，则不觉其繁重矣。②

夏曾佑文中的“社会之原”是一个作者自造的重要概念。结合其1903年6月24日起在梁启超主办的《新民丛报》上分四次发表《中国社会之原》，夏氏所言的“社会之原”所包含的内容，主要是指特定人种所实行的政治及所奉行的宗教，两者合称为“政教”。夏曾佑笔下的“宗教”，涵括整个社会思想信仰、学术精神、民众教化的多重意义。与多重意义的“宗教”对举的是“政治”。中国社会之原的研究，即是对中国政教的形成、发展、变化的综合研究。夏曾佑是晚清学术界比较注重政教关系及思想学术演进研究的学

① 夏曾佑:《夏曾佑集》，杨琥整理，上海：上海古籍出版社2011年版，第797页。
② 夏曾佑:《夏曾佑集》，杨琥整理，上海：上海古籍出版社2011年版，第947页。

者，他的《中国古代史》的写作在内容结构上，凸显这一特色。因此，第二册“凡例”所论及的化繁为简的写作三纲，第一是政治演进之迹，详兴亡所系者；第二与外民族交涉内容，虽简略而线索不断；第三思想学术之变，择其大端而述，不以朝代自限。

三是辅以图表，按图索骥。夏曾佑以简驭繁的古史写作，还采用了图表的办法，表述复杂的历史关系。《中国古代史》一册采用清顾栋高《春秋大事表》《史记·十二诸侯年表》《史记·六国年表》，第二册无表可用，第三册建议使用清人徐文范《东晋南北朝舆地表》作为课本参考书。以图佐文，本来是一个化繁为简的做法，但因为是借用《史记》等年表，且为“全篇附入”，其结果是第一册中，年表所用页码是夏写作的文字所用页码的两倍。这对教科书来说，不免有喧宾夺主、尾大不掉之嫌。

古地名的问题，引文出处等写作规范问题也让作者犯难。作者自诩的“社会之原”研究，在第三册讲完“种族之概”后，其宗教问题也难以兼顾。因为种种原因，夏曾佑的《中国古代史》至隋而止。而其筚路蓝缕的艰难，阅读者都可以在其字里行间深深体会。

作为新史学的奠基之作，夏曾佑的《中国古代史》在经历“文简于古人”创获的同时，也收获了“理富于往籍”的成功。

以救亡图存情怀写史。在新史学提倡者梁启超看来，中国是五千年文明未曾中断之老大帝国，也是向现代国家天演进化之少年中国。维新吾国，维新吾民，需要建立民族自信，感发奋起，自立于世界民族之林。夏曾佑写史，也以这种救亡图存的情怀作为底气。因而其古代史的书写，充满着激情和遐想。其第一册论“历史之益”写道：

读我国六千年之国史，有令人悲喜无端、俯仰自失者。读上古之史，则见至高深之理想，如大《易》然。至完密之政治，如《周礼》然。至纯粹之伦理，如孔教然。灿然大备，较之埃及、迦勒底、印度、希腊，无有愧色。读中古之史，则见国力盛强，逐渐用兵，合闽、粤、滇、黔、越南诸地为一国，北绝大漠，西至帕米尔高原，裒然为亚洲之主脑，罗马、匈奴之盛，殆可庶几，此思之令人色喜自壮者也。[1]

论及秦汉这一中国极盛时代，夏文充满着自豪之感：

> 自秦以前，神州之境，分为无数小国，其由来不可得知。历千百万年，而并为七国，其后六国又皆为秦所灭，中原遂定于一。秦又北逐匈奴，南开桂林、象郡，规模稍扩矣。天佑神州，是生汉武，北破匈奴，西并西域，以及西羌，西南开筰僰，南扩日南、交趾，东南灭瓯、粤，东北平濊、貊。五十年间，咸加率土。于是汉族遂独立于地球之上，而巍然称大国。微此两皇，中国非今之中国也。故中国之教，得孔子而后立。中国之政，得秦皇而后行。中国之境，得汉武而后定。三者皆中国之所以为中国也。[2]

秦汉之盛，成为独立于地球之上的巍然大国，这应该成为中国今日之前途。著史与读史，皆为国家独立、民族昌盛的目标，此种写作宗旨，应该是最明显的“理富于往籍”之处。

夏曾佑《中国古代史》“理富于往籍”之处，还凸显在用西方现代国家建立的经验确认国名、族名，在与西方史学的比较中重估中国历史的价值意义。梁启超等新史学的倡导者，在20世纪初国家与民族重建的过程中，提出以“中国”名国，以“中华”名族。夏曾佑是这一观点的支持者。其《中

---

① 夏曾佑:《夏曾佑集》，杨琥整理，上海：上海古籍出版社2011年版，第702页。

② 夏曾佑:《夏曾佑集》，杨琥整理，上海：上海古籍出版社2011年版，第947页。

国种族之原》一节中认为：

种必有名，而吾族之名，则至难定，今人相率称曰支那。案支那之称，出于印度，其义犹边地也，此与欧人之以蒙古概吾种无异，均不得为定名。至称曰汉族，则以始通匈奴得名；称曰唐族，则以始通海道得名，其实皆朝名，非国名也。诸夏之称，差为近古，然亦朝名，非国名也。惟《左传·襄公十四年》引戎子驹支之言曰："我诸戎饮食衣服，不与华同。"华非朝名，或者吾族之真名欤！

至吾族之所从来，尤无定论。近人言吾族从巴比伦迁来，据下文最近西历一千八百七十余年后，法、德、美各国人，数次在巴比伦故墟掘地所发见之证据观之，则古巴比伦人与欧洲之文化相去近，而与吾族之文化相去远，恐非同种也。[1]

建议确定国名、族名，是20世纪初一代新知识分子的贡献。夏文对汉唐、支那、华族来源意义的考辨，令人信服。其对华族自巴比伦迁来的西方话语，也嗤之以鼻，不予理睬。论及周朝建立对中国的意义，夏曾佑直比为泰西的希腊：

有周一代之事，其关系于中国者至深，中国若无周人，恐今日尚居草昧。盖中国一切宗教、典礼、政治、文艺，皆周人所创也。中国之有周人，犹泰西之有希腊。泰西文化，开自希腊，至基督教统一时，希腊之学中绝。洎贝根以后，希腊之学始复兴。中国亦有若此之象，文化虽沿自周人，然至两汉之后，去周渐远，

① 夏曾佑：《夏曾佑集》，杨琥整理，上海：上海古籍出版社2011年版，第791页。

大约学界之范围，愈趋于隘，而事物之实验，愈即于虚，所以仅食周人之弊，而不能受周人之福也。此等之弊，极于宋明，至国朝始渐复古，殆可如泰西十八世纪希腊诸学之复兴矣。①

这里将周朝文明之于中国的意义，比之于希腊文明之于泰西。呼唤18世纪欧洲的希腊文明复兴，在中国大地上演，此种以家国情怀为底蕴，以中西比较方法说史，自然使《中国古代史》“理富于往籍”。

夏著的“理富于往籍”，还体现于以史论为政论，深耕于“社会之原”的研究。以经术作政论，是今文经学的传统，也是今文经学者参与社会维新的主要方式。夏曾佑以史论作政论，叙史证今，维新吾国、维新吾民的做法，在以上的引述中已经被充分证实。夏曾佑《中国古代史》在结构上的另外一个特点就是注重思想史、民族史的勾勒，而这正是夏曾佑以“种族”“宗教”为两翼的“社会之原”研究。

《中国古代史》以为：“春秋以前，鬼神术数之外无他学。”②何为鬼神术数？鬼神之学，由人之肉体灵魂存亡的探究，推而至天之日月升沉，寒暑迭代的解释；术数之学，是算术既明，创为律历，以测未来。“鬼神术数之学，传自炎黄，至春秋而大备。然春秋之时，人事进化，骎骎有一日千里之势，鬼神术数之学，遂不足以牢笼一切。春秋之末，明哲之士，渐多不信鬼神术数者”③，于是有老子、孔子、墨子之学生，中国进入一个学术昌明的时代。这种诸子并兴的局面，夏曾佑比之于希腊学派：

周秦之际，至要之事，莫如诸家之学派。大约中国自古及今，

---

① 夏曾佑：《夏曾佑集》，杨琥整理，上海：上海古籍出版社2011年版，第806页。
② 夏曾佑：《夏曾佑集》，杨琥整理，上海：上海古籍出版社2011年版，第828页。
③ 夏曾佑：《夏曾佑集》，杨琥整理，上海：上海古籍出版社2011年版，第828页。

至美之文章，至精之政论，至深之哲理，并在其中，百世之后，研穷终不能尽，亦犹欧洲之于希腊学派也。[1]

诸子百家中，儒、道、名、法、墨同源，儒学独尊始于秦汉之间，儒家学理与政权结合始于李斯韩非。虽秦之宗教不专于儒，但秦始皇政权之后延续两千年的专制之毒，与儒教大有关切：

今案秦政之尤大者，则在宗教。始皇之相为李斯，司马迁称斯学帝王之术于荀子，斯既知六艺之归，则斯之为儒家可知。

始皇既以儒者为相，则当有儒者之政。观其大一统，尊天子，抑臣下，制礼乐，齐律度，同文字，攘夷狄，信灾祥，尊贞女，重博士，无不同于儒术。惟李斯之学，出于荀子，始皇父子，雅信韩非。韩非之学，亦出于荀子。

（荀子）己所独揭之宗旨，乃为性恶一端。夫性既恶矣，则君臣、父子、夫妇、兄弟、朋友之间，其天性本无所谓忠、孝、慈、爱者，而弑夺杀害，乃为情理之常，于此而欲保全秩序，舍威刑刲制未由矣。本孔子专制之法，行荀子性恶之旨，在上者以不肖待其下，无复顾惜；在下者亦以不肖自待，而蒙蔽其上。自始皇以来，积二千余年，国中社会之情状，犹一日也。社会若此，望其乂安，自不可得。[2]

以上由春秋之前到秦汉之际学术脉络的叙述，是夏曾佑深耕于“社会之原”问题研究最见功底的学术成果。其对荀学与秦政关系的描述包含三层

① 夏曾佑：《夏曾佑集》，杨琥整理，上海：上海古籍出版社 2011 年版，第 911 页。
② 夏曾佑：《夏曾佑集》，杨琥整理，上海：上海古籍出版社 2011 年版，第 951 页。

判断：中国的两千年专制始于秦政；秦政之学来源于荀学，欲去专制，需要“排荀”；荀学为儒教之一分支，改良政教，就需“改良孔教”。其中所蕴含的思想能量，等待喷薄而出的时机。

夏曾佑“社会之原”研究的另一着力点是中国在漫长历史发展中如何形成一个多民族国家的。因为多民族聚合是古代中国建立的重要基础，也是现代中国建立的基础。夏曾佑自炎黄时期的叙述就采用了多部落多民族的视角：

> 当炎帝末造，居中国者，约分三族。最北以漠南北为界者，为荤粥；獯鬻、玁狁、匈奴，皆一音之转。西起昆仑，东渐大海，夹黄河两岸者，为诸夏；大江以外，及乎南溟，是为黎族。
>
> 当时诸夏虽为一族，然似有二支，一炎帝，一黄帝也。因《史记》称黄帝迁徙往来无常处，以兵师为营斋；而神农氏教民稼穑，农夫非可迁徙往来无常处者，故疑其为一族分二支也。古时黎族散处江湖间，先于吾族，不知几何年。其后吾族顺黄河流域而至，如此者又不知几何年。至黄帝时，生齿日繁，民族竞争之祸，乃不能不起，遂有炎帝、黄帝、蚩尤之战事，而中国文化，藉以开焉。[①]

这种对黄河两岸诸夏之外民族的书写，在《中国古代史》中成为一条种族演进的线索被延续着。至第三册写两汉时期种族宗教，作者深感头绪繁多：“盖此时以前，种族与宗教皆单简；自此以后，种族与宗教皆复杂也。种族复杂之原，由于前后汉两朝，专以并吞中国四旁之他族为务，北则鲜卑、匈奴，西则氐、羌，西南则巴、賨，几无丕遭汉人之吞噬者。中国以是

① 夏曾佑：《夏曾佑集》，杨琥整理，上海：上海古籍出版社 2011 年版，第 796 页。

得成大国，而其致乱，则亦因之。”[1]民族的扩张融合也带来若干问题。两汉对周边民族的兼并吞噬，成为后来五胡乱华形成的诱因。

夏曾佑的《中国古代史》的成功与取得的学术成就是多方面的：

首先，他借助今文经学、天演进化论、西方社会学的理论，初步勾勒建构了中国古史的演进轨迹，成为显示着“新史学”实绩的奠基之作。今文经学的三通三世说，进化论的天演说、严复翻译的西方社会学之渔猎社会、游牧社会、耕稼社会、宗法社会划分的理论，都被作者心有灵犀地运用于中国古史系统的建构与叙述之中，使混沌一片、纷乱繁杂的中国古史有了一个上古、中古、近古的历史分期，有了一个传疑时代、化成时代、极盛时代、中衰时代、退化时代、更化时代的叙述与书写模式，这种让人赞叹信服的神来之笔，让中国古代史变得豁然开朗，变得生动可及。加上《中国古代史》写作中史论与政论的频频结合，中国史和希腊、泰西历史时代的频频比照，让读者在阅读中，频频获得现实感、方位感。

其次，夏曾佑很早注意的“社会之原”研究，在《中国古代史》中被不断深化，充分展开。夏曾佑1898年6月9日发表在《时务报》的《论近代政教之原》，首次刊发中国政教之源皆出于秦的宏论。因袭秦法之中国，遇欧洲诸国重民权兴格致之缘，于是而成今日种亡教亡之果。假如国人所守是真为尧、舜、禹、汤、文、武、周、孔所传之道，而尤当斟酌损益，与时偕行；国人所守乃秦人之法，又因何而不可变？夏曾佑最初表露的，是为变法鼓与呼的立场。1903年6月在《新民丛报》发表的《中国社会之原》开始结合老、孔、墨学说、秦汉学派变化，进入学术探求的层面。其左萦右拂之中，意旨尚不甚豁然。依照此文写作时间，作者应该是已经进入《中国古代史》的准备过程。夏曾佑春秋前鬼神术数分流，春秋后老、孔、墨并世而起，经儒扬墨黜阶段，至秦而儒法并举，荀学大盛，大一统中终成专制之局

① 夏曾佑:《夏曾佑集》，杨琥整理，上海：上海古籍出版社2011年版，第1029页。

的学术描述，由此完整。《中国古代史》宽大的学术空间，提供了完善其学术思想的平台。其他与“社会之原”有关的问题，比如宗教变动在前政治变动随后，多民族多信仰融合等与社会之原有关的问题，也都有了充分展开论述的机会。“新史学”主张研究种群的天演，而不仅仅是王朝的更替。这样族群的分合，信仰的迁播，学术的推演，教化的转移，应该登堂入室，成为历史研究的重要内容。因此，20 世纪初年夏曾佑在《中国古代史》写作中的身体力行，便自然成为一种学术楷模。严复 1906 年读《中国古代史》后致信夏曾佑，称其为“旷世之作，为吾国群籍之所无踵”，“读足下之书，见提絜立例处，往往见极因怪（如云中国之教得孔子而立政得秦皇而行，境得汉武而定。又云使匈奴盛于周时，中国必亡诸语），此法惟近世西人以天演眼藏探内籀之术以治前史者而后能之，乃大著不期而与之合，此滋足贵者也”[①]。

《中国古代史》作为教科书，其历史叙事是粗线条的。以今文经学的观念解释历史，也不免有牵强附会之处。史书的书写以文言作为叙述语言，事繁语简，存在晦涩而不宜解读的弊端。但作为“新史学”的早期史著，其建构开创的中国古代史系统的价值意义，却是十分巨大的。

三、“新学诗”与“新小说”的倡导者

夏曾佑在晚清文坛的贡献还在于他是新学诗和新小说的倡导者。夏氏 19 世纪末在新学诗上的实践和把小说作为启蒙利器的呼吁，使其当之无愧地成为晚清文学界革命的“导夫先路”者。

夏曾佑对新学诗的倡导约在 1894 年到 1896 年之间，主要参与者是梁启

① 严复:《严复集》，汪征鲁等主编，福州：福建教育出版社 2014 年版，第 209 页。

超、谭嗣同。梁启超《亡友夏穗卿先生》回忆当年情景道：

> 我十九岁始认得穗卿。——我的“外江佬”朋友里头，他算是第一个。初时不过“草草一揖”，了不相关，以后不晓得怎么样便投契起来了。我当时说的纯是“广东官话”，他的杭州腔又是终身不肯改的，我们交换谈话很困难，但不久都互相了解了。他租得一个小房子在贾家胡同，我住的是粉房琉璃街新会馆。后来又加入一位谭复生，他住在北半截胡同浏阳馆。“衡宇望尺咫”，我们几个没有一天不见面。见面就谈学问，常常对吵，每天总大吵一两场。但吵的结果，十次有九次我被穗卿屈服，我们大概总得到意见一致……我们当时认为：中国自汉以后的学问全要不得的；外来的学问都是好的。既然汉以后要不得，所以专读各经的正文和周秦诸子。既然外国学问都好，却是不懂外国话，不能读外国书，只好拿几部教会的译书当宝贝。再加上些我们主观的理想——似宗教非宗教、似哲学非哲学、似科学非科学、似文学非文学的奇怪而幼稚的理想。我们所标榜的“新学”就是这三种原素混合构成。[①]

梁启超 19 岁的年头是 1891 年。是年梁启超在京师就婚于李氏，小住于新会会馆，梁、夏有“草草致一揖，仅足记姓氏”的交往。梁氏所述每天争吵不休的年头应该在 1894 年至 1895 年之间。1895 年梁启超 23 岁，夏曾佑 33 岁，谭嗣同 31 岁。时为维新变法酝酿激发的年头，年轻学子厌恶旧学，向往新学，而新学又无从寻觅。汉以前的经与诸子，教会的译书与主观理想，便成为学问饥渴时代年轻学人的“新学”。更有甚者是，这些年轻学人

---

① 夏曾佑：《夏曾佑集》，杨琥整理，上海：上海古籍出版社 2011 年版，第 1150 页。

要用“宗教式的热情”去宣传这种“新学”，这便有了“新学诗”。

“新学诗”在形式上多为律诗或古风，在内容上是用经书诸子之学、佛典、新旧约典，生造杂糅成复杂艰涩的辞语意象，表达对世界的感受与想象。新学诗是维新之初旧学已死、新学未生时代年轻学子的具有颠覆性意义的思想创造与情感表达。其开创者是夏曾佑。梁启超《亡友夏穗卿先生》回忆道：

> 穗卿自己的宇宙观、人生观，常喜欢用诗写出来。他前后作有几十首绝句，说的都是怪话。我只记得他第一首：“冰期世界太清凉，洪水芒芒下土方。巴别塔前一挥手，人天从此感参商。”这是从地质学家所谓冰期洪水期讲起，以后光怪陆离的话不知多少。当时除我和谭复生外没有人能解他。因为他创造许多新名词，非常在一块的人不懂。①

梁启超文中所引夏曾佑诗为《无题》，计26首。梁启超《饮冰室诗话》详解《无题》诗所用典多为《新约》全书中故实的原因道：“当时吾辈方沉醉于宗教，视数教主非与我辈同垒者，崇拜迷信之极，乃至相约以作诗非经典之语不用。所谓经典者，普指佛、孔、耶三教之经，故《新约》字面，络绎笔端焉。”《饮冰室诗话》讲解上引《无题》诗曰：“冰期洪水用地质学家言，巴别塔云云，用《旧约》述闪含雅弗分辟三洲事也。”《饮冰室诗话》又举《无题》诗中“帝子采云归北渚，元花门石镇欧东。两家悬谶昭千祀，一样低头向六龙”“六龙冉冉帝之旁，三统茫茫轨正长。板板上天有元子，亭亭我主号文王”两首解释道：“所谓帝子者，指耶稣基督自言上帝之子也。元花云云，指回教摩诃末也。六龙指孔子也。吾党当时盛言春秋三世义，谓

① 夏曾佑：《夏曾佑集》，杨琥整理，上海：上海古籍出版社2011年版，第1151页。

孔子有两徽号：其在质家据乱世则号素王；在文家太平世则号文王云。故穗卿诗中作此言。其余似此类之诗尚多，今不复能记忆矣。当时在祖国无一哲理政法之书可读。吾党二三子号称得风气之先，而其思想之程度如此，今过而存之，岂惟吾党之影事，亦可见数年前学界之情形也。”[①]

此时的夏曾佑、梁启超、谭嗣同的理想情感，在康有为《孔子改制考》的思想轨道上，在对世界宗教各教主信仰的狂热中。他们希望孔教如同耶稣基督、回教摩诃末、释迦牟尼诸位教主创造欧洲、伊斯兰、佛教文明一样，给中国带来复兴。宗教狂热与想象情绪支配下写作的诗，一是怪异，二是难解，但给他们带来精神解放的快乐。

这种颠覆与奇想的快乐，夏曾佑、梁启超是如何感受到的呢？梁启超《亡友夏穗卿先生》中列举夏曾佑 1906 年访问日本时赠梁启超之诗：

> 壬辰在京师，广座见吾子。草草致一揖，仅足记姓氏。洎乎癸甲间，衡宇望尺咫。春骑醉莺花，秋灯狎图史。冥冥兰陵门，万鬼头如蚁。质多举双手，阳乌为之死。袒裼往暴之，一击类执豕。酒酣掷杯起，跌宕笑相视。颇谓宙合间，只此足观喜。夕烽从东来，孤帆共南指。再别再相遭，便已十年矣。君子尚青春，英声乃如此。嗟嗟吾党人，视子为泰否。

夏诗的前几句描述同学少年彼此投契与后几句感叹人生易老的诗是不需要注解的，但中间阐述学理的部分需要详解。梁启超解释道：“穗卿诗里头‘冥冥兰陵门，万鬼头如蚁。质多举双手，阳乌为之死’，‘兰陵’指的是荀卿；‘质多’是佛典上魔鬼的译名——或者即基督教经典里头的‘撒但’；‘阳乌’即太阳——日中有乌是相传的神话。清儒所做的汉学，自命为‘荀

① 梁启超：《饮冰室全集》，北京：中华书局 2015 年版，第 4421 页。

学’。我们要把当时垄断学界的汉学打倒，便用‘禽贼禽王’的手段去打他们的老祖——荀子。到底打倒没有呢，且不管。但我刚才说过，‘我们吵到没有得吵的时候，便算问题解决’。我们主观上认为已经打倒了！‘袒裼往暴之，一击类执豕。酒酣掷杯起，跌宕笑相视。颇谓宙合间，只此足观喜。’这是我们合奏的革命成功凯歌。读起来可以想起当时我们狂到怎么样，也可以想见我们精神解放后所得的愉快怎么样。”[①]

梁启超《饮冰室诗话》中把这类能够带来精神解放愉快，但生编硬造、需要加很多注解才能读通的诗概括为“挦扯新名词以表自异”。梁启超《饮冰室诗话》中再举谭嗣同离开京师到南京所作《金陵听说法》为例：

> 盖当时所谓新诗者，颇喜挦扯新名词以表自异。丙申丁酉间，吾党数子皆好作此题，倡之者为夏穗卿，而复生亦綦嗜之。其《金陵听说法》云：“纲伦惨以喀私德，法会盛于巴力门。”喀私德即Gaste之译音，盖指印度分人为等级之制也。巴力门即Parliament之译音，英国议会之名也。又赠余诗四章，有“三言不识乃鸡鸣，莫共龙蛙争寸土”等语。苟非当时同学，断无从索解。盖所用乃《新约》全书中故实也。[②]

由旧约、佛典、儒家经典故实与译音词语意象词汇杂糅而成的新学诗，变得“苟非当时同学，断无从索解”，便失去了阅读与传播的可能。写作《饮冰室诗话》时的梁启超，正在鼓吹“诗界革命”。虽然夏曾佑所身体力行的新学诗怪而难解，但梁启超坚持推举夏曾佑与黄公度、蒋智由并列为近世

① 夏曾佑：《夏曾佑集》，杨琥整理，上海：上海古籍出版社2011年版，第1149—1150页。

② 梁启超：《饮冰室全集》，北京：中华书局2015年版，第4421页。

诗家三杰，决定因势利导，引领“吾党诗人”完成夏曾佑的新学诗向黄遵宪的新派诗“过渡”：

> 过渡时代，必有革命。然革命者，当革其精神，非革其形式。吾党近好言诗界革命，虽然，若以堆积满纸新名词为革命，是又满州政府变法维新之类也。能以旧风格含新意境，斯可以举革命之实矣。苟能尔尔，则虽间杂一二新名词，亦不为病。①

依照梁启超所言，“诗界革命”的成功作品应该符合三个条件：新意境、新名词、旧风格。黄遵宪的诗，“独辟境界，协然自立于二十世纪诗界中”，可以作为“诗界革命”的模范之作。黄遵宪有“读我连篇新派诗”之语。从夏曾佑“挦扯新名词以表自异”的新学诗，到黄遵宪“独辟境界”的新派诗，正是梁启超心目中的“诗界革命”所要完成的革新历程。

夏曾佑留下的200余首诗作，除了上述的新学诗外，最值得称述的是与梁启超、严复、蒋观云、陈三立等人忆旧唱和之作。1905年夏，夏曾佑服阕后回安徽候缺，其间，被荐为五大臣出洋考察宪政随员。1906年3月成行日本，停留两个月。在日本箱根重晤梁启超，有诗记之：

> 自从别后艰危久，握手犹疑在梦魂。草草杯盘灯火暗，沉沉风雨语言温。十年往事归青史，一卧沧江剩酒痕。罢饮登楼西望久，白云何日出山村。②

夏氏犹记梁启超1898年百日维新失败后，从天津塘沽乘日本船逃亡时，

① 梁启超：《饮冰室全集》，北京：中华书局2015年版，第4421页。

② 夏曾佑：《夏曾佑集》，杨琥整理，上海：上海古籍出版社2011年版，第436页。

与梁启超船上话别时的情景。梁启超由日本大使馆送天津出逃，应该是极机密的事情。时在天津的夏曾佑能提前得到信息，且不避危险，前往送别，也是侠肝义胆的行为。分手十年后与旧友在日本重晤，夏曾佑自然感慨良多。别后艰危，握手疑是梦中；登楼西望，明日各自江湖。喜耶悲耶？难以名状。

夏曾佑与严复的交往，敬重之余，高度认同其翻译西著的学术贡献。其《己亥秋别天津有感寄怀严蒋陈诸故人》言及严复云：

> 时会既未至，盛业由书传。旁行百万卷，精诣穷人天。舌人十万辈，瞠目无媸妍。学未闻大道，岂能事言诠？昔者山海隔，今有车与船。今者文字隔，谁施蹄与荃？事穷我公（谓严侯官）起，吾族殆帝怜。公学岂仅此，而此世所先。国狗素狂瘈，眈眈吻常涎。兴亡有一定，名世独见全。冥冥津门树，日暮起苍烟。扁舟载吾逝，不复相流连。何时一尊酒，黾勉为执鞭。[1]

此诗写于1899年夏曾佑离开天津，去安徽祁县就职之时。诗中称赞严复“盛业由书传”的救国救种之举，表达追随执鞭的愿望。1904年，严复译英人甄克思《社会通诠》，1905年著《侯官严氏评点老子》，书成，均请夏曾佑为之作序，可见严复对夏曾佑的学术见解足以引以为同道的信任。1910年，夏曾佑有《题严几道江亭饯别图》写对故人的思念之情云：“七年人海几升沉，孤往谁知去国心？看到画图风景地，交柯乱叶最精深。”[2]人海沉浮，执子之手，最是情深。1912年，夏曾佑有《寿严又陵六十》诗：

---

① 夏曾佑：《夏曾佑集》，杨琥整理，上海：上海古籍出版社2011年版，第431页。

② 夏曾佑：《夏曾佑集》，杨琥整理，上海：上海古籍出版社2011年版，第439页。

先生晚出世，时正丁晚清。新忧日以迫，旧俗日以更。辕驹及枥马，静待鞭与烹。一旦出数卷，万怪始大呈。譬如解骥足，一骋不可程。虽云世运开，要亦贤者诚。阳春转寒冽，风日流辉光。[①]

夏氏贺寿之诗，盛赞严复对晚清学术带来了思想解放，带来了驱走寒冽的阳春。

夏曾佑对晚清文坛的另一大贡献是提倡小说。1897 年，《国闻报》初办，自 11 月 10 日起登载《本馆附印说部缘起》一文，文未署名。梁启超 1903 年的《小说丛话》中认定此文出自严复、夏曾佑之手，因为其他人不可能有此宏论。后《严复集》的整理者王栻认为，文字风格与文中所述经历，均非严复。此后学术界倾向于夏曾佑执笔，严复参加了意见，为夏、严合作之文。

《本馆附印说部缘起》长达万余字，分七次刊毕。其为文风格纵横捭阖，洋洋洒洒。文章从《三国》《水浒》《长生殿》《西厢》小说戏剧中情节、人物、性格为人所熟知这一现象入手，探求地球之大，古今之长，何以一人之性情心术声音笑貌，可以长留于亿兆人脑中传而益远、久而不淡的原因：首先在于这些小说戏曲描写了人类社会中的公性情：英雄与男女。英雄之性在物竞天择的世界演化中，为天下家国一日所不可无，帝王教主，纷纷纭纭，大瀛之内，血气所同。而男女之情与英雄之性，又相倚俱生。中国之尧舜禹汤，欧洲之希腊罗马，兴亡之迹，波谲云涌，缠绵怨慕，演绎无穷。英雄与男女构成了人间故事的底色。但同样是描述英雄男女的文字，为什么经史子集记载的英雄男女不易传，而稗史小说描述的英雄男女易传？作者以为稗史小说比经史子集易传的条件有五：使用本民族通用语言，使用与口语接近语言，言日习易解之事，有曲肖详尽描写，擅虚构附会讲述。稗史小说，

① 夏曾佑：《夏曾佑集》，杨琥整理，上海：上海古籍出版社 2011 年版，第 439 页。

有如此感人易传的禀赋，应该成为国民启蒙的利器：

> 欧美、东瀛，其开化之时，往往得小说之助……文章事实，万有不同，不能预拟；而本原之地，宗旨所存，则在乎使民开化。自以为亦愚公之一畚、精卫之一石也。抑又闻之：有人身所作之史，有人心所构之史，而今日人心之营构，即为他日人身之所作。则小说者，又为正史之根矣。若因其虚而薄之，则古之号为经史者，岂尽实哉！岂尽实哉！①

《国闻报》附印说部并没有真正得以实现，但小说新民的观念想法是导夫先路的。梁启超1902年在日本创办《新小说》，首先想到的是《国闻报》上严、夏的这篇大文，一定要找到此文，再考虑写作《新小说》的发刊词。梁启超《论小说与群治之关系》，与《本馆附印说部缘起》在推重小说，编织欧美、东瀛小说救国的神话，以小说推动国民启蒙等方面，多有承继之处。夏曾佑的《缘起》一文在晚清小说界革命中，因此也具有标杆的意义。

如同新学诗一样，在小说界革命中，夏曾佑同样是开创者。1903年，李伯元主办的《绣像小说》创办，由上海商务印书馆出版。张元济约请夏曾佑写文，夏曾佑作《小说原理》本年6月在第三期上刊发。此文立意，除《缘起》中强调开民之化功能之外，更多地着意于小说的自遣自娱功能："今将陈于纸上之物，为人所乐玩者，第其可乐之甲乙：看画最乐；看小说其次；读史又次；读科学书更次；读古奥之经文最苦。而小说之为人所乐，遂可与饮食、男女鼎足而三。"②

夏曾佑以为写小说有五难：写小人易，写君子难；写小事易，写大事

① 夏曾佑：《夏曾佑集》，杨琥整理，上海：上海古籍出版社2011年版，第24页。
② 夏曾佑：《夏曾佑集》，杨琥整理，上海：上海古籍出版社2011年版，第73页。

难；写贫贱易，写富贵难；写实事易，写假事难；叙实事易，叙议论难。小说有导世、牟利两种写法：牟利之作“莫如将此生数十年所亲见、亲闻之实事，略加点化，即可成一绝妙小说”。而导世小说，“若欲为社会起见则甚难，盖不能不写一第一流之君子，是犯第一忌；此君子必与国家之大事有关系，是犯第二忌；大事者必牵涉富贵人，是犯第三忌，其事必为虚构，是犯第四忌，又不能无议论，是犯第五忌。五忌俱犯，而欲求其工，是犹航断港绝潢而至于海也”。[①]

夏曾佑《小说原理》还有两个重要观点：一是曲本、弹词之类，虽与小说异源，但可与小说合流，所分者一有韵，一无韵而已。二是社会发展，本为士大夫与妇女、粗人两派。士大夫随着学界展宽，不必再以小说耗其日力；小说、演剧及说唱，主要用于无书可读的妇女、粗人，输入文化，以拨乱世致太平。

与六年前的《本馆附印小说缘起》中外兼采、洋洋洒洒的文风相比，《小说原理》的为文风格趋向平实，平实得近于乡邻间的聊天。两文相较，夏曾佑对小说的认知并没有明显的提升。与梁启超“欲新民，必先新一国之小说”的“小说界革命”的炽热相比，夏文甚至有些后退与保留。如论导世小说创作有五难，突破五难以求小说之工，几乎没有成功的可能。再如士大夫应着眼新学，不必以小说耗其日力，把小说还给妇女、粗人等观点，都似乎是对梁启超小说提倡的一种降温，一种修正。

夏曾佑对中国政教的研究成果，认为中国的人与文化，实际具有隐形的等级。《小说原理》写作的同年，夏曾佑有《乱事之已往》《论开官智》两文，前文认为中国以孔教立国，长此以往，形成“一国之中有二国教”的情况。“上中二等人以高头讲章、历科闱墨为圣经，下等人以弹词、唱本、二簧、京调为圣经。上中二等人胸中有无限三纲五常、天经地义等字面，而不

① 夏曾佑：《夏曾佑集》，杨琥整理，上海：上海古籍出版社 2011 年版，第 74 页。

知此等字面为何义；下等人胸中有无限呼风唤雨、撒豆成兵等字面，而不知此等字面为何物。”[①] 后文认为：“观中国教书之中，教人君者十之五，教人臣者十之四，教民者十不及一焉。教既如此，政亦宜然。”“小说者，国民特性之代表也，试观中国之小说，无一人肯以平民老者，而又不敢有做皇帝之思想，非于政教之果受之至深，恶能如是。”[②]

在夏曾佑看来：中国政教链条中，下等人的教化是最为薄弱的环节。因此在小说界革命风生水起之时，以小说教化妇女、粗人，便再次成为《小说原理》的逻辑起点。

以士大夫阶层自居的夏曾佑，是以消遣的态度读小说的。其诗集中有《积雨卧病读林琴南迦茵小传有感》诗云“会得言情头已白，捻髭想见独沉吟”[③]，言其自己病中读小说的心情，并想象译者捻髭沉吟的情景。林纾70岁生日，夏曾佑有《寿林琴南七十》诗云：

> 琴南洵健者，卫道无一避。藏山纸千张，乃以小说累。然以小说论，其功亦已邃。吾人拜泰西，几与天人比。政治与起居，不复容思议。及公发其局，凶丑乃极备。国狂庶或醒，天下当受赐。至者即不传，此功亦其次。[④]

林纾卫道，夏氏视为健者；古文可传，其学反为小说所掩。从严复翻译知泰西政治，从林纾翻译知泰西生活。林译小说颠覆了国人对泰西的某些认知。仅靠翻译小说，林纾著述之功已足可传世。

---

① 夏曾佑:《夏曾佑集》，杨琥整理，上海：上海古籍出版社 2011 年版，第 55 页。
② 夏曾佑:《夏曾佑集》，杨琥整理，上海：上海古籍出版社 2011 年版，第 115 页。
③ 夏曾佑:《夏曾佑集》，杨琥整理，上海：上海古籍出版社 2011 年版，第 435 页。
④ 夏曾佑:《夏曾佑集》，杨琥整理，上海：上海古籍出版社 2011 年版，第 442 页。

四、生命的尾声

夏曾佑1912年应蔡元培之招，到北京教育部任社会教育司长，鲁迅任职于其部下。第二年参与发起组织孔教会。中任京师图书馆馆长，后回教育部编纂处编审员，同意张元济续写《中国古代史》的提议，1921年应聘北京大学国学门导师。

1904年，夏曾佑为严复译作《社会通诠》写序时，结合书中所谈学理，不失时机地将个人长期关注的宗教与政治之问题的结论性成果全盘托出。夏序首先区别政治与宗教概念，以为“自其恒干之所服习者言之，则命曰政治；自其神智执著者言之，则命曰宗教”。第二，论断“宗教政治必相附丽”。宗教革命往往是政治革命的先声：“未有旧教不裂，而新政可由中而蜕者。”第三，认定中国进入宗法社会早于西方，孔子之说浸淫以成国教，其借宗法以定君权，而非借君权以维宗法。“政治与宗教既不可分，于是言改政者，自不能不波及于改教。而‘救危亡’与‘无君父’二说，乃不谋而相应，始胶固缭绕而不可理矣。”①

夏氏1904年“救危亡与无君父”将“胶固缭绕”的推论，二十年间在中国相继上演。夏曾佑本人也目睹了一时兴之所至的学术预言，成为辛亥与五四时期社会变革的现实。1924年，夏曾佑去世，其子夏元瑮、元瑜发布的“哀启”中透露：“辛亥革命事起，新进少年意气飚举，谓天下事从此大定，先严独愀然谓：‘革故鼎新，古今大业，不如是易易也。’盖阅世既深，测往知来如是。”这种感觉，对史学家、预言家来说，应该是真实的。政变了，教尚在，革故鼎新大业未成。

任职教育部之后的夏曾佑似乎已经失去了当年做出“未有旧教不裂，而新政可由中而蜕者”判断时的心力与锐气。有了共和国新政，夏曾佑与

① 夏曾佑:《夏曾佑集》，杨琥整理，上海：上海古籍出版社2011年版，第126页。

孔教会代表陈焕章等上书参、众两院，请于宪法中规定孔教为国教。此举不知是出于对早年“改良孔教”学术观点的坚守，还是为袁世凯执政后政治思潮所裹挟？夏曾佑曾被添聘于清史馆。据其作于1918年前后的《史馆独坐》的描述：清史馆是一个丘聃皆死，图史如海，遗文俱在，迹往名留，笔画鬼神，让人怀疑人生的处所。生气已尽，精神颓唐，当年下笔如有神的史学家，晚年遁入寂寞冷清之境。夏曾佑一生，在忧患中，在贫困中。在祁县知县任上时，与表兄汪康年书信，喋喋于谋事艰难、生计艰难。1899年4月25日信云：“我等四十之年，少小之日，生于忧患，未尝开口为笑也。中年以往，益以不支，饥寒之逼，固非异事，性命之虞，亦在意中。”[①]1900年9月27日的信中说：“我尤为支那忧之。支那必为埃及、印度之续。我更自忧，谋学术不成，谋吃饭又不成。二者即使有成，而所见者均不愿见之事，所闻者均不愿闻之言，虽生不如无生也。”[②]1905年，被选为五大臣随行人员后，忧衣服行资：“弟素无恒产，居者、行者，皆须为谋。且既入外国势利之场，必不能仍其韦素，大约衣服等类，非数百金不可。因平日衣服太少。此等之事，要之于人则不情，出之于己则无有，此亦一甚难之事。”[③]早年、中年的困顿潦倒，晚年则并无太大改善。其子夏元瑮1934年作《夏曾佑传略》，谈及夏氏晚年在北京的生活：“居北平，尝杜门以诗酒自娱，有请教者，则殷殷诱导，无德色，无倦容。”[④]梁启超《亡友夏穗卿先生》云：“近十年来，社会上早忘却有夏穗卿其人了。穗卿也自贫病交攻，借酒自戕。正是李太白诗说的“君平既弃世，世亦弃君平”，连我也轻容易见不着他一面，何况别人？”[⑤]

---

① 夏曾佑：《夏曾佑集》，杨琥整理，上海：上海古籍出版社2011年版，第459页。
② 夏曾佑：《夏曾佑集》，杨琥整理，上海：上海古籍出版社2011年版，第473页。
③ 夏曾佑：《夏曾佑集》，杨琥整理，上海：上海古籍出版社2011年版，第484页。
④ 夏曾佑：《夏曾佑集》，杨琥整理，上海：上海古籍出版社2011年版，第1146页。
⑤ 夏曾佑：《夏曾佑集》，杨琥整理，上海：上海古籍出版社2011年版，第1149页。

夏曾佑一生，在读书中，在学术中。其子夏元瑮作《夏曾佑传略》述其读书情况曰：“少时读书，尝以数十巨册置案上，一二日读竟，或一日中可读二三部。及掩卷，书中要旨，能一一备述。以故博极群书，几无学不窥。”[①]《传略》概述夏曾佑学术成就如下：

> 先生于古今中外学术、宗教、文艺之渊源派别，窥其微奥，得其会通。尤邃于佛典，与嘉兴沈曾植、同邑张尔田诸人谈佛，听谈佛，昕夕不倦，故自号碎佛。毕生讲学，无门户异同之私，若汉宋之纷争、儒释之异尚，以及新学论唯心唯物之各相持而不下者，皆无所左右，凭其载籍所存与事物所托，一一平心而剖别之。凡所评论，则昔人之所未道。王修植尝言：“今之读书者多，读书而淹博者亦多，读书而不为古人愚者，惟夏氏一人也。”平素不习西文，未履欧美之地，而各邦之政治兴衰与其学术变迁，咸洞悉其本原。尝语其门人曰：“吾壮岁读书，但事涉猎，以观大要；中年而后，一书之章节，靡不潜心细绎，即一字一句，未敢忽诸。”[②]

俞大维曾口述：陈寅恪 1912 年由欧洲回国，拜见夏曾佑。夏羡慕陈识外文，有许多书可读。自己只能看中国书，可惜都看完了，现已无书可读。陈寅恪当时觉得荒唐。至陈寅恪七十岁时，居然有与夏曾佑同样的感觉。这种文坛逸事，是读书人之间的美谈。加上晚清今文经学者认为“中国自汉以后的学问全要不得”[③]，更易造就上述读书的传奇。

---

① 夏曾佑:《夏曾佑集》，杨琥整理，上海：上海古籍出版社 2011 年版，第 1146 页。

② 夏曾佑:《夏曾佑集》，杨琥整理，上海：上海古籍出版社 2011 年版，第 1146 页。

③ 夏曾佑:《夏曾佑集》，杨琥整理，上海：上海古籍出版社 2011 年版，第 1149 页。

夏曾佑是晚清著名的思想家、文学家。是19、20世纪之交与严复、梁启超站在同一阵营的维新知识分子。在救亡图存与西学东渐的思想背景下，夏曾佑把对中国学术的研究及对西方学术的了解融合在一起，著言立说，成为“鼓民力、开民智、新民德”为主旨的救亡启蒙运动与“新史学”的参与者。夏曾佑的政论时评、新学诗的写作及对小说参与启蒙的提倡，又使他成为“文学界革命”不可或缺的先行者。

［刊于2020年5月《苏州大学学报（哲学社会科学版）》第3期］

眼底人才倏新旧，苍茫古意浩难收

——晚清古文大师吴汝纶的文化文学选择

吴汝纶是清代绵延二百余年的散文流派桐城派的最后一位大师传人。在周孔儒教、桐城之学、古文传绪之道统文统遭遇民约天演、归纳演绎、声光电化之新学西学挑战的世纪之初，他深感“朝廷不改，国必亡；士学不改，种必亡”[①]，始终徘徊在古今中西之间的矛盾痛苦与艰难选择中，在晚清思想界、文学界具有“典范”意义。解读吴汝纶，我们可以洞悉晚清中国最后的士大夫守先待后的精神与情感世界。

一、百不施为乃著文

桐城派形成于雍、乾，极盛于嘉、道，绵延于同、光，笼罩文坛二百余年，至五四时期才臻于消亡，成为有清一代延续最长久，人数最多，影响最大的散文流派。桐城派作家总体上保持清正雅洁的创作风格，追求文从字顺、言简有序、纯净秀美，于平易琐细中见情致的文章风范，在各种散文体

① 吴汝纶:《吴汝纶全集》卷三，合肥：黄山书社 2002 年版，第 366 页。

裁，尤其是杂记序跋、碑志传状之文中显示出才华和优长。

洋务运动方兴未艾的咸同年间，姚鼐门下弟子梅曾亮、管同、刘开、方东树相继去世，对桐城派发展施以援手的是曾国藩。在桐城派文人中，曾国藩以姚鼐为师，梅曾亮为友。曾氏《圣哲画像记》中有“国藩之粗解文字，由姚先生启之”之言，在《复吴敏树》文中，推姚鼐古文为“百余年主盟”，而置身于姚鼐私淑弟子之列。晚年在军营中，他还多次梦中与姚先生谈文，由此也可见痴迷之深。私淑姚鼐，推服梅曾亮，但曾国藩绝不是仰承鼻息、人云亦云之辈。桐城派古文义精词俊，清通渊雅，古文理论示人途径又多诣极之语，这是曾氏私淑姚鼐、推服梅曾亮的原因。但桐城古文也有空疏、窳弱，取范狭窄，立论偏颇之处。曾国藩在古文创作与理论上的致力之处，即要以自己审美识度、审美经验为基本点，改造桐城派古文，增强古文表情达意的功能，扩大古文的应用范围，使之更适应鸦片战争之后社会发展的需求。曾国藩对桐城派古文的改造与发展，被曾门弟子概括为“扩姚氏而大之”“并功、德、言于一途”。曾国藩的努力，在一定程度上克服桐城派文不长于持论，以虚义相演的弊端，但同时也使桐城派朴素雅洁的文人之文，逐渐变为纵横捭阖的政治家之文。

作为政治家，曾国藩持“坚车行远”说，希望并功、德、言于一途。作为古文家，曾国藩又深知文章能否行远，又别有能事在。性理、经济掺杂入文，难以成就自然之文、艺术之文。桐城派“学行程朱、文章韩欧”的命题中，蕴含着追求文道并至而顾此失彼的紧张。曾国藩论吴敏树《书西铭讲义后》之类的文字，以为“然此等处，颇难著文。虽以退之著论，日光玉洁，后贤犹不免有微辞。故仆尝称古文之道，无施不可，但不宜说理耳”①。古文不宜说理，一是指从先秦两汉脱胎而来的奇句单行的散体之文，经唐宋古文家的改造，偏向于文人情趣情致一路，长于叙写而短于持论。二是指演

① 曾国藩:《曾国藩全集·书信》卷九，长沙：岳麓书社 1988 年版。

绎性理讲求周严精当，持论笃重，而古文则别求文境、声音与色彩。与其不善兼取而足以相害，不如从一而择，以免失措乖张。曾国藩论刘蓉之作云："鄙意欲发明义理，则当法《经学理窟》及各语录札记，欲学为文，则当扫荡一副旧习，赤地新立。将前此所业，荡然若丧其所有，乃始别有一番文境。望溪所以不得入古人之间奥者，正为两下兼顾，以致无可怡悦。"[①]曾国藩有关义理、文章不可兼得的感慨，透露出古文作者徘徊于义理、辞章之间顾此失彼的尴尬与痛苦。而曾氏与文友"扫荡一副旧习，赤地新立，将前此所业，荡然若丧其所有"的相约，又透露出古文家决心与这种尴尬与痛苦告别分手的觉悟。这种觉悟来自于对文学史上道与文竟不能不离为二现实的正视，也来自于对摆脱一切有形成规、无形束缚，而自任性情、放马由疆创作境地的渴望。堂堂正正以古文为业的想法，相对于"坚车行远"说而言，又更加古文家化了。

吴汝纶少习举业，对乡邦文化，自然是耳濡目染，但真正留心文章之学，还是在进入曾国藩幕府之后。1858 年曾国藩对古文辞之兴趣日趋浓厚。张裕钊、吴汝纶、黎庶昌、薛福成，都是在此之后，因文得知于曾氏，而被延入幕府的，世称"曾门四弟子"。曾门四弟子以文字得知于曾国藩，都在风华正茂、才华未展露之时，日后各有所成就，而无不将在曾氏幕府中的阅历看得十分重要，十分珍贵。薛福成有《叙曾国藩幕府宾僚》一文，文中描叙曾氏幕府宾僚之盛况，将宾僚分为四类：黎庶昌、吴汝纶列名"几从公治军书、涉危难、遇事赞画者"。吴敏树、张裕钊列名于"以宿学客戎幕，从容讽议，并不责以公事者"[②]。薛福成《跋曾国藩手书册子》描述军次生活写道："文正每治军书毕，必与群宾剧谈良久，隽词闳义，涛海叒至，间以识

① 曾国藩：《曾国藩全集·书信》卷一，长沙：岳麓书社 1988 年版，第 611 页。

② 丁凤麟等编：《薛福成选集》，上海：上海人民出版社 1987 年版，第 213—214 页。

略文章相勖勉，或长日多暇，则索书之纸，杂陈几案，人人各餍其意去。”[①] 薛福成为黎庶昌《拙尊园丛稿》作序，回忆初入幕府，曾氏以文事相勉励时的情景道：

> 当是时，幕府豪彦云集，并包兼罗。其治古辞者，如武昌张裕钊廉卿之思力精深，桐城吴汝纶挚甫之天资高隽，余与莼斋咸自愧弗逮远甚。[②]

吴汝纶对曾国藩幕府中六年的幕僚生活，也多有回忆记述。其《姚公谈艺图记》《题玉露禅院》两文写道：

> 曾文正公在江南时，大乱新定。往往招携宾客泛舟秦淮，徜徉玄武、莫愁之间，登眺钟阜、石头，流连景物，饮酒赋诗，以相娱娭。汝纶于时间厕末座，实尝躬与其盛。[③]
>
> 始吾在是庵，公事稀简，日从文正诸客娱遨。每饭罢，辄连镳走马，始出皆垂策缓行，已忽纵辔怒驰，争先斗捷，取独出绝尘为快。有坠马者，则皆踠足回旋，丛集而哗笑之。是时，诸客中吾年最少，意气之盛，岂复有度量。[④]

曾国藩及弟子“并功、德、言于一途”“扩姚氏而大之”的努力，使他们价值取向显示出与桐城派的不同，后人将曾国藩和曾门弟子称之为湘乡

① 张炯等主编:《中华文学通史》第 5 卷《近现代文学编》，北京：华艺出版社 1997 年版，第 159 页。

② 黎庶昌:《拙尊园丛稿》，北京：中国文史出版社 2007 年版，第 1 页。

③ 吴汝纶:《吴汝纶全集》卷一，合肥：黄山书社 2002 年版，第 97 页。

④ 吴汝纶:《吴汝纶全集》卷一，合肥：黄山书社 2002 年版，第 88 页。

派。湘乡派文遵循以文见道、坚车行远的理论，在文章题材方面明显增加了讲求经世要务，记述当代掌故，铺叙文治武功的内容。在艺术表现方面，湘乡派文重义而不轻诋于法，求雅而不拘泥于洁，其行文风格意欲继承方姚之熨帖而去其柔弱。湘乡派文与桐城派文有所不同，又有着割舍不断的联系。曾门四弟子中，薛福成、黎庶昌致力于事功，且将文字功夫看作行远之坚车，刻意揣摩锻炼，属意于“并功、德、言于一途”。张裕钊孜孜于文事，以著述授徒穷其一生，寻觅以柔笔运以刚气的雅健之道，以补救桐城派文柔弱不振，属意于“扩姚氏而大之”。四弟子中，后死而对桐城派的发展影响最大的是吴汝纶。

曾门四弟子中，唯吴汝纶是桐城人。其对乡邦古文传统，充满着敬意与自豪之感。在《祭方存之文》中云：“吾县文学，耸德圣清，渊源所渐，自方侍郎。韩欧之文，洛闽之蕴，并为一条，坛宇维峻。”[①]以桐城文学为清代之冠而引为骄傲。1888 年，面对“陵夷至于道光之季，稍衰微矣”的桐城之学，吴汝纶作《孔叙仲文集序》以为：去伪存真，传承古文传绪，“幸生桐城，自少读姚氏书”的乡里后生有着义不容辞的责任。对湘乡派“扩姚氏而大之”的写作取向，吴汝纶持赞成但有保留的态度。其 1887 年《与姚仲实》论湘乡派文对桐城派的改造变化时说：

桐城诸老，气清体洁，海内所宗。独雄奇瑰玮之境尚少。盖韩公得扬马之长，字字造出奇崛，欧阳公变为平易，而奇崛乃在平易之中。后儒但能平易，不能奇崛，则才气薄弱，不能复振，此一失也。曾文正公出而矫之，以汉赋之气运之，而文体一变，故卓然为一代大家。近时张廉卿又独得于《史记》之谲怪，盖文气雄俊不及曾，而意思之诙诡，辞句之廉劲，亦能自一家。是皆

① 吴汝纶：《吴汝纶全集》卷一，合肥：黄山书社 2002 年版，第 77 页。

由桐城而推广，以自为开宗之一祖，所谓有所变而后大者也。说道说经，不成佳文。道贵正，而文者必以奇胜。经则义疏之流畅，训诂之繁琐，考证之该博，皆与文体有妨。故善为文者，尤慎于此。[1]

平易中而有奇崛，是桐城文变而后大的选择。“扩姚氏而大之”，不失为有益的尝试；说道说经，不易成佳文，是曾国藩师的体会告诫之言。“并功、德、言于一途”，是古文家需要谨慎实施的行为。

游走于湘乡派与桐城派之间的吴汝纶，以文字得知于曾国藩、李鸿章。曾国藩初见吴汝纶后，即在《日记》中称赞吴汝纶“古文、经学、时文皆卓然不群，异材也”[2]。薛福成《叙曾国藩幕府宾僚》把吴汝纶列入“从公治军书，涉危难、遇事赞画者”一类。吴汝纶在河北官任及莲池书院期间，李鸿章作为直隶总督，常将章奏之事委托，因此吴汝纶的儿子吴闿声有“曾李奏议，大率出先公之手”[3]的说法。吴汝纶自己也有“生平知遇，前惟曾文正，后惟李相”之语[4]。此时的吴汝纶，对桐城派古文理论，并不甚深究措意。至于章奏之外的文章之学，吴汝纶更是低调，退避唯恐不及。其《答许仙屏河帅》以为：“独某孤负大贤期待，少不努力，老而无成，既无吏能，退而读书，文采又不足自发其意，殊自悼也。”[5]又有《答黎莼斋》自白：“垂询近作，阔别廿余年，风尘扰扰，岁月遽逝，终年不作一文。偶有所作：自知其陋，辄弃稿不复存录，以此绝无可呈请大教者；近十年来，自揣不能为文，乃遁说经。”“所以哓哓者；要令故人知我无志于文，乃别出他途以自溷

① 吴汝纶：《吴汝纶全集》卷三，合肥：黄山书社 2002 年版，第 51 页。
② 曾国藩：《曾国藩全集・日记》卷二，长沙：岳麓书社 1988 年版，第 1197 页。
③ 吴汝纶：《吴汝纶全集》卷一，合肥：黄山书社 2002 年版，第 361 页。
④ 吴汝纶：《吴汝纶全集》卷一，合肥：黄山书社 2002 年版，第 103—106 页。
⑤ 吴汝纶：《吴汝纶全集》卷三，合肥：黄山书社 2002 年版，第 23 页。

耳。”“天下多事，吾辈沾沾于此，真乾坤腐儒也。”[①]

尽管不以古文家自期，但桐城乡里后生，曾门亲闻謦欬、兼办李鸿章文字事务的特殊经历，最终还是成就了在北方享有盛誉亦吏亦师的吴汝纶。吴汝纶主莲池书院后，布教北方，门下注籍弟子有上千之多。有文名者有贺涛、马其昶、姚永朴、姚永概。张裕钊门下有文名者有范当世、朱铭盘、查燕绪。张、吴门下弟子，相互通流，所以上述后学，道其师传，大都并称张、吴。张、吴弟子中，马其昶、姚永朴、姚永概是桐城人，范当世、马其昶为姚家姻亲。范、马、二姚均以古文名世，1894到1897年间，在薛福成、张裕钊、黎庶昌三位同门师兄先后去世后，吴汝纶又亲历了震撼国人心灵的戊戌变法、庚子事变等历史事件。在洋务运动破产，湘乡派讨论经世要务、摭谈当代掌故之文成为弃屣，西学东渐、欧风美雨汹汹逼来之时，中国思想与文学重建的合力，把吴汝纶推向桐城古文的末代传人的地位。在甲午战后古与今、中与西的冲突融合中，吴汝纶一方面主张讲求西学、输入西学，从改革教育入手，成就富国强民之梦想，另一方面希望保存国学、重建向上进步的民族文化与文学。于是，维护桐城派古文价值体系，致力于并功、德、言于一途的湘乡派文向气清、体洁、语雅为特点的桐城派文的复归，便成为吴汝纶保存国学，重建文化与文学理想的重要一环。

二、当令一线延无穷

吴汝纶在曾、李幕府多年，耳濡目染，对兴办洋务，富国强兵抱有一腔热忱。但对世界大势，却道听途说者居多，真知灼见者甚少。甲午以前，其对富国强兵的认识大体拘囿于中体西用的思想范围内。甲午战争打破了中

① 吴汝纶:《吴汝纶全集》卷三，合肥：黄山书社2002年版，第60页。

国人建立在民族主义理想之上的自强之梦，战争的巨额赔款加深了中国殖民地半殖民地的程度，并引发了其他帝国主义国家瓜分中国的狂潮。“要救国，只有维新；要维新，只有学外国”成为全民族的共识。西学的介绍与引入以前所未有的声势席卷中国，政治变法也在如火如荼地酝酿进行之中。对于西学与变法，吴汝纶以为：“今国家方议变法，变法莫急于治生，恨学未易明耳。”[①]“今外国之强大者，专以富智为事，吾日率穷且愚之民以与富智者角，其势之不敌，不烦言而决矣。而所以富智民者，其道必资乎外国之新学。”[②]这些认识是其走上教育救国之路的思想基础。

在甲午之后政治变法的热潮中，曾国藩、李鸿章兴办洋务的行为遭到讥讽，有人还以李鸿章的“孝子慈孙”之说攻击吴氏。吴汝纶在《与陈右铭方伯》书中愤愤而言曰：“近来世议，以骂洋务为清流，以办洋务为浊流。某一老布衣，清浊二流，皆摈弃不载，顷故以未入流解嘲也。”[③]这种未入流的自嘲，使吴汝纶自觉不自觉地与政治变法的主流保持着距离。1898 年 4 月，百日维新正在紧锣密鼓的筹划之中，吴汝纶在《与阎鹤泉》信中说：“时局益坏，恐遂为波兰、印度之续，士大夫相见，空作楚囚对泣状。南海康、梁之徒，日号泣于市，均之无益也。惟亟派亩捐立县乡学堂，庶冀十年五年，人才渐起乎，无人才，则无中国矣。”[④]庚子事变后，京师沦陷，两宫西逃。乱象丛生之中，吴汝纶益发坚定了教育救国的理念。其庚子年《答李季皋》《与张春元》信中说：“窃谓中华黄炎旧种，不可不保，保种之难，过于保国。盖非广立学堂，遍开学会，使西学大行，不能保此黄种。”[⑤]“此时国力极弱，由于上下无人。人才之兴，必由学校。我国以时文为教，万不能

---

① 吴汝纶：《吴汝纶全集》卷一，合肥：黄山书社 2002 年版，第 124 页。
② 吴汝纶：《吴汝纶全集》卷一，合肥：黄山书社 2002 年版，第 145 页。
③ 吴汝纶：《吴汝纶全集》卷三，合肥：黄山书社 2002 年版，第 100 页。
④ 吴汝纶：《吴汝纶全集》卷三，合肥：黄山书社 2002 年版，第 103 页。
⑤ 吴汝纶：《吴汝纶全集》卷三，合肥：黄山书社 2002 年版，第 193 页。

保其种类，非各立学堂，认真讲求声光电化之学，不能自存。”[①]

吴汝纶对西学的阅读涉猎，来自于中文译书和报纸。《吴汝纶日记》中有关西学的阅读摘录，最早是1889年前后，内容涉及政治、学术、教育众多方面。如《日记》中对西方工业革命，有“欧西之文明，执天力用之于人工，化学经之，机学纬之”“轮船、铁路、磁电、凹凸之镜、精炼之玻璃与铜铁之齿轮，皆造化之神功也”[②]的描述及感叹。对西方中世纪以后科学从宗教中脱颖而出的过程，其有“中古学术，崇信基督经典，尊之为圣权。近世始脱圣权之羁绊，宗教、学术划为二事，科学始兴”[③]的认识。又试图区分归纳、演绎之法，以为“从众原理以纳一原理者”，所谓归纳法；“从一大原理以演众小原理者”[④]，则为演绎法。纷纷纭纭的西学让吴汝纶感受到外面世界的精彩。

西学亟待讲求，中学又将如何对待？这是紧紧困扰吴汝纶的重大问题。在20世纪初年西风东渐的背景下，吴汝纶继续坚持中体西用的文化立场。1901年吴氏在《答贺松坡》的信中写道：“鄙意西学当世急务，不可不讲；中学则以文为主，文之不存，周孔之教息矣。”[⑤]吴汝纶认为，中国学术中的儒家经典，应该成为新学的基础：“中学之当废者，乃高头讲章、八股八韵等事，至如经史百家之业，仍是新学根本。”[⑥]“今欧美诸国，皆自诩文明，明则有之，文则未敢轻许。仆尝以谓周孔之教，独以文胜……今世富强之具，不可不取之欧美耳。得欧美富强之具，而以吾圣哲之精神驱使之，此为最上之治法。”[⑦]周孔之教存之于文，是因为中国文字，“缀字为文，而气

---

① 吴汝纶:《吴汝纶全集》卷三，合肥：黄山书社2002年版，第311页。
② 吴汝纶:《吴汝纶全集》卷四，合肥：黄山书社2002年版，第645页。
③ 吴汝纶:《吴汝纶全集》卷四，合肥：黄山书社2002年版，第555页。
④ 吴汝纶:《吴汝纶全集》卷四，合肥：黄山书社2002年版，第552页。
⑤ 吴汝纶:《吴汝纶全集》卷三，合肥：黄山书社2002年版，第314页。
⑥ 吴汝纶:《吴汝纶全集》卷三，合肥：黄山书社2002年版，第353页。
⑦ 吴汝纶:《吴汝纶全集》卷三，合肥：黄山书社2002年版，第385页。

行乎其间，寄声音神采于文外，虽古之圣贤豪杰去吾世甚邈远矣，一涉其书，而其人精神意气若俨立在吾目中”[①]。在“黄炎之胄，将无孑遗，尧封禹甸，沦为异域”的民族危难之际，吴氏以为，中国斯文所系，在姚鼐《古文辞类纂》：“《古文辞类纂》一书，二千年高文略具于此，以为六经后之第一书。此后必应改西学，中国浩如烟海之书，行当废去，独留此书，可令周孔遗文，绵延不绝。”[②]把《古文辞类纂》视为“六经后之第一书”，吴汝纶对桐城派经典的偏爱可谓登峰造极。

有感于20世纪初年“举国多宗尚欧文，其视吾国文直如刍狗比”的风尚，吴汝纶对桐城古文的命运，给予了更多的关心，倾注了更多的期望。时代把吴汝纶推到古文大师的地位，而作为末代古文大师的吴汝纶，更自觉地维护桐城派古文价值体系，并致力于并功、德、言于一途的湘乡派文向气清、体洁、语雅为特点的桐城派文的复归。

复归的倡导是依照以下路径进行的：

（一）推尚笃雅可诵、醇厚老确之文境。桐城诸老之文，气清体洁，而少雄奇瑰玮之境；曾国藩以汉赋之气体矫其柔弱，变平易而为奇崛雄俊；张裕钊得《史记》之谲怪，在柔笔中运以廉劲之气。曾、张都可称为能自成一家者，桐城之文也因有所变而后大。吴汝纶论湘乡派师友之文，以为“曾、张深于文事，而耳目不逮；郭、薛长于议论，经涉殊域矣，而颇杂公牍、笔记体裁，无笃雅可诵之作”[③]。所持为桐城派文标准。其早年有《与杨伯衡论方刘二集书》，文中借评方苞、刘大櫆之文，发表了他推尚醇厚老确而贬黜绚烂闳肆之文的观点。吴氏认为：深静与矜纵，醇厚与闳肆，是文章的两重不同的境界，以驰骋之才、纵横之气为文，不可言醇厚；醇厚之文，非淘尽

① 吴汝纶：《吴汝纶全集》卷三，合肥：黄山书社2002年版，第415页。
② 吴汝纶：《吴汝纶全集》卷三，合肥：黄山书社2002年版，第207页。
③ 吴汝纶：《吴汝纶全集》卷三，合肥：黄山书社2002年版，第231页。

矜纵之气，归于深静之养者不可为。以此标准评价方苞、刘大櫆之文，“夫文章之道，绚烂之后，归于老确矣。望溪老确矣，海峰犹绚烂也”[①]。吴汝纶评价方、刘之文之高下，意在建立一种新的审美风范。其所谓的醇厚老确之境，实际上是以桐城诸老气清体洁、清真雅正之文为标的。吴汝纶甲午之后对体清气洁、清真雅正审美风范的重新提倡，是湘乡派文向桐城派文复归的重要标志。

（二）义理考据，皆于古文文体有妨。桐城派是一个文学流派，对古文写作艺术的探讨是一以贯之、孜孜以求的。这是桐城派存在价值的最终体现，也是桐城派不断发展的命脉所在。生活在国事日蹙，割地赔款之风日起，欧风美雨侵扰不止的时代，面对西学汹汹之势，吴汝纶更倾向于以文人之心看待古文，更多地考虑古文自身发展的特点，更多地保留古文自身的艺术品格，解除古文外在的重负，直截了当地指出义理、考据皆于文体有妨。

说道说经不易成佳文。这是因为说道宣讲之文，贵在以正襟危坐之态，发宏旨精当之言；而抒情言志之文，则以雕龙镂彩之文心，见奇诡变化之长。两者分之而各有偏胜，合之则皆挫其锋芒。说经之文，重在义疏、训诂、考证，以烦琐、赅博之文体，阐发圣人贤人古人之心经，这与“言必己出”者相抵牾，又易流于破碎。正因为说道说经之文与古文文体相妨，即使韩、欧等古文大家，也绝少论道阐幽之文。1898年前后，吴汝纶在《答姚叔节》中云：

> 通白与执事皆讲宋儒之学，此吾县前辈家法，我岂敢不心折气夺。但必欲以义理之说施之文章，则其事至难。不善为之，但堕理障。程朱之文，尚不能尽餍众心，况余人乎？方侍郎学行程朱，文章韩欧，此两事也。欲并入文章之一途，志虽高而力不易

---

① 吴汝纶：《吴汝纶全集》卷一，合肥：黄山书社2002年版，第359页。

赴。此不佞所亲闻之达人者，今以质之左右，俾定为文之归趣，冀不入歧途也。[①]

学行程朱、文章韩欧，以义理之学作为一种思想信仰，尚可与古文写作并行不悖；如若以义理之说施之文章，并程朱与韩欧于一途，则力必不能胜任。韩、欧的论道文章极少，程、朱之文不能尽餍众心，方苞“学行程朱，文章韩欧”，志虽高而力不济，都是鲜活而无可置疑的证明。学行、文章，与其是两相妨碍，不得要领，反不如心定气闲，择文而终。

（三）重建辞约指博、清正雅洁之义法。桐城派在自身发展过程中，形成了言简义备、详略有致、雅洁纯净的文体与语言风格。至湘乡派，其讨论经世要务、纵横捭阖之文已是桐城派义法所不能规范。在湘乡派文随着洋务运动的破产而去活力，康、梁维新派新文体不胫而走之际，吴汝纶以为：“士大夫相矜尚以为学者，时文耳，公牍耳，说部耳。舍此三者，几无所为书。而是三者，固不足与文学之事。”文学者，需讲求雅意洁言。其与严复讨论雅洁之道云：

来示谓行文欲求尔雅，有不可阑入之字，改窜则失真，因仍则伤洁，此诚难事。鄙意与其伤洁，毋宁失真。凡琐屑不足道之事，不记何伤？若名之为文，而俚俗鄙浅，荐绅所不道，此则昔之知言者无不悬为戒律。曾氏所辞气远鄙也。[②]

吴汝纶在欧风美雨汹汹袭来的世纪之交，有意识地提倡恢复以气清、体洁、语雅为特点的桐城派文，并把这种提倡、恢复看作是保存国学、力延

① 吴汝纶:《吴汝纶全集》卷三，合肥：黄山书社 2002 年版，第 100 页。
② 吴汝纶:《吴汝纶全集》卷三，合肥：黄山书社 2002 年版，第 138 页。

古文绝绪的重要行为。这种提倡得吴门弟子的响应，遂使湘乡派文向桐城派文的复归得以实现。1903 年吴汝纶去世，次年范当世去世。贺涛晚年盲目。此后，在文坛上承继桐城派传绪的惟有马其昶及姚永朴、姚永概兄弟。在时代没有为他们提供纵横驰骋的政治舞台，留给他们的只有文坛与讲坛的情况下，希望少涉纷杂，以具有“渊穆气象”的纯儒自处。他们的作品，很少再去讨论“经世要务”，记述“当代掌故”，但他们以传统文化的传人自居，坚守以程朱之学、韩欧文章的防线，以文人的敏感，体验着时代文明进步的震撼和旧文化被撕裂的阵痛。

三、苍茫古意浩难收

20 世纪初，在桐城古文面临西风残照的境遇时，为桐城古文开疆辟域，延一线生机的是以译才并世的两位翻译家：严复和林纾。严复、林纾对桐城古文理论的认同以及他们富有社会影响的翻译成绩，使得桐城派古文显示出最后的辉煌。

甲午战争后从事翻译介绍西方学术著作的第一人是严复。严复早年在英国读书时，与时任驻英公使的郭嵩焘结为忘年之交，后回国出任天津水师学堂总教习。1895 年春，有感于甲午战败，严复接连完成《论世变之亟》《原强》《辟韩》《救亡决论》等一系列振聋发聩的政治性论文，将多年来对中国之所以积弱不振，何以能求富自强的思想和盘托出。严复以中西学兼通的优势及炽热的爱国、强国的激情，在 1895 年的中国思想界刮起一股“严复旋风”。鉴于国人对西学精髓无从了解的现实，严复决心从事西方学术著作的翻译工作，以促进中国民智民德进化。他所选择的第一部西方学人的著作是赫胥黎的《天演论》。作为英国博物学家、进化论奠基人达尔文的学生，赫胥黎将达尔文《物种起源》中关于生物进化的一般性规律运用到社会领域，试图以“物竞天择，适者生存”的理论解释人类社会和人类文明的发展。严复《天演论》的翻译于1895年脱稿，1898年正式出版。《天演论》中“物竞天择、适者生存”的理论，极大地刺激了正在寻求民族自强新生之路的中国思想界和广大知识阶层，他们从“物竞天择”的道理中更深切地认识到民族危亡的存在，而将挽救民族危亡化作思想与行为上的自觉。《天演论》给中国人带来的震撼是既深且巨的。

严复所译的《天演论》请吴汝纶为之作序，严复与桐城派的关系也便由此开始。严复请吴汝纶作序，原因是多重的。严复在英国与郭嵩焘结为忘年交，引为知己。郭嵩焘、吴汝纶都曾为曾国藩幕府中人，由旧交而结新友，此其一。吴汝纶亲闻洋务要员、中兴名臣之謦欬，甲午战争后，鼓吹教育救国，主张兴办学堂，中西学兼顾，思想基础有所相近，此其二。吴氏以古文大家、桐城传脉盛名于世，在中国旧派知识分子中名望较高。而被旧派知识分子所轻视的留学生，其所译之书，一经吴氏作序，则会身价倍增。此其三。

为《天演论》作序，对吴汝纶来说，也是求之不得的。此之前数年，吴氏就同薛福成有个设想，以为转移风气，以造就人为第一，“窃谓各关道当聘请精通西学能作华语之洋人一名，更请中国文学最高者一人，使此两人翻洋书，则通微合莫之学，辅以雄俊典雅之词，庶冀学士大夫，争先快睹，近可转移一时之风气，远可垂之后代，成一家之言，惜乎此二人者，未易多觏也”[①]。而严复译作的出现，则使他惊喜地发现，他原来认为难以寻找的两种人才的优点，竟完美地体现在严复一人身上。《天演论》既是通微合莫之学，译文又是雄俊典雅之词。因此，吴汝纶在《答严幼陵》的信中兴奋地说：“得惠书并大著《天演论》，虽刘先主之得荆州，不足为喻。”“盖自中土翻译西书以来，无此宏制，匪直天演之学，在中国为初凿鸿蒙，亦缘自来译

① 吴汝纶:《吴汝纶全集》卷三，合肥：黄山书社2002年版，第32页。

手，无似此高文雄笔也。”[①]

吴汝纶的《天演论序》，以“与天争胜”“以人持天”来概括赫胥黎的学说。但让吴汝纶最感兴趣的还是严复“骎骎与晚周诸子相上下”的翻译文体：

> 今议者谓西人之学，多吾所未闻，欲瀹民智，莫善于译书。吾则以谓今西书之流入吾国，适当吾文学靡敝之时，士大夫相矜尚以为学者，时文耳，公牍耳，说部耳。舍此三者，几无所为书。而是三者，固不足与文学之事。今西书虽多新学，顾吾之士以其时文公牍说部之词译而传之，有识者方鄙夷而不之顾，民智之瀹何由？此无他，文不足焉故也，文如几道，可与言译书矣。
>
> 往者释氏之入中国，中学未衰也。能者笔受，前后相望，顾其文自为一类，不与中国同。今赫胥氏之道，未知于释氏何如，然欲侪其书于太史氏、扬氏之列，吾知其难也；即欲侪之唐宋作者，吾亦知其难也。严子一文之，而其书乃骎骎与晚周诸子相上下，然则文顾不重耶？[②]

吴序认为，严复以单行散体之文言译书，其雄俊渊雅，已不同于流俗；以此种文至而道胜之文开通民智，启发蒙昧，是时文、公牍、说部之书所难以企及的。严氏“骎骎与晚周诸子相上下”的译文，使赫胥氏之书格外增重。

严复选择赫胥黎的《天演论》作为第一部译稿，其主旨在于借书中所阐发的物种进化、汰劣留良的道理，激发国人自强保种的觉悟。至于译文

---

① 吴汝纶：《吴汝纶全集》卷三，合肥：黄山书社 2002 年版，第 119 页。
② 吴汝纶：《吴汝纶全集》卷一，合肥：黄山书社 2002 年版，第 147 页。

本身，严复提出以“信、达、雅”作为综合标准。而在《天演论》的翻译中，严复采用了“不斤斤于字比句次，而意义则不倍本文，题曰达旨，不云笔译，取便发挥”[①]的意译办法。“译者将全文神理，融会于心，则下笔抒词，自善互备”[②]，以求信达。至于求雅，则直用汉以前之字法句。

由于采用不倍本文、取便发挥的意译方法，由于刻意运用汉以前之字法句法，以求尔雅，由于译书成后，吴汝纶“见而好之，斧落征引、匡益实多”，加上赫胥黎原文即是一篇简洁生动的演讲稿，《天演论》的译文这才具有很强的可读性。《天演论》之后严复的译文，逐渐摆脱意译而更多地注意求信、求达的翻译主旨，因而译文变得诘屈聱牙、深奥难懂。1902年，严复翻译的《原富》问世，梁启超以为“其文笔太务渊雅，刻意摹仿先秦文体，非多读古书之人，一翻殆难索解”[③]，而严复以《原富》再次求序于吴汝纶时，吴也感到阅读困难，“所读各册，佷难省记”，“精神不能笼罩全书，便觉无从措手，拟交白卷出场矣”[④]。鲁迅论严复的翻译，以为“他的翻译，实在是汉唐译经历史的缩图。中国之译佛经，汉末质直，他没有取法。六朝真是‘达而雅’了，他的《天演论》的模范就在此。唐则以‘信’为主，粗粗一看，简直是不能懂的，这就仿佛他后来的译书”[⑤]。至于《天演论》，鲁迅论曰：

> 最好懂的自然是《天演论》，桐城气息十足，连字的平仄也都留心，摇头晃脑地读起来，真是音调铿锵，使人不自觉其头晕。

---

① 严复：《译例言》，见王栻主编《严复集（五）》，北京：中华书局1986年版，第1321页。

② 严复：《译例言》，见王栻主编《严复集（五）》，北京：中华书局1986年版，第1321页。

③ 梁启超：《绍介新书·原富》，《新民丛报》第一号，1902年。

④ 吴汝纶：《吴汝纶全集》卷三，合肥：黄山书社2002年版，第348页。

⑤ 鲁迅：《鲁迅全集（四）》，北京：人民文学出版社1981年版，第381页。

这一点竟感动了桐城派老头子吴汝纶，不禁说是“足与周秦诸子相上下”了。然而严又陵自己却知道这太“达”的译法是不对的，所以他不称为“翻译”，而写作“侯官严复达旨”；序例上发了一通“信达雅”之类的议论之后，结末却声明道：“什法师云，‘学我者病’。来者方多，慎勿以是书为口实也！”①

严复所译的《天演论》以物种进化、汰劣留良的进化论影响了一代中国人，而流畅渊雅的译文，也博得了中国读者尤其是文学青年的喜欢。译者以音调铿锵之古文转述外文原意，为古文发展开辟了一块新的殖民地。以古文作为西学新学的载体，也确实使吴汝纶等桐城派中人着意兴奋了一阵。吴汝纶与严复的通信中，多次谈到翻译中的化俗为雅与其伤洁毋宁失真及剪裁化简、体义互见之法。桐城派的义法之说，在翻译文学中，被派上了新的用场。严复对吴汝纶的意见也极为看重，称吴氏“老眼无花，一读即窥深处。盖不独斧落征引，受裨益于文字间也”②。对于吴氏，严复不禁有相知恨晚之慨：“复于文章一道，心知好之，虽甘食耆色之殷，殆无以过。不幸晚学无师，致过壮无成。虽蒙先生奖诱拂拭，而如精力既衰何。假令早遘十年，岂止如此？”③1903年，严复译成《群学肄言》，闻听吴汝纶去世的消息，在《译余赘语》中沉痛地写道：“呜呼！惠施去而庄周亡质，伯牙死而钟期绝弦，自今以往，世复有能序吾书者乎！”④严复真诚地把吴汝纶看作是良师益友与著述知音。这在当时的文学界不失为一段佳话。

---

① 鲁迅：《鲁迅全集（四）》，北京：人民文学出版社1981年版，第382页。

② 严复：《〈群学肄言〉译余赘语》，见王栻主编《严复集（一）》，北京：中华书局1986年版，第126—127页。

③ 严复：《与吴汝纶书》，见王拭主编《严复集（三）》，北京：中华书局1986年版，第522—523页。

④ 严复：《〈群学肄言〉译余赘语》，见王栻主编《严复集（一）》，北京：中华书局1986年版，第126—127页。

晚清文学界的另一段佳话是吴汝纶与林纾的文缘。1901年，与严复齐名的晚清文学翻译家林纾来到北京，任五城学堂国文教员，得与吴汝纶相遇，为论《史记》竟日。吴汝纶对林纾关于《史记》的见解大为赞赏，又读林纾之文，称“是抑遏掩蔽，能伏其光气者”①。次年，吴汝纶写信于林纾，请为代校《四象古文》。信中言道：“方在兴西学之时，而下走区区传播此书，可谓背戾时趋。然古文绝续之交，正不宜弁髦视之。”②

得到文坛名宿吴汝纶的鼓励与托付，林纾古文写作的兴致骤增，对古文及桐城派的命运也越来越关心。此后，林纾又分别结识马其昶、姚永朴、姚永概等桐城籍作家，引为同道。以域外小说翻译名世的林纾，复致力于古文的写作与传播。辛亥革命前后是林纾致力古文写作、传播古文之学兴致最高的时候。出于力延古文之一线，使不致颠坠的目的，林纾上下奔走，著述演讲，倡言古文之道。在林纾的古文创作与小说翻译的实践过程中，他对两种文体相通与不同之处的体验，比其他人都要深切得多。在小说的翻译过程中，他要借助富有表现力的文言词语，叙述描写，表情达意，借助史传文文体结构的经验，造就跌宕起伏、引人入胜的阅读效果，其最为便当最为实用的借鉴对象便是古文文体。至于林纾从西洋小说中，悟出“大类吾古文家言”，也只能是古文的经验在西洋小说的结构中获得了某种印证。在创作态度上，林纾自然不把小说翻译与古文创作等量齐观。林纾的古文写作，下笔谨慎，清劲凝重，翻译则轻快明爽，诙诡多变。人们因翻译家的林纾，认识古文家的林纾；但林纾本人，看重古文甚至超出翻译。

1902年5月，在张百熙力荐吴汝纶出任京师大学堂总教习时，吴氏与朋友言：“某于中国文字，稍有窥寻。至于西学，则一无所知，何能胜总教

---

① 林纾：《赠马通伯先生序》，《林琴南文集 畏庐续集》，北京：中国书店1985年版，第39页。

② 吴汝纶：《吴汝纶全集》卷三，合肥：黄山书社2002年版，第422—423页。

习之任？”[①] 旋因有感于“日本兴学才卅年，而国势人才已骎骎与欧美埒”的现实，请求到日本考察教育。其在日本答新闻记者问，有“贵邦卅年间，惟向上进步改良；敝邦卅年间，惟向下退步败坏”[②] 的话，其言沉痛。希望中国有向上进步改良之教育的吴汝纶，也希望中国有向上进步改良之文化文学。几个月后，从日本归来的吴汝纶病逝于桐城，给人留下“出师未捷身先死”的遗憾。

在20世纪初年文化与文学的重建过程中，吴汝纶教育救国的主张，很容易为当时热衷于政治革命、稍后呼唤伦理革命的思想主流所忽略。无独有偶，吴汝纶去世后的1905年，严复在伦敦见孙中山，谈及教育救国，孙不以为然，以“俟河之清，人寿几何？君为思想家，鄙人乃实行家”相告。思想家的高瞻远瞩与实行家的雷厉风行相比，后者更容易为急切学习追赶西方的中国人所接受。在鸦片战争中国被迫踏上现代化起端后，中国文化与文学的重建即是在古与今、中与西两对既相互冲突矛盾又相互融合支撑的文化语境中进行的。重建的目标和任务是寻找打造足以支撑中国现代化发展的学术思想和精神家园。其目标与任务的全面重大，是总希望毕其功于一役的中国先进知识分子所难以想象的。在大规模的古今中西的交流融合中，师夷制夷、中体西用、全盘西化、本位文化，轮流登场而各擅其胜。在一浪接一浪的变革浪潮中，器物革命、政治革命、伦理革命，此盈彼消并步步深入。重建过程充满痛苦，也充满活力。重建之后的新文化新文学，既有中国基因，又有外来血脉；既是西学的移植，又与传统连接。在鸦片战争之后的思想与文化重建中，吴汝纶是亲历者、参与者。作为洋务运动的见证人，作为桐城派古文最后的大师，他游走于政治与文学、徘徊于中体与西用之间的思想情感过程，在封建末代士大夫中，是活生生的“这一个”。“万里戎机方浩

① 吴汝纶：《吴汝纶全集》卷三，合肥：黄山书社2002年版，第386页。

② 吴汝纶：《吴汝纶全集》卷四，合肥：黄山书社2002年版，第448页。

浩，百年士论尚悠悠”[①]，“乔木旧家文物在，吐茵衰客泪珠红”[②]，“旧学行将落，疲氓岂易肥”[③]，“闻道儿孙竞新学，楚魂离散不须招”[④]，“眼底人才倏新旧，苍茫古意浩难收”[⑤]，“只今学术当全变，安得东西并一堂”[⑥]。

吴汝纶留下的数量不多的诗歌作品，也充满着新与旧、东与西冲突融合过程中的纠结。一个以守先待后为学术使命的古文大师在20世纪初年西风东渐历史背景下的复杂情感，也生动地叙说着中国现代化过程中新文化、文学重建的曲折与艰难。

（刊于2013年9月《文学评论》第5期）

① 吴汝纶:《吴汝纶全集》卷一，合肥：黄山书社2002年版，第422页。
② 吴汝纶:《吴汝纶全集》卷一，合肥：黄山书社2002年版，第438页。
③ 吴汝纶:《吴汝纶全集》卷一，合肥：黄山书社2002年版，第403页。
④ 吴汝纶:《吴汝纶全集》卷一，合肥：黄山书社2002年版，第474页。
⑤ 吴汝纶:《吴汝纶全集》卷一，合肥：黄山书社2002年版，第473页。
⑥ 吴汝纶:《吴汝纶全集》卷一，合肥：黄山书社2002年版，第459页。

钱玄同的学术精神与品格

五四新文化运动是中国学术现代转型的起点。钱玄同作为新文化运动的重要参与者，作为古文经学大师章太炎、今文经学学者崔适的弟子，作为教育部国语统一委员会主要成员及北大、北师大文字学教授，其对共和思想价值观和五四民主科学精神的坚守，对"国语的文学、文学的国语"国语改革方向的执着，对重估一切价值，整理国故、再造文明的学术现代化目标的孜孜以求，对摆脱古文今文家法、超越汉学宋学眼界，以科学精神治学的身体力行，在五四时期学术路径的选择、学术范式的转换、学术体系现代转型的过程中，具有典范的意义。钱玄同在五四前后学术选择与转换过程中所体现的学术精神与学术品格，是中国现代学术中特立独行、颇具个性思想色彩的思想文化遗产。

一、善变与坚守

相对于五四新青年而言，梁启超是维新变法时代的前辈。对于梁启超这样一位思想与文学革命的前辈，五四新青年群体大都持讳莫如深的态度，而钱玄同却是个例外。钱玄同对梁启超晚清思想革命与文学革命的贡献，多有称赞之语。其1923年3月4日的《日记》中写道：

> 又买了一部洋装的《饮冰室丛著》，共四本。社会上骂梁任公的人很多，我是不骂他的，我而且认他为在过去、在现在的中国思想界、学术界上都是极有功的人，他和适之两人的造福于中国青年人，真可谓后先辉映，我极希望两贤不要相厄才好。①

以“造福于中国青年人”的标准，将近于明日黄花的梁启超与当下如日中天的胡适相提并论，希望“后先辉映”而非“两贤相厄”，字里行间，显示出钱玄同的真诚与善意。此前一年，胡适《中国哲学史》出版，梁启超连续两次到北大做学术讲座，评论胡适的哲学史著。钱玄同两次均到演讲现场，胡适第二次到场。钱玄同在《日记》中记载了此次难得的学术交流。钱玄同对梁启超指出胡适著作中诸如老子的生活年代早于孔子、孔子杀少正卯等史料运用的错误，深以为是。钱氏1922年12月30日的《日记》，在年末岁尾之际，检讨20年来的思想变化，引梁启超之“善变”之说，为自己的思想见解多变辩解：

> 我想我二十年来思想见解变迁得很多，梁任公所谓“以今日之我与昔日之我挑战”，我比他有时还要利害，而且前后往往成极端的反背，试举数事：
>
> 一、一九〇三以前，尊清。一九〇四以后排满。
>
> 二、一九〇八——一三，主张复古音，写篆字，做顾炎武和江声第二。一九一八以来主张用破体小写。
>
> 三、一九一五——一七，主张以《广韵》为标准音，谓国音

① 杨天石主编：《钱玄同日记》，北京：北京大学出版社2014年版，第518—519页。

音宜繁多。一九二〇以后极力提倡国音，谓国音宜简少。

四、一九〇八——一五，主张保存汉字，极端排斥国语改用拼音之说，一九二一以来主张国语非改用拼音不可，极端排斥汉字保存论。

五、一九一二竭力反对汉字改写横行。一九一七以来竭力主张汉字改写横行。

六、一九一二——一五，主张复汉族古衣冠。一九一六以来主张改穿西装。

七、一九〇九——一五，主张遵修古礼。一九一六以来主张废弃古礼。

其他如对于文学艺术，对于清代朴学，对于今文经说，大都是“以今日之我与昔日之我宣战”者，所以我对于梁任公这句话，不但不嘲笑他，而且深以他为然。这似乎是为自己解嘲，但我的意见，实在觉得一个人的前后思想变迁，虽未必一定是好的，亦决不能说一定是坏。故我终不以为我之善变，自认为不应该而内疚神明也。[①]

1922年底，对于善变的钱玄同，是个重要的关节点。在此之前，是陈独秀将《新青年》迁址上海。《新青年》这一中国新思想的策源地、大本营，经历了从思想投契而结伙，到主义有别而散伙的痛苦过程。钱玄同作为《新青年》团体的一员猛将，目睹、亲历了一代名刊和一个生气勃勃的思想阵营的分化与分裂。失去了《新青年》的北京，进入后五四时代。胡适、钱玄同、鲁迅、周作人等在京的《新青年》成员，借助大学的讲坛讲席，著述为文，坚持把民主科学、重估一切价值的五四精神，贯穿到公共事务的评价和

① 杨天石主编：《钱玄同日记》，北京：北京大学出版社2014年版，第490—491页。

学术研究的领域，把建立现代社会和现代学术与知识体系作为自己的责任和自觉。胡适1923年1月发表《〈国学丛刊〉发刊宣言》，坚持在输入西洋学术思想，反对孔教复兴，坚持语体文字使用传播的前提下，研究整理国学。钱玄同1922年把中华书局在上海办的《国语月刊》移到北京来办，他本人与黎锦熙担任主编。1923年，钱玄同在《国语月刊》第一卷第7期“汉字改革专号”上发表《汉字革命》一文，决心掮起汉字改革的大旗，把新文学运动确立的国语改革的事业全面推进；此年前后，钱玄同选择“疑古玄同”为个人的别号，提倡从辨古书之真伪，审史料之虚实入手，研究经史子集，点燃了中国现代学术史上“古史辨”的烈焰野火。

20余年间思想与学术多变的钱玄同，在后五四时代，对反五四的文化现象保持着高度的敏感。他在1923年1月3日的《日记》中写道：

> 昨天和（夏）宇众谈及近日政界，觉得魑魅魍魉，白日现形，真可谓晦盲否塞极矣。宇众因谓教育界亦极可悲观：南开主张读经，东大有《学衡》和《文哲学报》。这都是反六七年来新文化运动的现象。我觉得这种现象并不足悲，而且有了这种现象，新文化更加了一重保障。你看，袁世凯称了一次皇帝，共和招牌就钉牢了一点；张勋干了一次复辟的事，中华民国的国基就加了一层巩固：这都是很好的先例。
>
> 满清政府杀了谭嗣同等六人，便促进了变法的事业，它又杀了徐锡麟诸人，便促进了革命的运动。照此看来，凡革新事业，多一个牺牲的人，在时间上便可提早实现。那么，我们若肯为了“纲伦革命”和“汉字革命”而牺牲，甚且至于流血，则新家庭和拼音新文字必可提早实现。这种牺牲是最值得的。我于是便问我自己道：“玄同！你肯这样光荣的牺牲吗？”但答案却是

"……"！[1]

钱玄同虽然以省略号代替了自己是否愿意为"'纲伦革命'和'汉字革命'而牺牲"的自我提问，但他坚定的信念和猛士的行为，继续显现着新青年时代的锐气锋芒。其本年4月1日的《日记》中反省道：

> 今年以来，我颇觉内心有修养的必要，事功有看重的必要，历史尤有研究的必要，故最近一个月中，常常翻阅王守仁、黄宗羲、颜元、费密、章学诚、宋衡（初名恕）诸人的著作。近来觉得王学、颜学的精神，的确远胜于读死书的朱学和所谓"汉学"。在承平之世，专事个人的逸乐，放弃对于社会的职务，已经不为社会出力，惟知独善，已经极不应该了。若正逢乱世，盗贼出没于里阁，饿殍充斥于道路，自命为有知识的人，还要以无为为当然，以不问政治为名高，实在等于没有心肝。我近来大有所感，觉得魏晋的清谈、宋明——大部分——的心性，现代的文艺，真是误尽苍生，害死自己的恶魔。[2]

1923年之后，钱玄同以《京报副刊》《语丝》《国语周刊》为发文平台，用《新青年》"随感录"的格式与激情，打了几场维护共和政体、维护五四新文化新文学立场的大仗：

一是从维护共和体制的高度，支持驱逐溥仪的北京政变。1924年11月，发生了冯玉祥率国民军逼宫，废除溥仪皇帝封号，逐出故宫，故宫古物归北大保存的"北京政变"事件。对这一事件的是非得失，政界与社会各界人

① 杨天石主编：《钱玄同日记》，北京：北京大学出版社2014年版，第494页。
② 杨天石主编：《钱玄同日记》，北京：北京大学出版社2014年版，第524—525页。

物，争论甚多。钱玄同是冯玉祥驱逐行为的支持者。其接连在新创刊的《语丝》上发表《恭贺爱新觉罗·溥仪君迁升之喜并祝进步》《告遗老》等文章，对逐出故宫的溥仪，钱玄同在《恭贺爱新觉罗·溥仪君迁升之喜并祝进步》的文章中，尚能做到“恩威并用”，祝贺溥仪脱离帝籍，成为具有人格人权的国民。而在《告遗老》中，则警告对借溥仪逐出故宫说三道四的遗老们，要认清共和的意义、平等的真理，不要用专制时代的旧道德束缚压迫共和时代的国民，动摇共和时代的国体。

稍后，钱玄同又在孙伏园的鼓励下写作《三十年来我对于满清的态度底变迁》的长文，从个人的遭际感受叙述与一个王朝的关系。《变迁》所讲述的故事，真实还原了钱玄同1922年底《日记》中所言的“尊清”到“排满”的思想过程。其自叙大意如下：

钱玄同“尊清”与“排满”的变化约在1903、1904年之间。年十六、十七岁的读书少年，初读谭嗣同的《仁学》，被其中的排满言论所激怒，曾经撕毁过一部《仁学》。1902年，梁启超主办的《新民丛报》创刊于日本。钱玄同在《新民丛报》的夹缝中知道其前身《清议报》，设法买来几本残缺不全的《清议报》，为其中的保皇言论所吸引。时时高声朗读梁启超《爱国论》中的“吊形影于瀛台，髀肉蹉跎；寄牧刍于笼鸽，田横安在”一类的文字。既折服于报章文体，又同情被囚困的光绪帝。第二年《苏报》案发生，清政府做了原告，控告《苏报》劝动天下造反。章太炎、邹容被逮，蔡元培、吴稚晖逃亡。住在吴兴的钱玄同，只能看到支持清政府行为的报道，因此“尊崇本朝”的心理没有变化。变化起于1903年末。钱玄同在朋友手中得到章太炎的《驳康有为论革命书》和邹容的《革命军》，尊清的见解逐渐动摇。尤其是《驳康有为论革命书》中提到《公羊传》中“复九世仇”之类的话，才恍然大悟满廷宰害汉人的罪恶。之后又陆续看到《浙江潮》《旧学》《黄帝魂》《警世钟》之类的读物，遂认定“满洲政府是我们唯一的仇敌，排满是我们唯一的天职”。1904年，读了读章太炎《訄书》及刘师培《攘书》，自作主张，剪掉辫子，以表示“义不帝清”之意。当年办了个《湖州白话报》，不肯在封面上写“光绪三十年”字样，而以干支纪年写“甲辰年”，表示不愿遵循清代的“正朔”。

上引1922年《日记》中被钱玄同列为第六、第七条有关古礼古衣冠转变，也可以从《三十年来我对于满清的态度底变迁》中找到佐证。钱文把一九〇三年《革命军》出版到一九一一年革命军起义八年半之间的排满革命书报分为三派：甲派是以章太炎、刘师培及《国粹学报》为代表，其内容可以用两句话来概括：“提倡保存国粹以发扬种性；鼓吹攘斥满洲以光复旧物。”因为偏重在“光复”而不甚注意于“革新”，所以颇有复古的倾向。乙派是“汪精卫、胡汉民、朱执信、宋渔父诸先生主撰的《民报》等等”。汪精卫时期对三民主义中的“民族”“民权”两主义有所发挥，章太炎主编后更偏重“民族”主义了。丙派是“吴稚晖、李石曾、褚民谊诸先生主撰的《新世纪》等等”，排满的色彩非常地强烈。在三派中，钱玄同将自己归入甲派阵营：

> 丙派和甲派的主张，在排满问题上毫无不同；惟有绝对相反之一点，甲派怀旧之念甚重，主张保存国粹，宣扬国光，丙派则对于旧的一切绝对排斥，主张将欧化“全盘承受”。太炎先生可作甲派的代表，稚晖先生可作丙派的代表。
>
> ……老实说罢，我那时的思想，比太炎先生还要顽固得多。我以为保存国粹的目的，不但要光复旧物；光复之功告成以后，当将满清的政制仪文一一推翻而复于古。不仅复于明，且将复于汉唐；不仅复于汉唐，且将复于三代。总而言之，一切文物制度，凡非汉族的都是要不得的，凡是汉族的都是好的，非与政权同时恢复不可；而同是汉族的之中，则愈古愈好。——说到这里，却有应该声明的话，我那时复古的思想虽极炽烈，但有一样“古”却是主张绝对排斥的，便是“皇帝”。所以我那时对于一切“欧

化”都持“訑訑然拒之”的态度；惟于共和政体却认为天经地义，光复后必须采用它。[①]

……我从前是主张光复以后应该复古的，所以我在一九一二年十二月中，参考《礼记》《书仪》《家礼》，及黄宗羲、任大椿、宋绵初、张惠言、黄以周诸家关于考证“深衣”之说，做了一部书叫做《深衣冠服说》。我自己照所说的做了一身。一九一二年三月，我到浙江教育司中当了一名小小的科员，曾经戴上“玄冠”，穿上“深衣”，系上“大带”，上办公所去，赢得大家笑一场，朋友们从此传为话柄！[②]

钱玄同描述的在共和之后，自导自演了一场恢复汉家衣冠的行为艺术，虽然稍显荒诞，但证明在钱玄同这里，“共和政体是天经地义”的观念与恢复汉家威仪复古之想是混搭在一起的。拥护共和，反对复辟，是新青年团队的思想基础，也是五四伦理革命提出的现实基础。对北京政变，钱玄同认为：溥仪免去皇帝称号，被逐出故宫，是罪有应得。1917 年张勋、康有为拥溥仪复辟，已经在共和体制下犯了叛逆之罪。这次被逐，即体现对共和体制的卫护。

溥仪被废一年，钱玄同对此事要说的话意犹未尽。其在 1925 年 11 月 5 日的《京报副刊》发表《十一月五日是咱们第二个光荣的节日》一文。钱文认为 1911 年 10 月 10 日，推翻清廷，1924 年 11 月 5 日，令溥仪出宫，都是起“震古铄今”的壮举，都应该成为中华民国的节日。“因为这是咱们做‘人’的纪念，咱们‘荡涤旧污’的纪念。”辛亥革命后，住在故宫的溥仪，

---

① 钱玄同:《钱玄同文集》第二卷，北京：中国人民大学出版社 1999 年版，第 112—114 页。

② 钱玄同:《钱玄同文集》第二卷，北京：中国人民大学出版社 1999 年版，第 116—117 页。

与张勋 1917 年 7 月图谋不轨，因而才有被逐出的结果。“中国从有史以来至污极秽罪大恶极之‘皇帝’二字，于一九二四年十一月五日居然扔下毛厕去了。”[①] 因此值得立为纪念节日。

二是怒怼“支手打孔家店的老英雄”，升级后五四时代打孔家店的方法与策略。五四时期，陈独秀与胡适是思想革命与文学革命的旗手。陈独秀有《驳康有为致总统总理书》《孔子之道与现代生活》等文，申明孔教与帝制有不可离散的因缘，孔子之道不合现代生活基本的观点。儒家的纲常伦理学说，因阻碍新思想新文化的自由发展，而受到新青年群体的攻击。吴虞因为五四时期在《新青年》发表《吃人与礼教》等文而被胡适称为“支手打孔家店的英雄”，红极一时，吴虞也因此从成都到北大任教。

进入人生的巅峰状态的吴虞很快跌入低谷。1924 年 4 月，北大教授吴虞在报上发了 27 首狎娼诗，受人讥评。钱玄同在“晨报副刊”刊载《孔家店里的老伙计》一文，大骂吴虞发表这样的肉麻歪诗“痰迷心窍”，德不配位。接着正面阐述了后五四时代如何打孔家店的宏旨正论：

> 孔家店真是千该打，万该打的东西；因为它是中国昏乱思想的大本营。它若不被打倒，则中国人的思想永无清明之一日；穆姑娘（Moral）无法来给我们治内，赛先生（Science）无法来给我们兴学理财，台先生（Democracy）无法来给我们经国惠民；换言之，便是不能“全盘受西方化”。如此这般的下去，中国不但一时将遭亡国之惨祸，而且还要永远被驱逐于人类之外！

孔家店要打，是因为它“不能适用于现代生活”，它的存在，阻碍民主

① 钱玄同：《钱玄同文集》第二卷，北京：中国人民大学出版社 1999 年版，第 221 页。

科学与新道德的传播：打孔家店，需分清“老店”与“冒牌”，依靠“以科学为基础的现代思想”，清理“老店”，打击“冒牌”：

> 真正老牌的孔家店，内容竟怎样，这是很不容易知道的。我完全没有调查过它，不能妄说。不过这位孔老板，却是纪元前六世纪到前五世纪的人，所以他的宝号中的货物，无论在当时是否精致、坚固、美丽、适用，到了现在，早已虫蛀、鼠伤、发霉、脱签了，而且那种野蛮笨拙的古老式样，也断不能适用于现代，这是可以断定的。所以把它调查明白了，拿它来摔破，捣烂，好叫大家不能再去用它，这是极应该的。近来有些人如胡适、顾颉刚之流，他们都在那儿着手调查该店的货物。调查的结果能否完全发见真相，固然不能预测；但我认他们可以做打真正老牌的孔家店的打手。因为他们自己的思想是很清楚的，他们调查货物的方法是很精密的。
>
> 怎样的思想才算是清楚的思想呢？我毫不躲闪地答道：便是以科学为基础的现代思想。惟此思想才是清楚的思想。[①]

真正老牌孔家店，需要有科学精神和方法的胡适、顾颉刚之流去做整理国故的工作。而“冒牌孔家店”，充斥着诸如“古文，骈文，八股，试帖，扶乩，求仙，狎优，狎娼”等光怪陆离的货色。“这一类的孔家店，近来很有几位打手来打它了，如陈独秀、易白沙、胡适、吴敬恒、鲁迅、周作人诸公之流是也”。“狎娼，狎优，本是孔家店里的伙计们最爱做的‘风流韵

① 钱玄同：《钱玄同文集》第二卷，北京：中国人民大学出版社 1999 年版，第 58—59 页。

事'。"[1]因此，热衷"狎娼"且作艳诗刊布报端的吴虞是孔家店里的老伙计。他不配"打孔家店的老英雄"的称呼，也不配担负打孔家店的重任。

钱玄同这篇摘奸发伏，拆穿"没有新思想"且著文"文理欠通"的"老英雄"欺世盗名西洋镜的文章，极具有杀伤力。吴虞匆匆作了一次无力的辩白后，便狼狈离开北大。钱文对"老牌"孔家店以科学的方法整理祛魅，对"冒牌"孔家店的污泥浊水继续予以清除的态度，显示着后五四时期一代学人的思想坚定与成熟。

三是面对1923年前后政界、学界晦盲否塞的反新文化运动种种乱象，及进行中的科学与玄学的辩论，钱玄同旗帜鲜明地希望请德先生（Democracy）、赛先生（Science）、穆姑娘（Moral）参与建国，尽快实现与欧洲人"并辔前驱，笑语徐行"的理想。

因为是新文化运动的亲历者，所以在后五四时代感受到提倡读经、反对白话文及其余民国绝不相容的三纲五常残渣泛起时，钱玄同石条压驼背的激烈情绪又被唤起。他1923年7月及8月与周作人信中分别写道：

> 我近来耳闻目睹有几件事，觉得梁启超壬寅年的《新民丛报》虽然已成历史上的东西，而陈独秀一九一五年——一九一七年的《新青年》中的议论，现在还是救时的圣药。现在仍是应该积极去提倡"非圣""逆伦"，应该积极去铲除"东方化"。总而言之，非用全力来"用夷变夏"不可。我之烧毁中国书之偏谬精神又渐有复活之象。[2]
>
> 我近来觉得这几年来的真正优秀分子之中，思想最明白的人

---

① 钱玄同：《钱玄同文集》第二卷，北京：中国人民大学出版社1999年版，第59—60页。

② 钱玄同：《钱玄同文集》第六卷，北京：中国人民大学出版社1999年版，第59页。

却只有二人：①吴敬恒，②陈独秀是也。虽然他俩在其他种种主张上我们不表同意的也有——或者也很多。但是将东方化连根拔去，将西方化全盘采用这一点上，我是觉得他俩最可佩服的。关于这一点上，梁启超固然最昏乱，蔡元培也欠高明，胡适比较的最明白，但思想虽清楚，而态度则不逮吴、陈二公之坚决明了，故也还略逊一筹。[①]

钱玄同对引发、参与1923年开始的科玄论战关键人物的评价是饶有意味的。梁启超之所以“昏乱”，是其《欧游心影录》，持欧洲科学破产论，将欧战以来世界文明的希望寄托于东方文明。胡适主张“研究问题，输入学理，整理国故，再造文明”，尽管预测趋势清晰，但不及吴稚晖、陈独秀“将东方化连根拔去，将西方化全盘采用”的态度坚决明了。钱玄同发表上述议论后，胡适、陈独秀的《〈科学与人生观〉序》面世，直陈己见，加入科玄论战之中。在论战中，梁启超是张君劢自由意志论的支持者，其肯定科学的作用，但不承认科学万能。而胡适是丁文江科学论的支持者。胡适1923年11月作《〈科学与人生观〉序》，认为中国还不曾享受科学的赐福，中国的人生观还不曾和科学行见面礼，因此不必菲薄科学。胡适随即又有《孙行者与张君劢》一文，文中抛出人生观是孙悟空，科学是如来佛，人生观无法逃出如来佛的手掌心的著名比喻。与胡适同时，陈独秀也应邀为《科学与人生观》作序。陈超越科学派与玄学派，标榜唯物史派。陈独秀以为“只有客观的物质原因可以变动社会，可以解释历史，可以支配人生观，这便是‘唯物的历史观’”[②]。科玄论战是后五四时代东西方文化本位的论战，与中国前途与命运的选择息息相关。

---

① 钱玄同：《钱玄同文集》第六卷，北京：中国人民大学出版社1999年版，第65页。
② 张君劢等：《科学与人生观》（一），沈阳：辽宁教育出版社1998年版，第7页。

在救亡革命孰亟孰缓、东西方文化何者本位的辩论中，钱玄同提出“革命优先”和“欧化中国”概念：

> 我的谬见：对于帝国主义的压迫是绝对应该抗拒的，但同时更绝对应该“要针砭民族（咱们的）卑怯的瘫痪，要消除民族淫猥的淋毒，要切开民族昏愦的痈疽，要阉割民族自大的风狂”！！！（这是启明的话）。亡清末年，鼓吹排满的两派报纸：一派是痛骂满清政府而讴歌汉族文化（如《民报》《国粹学报》）；一派是痛骂满清政府而同时并排斥汉族文化（如《新世纪》）。现在抗拒帝国主义，与十几年前排满有些相类；这时候对于“国故”（最广义的），我主张取后一派的态度。
>
> 我也很爱国，但我所爱的中国，恐怕也和大同世界一样，实际上尚未有此物，这便是“欧化的中国”这句话。[①]

《新世纪》1907年由吴稚晖、张静江、李石曾主办。吴稚晖与钱玄同是教育部读音统一会成员。因为追求“欧化的中国”，1925年前后的钱玄同与1907年前后吴稚晖排斥汉族文化的立场渐趋接近。吴在1923年开始的“科学与玄学”论战中是“科学论”的拥护者，被胡适誉为科学派的押镇大将。胡适、吴稚晖对科玄论战的观点，影响着钱玄同的持论。而钱玄同所采用的表达方式，更近于吴稚晖的激烈路线。这也是钱玄同以王学、颜学坐言起行精神自励的结果。

钱玄同1925年4月20日在《语丝》发表《回语堂的信》中，有一段革命优于救亡的宏论：

---

① 钱玄同：《钱玄同文集》第二卷，北京：中国人民大学出版社1999年版，第128页。

从前提倡革命的人们（孙中山、吴稚晖数先生除外），其目的仅在救亡。救亡固然是极应该的，但革命的目的决不在此。以此为革命的目的，实在是根本大错误。……我以为现在的中国，无论国强国弱，国危国安，国存国亡，革命总是不可以已。吾人一息尚存，革命之志总不容少懈。何以故？以中国人为根本败类的民族，有根本改造之必要故。[①]

“以中国人为根本败类的民族”本来是钱玄同引林语堂之言，用于说明“革命”与“改造国民性”的迫切性。通过思想革命与国民启蒙，促进国民的现代化，是维新变法以来先进知识分子的优良传统。但林语堂、钱玄同用“根本败类”的字眼描述民族性，还是让人感到刺激与冲击。钱玄同认为五四前的三十年间，中国人思想觉悟的进化，一直没有走出“中学为体，西学为用”的怪圈。直到五四伦理革命，批判孔教与三纲五常，动摇了“中体”，才引起“顽固党与维新党，亡清遗奴与西洋博士”群起而攻之。“一个民族的生活样法，彼此或是明约，或是默契，定了许多条目，如所谓道德、彝伦、礼乐、刑政等等。……因为生活的改善和知识的进步，觉得这些条目有毛病了，不适用了，或更有独夫民贼和桀黠之徒把持它，利用它，来欺侮大众，那便须用嘴、笔、枪、炮，把那些坑人的条目撕破、践踏、摧烧，这也是革命。”[②]中国眼下“夫妇之愚可以与知”革命，就是通过欧化的途径，追赶现代化：

所谓根本改革者，鄙意只有一条路可通，便是先生所谓“惟

---

① 钱玄同:《钱玄同文集》第二卷，北京：中国人民大学出版社1999年版，第151页。

② 钱玄同:《钱玄同文集》第二卷，北京：中国人民大学出版社1999年版，第151—152页。

有爽爽快快讲欧化之一法而已”。我坚决地相信所谓欧化，便是全世界之现代文化，非欧人所私有，不过欧人闻道较早，比我们先走了几步。我们倘不甘“自外生成”，惟有拼命去追赶这位大哥，务期在短时间之内赶上；到赶上了，然后和他并辔前驱，笑语徐行，才是正办。万万不可三心两意，左顾右盼，以致误了前程，后悔无及。[①]

在钱玄同看来：现代化既然是人类社会的必经之路，欧洲人先走了几步，我们拼命追赶就是了。追随世界文明步伐，与先进者“并辔前驱，笑语徐行”，才符合中国国家民族与每个国民的根本利益。钱玄同 20 世纪 20 年代，对现代化的认知，是深刻而具有世界眼光的。其“并辔前驱，笑语徐行”的描述，更容易为中国人所理解所接受。

在保卫五四思想革命、文学革命成果及东西方文化本位的论战中，钱玄同在继续着五四时期“悍”味十足的作风与做派的同时，又思考谋求新的策略。其 1926 年 4 月在与周作人的信中说：

我们以后，不要再用那“必以吾辈所主张者为绝对之是而不容他人之匡正”的态度来作“訑訑”之相了。前几年那种排斥孔教，排斥旧文学的态度狠应改变。若有人肯研究孔教与旧文学，鰓理而整治之，这是求之不可得的事。即使那整理的人，佩服孔教与旧文学，只是所佩服的确是它们的精髓的一部分，也是狠正当，狠应该的。但即使盲目的崇拜孔教与旧文学，只要是他一人的信仰，不波及社会——波及社会，亦当以有害于社会为界——也应该听其自由。此意你以为然否？但我——钱玄同——

① 钱玄同:《钱玄同文集》第二卷，北京：中国人民大学出版社 1999 年版，第 155 页。

个人的态度，则两年来早已变成“中外古今派”了。可是我是绝对的主张“今外”的；我的“古中”，是“今化的古”和“外化的中”，——换言之，“受过今外洗礼的古中”。我不幸自己不懂“今外”，但我总承认“古中”决非今后世界之活物。[①]

这是一段非常值得重视的话。在经历了五四时期“必以吾辈所主张者为绝对之是而不容他人之匡正”的“排他式强硬”之后，新青年团队开始用“共生式宽容”的态度看待孔教与旧文学的研究者、爱好者的行为。但作为五四扎硬寨、打硬仗的急先锋，其对“古”与“中”的期待是“今化的古”与“外化的中”，即经过现代化改造的“古”，是与欧化体系接轨的“中”。国门打开之后，现代中国已经失去在古代中国的基础上自然生成的条件，它需要经历一个挣脱古代、融入世界的过程，“古与中”需要经受“今与外”的洗礼。这样人们争讼不已的“中西古今”问题，便转化为“古今”问题。钱玄同相信：不经改造的“古”、未经接轨的“中”，很难成为世界的活物。现代中国学术需要经历“欧化”，经历挣脱古代、融入西方的再造文明的革命。

从事文字音韵教学的钱玄同，称自己是“不幸不懂今外”之人，其1925年8月17日发表在《语丝》上的《废话》一文，又为自己作如下画像：

我是一个中年的学究，新知识新思想，我虽然对它垂涎十丈，可是我跟它分隔云泥，它成日价满天飞着，可恨我的脑壳尽往上顶，压根儿没有碰着它；所以我发的议论，不是浅薄无聊，就是谬误可笑，真叫做不值得一说。然而我是一个不肯藏拙的人，忽

① 钱玄同：《钱玄同文集》第六卷，北京：中国人民大学出版社1999年版，第75—76页。

然心血来潮，便要拉起笔来乱涂一阵，这当然是废话了。[①]

钱玄同自称为“废话”的话，正是他对新知识新思想的企盼。1930年12月17日，胡适40岁生日。胡适的学生魏建功作《胡适之寿酒米粮库》一文，魏文由钱玄同手书，作为贺礼。魏文评价1923年胡适所发表的《国学丛刊宣言》，以为《宣言》提出三个方向来勉励治学的同志，意义在“辟出辨伪研究的大路，开发实地考古的先声”。“走惯了磨磐路的中国学术界，这才紧趱了一程。”魏文把1917年开始的五四时期称为“思想和文学改革的时期”，把1923年开始的后五四时期称为“学术革新和文字革新的时期”。[②]在这两个时期中，胡适都是新文学新学术的举旗人，而钱玄同同样充任着“扎硬寨”“打硬仗”的开路先锋。在后五四时代，钱玄同对共和体制、五四思想革命与文学革命的成果坚守，敏锐而真诚。他与全世界之现代文化，“并辔前驱，笑语徐行”的理想，承载着后五四时代一代学人的文化与学术想象。钱玄同致力于文字革命、疑古辨伪的学术研究方面，收获甚多。他区分真假孔家店，以“共生式宽容”替代“排他式强硬”，将中西问题转为古今问题的韬略智慧，显现出现代知识分子的思想风范。钱玄同及其一代同人的善变与坚守中，蕴藏着中国学术现代化转型的艰难与努力。

二、文学革命与文字革命

钱玄同1887年出生于苏州。其出生时，身为苏州书院山长的父亲钱振

① 钱玄同:《钱玄同文集》第二卷，北京：中国人民大学出版社1999年版，第196页。
② 钱玄同:《钱玄同文集》第二卷，北京：中国人民大学出版社1999年版，第280页。

常已六十二岁。因为是庶出，其父为他取名师黄，比之于黄庭坚庶出之子黄相。此年，钱振常嫡出之子钱恂，已三十二岁。长兄如父，钱恂在钱玄同读书与成长经历中有着举足轻重的作用。1913 年 8 月，27 岁的钱玄同随钱恂来北京，任教国立北京师范学校历史地理部，兼任师范附中国文、经学与北京大学预科文字学教员。1916 年 30 岁时启用“玄同”之名，此年的《日记》中始有阅读《新青年》的记载。1917 年 1 月，蔡元培掌校北大，陈独秀任北大文科学长，钱玄同以为得此二人为大学之幸。同年秋被北大聘为国文教授。后长期在北大、师大等校任职。钱玄同在京 25 年的学术生涯，可以用从文学革命的先锋到文字革命的主将予以概括。

1917 年 1 月，胡适在《新青年》第 2 卷第 5 号发表《文学改良刍议》，拉开文学革命序幕。钱玄同自第 2 卷第 6 号起，有 6 封致陈独秀的信在《新青年》刊出。分别是《赞文艺改良附论中国文学之分期》《反对用典及其他》《关于西文译名问题》《论世界语与文学》《论应用文之亟宜改良》《〈新青年〉改用左行横式的提议》。6 篇文章中，第一、二两篇是对文学革命的呼应。文学革命提倡白话文，钱拥护白话文，而以“选学妖孽，桐城谬种”指代旧体散文中的骈文派与古文派，钱玄同创造的称呼，穷形极相，极具有杀伤力，遂成为五四时期旧文学的代名词。钱文认为：胡适提倡白话文的“八不主义”中，反对用典之论最精。“用典”实为旧文学窳败的主要特征。文学之文如此，应用之文也如此。以桐城巨子选学名家相标榜的文人，“自命典赡古雅”，又鄙视小说戏曲[①]，成为创造新文学的障碍。第三、四两篇，是关于译名统一与提倡世界语的意见。中国文字读音的特点，使译者在翻译外国人名地名时，困难甚多。钱玄同提出的解决办法，一是中学以上的书籍，用外语原文，不复译音。二是如用译音，“务求简单易记”，且求译定一致

① 钱玄同:《钱玄同文集》第一卷，北京：中国人民大学出版社 1999 年版，第 10 页。

起来。[①] 世界语 1887 年问世，在欧洲传播日盛。吴稚晖等人谓中国文字艰深，当改用世界语。“今日遽欲废弃汉文而用世界语”，未免过早，但可以考虑自高小起，加学世界语。“世界语文法简单，发音平正，从无例外之文发音。以两年之力记生字一万，则杂志书籍无不可看，岂非极有益之事。”[②] 讲完对世界语的提倡，钱玄同又对陈独秀伦理革命的提倡予以声援：“先生大著《吾人最后之觉悟》一篇所陈之义，弟以为于今日为最要之图。否则尽管挂起共和招牌，而货不真，价不实，不但欺童叟，并且欺壮丁。此种国家，固断无可以生存于二十世纪之理。”[③]

第五篇文章是《论应用文之亟宜改良》。钱玄同 1917 年 1 月 1 日的《日记》认为：陈独秀、胡适二人倡文学之文改良之论，以他们对欧西文学的研究，一定可以开始一个新的文学世纪。应用之文的改革，二君所未措意，我们这些素乏文学知识的人应该给予更多的关注。[④] 发表在 1917 年 7 月 1 日《新青年》上的《论应用文之亟宜改良》专谈应用之文的改良。文中提出应用文的改良有十三件事要做：用白话，用最常见字，数字表述统一，制定文法，称谓简化，不用典，通俗读物注音，使用标点符号，印刷用楷体、书写用草体，数目字改用亚拉伯码号，纪年统一，改直排为横排，印刷体规范。这些应用技术性的改革都与文学革命有着紧密的联系。钱玄同的应用文十三事是对胡适文学改良八事的一个补充，一次拾遗补阙。第六篇文章《〈新青年〉改用左行横式的提议》就是希望横排先从《新青年》做起。《新青年》思想、文学革命与使用白话、横排、使用标点符号等形式改革完美结合，才共同成就了一代名刊。钱玄同所说的应用文革命偏重于文体、文字、印刷等方面的一揽子改革方案，为国内其他报刊效仿使用时，便成为新文化运动的重要组

① 钱玄同：《钱玄同文集》第一卷，北京：中国人民大学出版社 1999 年版，第 14 页。
② 钱玄同：《钱玄同文集》第一卷，北京：中国人民大学出版社 1999 年版，第 21 页。
③ 钱玄同：《钱玄同文集》第一卷，北京：中国人民大学出版社 1999 年版，第 24 页。
④ 杨天石主编：《钱玄同日记》，北京：北京大学出版社 2014 年版，第 296 页。

成部分。

对钱玄同以通信方式发表的六篇文章，已出任北大文科总长的陈独秀给了五次回复。陈独秀欢迎钱玄同为《新青年》写文，声援讨论思想革命、文学革命："以先生之声韵训诂学大家，而提倡通俗的新文学，何忧国之不景从也。可为文学界浮一大白。"①陈独秀主张戏曲小说应升堂入室于文学家族："国人恶习，鄙夷戏曲小说为不足齿数，是以贤者不为，其道日卑。此种风气，倘不转移，文学界决无进步之可言。"②对用白话、阅读物横排、世界语代英语及译文中的人名地名直用原文等建议十分赞同，具体到《新青年》用稿，社友中有不能作白话文章的人，也可偶用文言。陈独秀以为：一代有一代之文学。元明以来的词曲小说，可以研究，但不可"当做吾人理想的新文学"。"普通青年读物，自以时人译著为宜。""而且既然是取'文言一致'的方针，就要多多夹入稍稍通行的文雅字眼，才和纯然白话不同。俗话中常用的文话（像岂有此理、无愧于心、无可奈何、人生如梦、万事皆空等类），更是当尽量采用。必定要'文求近于语，语求近于文'，然后才做得到'文言一致'的地步。"③

钱玄同与胡适的交往，是从讨论明清以来白话小说开始的。钱玄同与陈独秀的第二封信《反对用典及其他》中称赞胡适《文学改良刍议》，陈义之精美，而尤以不用典之论最精。由文学之文的用典说到应用之文的用典，说到清代的传奇小说，钱玄同有以下议论：

> 传奇之中，惟《桃花扇》最有价值。小说之有价值者，不过施耐庵之《水浒》、曹雪芹之《红楼梦》、吴敬梓之《儒林外史》

---

① 钱玄同:《钱玄同文集》第一卷，北京：中国人民大学出版社 1999 年版，第 2 页。

② 钱玄同:《钱玄同文集》第一卷，北京：中国人民大学出版社 1999 年版，第 11 页。

③ 钱玄同:《钱玄同文集》第一卷，北京：中国人民大学出版社 1999 年版，第 41—42 页。

三书耳。今世小说，惟李伯元之《官场现形记》、吴趼人之《二十年目睹之怪现状》、曾孟朴之《孽海花》三书为有价值。曼殊上人思想高洁，所为小说，描写人生真处，足为新文学之始基乎。此外作者，皆所谓公等碌碌，无足置齿者矣。刘铁云之《老残游记》，胡君亦颇推许，吾则以为其书中惟写毓贤残民以逞一段为佳，其他所论，大抵老新党头脑不甚清晰之见解。黄龙子论“北拳南革”一段信口雌黄，尤足令人忍俊不禁。[①]

胡适 1917 年 5 月 10 日《再寄陈独秀答钱玄同》信中部分回应了钱玄同关于小说的议论，以为“吾国第一流小说，古人惟《水浒》《西游》《儒林外史》《红楼梦》四部。今人惟李伯元、吴趼人两家”[②]，今人小说在叙事结构上有变化。得到胡适的回复后，钱玄同写作《论白话小说》一文，以与胡适书信的形式在 8 月 1 日《新青年》第 3 卷第 6 号上发表。文章高度赞同胡适关于文学革命的言论：

文学革命之盛业，得贤者首举义旗，而陈独秀、刘半农两先生同时响应，不才如玄同者，亦得出其一知半解，道听途说之策略，以就正于有道，忻忭之情，莫可名状。[③]

玄同对于用白话说理抒情，极端赞成独秀先生之说，亦以为“其是非甚明，必不容反对者有讨论之余地，必以吾辈所主张者为绝对之是，而不容他人之匡正”。此等论调，虽若过悍，然对于迂谬不化之选学妖孽、桐城谬

① 钱玄同：《钱玄同文集》第一卷，北京：中国人民大学出版社 1999 年版，第 8—9 页。
② 钱玄同：《钱玄同文集》第一卷，北京：中国人民大学出版社 1999 年版，第 47 页。
③ 钱玄同：《钱玄同文集》第一卷，北京：中国人民大学出版社 1999 年版，第 43 页。

种，实不能不以如此严厉面目加之。因此辈对于文学之见解，正与反对开学堂，反对剪辫子，说洋鬼子脚直、跌倒爬不起者，其见解相同。知识如此幼稚，尚有何种商量文学之话可说乎？惟玄同对于先生之“白话诗”，窃以为犹未能脱尽文言窠臼。[①]

钱玄同把自己放在文学革命大旗下“出其一知半解，道听途说之策略，以就正于有道”的“响应者”的位置，又赞成以陈独秀“不容讨论”“不容匡正”的“悍派”态度对待旧文学，最后委婉指出胡适白话诗未脱尽文言窠臼。

1917年9月10日胡适回到北京，入职北大，钱玄同有了多次与胡适当面交流的机会。但胡适还是著文回答了钱玄同关于白话小说的信，回信刊载于1918年1月15日《新青年》第4卷第1号。胡适以为：钱不喜《三国》，读《三国演义》痛恨曹孟德，可知小说的魔力之大；钱和陈独秀看重《金瓶梅》，胡适不表赞成，以为《金瓶梅》“全是兽性的肉欲”，“以文学的眼光观之，亦殊无价值”；钱屡称道苏曼殊小说，胡适认为苏曼殊小说不及《聊斋志异》之百一，无价值可言。接着又发表关于“白话”的界定并解释自己的白话诗掺杂文言问题：

> 先生论吾所作白话诗，以为“未能脱尽文言窠臼”。此等诤言，最不易得。吾于去年（五年）夏秋初作白话诗之时，实力屏文言，不杂一字，如《朋友》《他》《尝试集》之类皆是。其后忽变易宗旨，以为文言中有许多字尽可输入白话诗中。故今年所作诗词，往往不避文言。吾曾作“白话解”，释白话之义，约有三端：
>
> （一）白话的“白”，是戏台上“说白”的白，是俗语“土白”的白，故白话即是俗话。

① 钱玄同：《钱玄同文集》第一卷，北京：中国人民大学出版社1999年版，第50页。

（二）白话的“白”，是“清白”的白，是“明白”的白。白话但须要“明白如话”，不妨夹几个文言的字眼。

（三）白话的“白”，是“黑白”的白。白话便是干干净净没有堆砌涂饰的话，也不妨夹入几个明白易晓的文言字眼。

但是先生今年十月三十一日来书所言，也极有道理。先生说：“现在我们着手改革的初期，应该尽量用白话去做才是。倘使稍怀顾忌，对于‘文’的一部分不能完全舍去，那么便不免存留旧污，于进行方面，很有阻碍。”我极以这话为然。所以在北京所做的白话诗，都不用文言了。①

钱玄同、胡适、陈独秀对明清及近代的白话小说的争论，见仁见智，体现着学者之间的尊重平等。确立白话标杆有利于新文学创造，对明清以来白话小说的评论是以青年宜读与否作为导向的。钱玄同回复胡适此文：

且我以为不但《金瓶梅》流弊甚大，就是《红楼》《水浒》，亦非青年所宜读；吾见青年读了《红楼》《水浒》，不知其一为实写腐败之家庭，一为实写凶暴之政府，而乃自命为宝玉、武松，因此专务狎邪以为情，专务“折梢”以为勇者甚多。我现在要再说几句话：中国今日以前的小说，都该退居到历史的地位；从今日以后，要讲有价值的小说，第一步是译，第二步是新做。②

在钱玄同“第一步是译，第二步是新做”的主张中，我们可以感受到

① 钱玄同:《钱玄同文集》第一卷，北京：中国人民大学出版社 1999 年版，第 54—57 页。

② 钱玄同:《钱玄同文集》第一卷，北京：中国人民大学出版社 1999 年版，第 52 页。

陈独秀与钱玄同通信中“普通青年读物，自以时人译著为宜”影响的存在。而“中国今日以前的小说，都该退居到历史的地位”的话语，又潜蕴着后五四时代将经史子集皆视为学术史料的那种截断众流的力量。胡适对钱玄同意见和地位的看重，还体现在他请钱玄同为自己的《尝试集》作序。

钱玄同的《〈尝试集〉序》写作于1918年1月，发表于1918年2月15日的《新青年》：

> 适之是现在第一个提倡新文学的人。我以前看见他做的一篇《文学改良刍议》，主张用俗语俗字入文；现在又看见这本《尝试集》，居然就采用俗语俗字，并且有通篇用白话做的。“知”了就“行”，以身作则，做社会的先导。我对于适之这番举动，非常佩服，非常赞成。
>
> 但是有人说：现在中华的国语，还未曾制定，白话没有一定的标准，各人做的白话诗文，用字造句，不能相同，或且采用方言土语，和离文言太远的句调；这种情形，却也不好。我以为这一层，可以不必过虑。因为做白话韵文，和制定国语，是两个问题。制定国语，自然应该折衷于白话文言之间，做成一种“言文一致”的合法语言。至于现在用白话做韵文，是有两层缘故：
>
> （1）用今语达今人的情感，最为自然；不比那用古语的，无论做得怎样好，终不免有雕琢硬砌的毛病。（2）为除旧布新计，非把旧文学的腔套全数删除不可。至于各人所用的白话不能相同，方言不能尽祛，这一层在文学上是没有什么妨碍的；并且有时候，非用方言不能传神；不但方言，就是外来语，也可采用。[1]

① 钱玄同：《钱玄同文集》第一卷，北京：中国人民大学出版社1999年版，第84—85页。

钱序称赞胡适作白话诗，知行合一，敢为天下先的同时，提出国语制定的方向：折衷于白话文言之间，做成一种“言文一致”的合法语言。而国语形成的基础除了白话文言的结合外，还需要方言和外国语的参与。文白脱离是历史形成的，也有“独夫民贼”与“文妖”的作祟，选学与桐城派即在“文妖”之列。言文合一，确立白话的正宗地位，是文学革命的重要目标：

> 现在我们认定白话是文学的正宗：正是要用质朴的文章，去铲除阶级制度里的野蛮款式；正是要用老实的文章，去表明文章是人人会做的，做文章是直写自己脑筋里的思想，或直叙外面的事物，并没有什么一定的格式。对于那些腐臭的旧文学，应该极端驱除，淘汰净尽，才能使新基础稳固。[①]

提倡质朴、老实的白话文，像提倡不掺杂文言的白话诗一样，是文学革命初期改革者小心翼翼的诗文目标。两个月后，胡适在《新青年》发表《建设的文学革命论》，全面提出“国语的文学，文学的国语”的文学革命目标。这是升级版的《文学改良刍议》，被郑振铎称之为“文学革命的最堂皇的宣言”。[②]1922 年胡适在《五十年中国之文学》中简化为“国语的文学”五个字。1935 年《中国新文学大系导言》中又概括为“活的文学”，与周作人“人的文学”并列为“文学运动的中心理论”。从上述叙述中我们可以看出五四新青年团队开诚布公、平等补台的讨论切磋，是文学革命理论走向成熟的重要原因。

钱玄同对思想革命、文学革命的热情、偏重应用文改革的价值取向及

---

① 钱玄同：《钱玄同文集》第一卷，北京：中国人民大学出版社 1999 年版，第 90 页。

② 刘运峰编：《1917—1927 中国新文学大系导言集》，天津：天津人民出版社 2009 年版，第 33 页。

不容匡正、率性偏悍的表达方式，使他很快在《新青年》作者群体中脱颖而出。自 1918 年 1 月第 4 卷第 1 号起，钱玄同与陈独秀、胡适、沈尹默、李大钊、刘半农，轮流编辑《新青年》。钱玄同 1918 年《日记》记载编辑稿件的过程如下：

> 1 月 2 日　星期三　午后至独秀处检得《新青年》存稿。因四卷二期归我编辑，本月五日须齐稿，十五日须寄出也。与独秀谈。移时，叔雅来，即在独秀处晚餐。
>
> 1 月 3 日　星期四　携《新青年》四卷二号之稿至家中检阅，计可用者不及五十 Page，尚须促孟和、独秀多撰，始可敷用。
>
> 1 月 12 日　星期六　独秀交来《新青年》用稿一篇，题为《人生真义》，约千八百字左右，做得很精，又李守常《论俄国革命与文学》一稿，可留为第三号用。
>
> 1 月 13 日　星期日　下午作致陶孟和信，论 Esperanto，写至十时许始完，但写的甚不惬意，脑子甚乱，即再做也做不好，就是这样罢。又答李锡余信，约四百字，《新青年》四卷第二号之稿齐矣，明日当交与独秀。[1]

由上引文，我们可以大致了解轮流编辑的基本过程。因为轮流编辑需要组稿，钱玄同希望更多的北大同仁及社会贤达成为《新青年》的作者，主动去游说动员住在绍兴会馆正在抄写古碑的周树人发出毁坏“铁屋子”的“呐喊”，于是有了 1918 年 5 月 15 日《新青年》第 4 卷第 5 号发表的作者署名为鲁迅的《狂人日记》，成为文学革命的重要成果。而鲁迅也从此一发而不可收，创造了现代文学史的辉煌。

---

① 杨天石主编：《钱玄同日记》，北京：北京大学出版社 2014 年版，第 326—328 页。

鲁迅小说首发的前两个月，1918年3月15日《新青年》第4卷第3号，钱玄同、刘半农筹划了著名的双簧信。在《文学革命之反响》中，钱玄同化名“王敬轩”，以拘守精神、物质文明均为西方所不能及之论的遗老迂儒的口气，攻击《新青年》所倡导的思想革命与文学革命，尤把攻击旧文学的目标集中于翻译界的大腕林纾。刘半农以《新青年》记者的名义写作复信，以为“记者等自从提倡新文学以来，颇以不能听见反抗的言论为憾”，[①] 现在有遗老出马挑战，就将《新青年》挑战孔丘、反对旧文学的道理逐一说来。“双簧信”的做法在当时的学术界褒贬不一，但引发的震动却是巨大的。“双簧信”之后，林纾有小说《荆生》《妖梦》攻击陈独秀、钱玄同等人，又有《致蔡元培函》谓：“若尽废古书，行用土语为文字，则都下引车卖浆之徒，……均可用为教授矣。”[②] 蔡元培1919年3月18日的回函，申明大学“仿世界各大学通例，循‘思想自由’原则，取兼容并包主义”。“对于教员，以学诣为主。”在校讲授，以无背于思想自由主张为界限。提倡白话的教授，旧学均有根柢，非以白话藏拙者：

> 北京大学教员中，善作白话文者，为胡适之、钱玄同、周启孟诸君，公何以证知为非博极群书，非能作古文，而仅以白话文藏拙者？胡君家世汉学，其旧作古文，虽不多见，然即其所作《中国哲学史大纲》言之，其了解古书之眼光，不让于清代乾嘉学者。钱君所作之文字学讲义、学术文通论，皆大雅之文言。周君所译之《域外小说》，则文笔之古奥，非浅学者所能解。然则公何宽于《水浒》《红楼》之作者，而苛于同时之胡、钱、周诸君耶？[③]

---

① 钱玄同：《钱玄同文集》第一卷，北京：中国人民大学出版社1999年版，第121页。
② 高平叔编：《蔡元培全集》第三卷，北京：中华书局1984年版，第274页。
③ 高平叔编：《蔡元培全集》第三卷，北京：中华书局1984年版，第271页。

除“双簧信”外，钱玄同的言行议论引发社会异议与激烈反响的还有“废除汉字说”。而“废除汉字说”又与提倡“世界语”密切联系。在1917年6月钱玄同与陈独秀通信形式发表的《论世界语与文学》一文中，钱玄同以为：“昔年吴稚晖先生著论，谓中国文字艰深，当舍弃之，而用世界语。章太炎师曾著论驳之。弟则以为世界未至大同，则各国皆未肯牺牲其国语，中国人自亦有同情。故今日遽欲废弃汉文而用世界语，未免嫌早一点。然不废汉文而提倡世界语，有何不可？”[①]主张在小学开世界语而代替英语。陈独秀回复道：“世界语犹吾之国语，谓其今日尚未产生宏人之文学则可，谓其终不能应用于文学则不可。至于中小学校，以世界语代英语，仆亦极端赞成。吾国教育界果能一致行此新理想，当使欧美人震惊失措。且吾国学界世界语果然发达，吾国所有之重要名词，亦可以世界语书之读之，输诸异域，不必限于今日欧美人所有之世界语也。高明以为如何？全部《十三经》，不容于民主国家者盖十之八九，此物不遭焚禁，孔庙不毁，共和招牌，当然挂不长久。今之左袒孔教者，罔不心怀复辟。其有不心怀复辟者，更属主张不能一致贯彻之妄人也。”[②]受陈独秀信中激愤之词的影响，钱玄同在1918年4月15日《新青年》以致陈独秀信的方式，发表《中国今后之文字问题》一文，提出救现在中国的唯一办法是“推翻孔学，改革伦理”：“则欲废孔学，不可不先废汉文；欲驱除一般人之幼稚的野蛮的顽固的思想，尤不可不先废汉文。”[③]废除汉文后的替代者是世界语。此论一出，语惊四座，争论攻讦也随之而来。

在关于汉文兴废，用世界语的争论中，钱玄同又有《答陶履恭论Esperanto》《文字改革及宗教信仰》《答孙国璋论Esperanto》《答朱经、任

---

① 钱玄同:《钱玄同文集》第一卷，北京：中国人民大学出版社1999年版，第20—21页。

② 钱玄同:《钱玄同文集》第一卷，北京：中国人民大学出版社1999年版，第25页。

③ 钱玄同:《钱玄同文集》第一卷，北京：中国人民大学出版社1999年版，第162页。

鸿隽》《关于 Esperanto 讨论的两个附言》《对于朱我农君两信的意见》《答姚寄人论 Esperanto》《答胡天月论 Esperanto》《答区声白论 Esperanto》《关于国文、外国文和 Esperanto》《Esperanto 与现代思潮》讨论回答世界语与汉字存废的文字在《新青年》发表。钱玄同的主要观点如下：

> 至于玄同虽主张废灭汉文，然汉文一日未废灭，即一日不可不改良，譬如一所很老很破的屋子，既不可久住，自须另造新屋；新屋未曾造成以前，居此旧屋之人自不得不将旧屋东补西修以蔽风雨。但决不能因为旧屋既经修补，便说新屋不该另造也。[①]
>
> 我个人的意见，以为中国文字不足以记载新事新理；欲使中国人智识长进，头脑清楚，非将汉字根本打消不可。但文字易废，语言不易废；汉语一日未废，即一日不可无表汉语之记号。此记号，自然以采用罗马字拼音为最便于写识。我一年前也有此种主张，后来因为想到各方面困难之点甚多，恐一改拼音文字，反致意义混淆，于是改变初衷，主张仍用汉文，而限制字数，旁注"注音字母"……中国今后果能一面采用一种外国文，作为第二国语，以求学问，一面将中国语改用拼音，以适于普通说话，粗浅记载之用，则教育上可谓得到很好的一种工具了。[②]
>
> 则我以为今后的中国人，应该把所有的中国旧书尽行搁起，凡道理，智识，文学，样样都该学外国人，才能生存于二十世纪，做一个文明人。既然如此，就应该学外国文，读外国书。那固有的汉语，因事实上不能立刻消灭，只好暂时留住一部分勉强可用

① 钱玄同:《钱玄同文集》第一卷，北京：中国人民大学出版社 1999 年版，第 198 页。

② 钱玄同:《钱玄同文集》第一卷，北京：中国人民大学出版社 1999 年版，第 212—213 页。

的，——把那不适用的都送进博物院去，——以为短时间内交通之用，但与学术无关。至于文字，在文章方面，既改用口语，较之旧日之言文不一致者，已可便利许多。在书写方面，则应复用草书，或兼采古体俗体之笔画简单者，……声音难明者，则注以注音字母。如此将就行去，也可勉强敷衍十年廿年。[①]

除去一些激愤之言外，钱玄同所思考的文字改革思路，在不断的修正中，逐渐趋于清晰：文字简化，向口语靠拢；汉字加注拼音，便于识读；书写用草书、简体；选择一种外国语，作为第二国语。钱玄同在后五四时代的文字革命中基本遵循上述思路。

钱玄同是废汉字与“双簧信”风波的主要参与者。从积极的方面看，扩大了思想革命、文学革命与社会的联系，使《新青年》藏在闺中人未识的新思想传播到社会民间，引起更多的社会关注，五四新青年团队也在争论中逐渐清晰了方向、完善了思路。五四新文学运动与晚清梁启超文学界革命的不同即在于五四是团队智慧，晚清是领袖操作；五四是文学改革、语言改革两个车轮并行不悖，晚清是文学改革在我，语言改革向他，未及相向而行。废汉字与“双簧信”风波，因为态度与表达“过悍”，也产生许多不满和误解。就世界语而言，新青年团队也意见各异，钱玄同主张：如果是建设性意见，尽可见仁见智：

适之先生对于Esperanto，也是不甚赞成的（此非臆必之言，适之先生自己曾经向我说过），所以不愿大家争辩此事。然玄同以为，此数次的争论确乎有点无谓。因为意见本是两极端，即孙芾仲先生所谓“本无可讨论”者也。我的意思，以为区声白、孙芾

① 钱玄同：《钱玄同文集》第一卷，北京：中国人民大学出版社1999年版，第220页。

仲两先生今后当用全力提倡此语，玄同亦愿尽吾力之所能及，帮同鼓吹。此外如刘半农、唐俟、周启明、沈尹默诸先生，我平日听他们的言论，对于 Esperanto，都不反对，吾亦愿其腾出工夫来讨论 Esperanto 究竟是否可行。陈独秀、百年两先生都以为“世界语”是该有的，但 Esperanto 未必就能当“世界语”，吾亦愿其对于“世界语”的问题讨论讨论。[①]

钱玄同所表现的正是一种筚路蓝缕、以启山林的探索精神。学界平等的争论应该接受，而恶意的攻讦则必须反击。陈独秀 1919 年 1 月 15 日发表在《新青年》第 6 卷第 1 号上的《本志罪案之答辩书》把“非难本志的人”分为两种：一种是爱护者，提出完善的意见；一种是反对的，非难《新青年》破坏旧伦理旧文学：

本志同人本来无罪，只因为拥护那德莫克拉西（Democracy）和赛因斯（Science）两位先生，才犯了这几条滔天的大罪。要拥护那德先生，便不得不反对孔教、礼法、贞节、旧伦理、旧政治。要拥护那赛先生，便不得不反对旧艺术、旧宗教。要拥护德先生又要拥护赛先生，便不得不反对国粹和旧文学。

社会上最反对的，是钱玄同先生废汉文的主张。钱先生是中国文字音韵学的专家，岂不知道语言文字自然进化的道理（我以为只有这一个理由可以反对钱先生）？他只因为自古以来汉文的书籍，几乎每本每页每行，都带着反对德、赛两先生的臭味，又碰着许多老少汉学大家，开口一个国粹，闭口一个古说，不啻声

① 钱玄同：《钱玄同文集》第一卷，北京：中国人民大学出版社 1999 年版，第 211—212 页。

明汉学是德、赛两先生天造地设的对头；他愤极了才发出这种激切的议论，像钱先生这种“用石条压驼背”的医法，本志同人多半是不大赞成的。但是社会上有一班人，因此怒骂他，讥笑他，却不肯发表意思和他辩驳，这又是什么道理呢？难道你们能断定汉文是永远没有废去的日子吗？[①]

钱玄同“用石条压驼背”战术的形成，有其性格与做事风格的因素，也有社会麻木不仁环境的刺激。其《文字改革及宗教信仰》一文中夫子自道说：

鄙人虽抱有改良文学之宏愿，然因受四周围不新不旧之恶浊空气压逼之故，终觉持论不免“涵蓄”，不能斩钉截铁，“以尽诱导青年之天职”；今得足下之“忠告”，此后主张，自当益求“进锐”，切戒“退速”，以副雅意。若一班“古今中外派”之凉血动物，以鄙言为“激烈”，为“骇人听闻”，或“斥”，或“诟谩”，则鄙人不但不以为忤，且甚为欢迎；因此辈“古今中外派”之凉血动物，本与纯洁之青年为绝对不能相容之一物，此辈若以鄙言为非，则鄙言或于青年尚不无裨益也。[②]

鲁迅对钱玄同五四时期“用石条压驼背”的激烈，是多一重理解的。其 1927 年 2 月 18 日在香港青年会所做《无声的中国》的演讲时说：

在中国，刚刚提起文学革新，就有反动了。不过白话文却渐

① 陈独秀：《独秀文存》，合肥：安徽人民出版社 1987 年版，第 242 页。

② 钱玄同：《钱玄同文集》第一卷，北京：中国人民大学出版社 1999 年版，第 190 页。

渐风行起来，不大受阻碍。这是怎么一回事呢？就是因为当时又有钱玄同先生提倡废止汉字，用罗马字母来替代。这本也不过是一种文字革新，很平常的，但被不喜欢改革的中国人听见，就大不得了了，于是就便放过了比较的平和的文学革命，而竭力来骂钱玄同。白话文乘了这一个机会，居然减去了许多敌人，反而没有阻碍，能够流行了。①

鲁迅把钱玄同“废止汉字”的主张，看作是很平常的文字革新，是一种革新的探路，一种路径的探寻。鲁迅的评价是过来人的还原复真，是同一战壕战友的同情深知之语。

在思想革命、文学革命日益深化的同时，《新青年》自身的改革也在悄悄进行。《新青年》在成为北大教授广泛参与、近于同人杂志之后，自1918年1月的第4卷1号起，原来付作者稿费的《新青年》改为“不另购稿”，即不再支付稿费。同期《新青年》改为白话，运用标点符号，原来习惯文言写作的作者都经历了胡适所讲的“裹了脚的女人要放脚”的过程。在《新青年》应用文体的改革与推广方面，钱玄同是重要推手。他1919年1月15日发表的《横行与标点》一文，在回答陈望道催促《新青年》尽快实现横排时说：“《新青年》杂志本以荡涤旧汙、输入新知为目的。依同人的心理，自然最好是今日提倡，明天即有人实行。”②横排的困难在需要印刷系统技术配合，标点符号的困难在社会共同认可遵守。1919年11月，胡适、钱玄同等六人联署《请颁行新式标点符号议案》，请求北洋政府推动全社会标点符号的标准化与规范使用。同是本年11月，钱玄同在《新青年》第6卷第6号

① 王世家、止庵编：《鲁迅著译编年全集》第八卷，北京：人民出版社2009年版，第42页。

② 钱玄同：《钱玄同文集》第一卷，北京：中国人民大学出版社1999年版，第289页。

上发表《论中国当用世界公历纪年》一文，在皇帝纪年、孔子纪年、黄帝纪年、周召共和纪年的种种方案中，钱玄同主张“中国应该爽爽快快用世界公历纪年”。理由是“可是从现在以后的中国，是世界的一部分；在以后的中国人，是世界上人类的一部分”①。横排，使用标点符号、公元纪年，这些五四时期语文改革，影响深远。

通信是《新青年》重要的文体形式，它创造了一种读者与作者平等对话的文体与平台，五四思想革命、文学革命的许多重大问题都是通过通信的形式在《新青年》展开的。《新青年》还有一种独特文体形式，就是《随感录》。《随感录》是一个时事性、文化性评论栏目，供新青年同人就时政与社会文化现象发表评论，长短不限，嬉笑怒骂，皆成文章。《钱玄同文集》第二卷收入钱玄同发表在《新青年》上1918年5月到1919年3月的《随感录》共15篇。钱玄同的《随感录》，主要是批评社会诸如迷信灵学扶乩、迷恋骈文古文，提倡女人贞节，追求“老谭”“梅郎”等所谓“国粹”沉渣泛起的种种现象，指出这些现象与科学民主观念在中国的传播格格不入，且相违背。鼓励青年看清世界与中国的大势，抛弃旧道德、旧思想、旧文学，追求新道德、新思想、新文学：

> 青年啊！如其你还想在二十世纪做一个人，你还想中国在二十世纪算一个国，你自己承认你有脑筋，你自己还想研究学问；那么，赶紧鼓起你的勇气，奋发你的毅力，剿灭这种最野蛮的邪教，和这班兴妖作怪胡说八道的妖魔！②
>
> 中华民国既然推翻了自五帝以迄满清四千年的帝制，便该把

① 钱玄同:《钱玄同文集》第一卷，北京：中国人民大学出版社1999年版，第309—310页。

② 钱玄同:《钱玄同文集》第二卷，北京：中国人民大学出版社1999年版，第11页。

四千年的“国粹”也同时推翻；因为这都是与帝制有关系的东西。

民国人民，一律平等，彼此相待，止有博爱，断断没有什么“忠、孝、节、义”之可言。①

新文学以真为要义，旧文学以像为要义。既然以像为要义，那便除了取消自己，求像古人，是没有别的办法了。②

钱玄同是五四思想革命文学革命的扎硬寨、打死仗的先锋。他对破旧立新的积极态度和行动能力，他在文学、文体、文字改革方面所体现出的智慧与所策划的方案，都使他成为五四新文化运动中不可或缺的人物。胡适1935年写作《〈中国新文学大系·建设理论集〉导言》时多次提及钱玄同的贡献：

例如我们那时谈到“不用典”一项，我自己费了大劲，说来说去总说不圆满；后来玄同指出用白话就可以“驱除用典”了，正是一针见血的话。③

所以我在民国七年四月发表“建设的文学革命论”，把文学革命的目标化零为整，归结到“国语的文学，文学的国语”十个大字……这是“建设的文学革命论”的大旨。这时候，我们一班朋友聚在一处，独秀、玄同、半农诸人都和我站在一条路线上，我们的自信心更强了。独秀早已宣言……玄同也极端赞成这几句

① 钱玄同：《钱玄同文集》第二卷，北京：中国人民大学出版社1999年版，第14—15页。

② 钱玄同：《钱玄同文集》第一卷，北京：中国人民大学出版社1999年版，第26页。

③ 刘运峰编：《1917—1927中国新文学大系导言集》，天津：天津人民出版社2009年版，第17页。

话。……我受了他们的“悍”化，也更自信了。[①]

所以那历史进化的文学观，初看去好像貌不惊人，此实是一种“哥白尼的天文革命”：哥白尼用太阳中心说代替了地球中心说，此说一出就使天地易位，宇宙变色；历史进化的文学观用白话正统代替了古文正统，就使那“宇宙古今之至美”从那七层宝座上倒撞下来，变成了“选学妖孽，桐城谬种”！（这两个名词是玄同创的）从“正宗变成了谬种”，从“宇宙古今之至美”变成了“妖魔”“妖孽”，这是我们的“哥白尼革命”。[②]

1919年10月5日，钱玄同应陈独秀函约，下午三时在胡适家商量《新青年》第七卷以后的编辑办法，商议结果是“仍归仲甫一人编辑”。11月3日，钱玄同编校完《新青年》第6卷第6号的通信栏目，也结束了《新青年》的轮流编辑制度。《新青年》从1919年12月到1920年的5月在暗流涌动、上海北京两栖状态下完成第7卷的出版，已于1920年2月到上海的陈独秀4月26日给《新青年》在北京的李大钊、胡适、张申府、钱玄同、顾孟余、陶孟和、陈百年、沈尹默、严慰慈、王星拱、朱希祖、周作人等12同人写信，提出是否接续出版？如接续出版，编辑方式选择在京同人轮流、在京一人、在沪陈某自任哪一种方案？这是一个面临分裂危机情境下痛苦的抉择过程。1920年5月11日，胡适约大家到中央公园商议。此时，陈独秀、李大钊已见过共产国际代表，共产主义小组已经在上海成立。陈独秀与胡适不谈政治的约定已经无法在《新青年》中落实。胡适将《新青年》自第9卷起移到北京来办的想法也缺乏实施的可能。分裂已不可避免。钱玄同1921年1

① 刘运峰编：《1917—1927中国新文学大系导言集》，天津：天津人民出版社2009年版，第20页。

② 刘运峰编：《1917—1927中国新文学大系导言集》，天津：天津人民出版社2009年版，第19页。

月29日写给胡适的信中，表达了自己的意见：

> 与其彼此隐忍迁就的合并，还是分裂的好。要是移到北京来，大家感情都不伤，自然可移；要是比分裂更伤，还是不移而另办为宜。至于孟和兄停办之说，我无论如何，是绝对不赞成的；而且以为是我们不应该说的。因为《新青年》的结合，完全是彼此思想投契的结合，不是办公司的结合。所以思想不投契了，尽可宣告退席，不可要求别人不办。[①]

北京同人在被迫退席后，胡适、周作人还时有小文章在《新青年》刊出，钱玄同1920年起，已经不在《新青年》上发文了。钱玄同的发文阵地转至《语丝》《京报副刊》《国语周刊》。在后五四时代，钱玄同对五四思想革命文学革命成果的捍卫，仍是赤胆忠心，不退半步。其在反对章士钊宣言上签名，痛斥教育总长章士钊及其《甲寅》媚段复古、反对新文化与国语的行为，对"三一八惨案"中的死难学生深表同情，支持溥仪迁出故宫，驱逐吴虞等种种表现，决不是郑振铎在《〈中国新文学大系·文学论争集〉导言》中所言：新青年社转变成一个急进的政治的集团后，"初期的为白话文运动而争斗的勇士们，像钱玄同们，便都也转向的转向，沉默的沉默了"[②]。钱玄同后五四时代从事的整理国故与文字革命的工作，分别是五四思想革命、文学革命的继续。

五四文学革命在文学与语言两个领域推进，胡适"国语的文学、文学的国语"十字方针，包含着对两者关系的描述。国语形成的要素首先要统

---

① 钱玄同：《钱玄同文集》第六卷，北京：中国人民大学出版社1999年版，第97页。
② 刘运峰编：《1917—1927中国新文学大系导言集》，天津：天津人民出版社2009年版，第37页。

一，涵盖所有人群，不分我们他们；涵盖口语书写语，真正言文合一。其次是要有活力和表现力，适应口头交流与文学应用文体表情达意的需求，国语应成为满足国民一切表达的良好工具。再次，国语改革要解决好与国民教育的衔接，国语应成为最贴近民众、最简便易行的教育工具。胡适在《〈中国新文学大系·建设理论卷〉导言》中，首先分两条线索追溯描述文学革命的背景，一条是曾国藩、梁启超、严复文学变革的线索，一条是王照、劳乃宣拼音文字改革的线索，在文学革命没有发生之前，两个变革的潮流始终没有合拢：

> 他们把整个社会分成两个阶级了：上等人认汉字，念八股，做古文；下等人认字母，读拼音文字的书报。
>
> 他们全不了解，教育工具是彻上彻下，贯通整个社会的。小孩子学一种文字，是为他们长大时用的；他们若知道社会的“上等人”全瞧不起那种文字，全不用那种文字来著书立说，也不用那种文字来求功名富贵，他们决不肯去学，他们学了就永远走不进“上等”社会了！
>
> 一个国家的教育工具只可有一种，不可有两种。如果汉文汉字不配做教育工具，我们就应该下决心去废掉汉文汉字。如果教育工具必须是一种拼音文字，那么，全国上上下下必须一律拼用这种拼音文字。如果拼音文字只能拼读白话文，那么，全国上上下下必须一律采用白话文。[①]

五四文学革命运动的推进，使两条线汇拢在一起。文学革命的目标是

---

① 刘运峰编：《1917—1927 中国新文学大系导言集》，天津：天津人民出版社 2009 年版，第 12 页。

言文合一，国语运动的目标是国语统一。二者相向而行，形成合力，文学革命因为国语运动获得推进抓手，国语运动因为文学革命获得社会能量。在白话为正宗与国语统一的合流中，钱玄同成为文学革命的重要参与者和国语运动的核心人物。

晚清国语运动的兴起与近代中国救亡启蒙运动有关。从晚清到民国，再到新中国，国语改革走过了艰难曲折的统一与现代化之路。黎锦熙 1934 年修订完成的《国语运动史纲》把戊戌变法以来到 20 世纪 30 年代的国语运动以十年为一段分为四个时期：第一个时期是 1898 年后的十年，为切音运动时期。有感于汉字难识难写，卢戆章等人著书，研究切音之法，意在学习日本，创造切音文字。第二个时期是 1908 年以后的十年，为简字运动时期。国语改革的主角是王照、劳乃宣，制定官话字母，推行简字拼音。第三个时期是 1918 年之后的十年，为注音字母与新文学联合运动时期。国语运动的主角是隶属于读音统一会、国语研究会、国语统一筹备会的吴稚晖、钱玄同、黎锦熙等人。第四个时期是 1928 年以后，为“国语罗马字”与“注音符号”推进时期，钱玄同、黎锦熙、赵元任致力于“国语罗马字”方案的制定与《中国大辞典》的编纂。

1917 年，钱玄同一只脚踏进《新青年》，成为主要编辑者和撰稿人；一只脚踏进国语研究会，逐渐成为研究会的“掮旗人”。国语研究会成立于 1916 年，成立时有各省代表 200 余人。研究会的宗旨是“研究本国语言，选定标准，以备教育界之采用”。1917 年在北京开第一次大会，蔡元培选为会长，钱玄同成为会员。钱玄同在《新青年》中，谈思想革命文学革命，但又以研究侧重于应用文改革自任。《新青年》率先改为白话，使用标点符号，使用横排，使用西历纪年，都有国语运动的思想成果在其中。胡适“国语的文学，文学的国语”文学革命的十字方针何尝没有国语运动的灵感？而国语运动借助思想革命文学革命摧枯拉朽的力量，在确立了“白话正宗”的目标之后，国语统一路径变得异常的清晰和触手可及。文学革命向文学语言的思想功能方向开拓，国语运动向文学语言的工具功能延伸，在文学革命的旗帜下得以最大程度的结合与释放。与国语运动前两个时期没有走出深宫大院、没有走出研究者书斋的局面大不相同，国语改革以一种社会运动的方式做了前人所没有做的事情。在文学革命的裹挟下，国语运动飞速推进。全国国语研究会会员，1919 年达到九千八百余人，1920 年增加到一万二千人。同时，政府也以积极的态度支持国语运动：1918 年公布了注音字母，1919 年颁布了《国音字典》。1920 年明令废止全国小学的古体文而改用语体文，把“国文”科目改为“国语”。这个胜利对国语运动的倡导者与新文学的倡导者来说，都是一个来得突然的好消息。文学革命与国语运动共同在国民教育的环链上，打开缺口，初现曙光。

文学革命阶段，钱玄同在《新青年》团队中的努力与贡献，使他成为思想革命文学革命的一员“悍”将。后五四时代，钱玄同在整理国故方面继续保持着思想革命的锋芒，在国语改革方面则继续开拓着文学革命的疆域。在国语统一的事业中，钱玄同在“文学革命，现在已经不成问题”的判断下，以学术研究做根柢，致力于汉字革命，谋求通俗教育的方便，中国文学的改良。其 1922 年 10 月在北京女子高等师范学校的演讲中说：

> 我们主张文学革命，不是嫌古文太精深，乃是嫌古文太粗疏；不是单谋初级教育和通俗教育的方便，乃是谋中国文学的改良。我们不仅主张用白话文来做初级教育和通俗教育的教科书，尤其主张用彼来著学理深邃的书籍。[①]

1922 年 9 月 12 日，是钱玄同 36 岁生日。他在当天的日记中深刻反省自己，确定从今以后应该努力的十件事情，其中第二、第三件事情是：“对

① 钱玄同：《钱玄同文集》第六卷，北京：中国人民大学出版社 1999 年版，第 107 页。

于我的职务——学校的功课，‘国语统一筹备会’的事务——务必尽忠竭力，不可稍存玩视之心。”“我志愿要做的两件事——整理国故和改革汉字——务必努力做去，不可尽着迁延了。”[1] 钱玄同从国文进化的高度看待国语改革，以为文学革命以后，许多汉字改革的措施要紧跟上来。汉字改革应该志存高远，国语运动也需往深广处行。

钱玄同和黎锦熙主办的《国语月刊》第一卷7号是汉字改革专号，钱玄同发表《汉字革命》，论及汉字必须改革的理由说道：

> 我敢大胆宣言：汉字不革命，则教育决不能普及，国语决不能统一，国语的文学决不能充分的发展，全世界的人们公有的新道理、新学问、新知识决不能很便利、很自由地用国语写出。何以故？因汉字难识、难记、难写故；因僵死的汉字不足表示活泼泼的国语故；因汉字不是表示语音的利器故；因有汉字做梗，则新学、新理的原字难以输入于国语故。[2]

关于汉字革命，钱玄同认为有三件事要做：一是汉字改革，将国语改用罗马字母式的字母拼音。二是汉字改良，推广使用简体字。三是汉字改换，用注音符号。

首先进入操作的是国语罗马字方案的制定。钱玄同在1923年教育部国语会第五次会议上，提议成立“国语罗马字委员会”，会员钱玄同、黎锦熙、赵元任、周辨明、林语堂、汪怡等共十一人为委员。刘半农回国后，又有“数人会”研讨国语罗马字方案，议定由赵元任主稿。开会20余次，九易其稿后，1926年9月，方案在“数人会”投票通过。因教育部不愿以部令方

---

① 杨天石主编：《钱玄同日记》，北京：北京大学出版社2014年版，第433—434页。
② 钱玄同：《钱玄同文集》第三卷，北京：中国人民大学出版社1999年版，第162页。

式公布，《国语罗马字方案》在钱玄同的建议下，由教育部国语统一筹备会的名义发布，1928 年 10 月由南京的中华民国大学院公布。

国语罗马字方案，钱玄同认为这是“太平世”所要办理推广的事情。中国还处在离不开汉字的“升平世”，仍需加紧做汉字改良和汉字改换的事情。钱玄同在 1922 年 6 月 8 日记下自己关于汉字改革的学术感悟与思路：“汉字变迁有二条路：一，由假借而趋向音标一途；二，由隶草趋向破体小写一途。”①前者是如何读，后者是如何写。方向是简便易行。所以在1923年宣布文字革命，启动国语罗马字方案的同时，也启动了简体字方案与拼音文字方案。钱玄同负责简体字，黎锦熙负责拼音文字。

钱玄同提交国语筹备会的《减省现行汉字的笔画案》认为：“现在减省汉字笔画，应该根据现在通行于民众社会的简体字。这种简体字，十有七八都是从宋元时代流传下来的。”②经研究分析，大致有八种构成的方法。“这种通行于平民社会的简体字，在明清以降，今日以前，都是用在账簿、当票、药方、小说、唱本……上面，谓‘不登大雅之堂’者。我们现在应该将它竭力推行，正式应用于教育上、文艺上，以及一切学术上、政治上”。“我们不认它是现行汉字的破体，认它为现行汉字的改良之体。正如我们对于白话文学一样，不认它是比古文浅鄙的通俗文学，认它是比古文进化的优美文学。”这种简体字，“从学校教科书首先改用，次及于新书新报。以后重印古书，也应该一律改用简体字”③。

黎锦熙提交国语筹备会的《废除汉字采用新拼音文字案》大意是完善拼音方案，呈请教育部明令，自小学、初中、高中以至大学文科，逐渐改用拼音文字。钱玄同在通过黎案时，提议加上“独用实验”和“试代汉字”等

---

① 杨天石主编：《钱玄同日记》，北京：北京大学出版社 2014 年版，第 416 页。

② 钱玄同：《钱玄同文集》第三卷，北京：中国人民大学出版社 1999 年版，第 89 页。

③ 钱玄同：《钱玄同文集》第三卷，北京：中国人民大学出版社 1999 年版，第 91 页。

环节，以求实施的稳妥。

除制定上述三套汉字改良、汉字改换、汉字改革的方案外，宣布文字革命后，钱玄同带领的国语筹备会做的另外两件大事是：编成《国音常用字汇》，替代《国音字典》；成立《中国大辞典》编委会，着手《中国大辞典》的调查编写。

《国音字典》由吴稚晖主编。民国初立，教育总长蔡元培聘吴稚晖为读音统一会筹备人。1913 年 2 月读音统一会成立。吴不久辞职，根据读音统一会代表专家表决的字音自编《国音字典》。1918 年冬，教育部公布注音字母，且在京组织专家审读《国音字典》。钱玄同对注音字母的意见已在《新青年》上发表，审读《国音字典》时与吴稚晖争论颇多。但考虑社会急需，仍顺利通过。《国音字典》作为全国文字读音标准凡 12 年，直到 1932 年《国音常用字汇》的出现。1923 年，文字革命宣言发布后，钱玄同组织了一个《国音字典》增修委员会，1925 年推举钱玄同、黎锦熙、王璞、赵元任、汪怡、白涤洲为起草委员会，逐字逐音修改，钱玄同最后审核，合计一万二千余字，历时十年，1932 年由教育部公布，同时废除吴稚晖所编《国音字典》。钱玄同作《〈国音常用字汇〉的说明》指出此字典的特点：用国音字母与国语罗马拼音两式注音；以现代北平音为标准，列阴平、阳平、上、去四种声调，入声分配在四声中；宋元以来通俗的简体字适当收入，以示提倡；确认中国字典，以依音排列为唯一合理的办法。

《中国大辞典》的编纂处也是在宣布文字革命后的 1923 年成立的。1927 年，钱玄同、黎锦熙、吴稚晖联名向中华文化基金会申请款项，着手搜集资料。黎锦熙作了一个庞大的计划书，分五部十五组，号称建设中国新文字的总粮台。钱玄同虽然觉得规模与摊子铺得过大，但受“总粮台”说法的鼓舞，竟有了与国立北平图书馆平起平坐的想法。因政府南迁，原政府所在地空置，钱玄同向战地政委会请求在原中海大总统府所在地设立编辑处，居然也获批准。居仁堂西四所成为《大字典》编纂处所。钱玄同《日记》中常常提及的“到某海”，即是指到此处公干。

处在国语统一、文字革命创造中的钱玄同是充满激情的。有了《国语月刊》后，1925年6月钱玄同又与黎锦熙共创《国语周刊》。其所亲自写作的《〈国语周刊〉发刊辞》云：

> 我们相信这几年来的国语运动是中华民族起死回生的一味圣药，因为有了国语，全国国民才能彼此互通情愫，教育才能普及，人们的情感思想才能自由表达。
>
> 我们相信正则的国语应该以民众的活语言为基础，因为它是活泼的，美丽的，纯任自然的，所以我们对于现在那种由古文蜕化的国语，认为不能满足；我们要根据活语言来建立新国语。
>
> 我们相信中华民族今后之为存为亡，全靠民众之觉醒与否；而唤醒民众，实为知识阶级唯一之使命。
>
> 世界上没有两个人的思想绝对相同的，正如世界上没有两个人的脸生得丝毫无二的一般。同是主张国语的人，对于国语上的问题，当然有种种不同的甚至相反的见解。我们希望大家都把它发表出来，并且愿意两方面都在这儿吵嘴打架。①

这是一个承载民族理想、有明确学术追求的专家团队，一个协商共事、求同存异的学术同人队伍。黎锦熙在《国语运动史纲》中曾以“两纲四目十件事”来概括钱玄同领导的“文字革命”的总体轮廓，大致有如下内容：

> 第一纲：国语统一

① 钱玄同：《钱玄同文集》第三卷，北京：中国人民大学出版社1999年版，第156—157页。

第一目：统一

第一件事：推行国音字母。儿童及一般民众用注音符号，高小教育以上添用国语罗马字。

第二件事：传习国语的标准语（如北京音）、国语文（白话文）。

第二目：不统一

第三件事：添制方音符号。

第四件事：调查方言。

第五件事：征集改进方言文学。

第二纲：国语普及（言文一致）

第三目：普及

第六件事：提倡汉字注音。

第七件事：通行国语标音字（国语罗马音）。

（以上两事，通过编译读物，译西为中，译古为今实现。）

第八件事：建设国语的新文学。

第四目：不普及

第九件事：整理国故。

第十件事：编纂大辞典。①

十件事中，列入“统一”与“普及”部分的，面对全体国民；列入“不统一”与“不普及”部分的，是专家的学术空间。国语统一，言文一致，是中国语言现代化迈出的重要一步。以钱玄同为代表的国语运动的推动者，在文学革命兴起后，继续为建设国语的新文学做学术的探讨，做社会的推广，体现了学以致用、以学术救国的理想。《国语罗马字方案》公布

① 黎锦熙：《国语运动史纲》，北京：商务印书馆 2011 年版，第 259—260 页。

后，缺乏实施的环境，被“坚壁清野”。《简体字方案》收字一千二百余字，部长圈定三百二十余字。其方案于1935年8月21日公布后，因有争议，又在1936年1月被紧急收回。黎锦熙主持的《注音汉字方案》也于1937年停顿。《中华大辞典》规模庞大，原计划1948年成书，30卷，后因战乱纷仍，1937年到1943年由商务印书馆易名为《国语辞典》出版。平装八册的《国语辞典》出齐时，钱玄同已经去世五年。

新中国成立后，面对推广普通话、汉语拼音及汉字简化三大社会任务，语言学家黎锦熙联合若干高校专家，向“延安五老”之一的吴玉章建议成立文字改革研究会，研究实施方案。在专家和社会的共同努力下，终于产生了通行大陆的简体字系列与辅助现代汉语普通话应用的汉语拼音符号。晚清以来，特别是钱玄同主导的国语运动以来的国语统一成果，在1949年以后潜移默化地进入现代中国人的生活，并影响着全世界。

三、疑古与祛魅

黎锦熙《钱玄同先生传》记述：

> 钱先生有两句名言：“考古务求其真，致用务求其适。”我常举以告学者。他之所以比专门“考古求真”的学者伟大些，宏通些，就在他还有这第二句；他对于这第二句的贡献，就在“国语运动”。①

“考古务求其真，致用务求其适”这两句原文，未曾见于钱玄同的著述

① 沈永宝编:《钱玄同印象》，上海：学林出版社1997年版，第76页。

之中。黎锦熙传记中引用之后，常被人用来转述以概括钱玄同的学术精神。“考古务求其真，致用务求其适”学术精神背后的学理支撑是尊重科学与实事求是。汉字汉语的改革，只有坚持自然进化、便利通行、自由表达的方向，才能适应现代生活，才能为语言的使用者所喜闻乐见，才具备走向规范与统一的基础。黎锦熙在国语运动的艰难实践中，体会到钱玄同坚持“致用务求其适”的宝贵。而在钱玄同五四之后所从事的经史研究中，则体现出“考古务求其真”的学术精神。

钱玄同的经史求真是从疑古与辨伪开始的。1921 年新年伊始，钱玄同在《日记》中开启新年反思模式。此年反思的主题是自己“专发破坏之论”，当予纠正。因为“杀机一启，决无好理”，有悖学术自由学术多元的原则。如以宽容宽厚的态度看待学术界，则“彼研馈故纸，高者能作宋明儒者、清代朴学者，亦自有其价值，下焉者其白首勤劬之业，亦有裨于整理国故也”[①]。1 月 11 日，购《崔东壁遗书》读过，以为崔述“此书实与《新学伪经考》同有摧陷廓清之功，而亦同有学圣之病”[②]。钱玄同把读崔述之书的心得写信告之于胡适：

> 你说崔东壁是二千年来的一个了不得的疑古大家，我也是这样的意思。我以为推倒汉人迂谬不通的经说，是宋儒；推倒秦汉以来传记中靠不住的事实，是崔述；推倒刘歆以来伪造的《古文经》，是康有为。但是宋儒推倒汉儒，自己取而代之，却仍是“以暴易暴”“犹吾大夫崔子”。崔述推倒传记杂说，却又信《尚书》《左传》之事实为实录。康有为推倒“古文经”，却又尊信“今文经”，——甚而至于尊信纬书。这都未免知二五而不知一十了！（或

① 杨天石主编：《钱玄同日记》，北京：北京大学出版社 2014 年版，第 367 页。

② 杨天石主编：《钱玄同日记》，北京：北京大学出版社 2014 年版，第 370 页。

者竟是“明足以察秋毫之末而不见舆薪”)，这继起而干他们之蛊的，我以为足下颇具此资格。若足下做上几年“仿泰西新法，独出心裁的新国故党”，我敢预言必大有造于国故界也。[①]

钱玄同此信中包含一个重要判断和一个重要主张：一个判断是崔述、康有为在经史辨伪方面各有大功，也各有局限。局限在于辨伪一书的同时，轻信其他古书；一个主张是呼吁“仿泰西新法，独出心裁的新国故党”出现。“仿泰西新法”，是五四之后一代学者超越前代学者的优势与凭借所在，也是胡适、钱玄同心中的学术目标。1月28日，胡适致顾颉刚信，传递“宁疑古而失之，不可信古而失之”的古史观。[②]次日，胡适将钱玄同《论崔述书》附寄与顾颉刚。此时，刚刚毕业到新成立的北大研究所国学门工作的顾颉刚，在胡适的指导下，计划编辑《辨伪丛刊》。以“疑古”为突破口的国故整理的风暴在悄悄聚集之中，始作俑者是胡适，主将是钱玄同、顾颉刚。1921年2月，钱玄同复信顾颉刚谈自己的经学观变化的过程：

我对于“经”，从一九〇九至一九一七，颇宗今文家言。我专宗今文，是从看了《新学伪经考》和《史记探源》而起：这两部书，我都是在一九一一年才看到的……康氏之《伪经考》，本因变法而作；崔师则是一个纯粹守家法之经学老儒，笃信今文过于天帝。他们一个是利用孔子，一个是抱残守缺……自从一九一七以来，思想改变，打破“家法”观念，觉得“今文家言”什九都不足信，但古文之为刘歆伪作，则至今仍依康崔之说，我总觉得他们关于这一点的考证是极精当的。我现在以为古文是假造的，今

① 钱玄同：《钱玄同文集》第四卷，北京：中国人民大学出版社1999年版，第223页。
② 曹伯言等编：《胡适年谱》，合肥：安徽教育出版社1986年版，第190页。

文是口说流行，失其真相的，两者都难凭信，不过比较起来，还是今文较可信些。[①]

此年9月18日，钱玄同与胡适在中央公园论学，其当天的《日记》记载谈话要旨如下：

我和他谈到经典。我以为章炳麟师治经，笃信刘歆之伪古文，固非，但是他的治经的方法甚为不错。他只把经典当作一种古书看，不把彼当做甚么圣经看，他对于经典持批评的态度，不持崇拜的态度，这都是很正当的。康有为的《新学伪经考》，用汉学家的考证方法，攻驳刘歆之伪古文，方法谨严，证据确凿，我至今还很佩服此书。至于《孔子改制考》，则理宜分别观之，他说晚周诸子都托古改制是不错的，但如孔孟之“言必称尧舜”，自然可以说托古……胡君以吾说为然。[②]

以上两段引文，内涵十分丰富。首先是钱玄同本人的学术思想的变化过程：1906年前后先随章太炎学古文经学，1911年又从崔适学今文经学，五四时期认识到今古文经各自的局限。但在辨伪发动这件事上，得力于今文经学者居多。其次是对三位前辈的评价：章太炎与康有为是曾经风云一时，至今健在，尚有较大影响的今古文学两大学术流派的代表。崔适是以今文经学的继承者自居的一介书生，此时同在北大任教。章太炎治经史，遵循古文家路径，好处是把经典当作古书，不顶礼膜拜；坏处是不辨刘歆之伪古文。康有为倡维新，从今文经学说立场出发，证明古文为刘歆伪造，此举在学术

① 钱玄同：《钱玄同文集》第四卷，北京：中国人民大学出版社1999年版，第225页。
② 杨天石主编：《钱玄同日记》，北京：北京大学出版社2014年版，第378—379页。

史上有特殊的价值。儒家托古改制，言必称尧舜，多出于政治理想构建的需要，不足作为古史根据。崔适考辨精良，但纯粹守家法，“笃信今文过于天帝”。对于在“研究问题，输入学理，整理国故，再造文明”旗帜下聚集起来的“新国故党”来说，章太炎把经典当古书，康有为以经书非信史、崔适所持考而后信的学术精神，都值得继承与发扬；而他们笃守家法，画地为牢的局限，又值得引为鉴戒。钱玄同深谙中国学术史，在评论各位经学大师路径得失的同时，在“仿泰西新法”外，为“新国故党”超越前辈、创新国故整理寻找到第二件法宝利器——超越旧学，摆脱“家法”，不以门派自限。“新国故党”进行的整理国故事业，需要以现代人的眼光，依据现代科学的方法，适应现代人的阅读需要。

为了标志自己新的学术方向确立，钱玄同自1921年起，开始使用“疑古玄同”的名字。此后数年，钱玄同在与顾颉刚讨论古书“辨伪”时，在切磋磨洗的学术讨论中，确认了第三件可供新国故党使用的法宝利器——国故整理从辨伪入手，“经”之辨伪与“子”同等重要，或且过之：

> 先生说，因为要研究历史，于是要搜集史料，审定史料；因为要搜集史料，审定史料，于是要“辨伪”。我以为这个意思是极对的。我并且以为不但历史，一切“国故”，要研究它们，总以辨伪为第一步。[①]
>
> 我以为“经”之辨伪与“子”有同等之重要，或且过之。因为“子”为前人所不看重，故治“子”者尚多取怀疑之态度；而“经”则自来为学者所尊崇，无论讲什么，总要征引它，信仰它。[②]

---

① 钱玄同:《钱玄同文集》第四卷，北京：中国人民大学出版社1999年版，第224页。

② 钱玄同:《钱玄同文集》第四卷，北京：中国人民大学出版社1999年版，第228页。

研究经史整理国故，从辨伪入手，经子同辨；摆脱“家法”，超越今文古文派的眼界畛域；仿泰西新法，独出心裁；三条在讨论中形成的定理，构成了钱玄同整理国故思想的核心。钱玄同1923年1月21日《日记》记载与日本学者今关寿麿谈话要点：“我们的使命，是打倒一切成见，为中国学术谋解放。”“我们只认方法，不认家法。”[①] 顾颉刚在《〈古史辨〉第一册自序》中回忆钱玄同学术主张对自己的影响时说：

> 玄同先生，我虽在《新青年》上久读他的文字，又同处在一校，可是没有认识；自与适之先生计画《辨伪丛刊》之后，始因他的表示赞同而相见面。在九年冬间，我初作辨伪工作的时候，原是专注目于伪史和伪书上；玄同先生却屡屡说起经书的本身和注解中有许多应辨的地方，使我感到经部方面也有可以扩充的境界。但我虽读过几部经书，也略略知道些经学的历史，并且痛恨经师的曲解已历多年，只因从来没有把经书专心研究过一种，所以对于他所说的话终有些隔膜。到这时，在《诗经》上用力了半年多，灼然知道从前人所作的经解真是昏乱割裂到了万分，在现在时候决不能再让这班经学上的偶像占据着地位和威权，因此，我立志要澄清谬妄的经说。
>
> 十二年二月中，玄同先生给我一封长信，论经部的辨伪。我和他已经一年不相通问了，忽然接读这一封痛快淋漓的长信，很使我精神上得着一种兴奋。我就抽出一个星期日的整天工夫，写了一通复书，除讲《诗经》的工作之外，又把一年来所积的古史见解写出了一个大概。想不到这一个概要就成了后来种种讨论的骨干！四月中，适之先生到上海来，他编辑的《读书杂志》需要

① 杨天石主编:《钱玄同日记》，北京：北京大学出版社2014年版，第505页。

稿件，嘱我赶作一文。我想我答玄同先生的信已经寄了两个月，还没有得到回音，不知道他对于我的意见究竟作何批评，很想借此逼上一逼，就把讨论古史的一段文字钞出寄去。这文在《杂志》第九期中发表之后，果然第十期上就有他的很长的回答：他赞同我的对于古史的意见，更把《六经》的真相和孔子与《六经》的关系说了许多从来未有的实话。[①]

1923年2月，钱玄同寄顾颉刚的信，题为《论〈诗〉说及群经辨伪书》。文中称赞顾颉刚关于《诗》的研究甚为精彩，希望此类“离经叛道”“非圣无法”的论文分些给胡适任主任编辑，钱玄同、周作人等任编辑的《国学季刊》，免得它渐渐地“遗老化”。然后再次强调辨伪群经比辨伪诸子更为重要，“离经叛道”的责任更重：

我以为不把“六经”与“孔丘”分家，则“孔教”总不容易打倒的；不把“经”中有许多伪史这个意思说明，则周代——及其以前——的历史永远是讲不好的。[②]

顾颉刚1923年5月发表在《读书杂志》第九期的论文题为《与钱玄同先生论古史书》，论文“把一年来所积的古史见解写出了一个大概”，提出著名的“古史层累说”：

我很想做一篇《层累地造成的中国古史》，把传说中的古史的

① 顾潮编：《中国近代思想家文库：顾颉刚卷》，北京：中国人民大学出版社2014年版，第115页。

② 钱玄同：《钱玄同文集》第四卷，北京：中国人民大学出版社1999年版，第233—234页。

经历详细一说。这有三个意思。第一，可以说明“时代愈后，传说的古史期愈长”。如这封信里说的，周代人心目中最古的人是禹，到孔子时有尧、舜。到战国时有黄帝、神农，到秦有三皇，到汉以后有盘古等。第二，可以说明“时代愈后，传说中的中心人物愈放愈大”。如舜，在孔子时只是一个“无为而治”的圣君，到《尧典》就成了一个“家齐而后国治”的圣人，到孟子时就成了一个孝子的模范了。第三，我们在这上，即不能知道某一件事的真确的状况，但可以知道某一件事在传说中的最早的状况。我们即不能知道东周时的东周史，也至少能知道战国时的东周史；我们即不能知道夏、商时的夏、商史，也至少能知道东周时的夏、商史。①

“古史层累说”是以顾颉刚为代表的“古史辨派”的理论基石。“古史层累说”的发表，在当时的史学界，是一种石破天惊的历史观，也是古史探源操作性很强的思想与方法。顾颉刚在《〈古史辨〉第一册自序》讲述：“层累说”的灵感来源于中国考古学的成就，来源于中国学界辨证伪古史方面的努力。钱玄同看到顾氏“古史层累说”，非常高兴，遂于5月25日复信顾颉刚给予高度赞扬：

先生所说“层累地造成的中国古史”一个意见，真是精当绝伦。举尧、舜、禹、稷及三皇、五帝、三代相承的传说为证，我看了之后，惟有欢喜赞叹，希望先生用这方法，常常考查，多多发

① 顾潮编：《中国近代思想家文库：顾颉刚卷》，北京：中国人民大学出版社2014年版，第41页。

明，廓清云雾，斩尽葛藤，使后来学子不致再被一切伪史所蒙。[①]

钱玄同的复信发表在《读史杂志》第十期上。1923年提出“古史层累说”的顾颉刚31岁，毕业刚刚三年。钱玄同时年37岁，在北大任教10年。钱对学生辈分的顾颉刚，总以先生相称。这种礼遇与尊敬的背后，显示的是一种敬重学术的价值观。《钱玄同日记》1923年3月22日记载读顾氏《〈诗经〉的厄运与幸运》的感受：“颉刚之疑古的精神极炽烈，而考证的眼光又极敏锐，故每有论断，无不精当之至，尚在适之、任公之上。此等人材极不易得，若设法使其经济宽裕，生活安全，则以彼之天才，对于整理国故，必有绝大之贡献。”[②]志同道合的学者之间的砥砺激励，往往擦出思想的火花。而胡适、钱玄同的耳提面命与青睐褒扬，也是顾颉刚脱颖而出的学术环境条件。

钱玄同在上述与顾颉刚的信中，还详谈了他对六经的认识。其主要观点如下：一是六经于孔子无涉。孔丘无删述或制作“六经”之事。《诗》《书》《礼》《易》《春秋》“本是各不相干的五部书”。六经并称，“当在战国之末”。“六经”之名，初见于《庄子·天运篇》。二是托古的伪书伪解，也极有研究的必要和价值，不可一味骂倒。“至如《易》之《彖》《象》《系辞传》，如《小戴礼记》中之《礼运》《中庸》《大学》诸篇，如《春秋》之《公羊传》与《繁露》，如《周礼》，这都是极有价值的‘托古’著作。但不能因其有价值便说是姬旦、孔丘所作，也不能因其非姬旦、孔丘所作便说是无价值。”[③]今人辨伪，学习姚际恒、崔述、康有为那样“疑古”的求真态度，而不必像他们那样一味痛骂伪书。三是中国经学史，汉代经学研究最为混乱：

① 钱玄同：《钱玄同文集》第四卷，北京：中国人民大学出版社1999年版，第235页。
② 杨天石主编：《钱玄同日记》，北京：北京大学出版社2014年版，第522页。
③ 钱玄同：《钱玄同文集》第四卷，北京：中国人民大学出版社1999年版，第249页。

二千年中的学者对于“六经”的研究，以汉儒为最糟。他们不但没有把真伪辨别清楚，他们自己还要作伪。他们不但没有把文句解释明白，他们自己的文理大都是不通的。无论今文家、古文家，都是“一丘之貉”。什么禘祫、明堂、封建、井田、宫室、祭器等等，人各一说，而且一个人还要自相矛盾，这可见他们全是望文生训，闭眼胡说。清儒以为汉儒去先秦未远，其说必有所受，于是专心来给他们考证疏解，想出种种方法来替他们圆谎，其实是上了他们的当了！毛亨的文理最不通，郑玄的学问最芜杂，他俩注《诗经》，闹的笑话真是不少。郑玄以后直到贾公彦、孔颖达诸人，不过将废话越说越多罢了。中唐以后，曙光渐见，如李翱、韩愈之于《论语》，啖助、赵匡、陆淳之于《春秋》，刘知几之于《尚书》《春秋》，都能不为旧说所蒙，开宋明以来疑经的先路。宋儒所言经义，大都是将他们自己的学说套在古经的身上，无论好坏，总之十有七八非古经所本有。但如欧阳修、郑樵、朱熹、叶适诸人的辨伪，成绩却是很大。他们还有一种好处，是求文理通顺；不但朱熹注《四书》很讲究文理，就是被大家目为“陋儒”的蔡沈和陈澔，他们注解《尚书》和《礼记》也比“伪孔安国”和郑玄要通得多。从清初到现代，既有戴震、段玉裁、王念孙、王引之、俞樾、孙诒让、章太炎师诸人讲通文义，又有阎若璩、姚际恒、崔述、康有为诸人的推翻伪经，这几部古书（“六经”）的真相渐渐地可以拨云雾而见青天了。但以前的学者无论如何大胆疑古，总不免被成见所囿。先生说，“崔述著书的目的是要替古圣人揭出他们的圣道王功，辨伪只是手段”，真是一针见血之论。姚、康诸人也是这样。所以他们总要留下一团最厚最黑的云雾，不肯使青天全见的。我们现在应该更进一步，将这团最厚最黑的云雾尽力拨除。[①]

秦、汉是中国经学史发展的重要时期。清代乾嘉学术，崇尚古训，尤其是惠栋为代表的吴派，在“凡汉皆好”的信仰下，一切务在恢复汉人的说法。钱玄同从辨伪入手，宣布汉代经学最为混乱，不辨真伪，还有意作伪，对流行于清代学界宗经尊汉的学术风气，是一次否定和清理。顾颉刚在《〈古史辨〉第二册自序》中自我学术定位是“研究战国秦汉思想史和学术史”“破坏假的上古史，建设真的中古史”[②]。在钱玄同、顾颉刚手中，辨伪依然只是手段，是一种拨除云雾、打破旧学格局、去伪存真的国故整理，当然也包含建立新史学新学术的积极愿望。钱玄同在辨伪中证明六经与孔子无关。总围绕着“不把‘六经’与‘孔丘’分家，则‘孔教’总不容易打倒的”判断；顾颉刚在辨伪中爬梳古史的线索，力图让世人明了“古史靠得住的有几”？辨伪者企望在能够建构起充满科学精神与现代意识、足以和西方学术接轨，承载现代中国人生存发展需要的新学术、新史学、新文学之前，做一番破坏与清理工作：打破数千年以经学为核心、以孔子为教主、今古文画地自守、师说家法陈陈相因的思想体系与学术格局，把浩如烟海的经、史、子、集之书，还原整理成有价值可使用的砖瓦石料，以待输入学理、再造文明者出现。辨伪者担任的是清道夫职责，辨伪的主要学术职能就是存真祛魅。十年后的1931年，顾颉刚的《古史辨》出版到了第三册。顾氏作《〈古史辨〉第三册自序》云：

这第三册《古史辨》分为上下两编：上编是讨论《周易》的，

① 钱玄同：《钱玄同文集》第四卷，北京：中国人民大学出版社1999年版，第249—250页。

② 顾潮编：《中国近代思想家文库：顾颉刚卷》，北京：中国人民大学出版社2014年版，第222页。

下编是讨论《诗》三百篇的；多数是这十年来的作品，可以见出近年的人们对于这二书的态度。其编纂的次序，以性质属于破坏的居前，属于建设的居后。于《易》则破坏其伏羲、神农的圣经的地位而建设其卜筮的地位；于《诗》则破坏其文、武、周公的圣经的地位而建设其乐歌的地位。但此处说建设，请读者莫误会为我们自己的创造。《易》本来是卜筮，《诗》本来是乐歌，我们不过为它们洗刷出原来的面目而已；所以这里所云建设的意义只是“恢复”，而所谓破坏也只等于扫除尘障。此等见解都是发端于宋代的，在朱熹的文集和语录里常有这类的话。我们用了现代的智识引而伸之，就觉得新意义是很多的了。①

把《周易》从伏羲、神农的“圣经”的地位拉下，还原其卜筮的地位；把《诗》从文、武、周公的“圣经”的地位拉下，还原其乐歌的地位。学术建设的意义是恢复本面，破坏的意义是扫除尘障。许多见解发端于古人，辨伪者以现代的知识整理与点化，便赋予旧说以新的生命。在上述的三层意思中，拉下神坛是“祛魅”，扫除尘障“是存真”，以“现代的智识引而伸之”，则是“输入学理、再造文明”的尝试。在此序中，顾颉刚还有几个方面的基本表述可以让我们对“古史辨”学者以更多的“同情性理解”：

学问之大像一个海，个人之小像一粒粟……处于现在时代，研究学问除了分工之外再没有别的办法。②

我们研究史学的人，应当看一切东西都成史料，不管它是直

---

① 顾潮编：《中国近代思想家文库：顾颉刚卷》，北京：中国人民大学出版社 2014 年版，第 224 页。

② 顾潮编：《中国近代思想家文库：顾颉刚卷》，北京：中国人民大学出版社 2014 年版，第 228 页。

接的或间接的；只要间接的经过精密的审查，舍伪而存真，何尝不与直接的同其价值。况且既有间接的史料存在，而我们懒于收拾，搁置不谈，无法把它使用，也何尝是史学界的光荣？①

我们一方面要急进，一方面又要缓进；急进的是问题的提出，缓进的是问题的解决。②

20世纪20年代古史辨派的出现，是中国史学界的一股旋风。它所显现的“重新评定一切”的学术力量，掀起了影响深远的学术风暴。其学术结论，可以存疑商榷。但其学术精神，却是活力四射的。自1912年共和肇始，蔡元培做教育总长时取消经学科后，在现代学科增殖分化十分迅速的情况下，处在旧时代学术中心的经学，经历了主体瓦解，向史学、文学、哲学等学科开枝散叶的过程。许多有关中国学术的专门史出现，但均与经学缠绕。1919年胡适的《中国哲学史大纲》上卷出版时，胡适以明变、求因、评判概括哲学史研究的目的。而达于明变、求因、评判学术目的的基础是述学。述学的过程，经历搜集史料、审定史料、贯穿领会、有条理的系统表达等阶段。史料辨伪是学术研究最初最重要的一步。由于经学在传统学术中的中心地位，经的面目更加复杂，经的辨伪就显得更为重要。这是钱玄同在辨伪之风初起，多次提醒顾颉刚重视经学辨伪的原因所在。

同样是十年后的1931年，钱玄同为方国瑜标点本《新学伪经考》作序，重提辨伪在历史学科中的重要性，重提在经学的研究中坚持实事求是，破除“师说”“家法”：

---

① 顾潮编：《中国近代思想家文库：顾颉刚卷》，北京：中国人民大学出版社2014年版，第228页。

② 顾潮编：《中国近代思想家文库：顾颉刚卷》，北京：中国人民大学出版社2014年版，第229页。

凡治历史科学，第一步必要的工作是“审查史料的真伪”，简称可曰“辨伪”。要是不经过这步工作，“任何材料都供挦扯”，则结果尽可闹到“下笔千言，离题万里”，说得“像杀有介事”，其实“满不是那么一回事”。

过去的学术界，是被“宗经”的思想支配的。而自宋以来多数学者所宗之经，则更是杂凑之书，就是流俗所谓《十三经》也者。所以无论治文学的，治历史的，治政治的，乃至治其他种种国故的，无不宗经——宗《十三经》。他们尽管不信任“史”和“集”，甚至不信任“子”，但一定信任“经”。因为信任“经”的缘故，于是认为“经”中所有的一定是最真实的史料，一定可以采用的。譬如治文学的，对于《尚书》的《益稷》中的帝舜及皋陶之歌，认为真是虞代文学了；对于《五子之歌》，认为真是夏代文学了。又如治历史的，什么伏羲画八卦呀；什么尧舜禅让啊，什么禹治洪水呀，认为是古代的真历史了。又如治政治的，对于《周礼》，认为真是周代的官制；对于井田，认为古代真有那样的田制。其他如风俗、礼仪、神话、圣迹，凡“经”中所有的，或解经的先生们所说过的，一一皆看做最可靠的真史料，任意挦扯，尽力采用。——这种情形，不但过去的学术界是这样；你看，现代新出的书，关于国故方面的材料，除了一二种特别的，能根据甲骨刻辞、尊彝铭文及新发掘得的古器物来讲古史外，一般的《中国文学史》不是依然大谈其《五子之歌》吗？一般的《中国历史》不是依然谈三皇五帝，谈周公作《周礼》吗？所以我以为我们现在对于治国故的人们，应该供给他们许多辨伪的材料；而辨伪“经”的材料，比辨伪“史”伪“子”伪“集”的材料，尤其应该特别注重。[①]

我以为我们今后对于过去的一切笺、注、解、疏，不管它是今文说或古文说，汉儒说或宋儒说或清儒说，正注或杂说，都可以资我们的参考及采取……我们今后解经，应该以“实事求是”为鹄的，而绝对破除“师说”“家法”这些分门别户，是丹非素，出主入奴的陋见！[②]

把经史子集，笺注解疏，都看作研究史料，超越师说家法，以“实事求是”为鹄的，重新评判，重新发现，这正是后五四时代新一代学者的学术价值观。辨伪十年，但真正改变学术界陈陈相因的风气，仍是任重道远。顾颉刚在《〈古史辨〉第三册自序》结语处说道：

十余年前，初喊出“整理国故”的口号时，好像这是一件不难的工作，不干则已，一干则就可以干了的。我在此种空气之下，踊跃用命，也想一口气把中国古史弄个明白，便开始从几部古书里直接证明尧、舜、禹等的真相。现在看来，真是太幼稚，太汗漫了！近年每逢别人询问“你的研究古史的工作怎样了”时，我即答说：“我不敢普泛的研究古史了，我只敢用我的全力到几部古书上。”实在，这并非胆怯；如果，不自认定了一个小范围去做深入的工作，便没有前进的可能了！我自信，这一种觉悟是有益的。

我们虽只讨论古书和古史，但这个态度如果像浪花般渐渐地扩大出去，可以影响于他种学术上，更影响于一般社会上。大家

① 钱玄同：《钱玄同文集》第四卷，北京：中国人民大学出版社 1999 年版，第 135—137 页。

② 钱玄同：《钱玄同文集》第四卷，北京：中国人民大学出版社 1999 年版，第 217—219 页。

不想速成，不想不劳而获，不想一个人包揽精力不能顾注的地盘，而惟终身孜孜于几件工作，切实地负责，真实地有成就，那么，这个可怜的中国，虽日在狂风怒涛的打击之中，自然渐渐地显现光明而有获救的希望了！[1]

十年中，以辨伪为突破口，以为中国学术谋解放为目标的国故整理，影响深远。在五四以后纷至沓来的新思潮的推动下，中国的现代学术转型大大加快：史学、文学、哲学、考古学、政治学等学科分类，代替了经、史、子、集的四库分类，中国学科体系的初建悄悄萌生；由社会阅读和大学教育需要而产生的以明变、求因、评判为学术目标自成系统的述学之作，数量上越来越多于序、跋、笺注、评点的著作，新的知识体系和学术体系在中国的学术经验学术土壤上缓缓生长；北大、清华、师大、燕大等高校培养的新生代学者纷纷涌现。他们如顾颉刚所希望的“认定了一个小范围去做深入的工作”，在新辟学科的各个领域学有专攻各有建树。进入30年代，国故整理由一种思潮运动，回归到正常的分工合作、日积月累的学术研究状态。我们读钱玄同30年代《日记》中关于新生代学者如过江之鲫拜访请益的记载，我们就可以知道“整理国故”的接力已经在运转之中。而新生代的出现和成长，使中国现代学术体系、学术话语体系的建构初现轮廓。

四、敬业与忠事

在一般人的阅读经验中，钱玄同是一个态度激烈、立论偏颇之人。如

---

① 顾潮编:《中国近代思想家文库：顾颉刚卷》，北京：中国人民大学出版社2014年版，第227页。

五四时期，其在《中国今后之文字问题》的通信中有“欲废孔学，不可不先废汉文”一类的话；[①]五四后整理国故，又有“旧文化虽然不必一定把它的全数扔下毛厕，却总应该把它的极大多数束之高阁”的宏论。[②]1934年，钱玄同有诗贺周作人五十岁生日，诗中的颈联颔联云：“腐心桐选祛邪鬼，切齿纲伦斩毒蛇。读史敢言无舜禹，谈音尚欲析遮麻。”[③]诗中自嘲并不回避个人与世俗的忤逆。与钱玄同交往最多的周作人认为；钱玄同是一个为人善良和平，办事颇得要领的人。周作人《钱玄同的复古与反复古》一文中回忆说：

> 因为据我所知道，在所谓新文化运动中间，主张反孔教最为激烈，而且到后来没有变更的，莫过于他了。思想既然如此“偏激”，这是他自己所承认的，那么他的脾气一定很是乖僻吧？可是事实乃大大不然。他对人十分和平，相见总是笑嘻嘻的。诚然他有他的特殊脾气，假如要他去叩见“大人先生”，那么他听见名字，便会老实不客气地骂起来，叫说话的人下不来台。若是平常作为友人来往，那是和平不过的。他论古严格，若是和他商量现实问题，却又是最通人情世故，了解事情的中道的人。
>
> 玄同所主张常涉两极端，因为求彻底，故不免发生障碍，犹之直站不动与两脚并跳，济不得事，欲前进还只有用两脚前后走动。他的言行因此不免有些矛盾地方。如他主张废汉字，用罗马字拼法，而自己仍旧喜欢写“唐人写经”体的字。他的性格谨严峻烈，平易诙谐，都集在一起。虽然这里他有自己人与“不相干”的人的区分，但或者也可以说是一例。他的性情奇特，因此常被

① 钱玄同:《钱玄同文集》第一卷，北京：中国人民大学出版社1999年版，第162页。
② 钱玄同:《钱玄同文集》第二卷，北京：中国人民大学出版社1999年版，第143页。
③ 钱玄同:《钱玄同文集》第二卷，北京：中国人民大学出版社1999年版，第325页。

人误解，或加以谩骂攻击。[①]

论古严格，涉今变通。敬业于教职、忠事于师友，钱玄同是一个性格谨严峻烈，做事执着坚韧，富有事业心与亲和力的学者。我们可以从师辈、友辈、后辈的学术交往的特殊角度，更进一步窥知钱玄同的学术路径、学术境界及学术品格。

钱玄同尊为老师的两位人物，是章太炎、崔适，两位均出自俞樾门下。钱玄同1905年12月随兄钱恂全家到日本东京，次年入早稻田大学师范科。此年，章太炎到东京办《民报》。钱玄同读章太炎文章，甚为佩服，以为"《民报》自太炎来后，固大放异彩，一至于此，真令人佩服"[②]。钱玄同1907年加入同盟会，并在章太炎处认识刘师培。《钱玄同日记》1908年3月22日有"上午与未生至太炎处。意欲请太炎来讲国学（先讲小学），炎首肯"[③]的记载，应是正式从章氏学的开始。4月11日起，章太炎的讲习活动由清风亭改在大成中学进行，课程主要有音韵、《说文》部首、《庄子》《文心雕龙》《文史通义》等。稍后，章太炎长婿龚宝铨出面与章太炎商谈，会稽周氏兄弟及其友数人要来听讲，希望另设一班。章太炎答应在其《民报》寓所另设讲坛，7月11日开讲。听讲者有周树人、周作人、许寿裳、钱家治，原来在大成中学听讲的龚宝铨、钱玄同、朱希祖、朱宗莱也来《民报》班听讲。共8人，周日上午为讲学时间。讲授功课《说文》外有《汉书》《文心雕龙》《文史通义》。10月底，《民报》被封，章太炎强争无果，索性以讲学传道疏解郁闷。

钱玄同在日本期间，是章门弟子中与章太炎来往甚为密切者。时常帮

① 沈永宝编：《钱玄同印象》，上海：学林出版社1997年版，第18—21页。
② 杨天石主编：《钱玄同日记》，北京：北京大学出版社2014年版，第89页。
③ 杨天石主编：《钱玄同日记》，北京：北京大学出版社2014年版，第123页。

老师印书抄书，偶尔夜宿章家，《日记》中有多处与章氏讨论学术的记载。吴稚晖在“《苏报》案”中，与章太炎有过节。钱讥笑吴在巴黎所编《新世纪》主张用万国新语代汉字，是发疯可笑之事。[①] 又称赞章太炎《四惑论》：“此文若出，足箝《新世纪》诸獠之口矣！”[②]钱评论同在早稻田大学学习的张继，其与太炎的信中，心醉欧风，是狗屁不值的东西。[③] 平日交往，师生意见相同时候，则其乐融融：“午后，至师处，谈及中国文学史中有价值能独立之文人，都计得一百九十人（目另列）”。[④] 钱玄同的主张也常常被章师纠正。如与章太炎论文字书写，“主张废楷用篆说，炎师不甚许可，意其难行也”[⑤]。“与师言礼仪必须复古，师言惟祭礼则今日万不能行，盖房子构造法大异也。又如士相见礼，虚文太多，可从省。”[⑥] 又留心记述太炎讲学的精彩之处：如记太炎讲叙录之学时，把千年古籍传播之功归孔子、刘向、冯道三人，有“今世四部不能返为七略”的论断。[⑦] 又记章太炎为朱希祖篆书《说文序》，“颇改本字”，钱甚为狐疑。章告之“许氏书彼既以正名自任，不应俗借杂糅”，[⑧]故可代其改本字。钱玄同恍然大悟，思忖如自己做字典，也可以循此办理。

1908 年 3 月至 1910 年 3 月的两年间，是钱玄同一生中与章太炎相处的最长时段。源于个人学术兴趣，加上章师耳提面命的学术指引，钱玄同 1909 年初，在《日记》中大致确立了研求国学的学术志向：“余今年廿三岁。回忆自十二岁丧父以来，忽忽十年，所作所为，无一是处。今幸迷途之

---

① 杨天石主编：《钱玄同日记》，北京：北京大学出版社 2014 年版，第 130 页。
② 杨天石主编：《钱玄同日记》，北京：北京大学出版社 2014 年版，第 133 页。
③ 杨天石主编：《钱玄同日记》，北京：北京大学出版社 2014 年版，第 137 页。
④ 杨天石主编：《钱玄同日记》，北京：北京大学出版社 2014 年版，第 180 页。
⑤ 杨天石主编：《钱玄同日记》，北京：北京大学出版社 2014 年版，第 145 页。
⑥ 杨天石主编：《钱玄同日记》，北京：北京大学出版社 2014 年版，第 159 页。
⑦ 杨天石主编：《钱玄同日记》，北京：北京大学出版社 2014 年版，第 185 页。
⑧ 杨天石主编：《钱玄同日记》，北京：北京大学出版社 2014 年版，第 155 页。

未远，迷阳之可复，故今岁以后，当壹志国学，以为保持种性，拥护民德计。其有余暇，或治他国文字。”[①] 次年9月14日《日记》，又有“我所喜者固在小学”的表述。[②] 在异国他乡但国学氛围十分浓厚的日本，钱玄同这一时期的《日记》及与友人书中集中表达了如下学术思考：

一、如何以学术保教保国？钱玄同与友人论世界文明古国，以为历史莫古于中国，文明莫备于中国：

> 然声名文物，一坏于唐，再坏于宋，沿及元、明，逮至本朝，虽中经乾、嘉诸儒之提倡，而意只在考古，不在复古，且髡发左衽，形式已变，故学术虽复昌明，而仍无裨于实际。十稔以还，东西留学生，上海僮仆，学堂洋奴，相继辈起，首倡废国文，废旧书之论，而退率遂大剧。近来莘莘髦士，试作便条且多不通者矣，此诚可叹，亦可见文化之易移乃如是也。愚谓立国之本要在教育，果使学术修明，必赖文字正确，士生今日，诚能潜心正名之事，实为扼要之所在也。文字一灭，国必致亡。借观印度、波兰，可为殷鉴。若云文字纵亡，语言犹生，未易废也，此亦不然。今之语言渐不典则，犹赖有文字以匡之。若弃文存语，是无皮之毛，无往不可附也。故今日急务，实在复保氏之教为最要。[③]

钱玄同鄙夷地把主张文法、词语的更新使用，以日本为师者，称之为“东学党”：

① 杨天石主编：《钱玄同日记》，北京：北京大学出版社2014年版，第145页。
② 杨天石主编：《钱玄同日记》，北京：北京大学出版社2014年版，第174页。
③ 杨天石主编：《钱玄同日记》，北京：北京大学出版社2014年版，第187页。

故今后童子宜将古书多读。至欧洲之学，宜径用原书，万勿乞灵于日籍也。日本之学多属稗贩，东涂西抹，有何足道！思之以益重我学拉丁文之心矣。余以谓欲学欧文，必从拉丁入手，始为有本之学。①

中国古书每每不施句度，此实最不便者矣……愚谓今后刊书，无论自作、刊古，概当施点。惟浓圈密点则必当禁绝，此实批时文之法以及东洋小鬼之刻书耳，必当禁绝之也。②

钱玄同认为：乾嘉学术，意只在考古，不在复古，弊在无裨于实际；风水轮换，当下流行的废国文、废旧书之论，则蕴含着民族文化危机。对这种危机，钱玄同有“文字一灭，国必致亡”，“弃文存语，是无皮之毛，无往不可附也”的判断。③这一判断，与五四时期钱玄同“欲废孔学，不可不先废汉文”的言论大相径庭。五四时，钱氏把“废汉文”作为“废孔学”前提条件，更近于一种激愤之辞。而钱玄同的其他设想，如“欲学欧文，必从拉丁入手”的想法，在“国语革命”的拼音方案得以落实；古书施以句读，禁绝浓圈密点，也在五四后渐成图书规范。

二、如何兼通今古文学？清代学术，乾嘉时期有汉学、宋学壁垒，汉学中有吴派、皖派之分，道、咸之后又有今古文迭兴代起。建构现代学术体系，首先是决意走出师说家法的畛域，其次才能超越旧说旧学的视野。钱玄同随章太炎学古文经，知古文经有训诂名物之长，也知古文经缺通经致用之力。钱玄同对刘逢禄、龚自珍的今文经学有兴趣，在章太炎处得今文经学者

① 杨天石主编：《钱玄同日记》，北京：北京大学出版社2014年版，第211—212页。
② 杨天石主编：《钱玄同日记》，北京：北京大学出版社2014年版，第213页。
③ 杨天石主编：《钱玄同日记》，北京：北京大学出版社2014年版，第187页。

皮锡瑞《经学历史》读之,《日记》中遂有“章师尊崇古文，于皮书眉端多驳斥语，要之亦多不足以折服之之语”的感叹。[①] 钱氏认为：今文经“通经致用”的学术精神被康、梁运用到极致，不能说不是今文经学的长处。作为光宣年间治故籍学术者，需见贤思齐，兼及今古文法。钱玄同这一时期，别出心裁地表彰“通知两汉师法”的乡先贤戴望：

> 戴子高有诗云：“巨儒二百载林立，吾独倾心大小庄，亦有北方颜李学，天衢朗朗日重光。”盖戴先生为陈奂、宋于廷弟子，通知两汉师法，知素王改周受命之说，欲明孔门微言大义以致之用故云。然吾意庄、刘之学诠明圣义，颜、李之学实明圣事，盖此皆孔学之真传也。戴氏独能窥见，不特为吾乡之巨儒（迥非严元照、俞樾之仅知训诂名物者比矣），亦国朝三百年来独见圣学之全者欤？（颜、李与庄、刘皆各得其半，先生出，乃集其大成云）。汉、唐训诂，固为诠释古书，然所明者，经训而非经义。吾谓诚有人等，合乾、嘉诸儒之经训，今文学派之经义，而以颜、李之毅力行之：则圣学昌明不难复睹矣。
>
> 颜氏生当明季，实学久沦，复不肯看书，此是其失。至谓“尧、舜诸圣人所据何书”，殊不知尧、舜为制礼、乐制度之人，前此草昧未开，自我作古也。若吾侪今日既欲学尧、舜之学，乌可不治古书乎？特不可沉溺于典籍而不从事实习耳。[②]

博取古文经训诂名物之长，今文经通经致用之长，颜元、李塨知行合之长，是初入治故籍之道的钱玄同心中的至境。治古书，不沉溺于典籍，

① 杨天石主编:《钱玄同日记》，北京：北京大学出版社 2014 年版，第 210 页。

② 杨天石主编:《钱玄同日记》，北京：北京大学出版社 2014 年版，第 204 页。

重视从事实习，读此《日记》，可以知道其“考古务求其真，致用务求其适”学术精神的根据和来源。已回家乡任教的钱玄同在1912年11月10日的《日记》再记对颜、李的敬重及个人为人立世的行为准则道：

> 余生平极服膺颜、李学说，昌明礼教。顾闻章先生之言曰：丁乱世，则放弃礼法，未可非也。惟修明礼教者，当如颜、李，不可饰伪；放弃礼法当如嵇、阮，不可嫖赌云。丁兹乱世，余固以服膺颜、李者，举止辄如嵇、阮也。①

修明礼教，当如颜、李，不可饰伪；放弃礼法，当如嵇、阮，不可嫖赌。这种励志式的修身法则，也基本被钱玄同身体力行于事业与社会生活中。

1910年2月，钱玄同决定回国。回国前，参与陶成章主办、章太炎主稿的《教育今语杂志》的创办。钱玄同用文言作《刊行〈教育今语杂志〉之缘起》，提出“本杂志以保存国故，振兴学艺，提倡平民普及教育为宗旨”②，用白话作《中国文字略说》一文，后发表在4月29日发行的《教育今语杂志》，被收入《章太炎的白话文》中。3月4日《日记》记载与章太炎告别的情况道：“访师，请其书字，因书近作诗二首，并写扇面一页。”③结束了与章太炎密切相处说学请益的时光。回国后，钱玄同先后任教于海宁中学、嘉兴中学、吴兴中学。为了兼得今文经学的学术精髓，1911年2月，钱玄同在吴兴拜访崔适。其1931年《重论经今古文学问题》记述崔适学术路径及拜师请益过程：

---

① 杨天石主编：《钱玄同日记》，北京：北京大学出版社2014年版，第236页。

② 钱玄同：《钱玄同文集》第二卷，北京：中国人民大学出版社1999年版，第312页。

③ 杨天石主编：《钱玄同日记》，北京：北京大学出版社2014年版，第217页。

在三十年前，对于《新学伪经考》因仔细研究的结果而极端尊信，且更进一步而发挥光大其说者，以我所知，唯有先师崔觯甫（适）先生一人。崔君受业于俞曲园（樾）先生之门，治经本宗郑学，不分今古；后于俞氏处得读康氏这书，大为佩服，说它“字字精确”“古今无比”，于是力排伪古，专宗今文。他于一九一一年（辛亥）二月廿五日第一次给我的信中说：“《新学伪经考》字字精确，自汉以来未有能及之者。”

玄同于一九一一年二月谒崔君请业，始得借读《新学伪经考》，细细籀绎，觉得崔君对于康氏之推崇实不为过。玄同自此也笃信“古文经为刘歆所伪造”之说，认为康、崔两君推翻伪古的著作在考证学上的价值，较阎若璩的《尚书古文疏证》犹远过之。自一九一一（辛亥）至一九一三（民国二），此三年中，玄同时向崔君质疑请益；一九一四年（民国三）二月，以札问安，遂自称“弟子”。[①]

喜小学，兼修今古文，学颜、李而不饰伪，学嵇、阮而谨修身。好像一切的准备刚刚就绪，钱玄同便迎来了人生的高光时刻。1913 年 9 月，时年 27 岁的钱玄同随钱恂来到北京，开始了在师大与北大的教书生涯。章太炎 1911 年 11 月从日本回国，周旋于政治漩涡之中。做了袁世凯政府东北筹边使官职很快辞去。后因以大总统勋章作为扇坠大闹总统府而被软禁于北京，长达三年，直到 1916 年 6 月袁世凯去世。软禁中的章太炎可以著书讲学。钱玄同 1915 年 1 月 12 日的《日记》记曰：“至尹默处，复至章师处，师谓拟编《群经大义》数篇入《訄书》。《訄书》体例为谈经、说史、论政诸

① 钱玄同：《钱玄同文集》第四卷，北京：中国人民大学出版社 1999 年版，第 133—134 页。

文，其论小学、论文学、论玄学则为式相轮奂云。”[①] 1月17日记曰：“晨访崔师，旋至章师处，见警确已撤去。师今日欣然起床。旋夷初来，谈至傍晚始归。”[②] 崔师即为崔适。崔适1914年起到北大中国哲学门任讲师，讲授公羊学。钱玄同1914年9月18日《日记》记崔适言：“《左氏》不特书法全非，即事实亦不足信。”“春秋以前,《诗》《书》《礼》《乐》皆古书，为孔子所修，非孔子所作。孔子果作，何以三百篇非一律？康门以三代事实为依托，实中西学之毒。”[③] 9月19日记读崔适《春秋复始》的收获，1915年1月4日《日记》称赞崔适“群经皆有古注、今注，凡成一家言者，必有极是之处，亦有极不是之处，互相比较，是非立见”为通人之论。[④] 1916年1月6日《日记》比较廖平、康有为、崔适学术之长，自言“余平生于学，喜言通。士生今日，贵乎择善而从，惟求其是，故不可暧暧昧昧守一先生之说也”[⑤]。

1920年北大以公羊学不足以列入哲学系科目，将崔适解聘，改任预科国文教员。1924年8月崔适在贫困中死于湖州会馆。钱玄同帮助筹钱办理后事，并谋由北大出版遗著。1932年3月，章太炎避沪难来北京，师生已分别16年之久。钱玄同3月2日《日记》记曰：

> 午回家，饭毕，即访幼渔，与同至花园饭店访老夫子，别来十六年矣。近来态度如旧，益为和蔼，背颇驼，惟发剪极短，与当年披发大不相同。季刚亦在，检斋亦在。政客一大帮，与辛亥冬与哈同花园时颇相像。询知师实避沪难而来也。四时许，朱、马、钱、

① 杨天石主编：《钱玄同日记》，北京：北京大学出版社2014年版，第278页。
② 杨天石主编：《钱玄同日记》，北京：北京大学出版社2014年版，第279页。
③ 杨天石主编：《钱玄同日记》，北京：北京大学出版社2014年版，第274页。
④ 杨天石主编：《钱玄同日记》，北京：北京大学出版社2014年版，第277页。
⑤ 杨天石主编：《钱玄同日记》，北京：北京大学出版社2014年版，第285页。

黄、吴、师六人乘汽车逛中南海公园。六时雅于大陆春。[1]

此后，众弟子安排章太炎到师大、北大演讲。时章太炎鼻病已重，在京盘桓两月有余后，5月21日返回南方。章太炎返回南方的消息是吴检斋写信告知钱的。而此次师生分别，竟成永诀。章太炎离开北京后，钱玄同、吴承仕发起，章氏学生集资刊刻《章氏丛书续编》。1936年6月14日苏州来电告章太炎去世，马裕藻、许寿裳、吴承仕、周作人、沈兼士、钱玄同共同送挽幛，排名严格依年龄为序。挽联书为："素王之功，不在禹下；明德之后，必有达人。"9月4日上午，借孔德学校与章门弟子、再传弟子召开北平追悼会。追悼会由朱希祖主持，钱玄同略述章太炎文、史、儒、玄四学之要点。

钱玄同在两个老师生老病死的事务处理过程中，体现出"有事弟子服其劳"的忠事品格。其在《新青年》编辑和国语运动中，同样表现出合作敬业的精神。在《新青年》时代，陈独秀、胡适是思想革命与文学革命的旗手，钱玄同加入新青年团队投名状，是在与陈独秀的通信中，拥护思想革命、文学革命。钱的通信与陈独秀谈孔教与伦理革命，谈应用文、翻译文体的改革；与胡适谈反对用典，讨论明清白话小说价值。参与《新青年》编辑后，是回复读者来信最勤的记者。为扩大杂志的影响，钱邀请周树人、周作人给《新青年》写稿，以"桐城谬种，选学妖孽"冠名文学革命的对象，策划"双簧信"引起更大的社会关注。这些举动都体现出钱玄同的团队配合与打硬仗的精神。钱氏过激言辞的背后，陈独秀认为是"石条压驼背"的策略，胡适认为和陈独秀同是一种"悍"的做派，鲁迅则视为白话文"围魏救赵"的战术。没有钱玄同，《新青年》没有那么多脍炙人口的故事，没有那么多脱颖而出的锋芒，没有那么多对陈、胡两位主将倡言的唱诺与响应，没

① 杨天石主编：《钱玄同日记》，北京：北京大学出版社2014年版，第849页。

有那么多诸如应用文、标点符号类拾遗补阙的方案与细心。《新青年》改办方案在陈、胡短兵相接时，钱玄同写信给鲁迅："我对于此事，绝不愿为左右袒。若问我的良心，则以为适之所主张者较为近是。"①

以胡适主张为是，是因为胡适不同意《新青年》成为一个谈政治的杂志。而轮到钱1925年以后因溥仪迁出故宫而批评复辟复古大谈政治的时候，又深感陈独秀当年批孔教的话沉着痛快，鞭辟入里。对胡适1919年《新思潮的意义》中提出的"研究问题，输入学理，整理国故，再造文明"的十六字箴言，1923年《国学季刊发刊宣言》中提倡以"重新评估一切价值"为标志的尼采思想，钱玄同是心有灵犀的。他领导的国语运动，他身体力行的以辨伪为切入口的整理国故，是他心心念念要做的新文化事业，也是对胡适后五四时代主张的一种落实一种响应。钱玄同1925年与胡适的信中，说起吴宓等人在《学衡》上发表的文章思想混乱的情况，有了一段"咱们""我们""他们"的区分，有了一段对胡适恨铁不成钢的埋怨：

我知道你老先生对于这类文章一定又要起"不值得一驳"底心思。但我觉得它实在有些陷溺人心底功效；我是时时刻刻希望你来打些思想界底防毒针和消毒针。虽然我们（不是咱们，所以是指"我们"和"他们"而言，而"你"不在内）近来所发表的文章不能使你满意，但我们实在希望你也来做"思想界底医生"。我底意思，也不至于如吴老先生那样激烈，以为"整理国故"便不应该。但我对于你确有些"不足"（不是"不满意"）之想，便是好久不看见你做"思想界底医生"了。我希望你做《中国哲学史》、我希望你做《中国佛学史》、我希望你做《国语文学史》，但我尤其希望你做《评东西文化及其哲学》《〈科学与人生观〉序》

① 钱玄同：《钱玄同文集》第六卷，北京：中国人民大学出版社1999年版，第14页。

这类性质底文章。钱玄同是“银样蜡枪头”，心有余而力没有（还配不上说“不足”），尽管叫嚣跳突，发一阵子牢骚，不过赢得一班猪猡冷笑几声而已，所以不得不希望思想学问都很优越的人们来干一下子。鲁迅、吴稚晖诸人以外，我总还希望有胡适之其人也来出马也。①

钱玄同的团队精神，使他有着敏感的“我们”“他们”的意识。钱对于胡适做“思想界底医生”、写作多种著述的希望，是盼望更是信任。而胡适不久也由“不谈政治”走向“参与政治”，留下半部哲学史和半部文学史，成为学术史上的遗憾。

钱玄同与周氏兄弟的交往饶有意味。钱玄同的父亲钱振常举人出身，曾任礼部主事、绍兴书院山长。蔡元培在绍兴书院读过书，很得钱振常的赏识。钱玄同的夫人徐绾贞为绍兴人。这一切都在无形中拉近了钱玄同与周氏兄弟的距离。钱玄同 1908 年在日本参加《民报》讲习班上与周氏兄弟结识。民国初年以后，鲁迅、钱玄同、周作人陆续到北京，分别供职于教育部与北大。周氏兄弟住在绍兴会馆。于是有了 1917 年 8 月钱玄同与鲁迅在 S 会馆关于“铁屋子的对话”，于是有了 1918 年《新青年》第四卷第五号上署名为“鲁迅”的白话小说《狂人日记》。周作人有条不紊地做着翻译的事情，与鲁迅、钱玄同一同批评旧剧，写作随感录。陈独秀 1937 年 11 月写作的《我对于鲁迅之认识》评价《新青年》时期的周氏兄弟云：“鲁迅先生和他的弟弟启明先生，都是《新青年》作者之一人，虽然不是最主要的作者，发表的文字也很不少，尤其是启明先生；然而他们两位，都有他们自己独立的思想，不是因为附和《新青年》作者中那一个人而参加的，所以他们的作品在《新

① 钱玄同：《钱玄同文集》第六卷，北京：中国人民大学出版社 1999 年版，第 114—115 页。

青年》中特别有价值。”[1]1923年周氏兄弟失和后，钱玄同与兄弟二人均保持联系，共同支持“语丝社”。其中，与周作人交往密于鲁迅。钱玄同与周作人见面多在周家或聚餐的场合，与鲁迅交集晤面仅在北大。其1925年4月24日记：“鲁迅所办之《莽原周刊》于今日出版。下午在北大晤鲁。据别人说，他近来愤慨之至，大有鼓吹革命之意云。”[2]

在女师大风潮与反章士钊的立场上，钱玄同与周氏兄弟一致，并以辞去女师大教职表示抗议。鲁迅离开北京后，联系渐少，但1927年以前，钱玄同言行中一直对鲁迅保持称赞与友好的态度。1929年5月，鲁迅回北京到孔德学校，与钱玄同有一次不愉快的偶遇，事情的经过，钱玄同在1936年10月鲁迅去世后所写的《我对于周豫才君之追忆与略评》中有详细记述。1932年11月7日钱玄同《日记》始有“购得鲁迅之《三闲集》与《二心集》，躺床阅之，实在感到他的无聊、无赖、无耻”的文字。[3]这些文字表明两个昔日的朋友渐行渐远。钱玄同与周作人的个人关系一直很好，在留京的文人中近于惺惺相惜，相濡以沫。钱玄同于1939年1月去世，周作人于1939年年底出任伪职。钱玄同不死，可能是唯一能改变这一事件发生的人选。但历史无法假设。

钱玄同的领导力与学术亲和力，还表现在国语运动同人的学术合作中。据黎锦熙《钱玄同先生传》回忆，钱玄同初应北大之聘，见胡以鲁开出“国语学”课程，不以为然，怒曰：“国语学算什么功课？”[4]但不久便从善如流，1917年成为国语研究会会员，担任编辑主任，参与编写国语教科书。1919年，教育部国语统一筹备会成立，成为1920年教育部把小学“国文科”改为“国语科”的推动力量。1918年，在北京审查吴稚晖《国音字

---

① 陈独秀：《陈独秀文集》第四卷，北京：人民出版社2013年版，第550页。

② 杨天石主编：《钱玄同日记》，北京：北京大学出版社2014年版，第634页。

③ 杨天石主编：《钱玄同日记》，北京：北京大学出版社2014年版，第889页。

④ 沈永宝编：《钱玄同印象》，上海：学林出版社1997年版，第43页。

典》方案，钱玄同虽认为字音规定的太俗而不合于古，但不固执其见，《国音字典》得以通过。《字典》公布后，东南教育界持有不同意见，钱玄同坚持通过后就不可变更，而稍后着手又另起炉灶，编辑《国音常用字汇》。此《字汇》完全改用北京字音为标准，比《国音字典》更俗而不合于古。吴稚晖编的《国音字典》1920年实施，12年后，钱玄同主编的《国音常用字汇》取而代之。《字汇》完全改用北京字音为标准，比《国音字典》更俗而不合于古，体现出“致用务求其适”价值取向，也体现出国语运动建设中国新文字的宏伟志向。钱玄同1923年宣布“文字革命”后，还极力推动文字拼音化，制定国语罗马字。其依靠的工作平台一是教育部国语会，主要参与人有钱玄同、黎锦熙、汪怡等。每年召开工作会议，每人提出工作议案，通过后实施。其《日记》记1931年1月4日第9次常务委员会情况如下：

> 开第九次常务委员会，七个委员（钱玄同、黎锦熙、汪怡、魏建功、陈懋治、沈颐、白涤洲）和两个（萧家霖、赵元任），除赵以外全到，开会已十二时，报告经济状况未毕，即至大陆春聚餐。我去年年底有四个提案：（一）办《国语》（旬刊），由白主持。（二）改《国语旬刊》为《国语研究》，仍由魏主持（月刊）。此二皆由京华出版。（三）改国音字母讲习所为国语讲习所，略如十年前的办法，二个月毕业。（四）设国语文献馆作为编《国语运动史》之准备。于席间通过。[①]

这种工作制度运用于办理文字革命事宜，民主高效。钱玄同也与上述数人建立了良好的工作关系，相互间拾遗补阙、相互配合，形成国语改革的学术高地。1925年刘半农从欧洲回国后，又有“数人会”，专谈语言音韵

① 杨天石主编：《钱玄同日记》，北京：北京大学出版社2014年版，第780—781页。

问题。每周聚餐，轮流主席。国语罗马字问题就是在数人会上议论 20 余次，指定赵元任主稿而成的。意见分歧时，票决决定。用罗马字母形成中国字的拼音文字，也是钱玄同五四时期提倡“世界语”方案感到难以实施之后的一次改弦易张。“国语罗马字拼音法式”1928 年由蔡元培领导的大学院公布后，因缺乏实施的条件而被搁置。钱玄同、黎锦熙又去分别研究简体字和注音汉字，钱认为简体字和注音汉字是推进教育、唤起民众的两个车轮。1934 年，刘半农、白涤洲相继染病去世，钱玄同甚为悲痛，有诗记曰：“二子虽早逝，犹有著作遗；研新或理旧，于世良有裨。人生若朝露，为学贵及时。逝者长已矣！生者当力追。”①以后众人继续编辑可以全面体现文字革命的思想成果《中国大辞典》。为集中精力做辞典，钱玄同甚至有辞去北大教职之想：

> 近日满腹伤感，颇思辞典处若能弄到一笔钱，让我得一大学教授之俸金，专事编纂形音一方面，而将师大之某职竟辞去，至少教四小时书，北大不教，如此则于人于己两尚有益，因固定时间当浅近，恐不能矣！编字典虽用心，但可以躺卧而为之，且不拘时间，较教书为好些也，但不知办得到否耳？②

从事以学术服务社会服务大众的工作，在钱玄同时代，是本职工作之外的费心费力自讨苦吃的事情。不避艰难，求有所成，完全出于对国语统一推广事业的追求，出于民众教育民族强盛的家国情怀。钱玄同的文字革命事业，不为学院派大佬所理解，于是有了与同门黄侃当着老师章太炎的面而发生的一场冲突。钱玄同 1932 年 3 月 12 日的《日记》记载如下：

---

① 钱玄同：《钱玄同文集》第二卷，北京：中国人民大学出版社 1999 年版，第 302 页。

② 杨天石主编：《钱玄同日记》，北京：北京大学出版社 2014 年版，第 1071 页。

大风竟日。午回家，即至幼渔家，他约叔平与我同访太炎也。三时往，又是宾客满堂。我忽与季刚龃龉，因他称我为“二疯”，问我近治音韵有何心得，我答以无（我们的新方法，审音，实事求是而不主宗主，皆与季刚不合者，如何可以对他说！）。他忽然不耐烦地说：“新文学，注音字母，白话文，屁话。”我闻“屁话”二字大怒，告之曰：“这是天经地义！我们道不同不相为谋，不必谈。”喧哗了一场，殊可笑。[①]

争吵在章太炎的干预下终止。钱、黄争吵有同门相轻意气用事的原因，也因学院派与国语运动参与者学术价值取向的差异所致，即钱氏所言“道不同不相为谋”者也。

黄侃与钱玄同同是章太炎在日本的学生。但黄侃未曾参与讲习班，是以文与章太炎相识结交。章太炎《新方言》1908 年出版时，请刘师培、黄侃作序，此后黄侃位列章氏门墙，执弟子礼。1919 年刘师培去世前不久，黄侃因向刘问经学，刘师培主动策划拜师之礼，黄又成为刘师培“年相若”的学生。黄侃 1935 年 10 月去世，章太炎为黄墓志铭称其“尤精治古韵。始从余问，后自为家法”。黄生前，章太炎借太平天国诸王号分封弟子，钱玄同 1935 年 6 月 30 日的《日记》有如下记录：

黄　侃——天王
汪　东——东王（杨秀清）
钱玄同——南王（萧朝贵）
朱希祖——西王（冯云山）

---

① 杨天石主编：《钱玄同日记》，北京：北京大学出版社 2014 年版，第 851 页。

吴承仕——北王（韦昌辉）[①]

章太炎此弟子名单，除朱希祖从事史学外，均在各大学从事文字音韵教学研究。钱玄同1935年后，重新确定以小学为主业，经学、疑古为副业的专业研究方向。其1935年4月12日《日记》中所记向教育部提交的“教员研究题目”共8项，前六项为文字声韵的研究，后二项今文经学及经真伪研究。[②]1938年10月23日《日记》记载：“近两旬来，时时翻阅段《说文》、朱《说文》、王《广雅》三书，此三书置床头。昨日又翻《字诂》及《文府》，吾自此决以释觝为业矣。至于饼斋及疑古两学，当以为副业。”[③]

收入《钱玄同文集》中的学术论著共四种，分别为《文字学音篇》《国音沿革六讲》《说文段注小笺》《说文部首今读》。黎锦熙《钱玄同先生传》中记述前两本音韵学著作的情况道：

> 文字音韵之学，在钱先生自是中心的“本行”，尤其是音韵学，章、黄没后，已成国中唯一的灵光。可是他的专著极少，民六在北大初教此门，编的两大册《音韵学讲义》，排比旧说，略加评按，他早已不要了；后来节编为《文字学音篇》（北大排印本），不久他又不满意，常说要大改一下子才正式出版，但终于没有动手；民九在教育部国语讲习所编有一部《国音沿革六讲》（排印本），也不是他的定本。他教授音韵学二十年，参稽甚广，剖析极精，酌古准今，日新月异，所以十余年来，索性不编讲义，只印制几种重要的表，以便随时演述其所新获与其创见；最后几年，

① 杨天石主编：《钱玄同日记》，北京：北京大学出版社2014年版，第1111页。
② 杨天石主编：《钱玄同日记》，北京：北京大学出版社2014年版，第1093页。
③ 杨天石主编：《钱玄同日记》，北京：北京大学出版社2014年版，第1359页。

连这些表也不要了，全凭口说，任人笔记。

他治文字音韵学的根柢，固然是从他章老师处培植得来的，但我以为若编一部《语文学案》《余杭学案》系统下的钱玄同，定须另辟《吴兴学案》，因为他确能自创系统，青胜于蓝。[①]

黎锦熙总结钱玄同音韵学方面的贡献，主要是将现代语言理论方法引入古音沿革变化描述，力图建立上推周汉、下核现代方音的大时代的音系系统，使这一系统既能据后推前，理清古音变化；又古为今用，指导国语定音。清初学者如顾、江、段、戴、孔、王等，根据《广韵》考察古韵，其贡献在于考明音类；清末学者邹汉勋、黄以周、章太炎、黄侃诸氏，渐知各据自己方言，其贡献在借汉字来譬况古代的音读；五四后汪荣宝、林语堂、魏建功、罗常培、李方桂、王静如诸氏，多能根据发音部位说明声音转变之路径，用音标标识音读。上述西方语言学描述方法的参与，可以使古韵的描述更加准确，也可以纠正前人的古韵音读、古韵分类的讹误。钱玄同 1934 年 12 月 17 日在《师大月刊》发表的《古韵廿八部音读之假定》，吸收晚近学术界研究成果，成为最早利用国际音标，建立了自己的古音韵音读分类的次尝试。黎锦熙评价钱玄同方案说：“韵部”“声纽”“声调”三种成分，要合起来才算一个字“音”的全体，每种成分在古音的研究上又各有“类”与“值”两方面，钱先生是穷“类”以定“值”的，不是徒知据后推前，率尔猜想“音值”的，虽也确有承于师，有徵于友，而其才力独到处，可以自创师传矣。在逐步确认建立古韵音读分类的基础上，研究区分声钮、韵母，区分“四呼”“四等”，钱玄同的国语团队结合国语推广工作，尝试用音标标示古音，以代替《广韵》的反切识音。借鉴西方语言学理论与方法，集思广益，团队作战，用前人没有使用的方法，到达前人到达的学术领域，把书斋

① 沈永宝编：《钱玄同印象》，上海：学林出版社 1997 年版，第 79 页。

的古音韵研究与社会的国语革命的目标结合，钱玄同获得了“一览众山小”的自信与底气。

根据学科发展的需要，钱玄同把清代学术中的“小学”，即中国语言文字学，分为声韵（即音韵）、形体（六书）、义训（训诂）、文法四个部分。钱玄同的《文字学音篇》《国音沿革六讲》讲音韵，《说文段注小笺》《说文部首今读》则为研究形体之作。钱玄同关于“六书”的见解，未及成书，其思想成果多次在与黎锦熙的“雅谈”中披露：

> 他专用历史的态度，既不“泥古”，亦不“蔑古”，真“疑古”精神，“考古求真”之成绩也。可是他又只有说无书，连论文都没有发表过。（民二十二，他的《〈说文〉部首今读表》和《〈说文〉音符今读表》都已成稿，可惜没有付印，因为他要自己誊写作景印本也：这两表是他对《说文》“致用求适”方面的成绩。）他和我“雅”谈十年，此学亦是谈资，我眼见他日有进境，因为他见闻广博，新发现的实物和时贤的新说，他都能得风气之先，而又能定得失之准。他的新获与创见实在太多，“雅”谈的最后年余，我常给他作系统的归纳，遂商一种“六书新说”，一切例证，由他充实：分析条理，我任参订。但他总不能执笔（他说一动手就头晕），其时《国语辞典》要出版了，我就先把这六书新说的纲要写在序里。（文云：“旧时所谓‘六书’，今当据汉字演进之历史真相而定一新说：一曰指事，二曰象形，三曰会意，此皆图象文字，是主‘形’的，故这三‘书’可统于‘象形’；四曰假借，五曰转注，六曰谐声，此皆音标文字，是主‘音’的，故这三‘书’可统以‘假借’，‘假借’者，假借字形以表语音者也。析之则六，统之则二，曰‘象形’与‘假借’而已。”）六书新说的特点，只在“转注”的新说，只有一句话：“转注”就是“谐声”。不过这两种

造字法的手续不同：①就“假借”字加上表意义的“偏旁”便是“转注”，（关于这一点，钱先生在甲骨铜器文中搜举例证甚多。）这种“偏旁”，就可叫做“注义符号”；②就“象形”字加上表声音的“音符”（即旧所谓“声母”）便是“谐声”，此即“谐声”旧说。但这种音符，也可叫做“注音符号”，不过比现在注音符号用拼音制度的不同而已。这样的“转注”新说，《国语辞典序》中说得较详，但例证全在钱先生脑子里，呜呼！不可得矣！[①]

黎锦熙盼望钱玄同阐释其“六书新说”时候，钱玄同的健康已经每况愈下。1935年1月22日，钱玄同在《日记》中记载：下午一时到西车站送黎锦熙、汪怡去南京教育部递送《简体字表》，然后到琉璃厂购物，忽觉心慌意乱，右眼看不清东西。[②]《日记》中所记这次病变，后诊断为网膜炎，加上血压居高不下，钱玄同看书写字变得日益艰难。其后《日记》中关于“精神不振”“头有眩象”“身甚惫，竟逛不动厂甸”的记载越来越多。这些标志着钱的生命周期已进入到多事之秋。此时，大辞典的编写还远远没有成功，“简体字”方案需要修改，《章氏丛书续编》的事情，老夫子还在频频催问。在病痾沉重、诸事鞅掌的情况下，钱玄同却出人意料地接手了一件劳心费力的事情：编辑《刘申叔先生遗书》。

编辑刘师培遗书的事情起于1934年。山西籍官僚南桂馨与刘师培为旧好，拟出资出版刘氏遗著，委托郑裕孚代理。黎锦熙《钱玄同先生传》记述其事道：

到民廿三，有南桂馨先生发起编印他的老友刘申叔师培先生

---

① 沈永宝编：《钱玄同印象》，上海：学林出版社1997年版，第86页。

② 杨天石主编：《钱玄同日记》，北京：北京大学出版社2014年版，第1066页。

的遗书，和我接洽，我急报告钱先生请其参加搜辑，他慨允，岂料后来竟是钱先生给他一手编成的。因为除《国粹学报》《左庵文集》等和直接向仪征刘家征得的遗稿之外，大部分都是钱先生旧存与逛厂甸陆续得采的材料。我于“七七”事变后离平时，《刘申叔先生遗书》只差两三种未印成，而钱先生所编全书的日次，体例精严，曾与我几经商改，算定稿据最近张饼家先生的报告：“未印竣的有一种是讲三《礼》的，为了此书，他翻阅三《礼》一类的书来校订原稿上的错误，这位时常患血压高的钱先生，在情绪极形恶劣之下，还如是之孜孜不倦！”刘先生是四代家传治《春秋左氏传》之“古文”经学家，是清末的革命党，又转变为清臣端方的侦探，入民国又为拥袁为帝的六君子之一，正当五四运动时没于北大教授任内；是章太炎先生“道不同”的旧交，是黄季刚先生“年相若”的老师。而钱先生这几年病中还如此出力给这位故友编校遗书，就可见他不分门户，不计短长之纯粹的“文献”精神了。①

《钱玄同文集》中有近70封书信是写给郑裕孚，均涉编辑遗文之事。最后一封写于1938年3月1日。此时距钱玄同去世仅有10个月。郑裕孚请人代笔写作《刘申叔先生遗书》的跋文，跋文描述钱玄同与刘师培的关系用了“服膺”“拜见”等语，为钱玄同所不能接受。钱玄同要求改易。其申述理由如下：

弟与申叔，朋友也，非师生也，亦非前辈后学也。少读其文，固尝受其影响，然自申叔于戊申冬回国以后直至已未冬作古，此

① 沈永宝编：《钱玄同印象》，上海：学林出版社1997年版，第78页。

十余年中，弟对于申叔之学，说老实话，多半不同意，非因其晚节有亏也，实因其思想守旧，其对于国学之见解与方法，均非弟所佩服也。近二十年来，弟读书稍多，不特对于申叔所论，不同意处甚多，即对于先师章公太炎之著作，亦多有不敢苟同者矣。

近二十年来，国学方面之研究，有突飞之进步，章刘诸公在距今前二十年至前三十年间，实有重大发明，理宜表彰，但亦不可太过。三十年前之老辈，惟梁任公在近二十年中仍有进步，最可佩服，其他则均已落伍矣。[①]

为避免社会误读，钱玄同抱病写作《刘申叔先生遗书序》，3 月底初稿，12 月续写，未及补充原稿阙处而于 1939 年 1 月 17 日脑溢血去世。钱氏序文有三个要点：

第一要点是论述最近五十年学术变迁。钱氏认为：最近五十余年，为中国学术思想之革新时代。其中，对于国故研究之新运动，进步最速，贡献最多，影响于社会政治思想文化者亦最巨。此新运动当分为两期：第一期始丁 1884 年，此年康有为著《礼运注》。第二期始于 1917 年，此年《新青年》在北京编辑。第二期较第一期，研究之方法更为精密，研究之结论更为正确。第一期国故研究，旨在邃密旧学，深沉新知，以启牖颛蒙，拯救危亡，可称为黎明运动。在此国故黎明运动中最为卓特者，有康有为、宋衡、谭嗣同、梁启超、严复、夏曾佑、章太炎、孙诒让、蔡元培、刘师培、王国维、崔适，计十二人。钱玄同 1937 年 3 月 12 日《日记》初选为十五人，定稿成文时去掉了黄遵宪、唐才常、皮锡瑞。

第二要点是概述刘师培学术贡献。刘师培在黎明时期 12 个学者中，最

① 钱玄同：《钱玄同文集》第二卷，北京：中国人民大学出版社 1999 年版，第 299—300 页。

为年轻。其著述主要在1903—1919年间。刘师培十数年著述生涯，以1908年为界限，“前期以实事求是为鹄，近于戴学，后期以笃信古义为鹄，近于惠学；又前期趋于革新，后期趋于循旧”。刘师培著述，最精要者有四事：“一为论古今学术思想，二为论小学，三为论经学，四为校释群书”。[①] 刘君论古今学术思想之文，皆前期所作。其论“最能综贯群书，推十合一，故精义极多”。“刘君于声音训诂，最能观其会通。”前期研究小学，揭橥三义：（一）就字音推求字义。（二）用中国文字证明社会学者所阐发古代社会之状况。（三）用古语明今言，亦用今言通古语。此三义皆极精卓。关于文字应用者，“刘君以为宜减省汉字点画，宜添造新字，宜改易不适用之旧训，宜提倡白话文。凡此数端，甚为切要，近二十年来均次第着手进行，刘君于三十年前已能见到”。至于后期，亦揭三义，多与前期相反。一是“对于《说文》，主张墨守，毋稍违叛”。二是“对于同音通用之字主张于《说文》中寻求本字”。三是“对于新增事物，主张于《说文》取义训相当之古字名之，而反对添造新字新词”。刘君于经学，“虽偏重古文，实亦左右采获，不欲专己守残也”。“盖刘君前期解经，喜实事求是，喜阐发经中粹言，故虽偏重古文，偏重左氏，偏重汉儒经说，实亦不专以此自限也。逮及后期，笃信汉儒经说甚坚。”[②]

第三要点是申明自己的学术经历及对刘师培学术的取舍。钱自述自成童至今，最嗜小学及经学。然“对于学术思想之变迁，实茫无所知也”。读梁启超、章太炎、刘师培、夏曾佑的书，始知国学梗概。梁、章、夏皆为前辈，钱与刘年相近，且有世谊。但与刘谈论，获益甚多，刘前期著作，钱尝尽读。钱玄同对刘师培前期的小学三义的功课，校释群书的垂范，及其古今

① 钱玄同:《钱玄同文集》第四卷，北京：中国人民大学出版社1999年版，第319—321页。

② 钱玄同:《钱玄同文集》第四卷，北京：中国人民大学出版社1999年版，第322—325页。

学术思想的论述，均感精义甚多，间有不同意者。唯钱氏论经学，则与刘君所见绝异。原因在于钱氏坚信所谓古文经典悉为刘歆所造之赝鼎。又以为唐宋以来不用汉儒旧说而自创新义者，其见解胜于汉儒者甚多。此意至今犹然，且持之益坚。所以对刘师培以古文家立场解经及贬斥宋元明儒的话，“皆不谓然”。[①]

此文甚为重要，原因在于它是钱玄同精细的辨章学术之作，也是他生命最后阶段的卒章显志之作。其对刘师培学术的评价，言简意赅，切中肯綮。对自己从刘氏学术中得到的教益及个人与其学术旨趣的不同，坦率陈言，真实可信。更重要的是钱玄同对中国晚清到民国学术思想的革新做了一个明确的阶段划分：1917 年前，是十二位第一代学人引领学术革新潮流的黎明运动时期，他们“方面广博，波澜壮阔，沾溉来学，实无穷极”。1917 年以后，国故研究运动进入第二个时期。第二期较第一期，“研究之方法更为精密，研究之结论更为正确”，且“方在进展之途中”，[②] 其收获与前途无量。与黎明运动中的十二位前辈相比，1917 年之后国故研究的后生，拥有更多的科学精神与重估一切价值的勇气，经历过更多的现代学术训练，具备更多的解决学术问题的思路与方法。中国学术的现代化就是在如此后浪推前浪中得以推进发展的。

结语

钱玄同 52 年的生命历程，从前清走到民国，生活在新旧大时代的交替

① 钱玄同:《钱玄同文集》第四卷，北京：中国人民大学出版社 1999 年版，第 326—328 页。

② 钱玄同:《钱玄同文集》第四卷，北京：中国人民大学出版社 1999 年版，第 319—320 页。

之中。风云变幻，白云苍狗，其一直被时代的潮头所裹挟，从未退后，从未缺席。由辛亥革命前同情维新、保皇复古的思想，一变而为五四新思想新文学的拥护者参与者，再变而为后五四时代共和体制与价值观的维护者捍卫者，思想随时代进步，学术引领着学界。钱玄同在日本留学时读书立志，以为“丁兹乱世，余固以服膺颜、李者，举止辄如嵇、阮也”[①]。服膺颜、李，勤奋做事；效仿嵇、阮，清峻做人。钱玄同“丁兹乱世”中种种选择，履行了所立志向。钱玄同1933年写信与黎锦熙、罗常培，惊叹国难深矣，吾辈只能以学术报国，自励自警。信末引清初刘献廷的话：“‘人苟不能斡旋气运，徒以其知能为一身家之谋，则不得谓之人。’吾当以此为座右铭。”[②] 斡旋气运，学术报国，成为钱玄同身丁乱世做事做人的标杆。钱玄同生命的最后几年，有无法摆脱的病痛伴随，也有无法摆脱的炮火惊梦。1933年2月热河沦陷，钱玄同曾把眷属送到上海，自己也做好南下的准备。1937年卢沟桥事变后，北师大西迁，钱玄同因病留在北京。是年春，恢复旧名“钱夏”以名志。与流亡中的黎锦熙信，表示“钱玄同决不污伪命”[③]。

学者的风骨气节，可触摸，可想见。

在学术上，钱玄同也处在代际交替中。按照其《刘申叔先生遗书序》的分期，钱玄同属于1917年以后登上学坛的学人。1917年后引领学术风气第二代学人，大多有留学的经历，接受过西方学术的观念方法，同时在国故研究方面也深受第一代学者学术思想的影响。钱玄同喜小学，在日本从章太炎学，是一种幸运。而读书过程中，觉今文经学学理可弥补古文经学不足，因而又有拜崔适为师的行为。第二代学者大多在大学任职。大学知识传授的方式与师徒传授不同，大学意义上的“师门”与师徒传授的“师门”也

① 杨天石主编：《钱玄同日记》，北京：北京大学出版社2014年版，第236页。

② 钱玄同：《钱玄同文集》第三卷，北京：中国人民大学出版社1999年版，第456页。

③ 沈永宝编：《钱玄同印象》，上海：学林出版社1997年版，第60页。

多有不同。随着知识传授与学术转型的需要，加上五四“重新评价一切”价值观的滥觞，打破师门家法，破除尊经征圣传统，重估国故价值，建构知识体系与研究体系，成为第二代学人必然所面临的问题。钱玄同以“辨伪”为入手处的经史子集研究，以音韵文字沿革研究为入手处的国语统一目标，都构成了中国学术现代化过程中的重要节点，构成了思想与学术祛魅、语言现代化等民族复兴事业的重要组成部分。黎锦熙用“考古务求其真，致用务求其适”概括钱玄同的学术精神，是十分妥帖的。国故整理中的求真，国语推广中的求适，体现着清儒以来“实事求是”的学术精髓，也透露出五四时期“再造文明”的宏大格局。

钱玄同是五四时期及后五四时代现代学人的重要代表。这个时代和晚清一样，波澜壮阔。知人论世，在理解与同情的基础上，重返历史的现场，一定会有更大更重要的学术收获。

（刊于2020年11月、12月《鲁迅研究月刊》第11、12期）

犹吐光芒配残月

——论陈三立诗文创作

陈三立（1853—1937），字伯严，号散原，是晚清民国时期的重要诗人。其随父湖南巡抚陈宝箴参与维新变法的经历，成为他一生最重要的思想与情感资源。戊戌政变后陈氏父子遭革职，陈三立离开政坛，转作诗人。时代风云与人生遭际的悲凉慷慨之气，充溢于诗文的字里行间。辛亥革命后共和时代肇始，陈三立游走于新邦与故国，成为新旧过渡时代的歌者。陈三立的家国兴亡情感，贫病兼袭却诗酒不辍的况味人生，向新而怀旧的文化意绪，忧国且怜己的感伤情怀，构成末代士人斑斓多彩的情感世界。陈三立晚年有“犹吐光芒配残月”的诗句：破碎的社会秩序与纷纭的古典诗学，已是一弯残月；诗人努力使自己的笔端犹吐光芒，犹见情怀。

陈三立诗存世约2000余题，文约500余篇。以今人李开军整理、上海古籍社2014年出版的《散原精舍诗文集》，收录最为精细完整。陈三立1900年以前的诗文作品，今人潘益民、李开军据南京陈方恪遗稿手抄本，整理为《散原精舍诗文集补编》，由江西人民出版社2007年出版。这是陈三立早年的自弃之作，大部分作品因版权原因，未收入上海古籍社《散原精舍诗文集》中，殊为遗憾。陈三立早年自弃诗文中有“太平人”“袖手人”的称谓，可称为“袖手人”时期。陈三立1901至1908年的诗作，收在《散原精舍诗》中。郑孝胥代选且有序。此时期诗人经历戊戌政变后家与国的双重痛苦，诗中不时有“插足江湖心倔强”[①]、“独余慷慨悲歌气”[②]的描述，可称为“悲歌人”时期。诗人1909至1922年间的诗作，收入《散原精舍诗续集》中，仍由郑孝胥代选作序。辛亥革命推翻帝制，五四新文化推动伦理革命、文学革命，对陈三立均有重大冲击。其诗中多有“苦吟已成骑虎背”[③]、“我辈今为亡国人”[④]的表述，可称为“亡国人”时期。陈三立1922年以后的诗作，收入《散原精舍诗别集》中。诗人暮年，漂泊无寄，贫病并袭，集中多有“年年倔强人间世”[⑤]、“兵归四海无归处”[⑥]的感慨，故名之为“无归人”时期。陈三立古文写作，由作者本人取去定稿，共十七卷，名为《散原精舍文集》，生前亲手编定，1949年方才刊行问世。

本文试图根据陈三立“袖手人”“悲歌人”“亡国人”“无归人”的生命与历史线索，论述陈三立的诗文创作及其所表达的思想情感及其心路历程。

① 陈三立：《次韵答王义门内翰枉增一首》，《散原精舍诗文集》，李开军校点，上海：上海古籍出版社2014年版，第9页。

② 陈三立：《题彭菽斋关中诗册》，《散原精舍诗文集》，李开军校点，上海：上海古籍出版社2014年版，第46页。

③ 陈三立：《三叠前韵报樊山午彝》，《散原精舍诗文集》，李开军校点，上海：上海古籍出版社2014年版，第287页。

④ 陈三立：《八月廿八日为渔洋山人生辰补松主社集樊园分韵得鲁字》，《散原精舍诗文集》，李开军校点，上海：上海古籍出版社2014年版，第381页。

⑤ 陈三立：《题彭菽斋关中诗册》，《散原精舍诗文集》，李开军校点，上海：上海古籍出版社2014年版，第46页。

⑥ 陈三立：《和酬倦知同年七十有七自寿诗》，《散原精舍诗文集》，李开军校点，上海：上海古籍出版社2014年版，第709页。

一、袖手人：九州传说是狂名

陈氏由福建上杭迁至江西义宁，至陈宝箴已是第四代。陈宝箴早年入湘军，参席宝田幕，1875 年为道员，署理湖南四县。1880 年实授河南道，治所河南武陟。1882 年之后，历任浙江按察使、湖北按察使、直隶布政使等职。中日甲午战争爆发，被任命为东征湘军的粮台。1895 年秋天，为湖南巡抚。陈三立 1853 年生于义宁，1872 年由义宁迁居长沙，渐次结识易顺鼎、郭嵩焘、王闿运、曾广钧、瞿鸿禨、俞明震、文廷式等师友朋辈。1889 年成进士后，以主事官吏部。随即请假回籍，侍亲武昌。不久出任张之洞在武昌所办两湖书院文学门教习，与梁鼎芬、汪康年、夏曾佑、谭献、郑孝胥、陈衍、黄遵宪、张謇、沈曾植等人得识往来。此时，陈宝箴、陈三立父子双双面对的是春风得意马蹄疾的前程。

1890 年湖广总督张之洞提议建立两湖书院，书院由两湖茶商捐资而成。1891 年招生，设经、史、文、理四门，专取两湖士子入学。梁鼎芬曾任院长，继任者有蒯光典等。唐才常、黄兴等是两湖书院的学生。两湖书院及张之洞幕府，一时成为两湖及东南士人的聚集之所。陈三立在张之洞督府所在地与父亲的为官地武昌，度过了几年读书养望、诗酒文会、结交天下士人的生活。陈三立 1932 年所写的《顾印伯诗集序》回忆道："光绪中，张文襄公为湖广总督，幕下僚吏宾客，多才雅方闻之彦。尤以能诗名者，有梁节庵、易实甫、陈石遗、程子大，成都顾君印伯亦其一人也。诸子意兴飚发，篇什流布，倾动一世。"[1]陈三立自编的《散原精舍诗集》起编于1901年。陈三立 1900 年前诗，主要见于潘益民、李开军合编的《散原精舍诗文集补编》及李开军辑《散原精舍集外诗》。其中,《补编》部分原为手抄本，收诗 265 题，

---

① 陈三立:《散原精舍诗文集》，李开军校点，上海：上海古籍出版社 2014 年版，第 1089 页。

起于1880年，止于1896年，是陈三立28岁至44岁期间的诗作。

收入《补编》中的《南皮尚书于展重阳日谯集菱湖露台作》《南皮尚书招饮两湖书院同汪进士杨中书易兵备作》《和答南皮尚书凌霄阁置酒用原韵一首》《三月三日禊集曾文公祠为诗钟之戏南皮督府因惠酒食赋谢》诸诗，均记载武昌诗酒之事。张之洞或设宴招饮，或带头赋诗众人唱和，或馈赠酒食众人自乐，一派文酒流连、会聚同欢的景象。陈三立《三月三禊集》诗云："明公宜泛爱，吾党已能狂。题句依兰坐，分餐到桂堂。风云驱梦寐，醉饱溷沧桑。欲逐晨莺散，楼台未可忘。"[①]风云之气，沧桑之感，在醉饱之余，变得混沌模糊。谭献《复堂日记》记1893年六月朔日南皮之招，以为"自午正至酉初，谈宴始终。虽文酒清集，究非多事封疆之所宜也"[②]。对张之洞幕府风气的批评可谓切中积弊。

陈三立长沙武昌时期书生意气抒写与唱和之作居多。1889年，陈三立由义宁回长沙途中，雨夜听茶伎鹭儿歌唱，触动心事，作《鹭儿曲》。序云："余学道无成，流转中外，与此女盛年华资，沦厕委巷，顾影同波，宁有异乎？"诗云："平生落拓谁同调，京洛归来逢一笑。九州岛人物散如烟，雨夜灯前汝英妙。"[③]江湖飘摇，以茶伎自比，由诗可见"盛年华资"诗人的心底波澜。1890年，已成进士的陈三立除夕与元日分别有诗：

湘上看明烛，迷离二十年。生涯杯酒尽，意气故人怜。学道输华发，哀时向绮宴。跻堂千万寿，春动彩衣妍。

珠雨千门晓，银花万象春。难为今日醉，空作太平人。禁阙

---

① 陈三立：《散原精舍诗文集补编》，潘益民、李开军整理，南昌：江西人民出版社2007年版，第89页。

② 李开军：《陈三立年谱长编》，北京：中华书局2014年版，第278页。

③ 陈三立：《散原精舍诗文集补编》，潘益民、李开军整理，南昌：江西人民出版社2007年版，第54页。

违珂佩，神州杳凤麟。江湖吾计决，物外有垂纶。①

辞旧迎新之际，躬身反省，有“迷离二十年”“空作太平人”之悔；环顾天上人间，发“禁闼违珂佩，神州杳凤麟”感慨；酒酣耳热之余，作“意气故人怜”“江湖吾计决”之想。39岁年华的诗人，心事浩茫。陈三立与王闿运弟子易顺鼎结交最早，1892年时两人同在两湖书院。陈三立有“四海君为总角交，江湖相看各呶呶”②诗句，叙写友情，又有“嗟君须坚学道心，莫教饥饿求官去”③的诗彼此励志。

郭嵩焘之于陈三立，其辈分与教益在父兄之间。郭嵩焘长陈三立35岁，1876年出使英国，成为中国历史上第一个驻外使节。以后在他的建议下，中国开始考虑在新加坡、旧金山、横滨设立领事馆。1879年因刘锡鸿诋毁而黯然回国，称病在湖南养老不出。但仍上疏朝廷，致信李鸿章，关心国事，建议外交事宜。郭嵩焘回湘后与陈宝箴过往甚多，1880年郭嵩焘得阅陈三立所写古文，赞以“根柢深厚”，1882年陈三立拜谒郭嵩焘，遂成“忘年交”。郭嵩焘的“忘年交”朋友中，后享大名者：一是英国时忘年交严复，二是湖南时忘年交陈三立。陈三立得识郭嵩焘后，游处甚笃。《郭嵩焘日记》不时有交往与诗酒之会的记载。陈三立1886年《九月十九日郭侍郎招集碧湖展重阳作》诗云：“侍郎峻节摩霄汉，瀛海归来脱羁絷。领袖名贤托胜游，城郭人民等闲看。”④此次长沙碧湖诗会是陈三立、文廷式、曾广钧等约二十

---

① 陈三立：《散原精舍诗文集补编》，潘益民、李开军整理，南昌：江西人民出版社2007年版，第56页。

② 陈三立：《人日得易仲实镇江舟中寄诗，感和二首》，《散原精舍诗文集补编》，潘益民、李开军整理，南昌：江西人民出版社2007年版，第62页。

③ 陈三立：《易仲实属儿子衡恪作匡山草堂图，为题长句》，《散原精舍诗文集补编》，潘益民、李开军整理，南昌：江西人民出版社2007年版，第63页。

④ 陈三立：《散原精舍诗文集补编》，潘益民、李开军整理，南昌：江西人民出版社2007年版，第39页。

人参加的第二次聚会。没有被邀请者用东晋偏安江南、过江名士多如鲫的典故讥笑之。聚会者则干脆把所赋诗结集为《鲫鱼第二集》，此后又有王闿运、郭嵩焘、八指头陀等参与聚会，所赋诗集为《鲫鱼第三集》。由上可知，维新变法前，陈三立诗酒文会有长沙与武昌两个文人圈，两个圈子对陈三立的眼界与诗风的形成，都有重要影响。

梁启超 1901 年以后所作的《饮冰室诗话》录陈三立诗"凭栏一片风云气，来作神州袖手人"的残句，流传甚广。学界大都把它误为戊戌政变后的作品。潘、李整理的《补编》认定此诗是陈三立 1893 年前后的诗作，诗题为《高观亭春望》其一，全诗为："脚底花明江汉春，楼船去尽水鳞鳞。凭栏一片风云气，来作神州袖手人。"[①]"袖手人"的残句广泛流传的原因：一是道出陈三立在随父参与湖南新政前，尚处在文酒酬酢，多属宦游的时期；二是因为"袖手人"的诗句，一语成谶，它预示了陈三立 1898 年以后被政坛边缘化的命运。

陈三立在长沙武昌期间的古文，收在《散原精舍文集》的前四卷与《散原精舍集外文》中。其中最值得注意的是论志向气节与论文诗旨趣之作。1877 年以后，二十几岁的陈三立与易顺鼎数封书信，多有共同的修身培志的约定："愿自兹以往，力求捐除旧习，开扩新知，多读有用之书，以培植根柢，务积义理以遣情缘，而平时一切靡声曼词，概从刊落，庶几气既充而志量亦即日高明耳。"[②]陈与易，皆出于官宦之家。陈氏以为：官宦子弟，更需要眼光远大，磨砺心志，以有用于世："处瘴疠万山之中，尚不能动心忍性，增长知识，屏除结习，设他日出山而湖南而上海而京师，而藐藐之躬何以应四海无穷之敌？大抵吾辈，内无严惮之师友，则志益偷而气益馁；外多

---

① 陈三立：《散原精舍诗文集补编》，潘益民、李开军整理，南昌：江西人民出版社 2007 年版，第 82 页。

② 陈三立：《与易顺鼎书》，《散原精舍诗文集》，李开军校点，上海：上海古籍出版社 2014 年版，第 1249 页。

附和之宾朋，则欲日纵而习日深。”[①]陈三立随父在武陟治所，深感河工水利之类的事，懒漫空疏，不适时用。又在与郭嵩焘交往中，深有体会于郭公广东治夷事的经验之谈：“夷人之入中国，为患已深，岂虚骄之议论，杨张之意气所能攘而斥之者？”[②]从父辈治政经历中，渐悟见理论事，应求平实，务切实际。以治政治事之道理，旁通于诗文之作，陈三立主张为诗文之道，应由“务惊流俗”走向“冲虚宁静”。其1881年所写《七竹居杂记》云：

> 人之恢张其议论以求相胜，大率务惊流俗，以自壮其志意而已。所难恃者，志意空壮，流俗难惊，徒贻明达之士窃笑于其后，或悯其无知，或惜其自弃，否则不得已聊许其有进取之气。是求以胜人者，转以自辱，亦何如冲虚宁静，少图梦魂之安之为？[③]

避作大言议论，杨张意气，倾心冲虚宁静，心安理得，成为青年陈三立追求的诗文取向。十年后陈三立有《欧阳中鹄自书所著五言古诗题词》云：

> 夫诗之为教，极于性命，察于人伦。非明天地之际，通古今之变，未易言也。自世以途傅为才，剽拟为格，而风雅道衰矣。作者所诣，吾未卜果与哲先同轨，要能内不失其志，外不搰于俗，为学道君子明清尔雅之言，彰彰明矣。世变日滋，雕虫相贵，漓

---

① 陈三立:《与易顺鼎书》,《散原精舍诗文集》，李开军校点，上海：上海古籍出版社2014年版，第1258页。

② 陈三立:《郭侍郎荔湾话别图跋》,《散原精舍诗文集》，李开军校点，上海：上海古籍出版社2014年版，第1089页。

③ 陈三立:《散原精舍诗文集》，李开军校点，上海：上海古籍出版社2014年版，第1262页。

本妒真，忧在儒学。循讽兹帙，慨然长想。然则作者之诗，盖亦有不能自已者邪？[1]

对欧阳中鹄诗作出内不失其志，外不揩于俗，以学道君子明清尔雅之言，应对世变的评价，也可旁见陈三立的诗学主张。陈三立早年的诗学主张与经验，对他个人诗风的形成有重要影响。

1895年秋，陈宝箴就任湖南巡抚，陈三立携家至长沙，开始了生命中最重要的一段历史过程。陈三立在1896到1898年之间，主要协助陈宝箴做了以下几件事情：一是协办矿产与铁路事宜，坚持在兴办矿产与铁路过程中，充分保护湖南利益。二是支持汪康年、梁启超在上海兴办《时务报》，并在《时务报》发行后，在湖南各州县订阅。三是协办《湘学报》、湖南时务学堂事宜。四是经黄遵宪举荐，协助请梁启超来湘任时务学堂总教习。谭嗣同也受邀返湘佐行新政，并任时务学堂分教。五是创立南学会。总会设长沙，在数州设立分会。1898年，陈三立曾得人保举，因丁母忧不合保举之例而罢。此年7月，王先谦、叶德辉联名具呈，吁请整顿时务学堂，斥退韩文举等康学之教习，陈氏父子不得不弥缝于新旧两派之间。稍后，陈宝箴上折请旨饬令康有为将其所著《孔子改制考》一书样板自行销毁，8月5日，陈宝箴密保陈宝琛、杨锐、刘光第等十七人。9月21日，戊戌政变发生，六君子被杀。10月6日，陈宝箴以“滥保匪人”被革职，永不叙用。陈三立以“招引奸邪”罪名被一并革职。11月3日，陈宝箴、陈三立携家人及陈三立母亲灵柩，登舟离开长沙，约一个月后到达南昌。1900年4月，葬母于南昌西山。陈宝箴于墓旁筑室而居，曰“崝庐”。5月，陈三立全家迁至金陵。7月，陈宝箴卒于西山。年七十岁。

---

① 陈三立：《散原精舍诗文集》，李开军校点，上海：上海古籍出版社2014年版，第1280页。

轰烈一时的湖南新政以陈氏父子被革职告结束，有史家认为："湖南是戊戌政变后唯一受到惩处与清算的省份。"[①] 陈家集聚二十余年声名与显赫，以父子扶柩回乡、陈宝箴微疾而亡的悲剧收场。中国的历史在戊戌之年，出现一个巨大的旋涡；而义宁陈家，几乎被这一巨大旋涡所吞没。

二、悲歌人：国忧家难正迷茫

陈家颠覆性的灾难，给陈三立带来沉重的打击。葬母之后，大病几死。陈宝箴《致俞明震》记述："立儿自经此家国巨变，痛疾万状，虽病不肯服药。日前进药，竟将药碗咬碎，誓不贪生复活。"[②] 不料随后陈宝箴又突然去世，家国之忧，使 49 岁已不再年轻的陈三立经历了一场"国忧家难正迷茫"[③]的情感痛苦。南昌西山，《水经注》作散原山，陈三立葬父之后，遂以"散原"为号，以识隐痛。陈三立《由崝庐寄陈芰潭》直称戊戌政变后父子被免职为"党锢"："前年朝政按党锢，父子幸得遗耕钓。分应亲故不相收，万口訾謷满嘲诮。"[④]在万口嘲诮中，"九州传说是狂名"的义宁公子陈三立不复存在，而"独余慷慨悲歌气"[⑤] 的诗人陈三立倔强而行。

昨日种种，譬如昨日死；今日种种，譬如今日生。诗人陈三立的断舍

---

① 茅海建:《戊戌变法的另面》，北京：生活·读书·新知三联书店 2018 年版，第 374 页。

② 陈宝箴:《陈宝箴集》，北京：中华书局 2005 年版，第 1680 页。

③ 陈三立:《由崝庐寄陈芰潭》,《散原精舍诗文集》，李开军校点，上海：上海古籍出版社 2014 年版，第 18 页。

④ 陈三立:《散原精舍诗文集》，李开军校点，上海：上海古籍出版社 2014 年版，第 17 页。

⑤ 陈三立:《散原精舍诗文集》，李开军校点，上海：上海古籍出版社 2014 年版，第 46 页。

离行为之一，就是尽弃此前之诗。陈三立 1909 年自编《散原精舍诗》，收入 1901 至 1908 年间 600 余首诗作，记录了“写忧龌龊拈吟笔，偶尔留传江湖间”[①] 的诗人生涯。郑孝胥作《散原精舍诗序》云：

> 大抵伯严之作，至辛丑以后，尤有不可一世之概。源虽出于鲁直，而莽苍排奡之意态，卓然大家，未可列之江西社里也。往有巨公与余谈诗，务以清切为主，于当世诗流，每有张茂先我所不解之喻。其说甚正。然余窃疑诗之为道，殆有未能以清切限之者。世事万变，纷扰于外，心绪百态，腾沸于内，宫商不调而不能已于声，吐属不巧而不能已于辞。若是者，吾固知其有乖于清也。思之来也无端，则断如复断，乱如复乱者，恶能使之尽合？兴之发也匪定，则倏忽无见，惝恍无闻者，恶能责以有说？若是者，吾固知其不期于切也。并世而有此作，吾安得谓之非真诗也哉？噫嘻！微伯严孰足以语此？[②]

郑孝胥祖籍福建，生于苏州，小陈三立 5 岁。1882 年福建乡试第一，与陈衍、林纾同榜。1885 年客李鸿章幕府。1894 年在南京、1898 年在武昌两次居张之洞幕府。授安徽按察使、广东按察使，均不就。在上海筑海藏楼，以诗名世，诗名与陈三立在伯仲之间。陈衍 1908 年在北京出诗人榜，无第一，郑孝胥第二，陈三立第三。《郑孝胥日记》对此排名有记。陈三立《致廖树蘅》自述诗集成书过程云：“下走自侨居白下，得诗约千余首，好事

① 陈三立：《散原精舍诗文集》，李开军校点，上海，上海古籍出版社 2014 年版，第 42 页。

② 陈三立：《散原精舍诗文集》，李开军校点，上海：上海古籍出版社 2014 年版，第 1530 页。

如郑苏堪者，挺任选政。而吾乡李、夏之徒，复抽资付排印。”[①]依陈三立千余首的数量，郑孝胥编《散原精舍诗》所删汰的数量应该在300余首。

郑序是阅读《散原精舍诗》的向导。序中所说以“清切”论诗的大佬巨公是张之洞。张以清切论诗，对当世诗流，尤其是艰涩奇崛的江西诗派，多有不满。郑氏此序，有两个重要判断：一是陈三立辛丑之后的诗，“有不可一世之概”与“莽苍排奡之意态”，卓然大家，未可列之江西诗派。二是诗之为道，不可以“清切”为限。世事万变，心绪百态，必乖于清；思来不端，兴发匪定，不期于切。三立之诗，吾人不能为，当于古人求之，是当下真诗。郑孝胥是陈三立诗的知音。

心绪百态，兴发匪定，才使《散原精舍诗》呈现莽苍排奡之意态，有不可一世之概。先从西山崝庐之诗说起。西山本为陈三立葬母之地，陈宝箴筑崝庐守墓，不久而卒，遂成父母合葬之处。陈父卒之前，又有陈三立堂姐、儿媳病死，西山几成家族的墓地。陈三立在《大姊墓碣表》历数亲人逝去，惊呼：“天邪？命邪？”[②]其悲痛可知。陈三立1901年为父所写的《行状》，记述陈宝箴去世前五日，尚“勤勤以兵乱未已、深宫起居为极念”[③]。家痛之中又掺杂国恨。每年数次的西山之行，陈三立留下数量不少的悼亡诗。此类悼亡诗呈现出复杂多变的情感。1901年清明，诗人西山祭扫，有《崝庐述哀诗五首》，其第五首记述葬母时的异兆：“忆从葬母辰，父为落一齿。包裹置圹左，预示同穴指。”诗人为父“平生报国心，祇以来訾毁”的

① 陈三立:《散原精舍诗文集》，李开军校点，上海：上海古籍出版社2014年版，第1166页。

② 陈三立:《散原精舍诗文集》，李开军校点，上海：上海古籍出版社2014年版，第859页。

③ 陈三立:《散原精舍诗文集》，李开军校点，上海：上海古籍出版社2014年版，第855页。

遭遇深为不平，也为“儿今迫祸变，苟活蒙愧耻”[①] 的处境甚为不安。第二年祭扫，有《壬寅长至抵崝庐谒墓》：

> 几日酹春风，儿归又长至。荒茫五洲间，余此呼吁地。（其三）
> 国家许大事，长跽难具陈。端伤忧独怀，千山与嶙峋。（其四）
> 贫是吾家物，宁敢失坠之。江南可怜月，遂为儿所私。（其五）
> 大孙羁东溟，诸孙解西史。三龄稚曾孙，伊嚘学兄语。（其六）[②]

抢天呼地的悲伤在岁月中缓缓平息，但国家之事日坏，虽长跪而乏善可陈。贫困仍是家里的长物，传承未失。只有江南的明月春风，为儿所尽情享用。最让人高兴和最值得报告的事情是大孙衡恪、寅恪去日本留学，三岁的重孙已在牙牙学语。陈家虽然灾难深重，贫困依旧，但后代在“羁东溟”“解西史”的成长过程中，这是家族的希望所在。

在数量甚多的悼亡诗中，陈三立为自己勾画了一个“孤儿”形象。“终天作孤儿，鬼神下为证。”[③] “孤儿犹认啼鹃路，早晚系山万念存。”[④] “杂花时

---

① 陈三立：《散原精舍诗文集》，李开军校点，上海：上海古籍出版社 2014 年版，第 17 页。

② 陈三立：《散原精舍诗文集》，李开军校点，上海：上海古籍出版社 2014 年版，第 55 页。

③ 陈三立：《崝庐述哀诗五首》，《散原精舍诗文集》，李开军校点，上海：上海古籍出版社 2014 年版，第 16 页。

④ 陈三立：《返西山墓庐将遇匡山赋别》，《散原精舍诗文集》，李开军校点，上海：上海古籍出版社 2014 年版，第 35 页。

节春风满，重到孤儿是路人。”[①]“孤儿瞠视眩今昔，掩蔼酸涕增汍澜。”[②]“群山遮我更无言，莽莽孤儿一片魂。”[③]孤儿自然首先是一个失去双亲者，而50余岁的孤儿，其失怙在心；孤儿还是对一种文化脐带、一种社会生活的粗暴断裂后心态的描述：前路迷茫，灵魂无可依傍。前一种失怙，在《散原精舍诗集》中表现浓烈；后一种迷茫，在《散原精舍诗续集》中呈现深刻。中间的时间界碑是辛亥革命。

陈三立 1900 年 5 月携家到江宁居住，是因为江宁官绅多为故旧，感情上可以慰藉。加上妻兄俞明震主持陆师学堂，生活上可为依靠。到江宁后，写诗便成为陈三立主要的生活方式。“日日吟成危苦辞”，[④]倔强诗人将时代风云收纳敛藏于危苦之辞之中，其情感的战场在诗的字里行间。心绪百态，兴发匪定，缘于感慨良多，有感而发。

其初到江宁，与曾官内阁中书、顺德知县的江都籍诗人王景沂有唱和诗三首：“吾衰愚智宁寻丈，插足江湖心倔强。已将世变付烟云，空厌人群逐声响……天穷地变必有待，请听惨恻啼湘娥，世界健者知谁何？”“湘垒尚解酬渔父，醒醉何曾到此时。”“苦拨死灰话怀抱，新亭雨泣恐多时。”[⑤]王景沂稍后被聘为陈家教读。陈三立诗中的“插足江湖”“苦拨死灰”是眼下的生命状态；“天穷地变”“世界健者”是对未来变化的期待；“惨恻湘娥”“湘垒渔父”是诗中借用的意象，它与湖南有关，与哀怨有关。“已将世变付

① 陈三立：《清明日墓上》，《散原精舍诗文集》，李开军校点，上海：上海古籍出版社 2014 年版，第 17 页。

② 陈三立：《崝庐墙下所植花尽开甚盛感叹成咏》，《散原精舍诗文集》，李开军校点，上海：上海古籍出版社 2014 年版，第 111 页。

③ 陈三立：《雨中去西山二十里至望城冈》，《散原精舍诗文集》，李开军校点，上海：上海古籍出版社 2014 年版，第 143 页。

④ 陈三立：《次韵答宾南并示义门》，《散原精舍诗文集》，李开军校点，上海：上海古籍出版社 2014 年版，第 12 页。

⑤ 陈三立：《次韵答王义门内翰枉赠一首》，《散原精舍诗文集》，李开军校点，上海：上海古籍出版社 2014 年版，第 9 页、第 10 页。

烟云”对“心倔强”的诗人来说，是一件难事。诗人以敏感的触觉感知着外部的世界。《散原精舍诗》的第一首诗题为《书感》：

八骏西游问劫灰，关河中断有余哀。
更闻谢敌诛晁错，尽觉求贤始郭隗。
补衮经纶留草昧，干霄芽蘖满蒿莱。
飘零旧日巢堂燕，犹盼花时啄蕊来。[①]

诗中书写的本事是庚子事变光绪母子逃难西京。一面是错诛栋梁，一面是病急求医，错乱操作下造成补天之才遗落草野，蒿莱之物充溢天庭。这是一首政治批评之诗。这样的社会政治批评，在《散原精舍诗》集中，更多的是以“东云露一云，西云露一爪”的形式表现：“东南灾已数千里，寂寞吟堪三两人……陆沉共有神州痛，休问柴桑漉酒巾。”[②]“乃敢张目论世事，弄笔渍泪洒此纸……螳螂黄雀皆眼前，李代桃僵亦可怜。”[③]“阽危国势遂至此，浩荡心源焉所穷。枯几秃豪君莫笑，梦回负尽蜡灯红。”[④]世事日变，诗人的关注也不断更新。

对国家民族出路，陈三立有两首古风，集中表达个人的见解。一首是写于1901年的《崝庐书所见》，诗人推尚进化论，以为民智民力民德，是民族进化的基础：“民有智力德，昊穹锡厥美。振厉掖进之，所由奠基址。”列

---

① 陈三立：《散原精舍诗文集》，李开军校点，上海：上海古籍出版社2014年版，第1页。

② 陈三立：《次韵黄知县苦雨二首》，《散原精舍诗文集》，李开军校点，上海：上海古籍出版社2014年版，第22页。

③ 陈三立：《得邹沅帆武昌书感赋》，《散原精舍诗文集》，李开军校点，上海：上海古籍出版社2014年版，第7页。

④ 陈三立：《次韵答季词见赠二首》，《散原精舍诗文集》，李开军校点，上海：上海古籍出版社2014年版，第17页。

邦进化图存，无不有自己的路径。中国进化不可鲁莽，当缓步而行："卤莽极陵夷，种族且斁圮。天道劣者败，中夜起拊髀。体国始经野，歌以俟君子。"[①]另一首是写于1904年的《感春五首》，诗人再谈民德培养，以为改变"国民如散沙，披离数千载"的状况。除采用近儒合群说，日责爱国心之外，还需以孔学为民族大旗："巍巍孔尼圣，人类信弗叛。劫为万世师，名实反乖谩。起孔在今兹，旧说且点窜。摭彼体合论，差协时中赞。吾欲衷百家，一以公例贯。与之无町畦，万派益输灌。"张孔学旗帜之外，再辅以陈亮事功之学："向见龙川翁，组织别树帜。谬欲昌其说，用广师儒治。"[②]这些见解在庚子后的中国很难付诸实行，但它是真实的思考，真诚的心声。

心绪百态，兴发匪定，在《散原精舍诗》中，还大量地表现在诗人的孤吟与唱和之诗中。"合眼风涛移枕上，抚膺家国逼灯前。"[③]写于晚舟抵达九江的早晨。一夜难眠是因为江上波涛，也缘于家国之事。"孤吟自媚空阶夜，残泪犹翻大海波。"[④]是收到黄遵宪从人境庐寄诗，感叹天荒地老，旧人仍在。"暮年怀抱至天壤，到处池台欺鬓华。"[⑤]是怀亲家兼文友范当世之作，暮年怀抱，梦魂牵绕。"新吟掩抑能盟我，此士浮沉莫问天。"[⑥]是夜读郑孝胥新刊海藏楼诗的感受，花时月夜，残灯尘几，引为诗中知己。此为孤吟。孤

① 陈三立:《散原精舍诗文集》，李开军校点，上海：上海古籍出版社2014年版，第38页。

② 陈三立:《散原精舍诗文集》，李开军校点，上海：上海古籍出版社2014年版，第98页。

③ 陈三立:《晓抵九江作》,《散原精舍诗文集》，李开军校点，上海：上海古籍出版社2014年版，第41页。

④ 陈三立:《黄公度京卿由海南入境庐寄书并附近诗感赋》,《散原精舍诗文集》，李开军校点，上海：上海古籍出版社2014年版，第48页。

⑤ 陈三立:《次韵伯弢怀范大肯堂之作》,《散原精舍诗文集》，李开军校点，上海：上海古籍出版社2014年版，第58页。

⑥ 陈三立:《夜读郑苏庵同年新刊海藏楼诗卷感题》,《散原精舍诗文集》，李开军校点，上海：上海古籍出版社2014年版，第53页。

吟之诗，涓细绵长。

“世乱为儒贱尘土，眼高四海命如丝。”[①] 诗人与桐城派传入徐宗亮、萧穆惺惺相惜，以诗慰藉。“一喙两肩无长物，浅吟低唱送残秋。”[②]是与友人会饮时的共嘲之语，一喙两肩，余无长物。“况今世变如苍狗，屡闻窃国如瓜分。”[③] 随园小聚，朋友聊起国事与兵戈，唏嘘而罢。“烽烟遽有穷边警，奴虏难为此夜心。”[④]夜集而闻俄罗斯日本战事，忧心忡忡。此为唱和。唱和之诗，悲凉慷慨。

居江宁久，陈三立逐渐形成个人交游的圈子。俞明震、缪荃孙、李有棻、易顺鼎、曾广钧、陈锐、夏敬观、况周颐、李详、樊增祥、杨文会多有文酒之会，两江总督端方及张之洞也偶有参与唱和。在南昌与武昌时有交集者有王闿运、文廷式、沈曾植、沈瑜庆、梁鼎芬、陈衍。在上海交往较多者有陈诗、丁惠康、吴保初、郑孝胥、夏曾佑、严复、伍光建、张元济。广泛的交游与唱和是陈三立诗歌写作的重要方式。

陈三立长严复一岁，严复甲午政论与《天演论》译书，深得陈三立之心。上引诗句中民德、民力、民智之说，均来自严著。严复通过学生熊元锷，与陈三立建立了交往。读严译《群己权界论》，严复译书《社会通诠》出版，陈三立均有诗。严复有伦敦之行，陈三立作《送严几道观察游伦敦》送别：“哺啜糟醨数千载，独醒公起辟鸿蒙。抚摩奇景天初大，照耀微尘日在东。聊探睡骊向沧海，稍怜高鸟待良弓。乘桴似羡青牛去，指点虚无意未

① 陈三立：《徐先生宗亮萧先生穆偕过寓庐作》，《散原精舍诗文集》，李开军校点，上海：上海古籍出版社 2014 年版，第 53 页。

② 陈三立：《叔海既出锁院……》，《散原精舍诗文集》，李开军校点，上海：上海古籍出版社 2014 年版，第 52 页。

③ 陈三立：《同叔澥筱珊登扫叶楼归……》，《散原精舍诗文集》，李开军校点，上海：上海古籍出版社 2014 年版，第 44 页。

④ 陈三立：《园馆夜集……》，《散原精舍诗文集》，李开军校点，上海：上海古籍出版社 2014 年版，第 78 页。

穷。”[①]盛赞严复在思想界开辟鸿蒙之功。1905年严复出任复旦公学校长，来往遂多。

范当世能诗文，与张謇、朱铭盘并称“通州三生”。曾从张裕钊、吴汝纶学古文。1894年，范当世女儿孝嫦嫁陈三立大儿衡恪。陈、范遂成儿女亲家。1900年6月，孝嫦病殁于江宁。范当世为陈宝箴、范孝嫦双双作墓志，甚为痛切。1901年2月，陈三立有诗让大儿衡恪带与范当世：“吾尝欲著藏兵论，汝舅还成问孔篇。此意深微俟知者，若论新旧转茫然。生涯获谤余无事，老去耽吟傥见怜。胸有万言难一字，摩挲泪眼送青天。”[②]互致慰藉。1905年底，范当世病故，陈三立亲往南通会葬，有“斯文将丧吾滋惧，微命相依世岂知”[③]之诗与老友作别。

迁居江宁后的生活表面是热闹，而内心的苦痛之有自己知道。其间，端方将具疏请为陈三立复官，陈坚辞。参与南浔铁路事宜纠纷甚多，杨文会在南京创设佛学堂曰祇洹精舍，陈三立将铁路任事所得薪酬自行捐出。1906年学部奏派咨议官，一等八人，郑孝胥、严复、梁鼎芬在册。二等二十五人，陈三立、罗振玉、夏曾佑、钱恂在册。陈三立1907年有《病起玩月园亭感赋》《遣怀》诗云：

> 羸骨瑳瑳夜吐铓，起披月色转深廊，花丛络纬旋围座，石罅虾蟆欲撼床。近死肺肝犹郁勃，作痴魂梦尽荒唐。初知縠豹关轻

① 陈三立：《散原精舍诗文集》，李开军校点，上海：上海古籍出版社2014年版，第138页。

② 陈三立：《衡儿就沪学……》，《散原精舍诗文集》，李开军校点，上海：上海古籍出版社2014年版，第8页。

③ 陈三立：《正月二十二日通州南郭外会送肯堂葬》，《散原精舍诗文集》，李开军校点，上海：上海古籍出版社2014年版，第157页。

重，仰睇青霄斗柄长。[1]

龙钟老物一籧篨，拼与途人目笑渠。萦梦夸蛾徒自苦，舞筵傀儡定谁如。戮民几至风波外，息壤亲盟劫烬余。龌龊嵚崎无一用，残年饱饭斫枅椢。[2]

病痛缠绕，羸骨瑳瑳。肺肝郁勃，魂梦荒唐，仰望只有江南月明，北斗柄长。龙钟老物，残年余烬，龌龊抑或嵚崎，又有何意义？生活与精神重压下的生命的体悟，使诗人的心底充满虚无，无比苍凉。正是此类仍在文从字顺之间，而境界自与时流迥异的诗作，使陈三立收获了诗人的盛名。

陈三立1900至1908年间所作文主要收在《散原精舍文集》卷五、六卷中。《书韩退之柳子厚墓志铭后》对柳宗元建立事功甚巨，而韩愈作墓志铭只用“勇于为人，不自贵重”[3]作评，多有感触。韩愈此评，使天下怀公而忘私之心的志士心生忌惮。陈文此论，应该有弦外之音。陈三立为父作行状，有两处甚为精彩。一是描述湖南新政，突出众星拱月：“当是时，江君标为学政，徐君仁铸继之，黄君遵宪来任盐法道，署按察使，皆以变法开新治为己任。其士绅负才有志意者，复慷慨奋发，迭起相应和，风气几大变。”二是写父子罢官后居守崝庐，以细节尽见落拓：“府君既罢，归南昌，囊箧萧然，颇得从婚友假贷自给。明年，营葬吾母西山下，乐其山川，筑室墓旁，曰崝庐，日夕吟啸偃仰在其中，遗世观化，浏乎与造物者游。尝自署门联，有‘天恩与松菊，人境拟蓬莱’之句，以写其志。至其所难言之隐，菀

① 陈三立：《散原精舍诗文集》，李开军校点，上海：上海古籍出版社2014年版，第215页。

② 陈三立：《散原精舍诗文集》，李开军校点，上海：上海古籍出版社2014年版，第216页。

③ 陈三立：《散原精舍诗文集》，李开军校点，上海：上海古籍出版社2014年版，第842页。

结幽忧，或不易见诸形色，独往往深夜孤灯，父子相语，仰屋唏嘘而已。”①传状后，又有《崝庐记》：

> 崝庐者，盖遂永永为不肖子烦冤茹憾、呼天泣血之所矣。尝登楼迹吾父坐卧凭眺处，耸而向者，山邪？演迤而逝者，陂邪？畴邪？缭而幻者，烟云邪？草树之深以蔚耶？牛之眠者门者邪？犬之吠，鸡之鸣，鹊鸱群雉之噪而啄、呴而飞邪？惨然满目，凄然满听。长号而下，已而沉冥而思，今天下祸变既大矣烈矣，海国兵犹据京师，两宫久蒙尘，九州岛四万万之人民皆危蹙，莫必其命？益恸彼，转幸吾父之无所睹闻于兹世者也。②

此种文字书写，有真情灌注，感人至深。

三、亡国人：针线弥缝忘老至

《散原精舍诗续集》1922年由商务印书馆出版，收入陈三立1909至1921年之间的诗作。在此期间发生的最大的历史事件是辛亥革命与五四新文化运动。辛亥革命和五四新文化运动所引发的情感波澜，成为陈三立这一时期诗作的精神底色。

《散原精舍诗续集》仍请郑孝胥为序。郑孝胥1922年所作《散原诗集序》，深得陈三立1909年之后思想情感的脉络：

---

① 陈三立：《散原精舍诗文集》，李开军校点，上海：上海古籍出版社2014年版，第855页。

② 陈三立：《散原精舍诗文集》，李开军校点，上海：上海古籍出版社2014年版，第857页

处乱世而有重名，则其言论予夺，将为天下视听之所系。昔孔子作《春秋》，而乱臣贼子惧。孔子无尺寸之柄，彼乱臣贼子何惧于孔子？亦惧其名而已。今之天下，是乱臣贼子而非孔子之天下也。为孔子之徒者，其将以廋词以自晦，置天下之是非而不顾欤？抑将体《春秋》之微旨，以天下之是非自任欤？孟子曰：王者之迹息而《诗》亡，《诗》亡而后《春秋》作。盖《诗》之义婉而《春秋》之义严，此难于强通者也。散原使余删其诗，余谓散原："既有重名于天下，七十老翁何所畏惧？岂能以山川风月之辞与后生小子争轻重哉？"使天下议散原之诗非诗，而类于《春秋》，乃余之所乐闻也。[1]

诗秉《春秋》之旨，以天下之是非为任，不以山川风月之辞与后生小子争轻重，是郑孝胥读陈三立《散原精舍诗续集》的导向。1908年溥仪继位，1909年为宣统元年，陈三立集中的第一首诗为《宣统元年元旦园居作》，中有"天降黄龙应纪瑞，世推赤舄可同符。腐儒据席稽皇极，不数垓埏赐人酺"之句[2]。腐儒稽首皇极，不求上地人民，只求聚会饮酒，不无揄揶的口气。但续集从宣统元年编起，此诗作为开集第一首诗，也许有一种期待隐含其中。

诗仍然是陈三立独特的生活方式。陈三立1909年前后几年，相对摆脱了戊戌政变免职丧父的痛苦，与樊增祥、郑孝胥、陈宝琛、缪荃孙、俞明震、朱祖谋、陈衍、沈曾植、严复等寓居江南的诗人名士，过往甚繁，不少的诗描画他们的交往与写作状态。陈三立的诗歌写作进入一个新的繁盛

① 陈三立:《散原精舍诗文集》，李开军校点，上海：上海古籍出版社2014年版，第1531页。

② 陈三立:《散原精舍诗文集》，李开军校点，上海：上海古籍出版社2014年版，第257页。

时期。

“狂有阮嗣宗，懒媲嵇叔夜。十年卧江南，涕唾污台榭。”[①] 此诗是与樊增祥叠韵之作。樊曾为张之洞幕僚，诗多产，辛亥后退居上海。狂与懒，是海上名士，也是江宁诗人的生存方略。“正自深杯写长恨，又移盛世作畸人。海涛飞梦初怀旧，天意昌诗觉有神。”[②] 此诗是和夏敬观之诗。深杯长恨，盛世畸人，是他写，也是自况。“新句流传使我惊，雕搜物象写奇情。孤尊自护莺鹂语，一世回看鹬蚌争。”[③] 此为次韵之作。雕搜物象，新句流传，友人写作生活如此，自己的写作生活也是如此。以下三首诗是分别写给沈曾植、陈衍、郑孝胥：

楼屋深深避世人，摩挲药碗了昏晨。车轮撼户客屡过，签轴堆床公不贫。志怪应逢天雨粟，作痴聊博海扬尘。夕阳栏楯与愁绝，罢对瓶梅报早春。[④]

驾海楼船虱此人，造庐据坐气犹振。塞胸故事何鸡狗，去眼遗经泣凤麟。针线弥缝忘老至，鬼神开阖掷诗新。栖迟零落寻朝士，更忆风波有戮民。[⑤]

渐出喧嚣接泬寥，眼中楼观万鸦飘。扪天画字悬真宰，举世无人对此宵。草树余馨凭嚼啮，觚棱残梦尚礁峣。数星林表休窥

① 陈三立：《酬樊山迭韵见赠》，《散原精舍诗文集》，李开军校点，上海：上海古籍出版社2014年版，第258页。

② 陈三立：《人日和剑丞沪居见寄》，《散原精舍诗文集》，李开军校点，上海：上海古籍出版社2014年版，第259页。

③ 陈三立：《次韵酬曹范青舍人》，《散原精舍诗文集》，李开军校点，上海：上海古籍出版社2014年版，第270页。

④ 陈三立：《沪居酬乙盦》，《散原精舍诗文集》，李开军校点，上海：上海古籍出版社2014年版，第315页。

⑤ 陈三立：《石遗过海上赴都赋别》，《散原精舍诗文集》，李开军校点，上海：上海古籍出版社2014年版，第38页。

座，啸咏犹堪托一瓢。[1]

这是陈衍标榜为“同光体”诗派的阵容。陈三立艰涩的诗句中有更忆风波、志怪作痴的牢骚，有楼屋深深、渐出喧嚣的自嘲，有“摩挲药碗了昏晨”的生命咏叹，有草树余馨、觚棱残梦的互慰寂寥。所谓同光体，除去诗学路径上的共同追求之外，更重要的是动荡漂泊时代的声气相求与情感知音。

陈三立《散原精舍诗集》问世后，诗名大重。这一时期，对诗歌的写作有很多新的体会。“过饭家风不负腹，得句方烦炙且砭。发兴猥叠坡公篇，网取珠玑东海胆。正堂上客吐风才，示较新作拥马酽。”[2]此为食蟹时的迭韵之作，得句，发兴，都是写作过程中的细节体会。“苦吟已成骑虎背，静坐欲学朱元晦。收拾心地妙傲初，摩挲欙具冰雪外。”[3]苦吟静坐，收拾心地，是另一种写作心情和写作状态。“士生孰暇量短长，鬓发飘霜自摩抚。忽煎怀抱肯念乱，患在心膂延臂股。”[4]摩抚鬓霜，念乱怀抱，是诗的情绪情感的源头所在。“肚皮厓柴向谁吐，海内解人剩三五。麻鞋藤杖无复之，伫下万灵一灯苦。”[5]肚皮牢骚，三五解人，诗的受众与知音日渐萧索。上述如此细腻描写诗歌写作细节的诗句，均为1909年前后与樊增祥的合韵之作，时樊增祥官江宁布政使。其沉痛，其频度，可见诗人在诗的写作中沉溺至深。诗

① 陈三立：《遇太夷海藏楼夜话》，《散原精舍诗文集》，李开军校点，上海：上海古籍出版社2014年版，第325页。

② 陈三立：《瞻园食蟹……》，《散原精舍诗文集》，李开军校点，上海：上海古籍出版社2014年版，第283页。

③ 陈三立：《三迭前韵报樊山午彝》，《散原精舍诗文集》，李开军校点，上海：上海古籍出版社2014年版，第287页。

④ 陈三立：《雨夜遣兴……》，《散原精舍诗文集》，李开军校点，上海：上海古籍出版社2014年版，第1531页。

⑤ 陈三立：《雪夜过瞻园……》，《散原精舍诗文集》，李开军校点，上海：上海古籍出版社2014年版，第1531页。

人行为与心底的波澜苦寂，也读诗可触。

戊戌政变的情感风波才趋平复，辛亥革命的政治风暴又惊涛拍岸。陈三立居住的南京，成为武昌起义之后的共和旗帜的飘摇之地。兵乱之中，陈三立仓皇携家至沪上。此后，奔走于南京、上海、苏州、杭州之间。1911年12月，陈三立参与创办以“扶助完全共和政府之成立为宗旨”的中华民国联合会，与章太炎、张謇等十八人同为创办人。1912年，严复长北京大学，欲以文科监督聘之，坚辞不就。马相伯、章太炎、梁启超发起函夏考文苑，陈三立、王闿运、黄侃入文辞科。陈三立1912年年届六十，有诗自记：“前识来因马耳风，诉哀篱壁一秋虫。教镌肺腑藏奇字，已作尊前六十翁。”[①] 与沪上旧友诗酒唱和，将民国的建立，称为“换世”“乱后”“国亡”。称诗友为“吾党”“羁客”，将诗作称为“骚雅”“变徵”。1913年，樊增祥在沪有召集海上寓公，成立超然吟社的倡议，由参与者轮流做东，一年中有十五次文酒之会。陈三立几乎参与了全部诗聚。超社第九次雅集，是王士祯生辰，陈三立诗云：

> 我辈今为亡国人，强托好事围尊俎。此日肯为老丑延，此身差免沙虫伍。爬抉物怪写离乱，自然变徵音酸楚。雍容揄扬又一时，追拾坠韵同鸾羽。漫从隆污别坛坫，但令哀乐赦肺腑。诸公骚雅关运会，不废江河殉初祖。[②]

此年，陈三立还与冯煦、吴庆坻、沈曾桐、陈夔龙等光绪丙戌进士同年共八人于徐园雅集，陈三立诗记曰：

---

① 陈三立:《六十生日书二十八字》,《散原精舍诗文集》，李开军校点，上海：上海古籍出版社2014年版，第338页。

② 陈三立:《八月廿八日为渔洋山人生辰……》,《散原精舍诗文集》，李开军校点，上海：上海古籍出版社2014年版，第382页。

屈指卅年登科记，称盛桃李时评钦。只今世乱半飘泊，犹着数辈耽噤吟。可怜报国好身手，或为柱石为甘霖。各淫坟籍发光怪，永嘉未绝正始音。余衰忝托渊明里，自笑空抚无弦琴。杯酒颜酡骋谈谑，余生一乐千黄金。①

三十年前同榜进士，半世飘零，弦琴空抚，报国无门。诗人在杯酒颜酡后，谑谈自己是“一乐千黄金”的人生。

“亡国人”是一个整体的存在。这个群体的基本价值指向是同情逊位者，鄙视篡位者。1915 年袁世凯成立筹安会、恢复帝制，陈三立先后作《消息》《上赏》《双鱼》《玉玺》《旧题》《史家》，讽刺袁世凯称帝。《消息》刺筹安会：“消息迷苍狗，雕龙稷下儒。安知从左袒，争睹效前驱。刺谬三家说，依稀两观诛。狙公几朝暮，面壁捋髭须。”②《上赏》剑指拥戴帝制的功狗与功人：“拥戴勤劳上赏频，纷纷功狗与功人。承恩博得胡姬笑，易醉他年有告身。”③“亡国人”诗歌群体臧否人物，又以是否出仕新朝为评价标准。王闿运 1914 年出任国史馆馆长，陈三立有《得长沙友人书答所感》，有“已费三年哀此老，向夸泉水在山清”④句，讽其言行不一。陈三立还有《读史偶书》，讥责杨度。而陈三立也有因“气节”而被人攻讦的时候。1917 年，陈三立为曾为两广总督的袁树勋作墓志，郑孝胥甚为不满，批评袁父子皆事袁世凯，陈三立为其写作墓志有谀辞之嫌。由这些人物臧否的细节，可

① 陈三立：《六月二日徐园雅集……》，《散原精舍诗文集》，李开军校点，上海：上海古籍出版社 2014 年版，第 373 页。

② 陈三立：《散原精舍诗文集》，李开军校点，上海：上海古籍出版社 2014 年版，第 486 页。

③ 陈三立：《散原精舍诗文集》，李开军校点，上海：上海古籍出版社 2014 年版，第 504 页。

④ 陈三立：《散原精舍诗文集》，李开军校点，上海：上海古籍出版社 2014 年版，第 494 页。

知民初江南士林眷恋旧主、不仕新朝的文人风尚。

陈三立免官后没有固定收入，儿子在国外游学，家庭生计是比较窘迫的。江西矿产经营，纠纷甚多，他把所得款项捐金陵刻经处，以免纷争。1915年湖南省政府闻陈家贫困，感念陈宝箴在湘办矿，造福人民，周济陈家两万元。随着报纸媒体的兴起，加之科举制度废除，卖文为生已成为江南文人的普遍选择。而陈三立的诗文写作，似乎离以文养家的距离较远，但以润笔费补贴家用的情况应该是存在的。辛亥革命前后，陈三立文所写作的墓志铭明显增多。所写事主大部分是新旧时代交替中的人物，陈三立在写作中，寄寓了“亡国人”的历史与情感立场。

辛亥革命爆发之后，陈三立为同年进士，官至直隶总督、北洋大臣的陈夔龙奏议作序，以为武昌之祸，起于戊戌政变之遗祸无穷，起于士大夫之曲狗无节：

> 吾国自光绪甲午之战毕，始稍言变法，当时昧于天下之大势，怙其私臆，激荡驰骤，爱憎反复，迄于无效，且召大衅，穷无复之。遂益采嚣陵之说，用矫诬之术，以涂饰海内外耳目。于人才风俗之本，先后缓急之程，一不关其虑。而节钺重臣号为负时望预国闻者，亦复奋舌摩掌，扬其澜而张其焰，曲狗下上狂逞之人心，翘然以自异。于是人纪之防堕，滔天之象成，而大命随之矣。是故今日祸变之极，肇端虽不一辙，而由于高位厚禄士大夫不遏其渐，不审其几，揣摩求合，无特立之节，盖十而六七也。岂不痛哉？

出于以上戊戌爱憎反复成辛亥祸变之极的认识，陈三立怀念郭嵩焘当年告诫自己“中国侈行新政，尚非其人非其时”“守国使不乱”的老成，也称赞陈夔龙奏议中“重纲纪，挽学术，诫变更之繁，匡凌躐之弊”[①]的孤忠。1913年，陈三立作《刘镐仲文集序》描述戊戌政变后二十年间的社会格局与个人处境：

> 二十年之间，屡构大变，海宇骚然，而袤说诡行，摧坏人纪，至有为剖判以来所未睹。奋臂群呼，国亦旋覆，而祸难汹汹，犹不知所届。余与实君，皆频岁离析转徙，侨系一隅，茕茕相望。[②]

陈三立1921年所作《俞觚庵诗集序》中描述的辛亥革命所带来的灾难及海上流人遗老以诗疗伤的情景：

> 余尝以为辛亥之乱兴，绝羲纽，沸禹甸，天维人纪，寖以坏灭，兼兵战连岁不定，劫杀焚荡，烈于率兽。农废于野，贾辍于市，骸骨崇邱山，流血成江河，寡妻孤子酸呻号泣之声达万里。其稍稍获偿而荷其赐者，独有海滨流人遗老，成就赋诗数卷耳。穷无所复之，举冤苦烦毒愤痛毕宣于诗，固宜弥工而寖盛。
>
> 嗟呼，觚庵晚耽诗，略与余同，而侘傺余犹甚于觚庵。猥为之稍勤，忘其惛且钝，楮墨传视，觚庵亦不以为非焉。然而生世无所就，贼不得杀，瑰意畸行无足显天壤，慬区区投命于治其所谓诗者，朝营暮索，敝精盎气，以是取给为养生送死之具。其生

---

① 陈三立：《庸盦尚书奏议序》，《散原精舍诗文集》，李开军校点，上海：上海古籍出版社2014年版，第883页。

② 陈三立：《散原精舍诗文集》，李开军校点，上海：上海古籍出版社2014年版，第887页。

也，藉之而为业；其死也，附之而猎名，亦天下之至悲也。[①]

文中的觚庵即俞明震，是陈三立夫人俞明诗的哥哥。辛亥革命前任江南陆师学堂总办，民国后任甘肃肃政使，1918年去世。陈三立在南京的生活，对妻兄多有依靠，是一种相濡以沫的存在。为已在另一世界的妻兄诗集作序，近于放胆而言，故而痛切淋漓。序中对辛亥革命改朝换代所作出的“骸骨崇邱山，流血成江河”灾难性描述，对世无所就，贼不得杀，生藉诗为业，死藉诗猎名的牢骚之语，均为陈三立他文所不曾有。“侘傺余尤甚于觚庵”，是强调自己诗中的失意牢愁要强烈于妻兄。

陈三立1919年作《书善化瞿文慎公手写诗卷后》记述辛亥革命后避地上海的罢官废吏，写诗唱和，叙写牢骚的情况云：“迨国骤变，大乱环起，四方人士暨生平相识亲旧，类辟地羁集沪上。三立与公亦先后俱至。居久之，无以遣烦忧，始纠侪辈十许人，时时联为诗社。”[②] 瞿文慎公为瞿鸿禨，官至军机大臣、协办大学士。民国后避居上海，1918年去世。

参与沪上诗社聚会的还有陈宝琛。陈宝琛是陈三立乡试时的江西学政，长陈三立五岁，陈三立终生以师事之。陈宝琛在翰林侍读位置上时，因好议时政被列入“清流四谏”。1884年中法战争中唐炯兵败，因唐为陈宝琛、张佩纶所力荐，陈宝琛被给予降五级处分，担任福建鳌峰书院院长多年。1908年溥仪登基后，陈宝琛首发为“戊戌六君子”昭雪之议，得溥仪褒扬。后奉诏入京，为溥仪授读师傅三年。1917年，陈宝琛七十岁生日，陈三立作《陈太保弢庵夫子七十寿序》，引林纾之语，称陈宝琛之诗为“古遗民之诗”。因为陈宝琛得罪降职与陈三立的父亲陈宝箴得罪免职的原因相同，陈三立在

---

① 陈三立：《散原精舍诗文集》，李开军校点，上海：上海古籍出版社2014年版，第942页。

② 陈三立：《散原精舍诗文集》，李开军校点，上海：上海古籍出版社2014年版，第947页。

感同身受之中，演绎出其对“古遗民之诗”的诠释：

> 光绪之季，中外之祸变亟矣，然果勤求贤杰，支柱弥缝，尚非瓦解不可为。乃一二柄国，昏黩媢嫉，颠倒自恣，使海内想望如先生，出其摅略，握消息之枢机，立廉隅之防表，足挽时艰而延国脉者，竟抑遏摈弃，垂三十年，纵昌其诗，大政所寄，类以躁狡庸惫代之，人事之自取败亡无可讳。特天之于先生，犹若故留余地，相持相待，以系古今未尝有之变，其有不可知而可知者欤？庄生称藐姑射之神人也，大浸稽天而不溺，大旱金石流土山焦而不热，其神凝，使物不疵疠而年谷熟。先生孤照潜符，靖己而吁天，洗其心以迓馨洁庥嘉之气，定命于冥漠，由庄生之寓言推之，先生所以自得之道，庶几近之矣。①

身虽遭抑遏摈弃，但大政所寄，败亡之迹，于诗中清晰可见。诗风幽悄绵远，气肃声悲。诗人的精神境界，近于庄子笔下无己无待、自由自得的神人境界。此类诗可称为“古遗民之诗”。

上文所说的“光绪之季”，几乎成为陈三立政治叙事的原点。在陈三立看来，光绪之季的清王朝，尚在同治中兴的余晖之中。中外祸变虽日亟，但不至于一朝瓦解。一二柄国重臣，反复无常，构祸忠良，三十年间，遂至于不可收拾。辛亥革命后清王朝覆灭，足挽时艰而延国脉者，不幸沦为“亡国人”。其黍稷离离、忧怀深远之诗，便成为遗民之诗。陈三立用“古遗民之诗”的称谓为座师祝寿，也可见特殊年代江南诗坛的褒扬品评时尚。

1917 年新文化运动兴起，打出道德革命、文学革命的两面旗帜。陈三

---

① 陈三立：《散原精舍诗文集》，李开军校点，上海：上海古籍出版社 2014 年版，第 1114 页。

立对新文化运动中事件与人物评价，依旧坚持“亡国人”的立场。1920年，陈三立作《南昌东湖六忠祠记》，表彰名节志士，以为士之忠节坚毅是君之所赖，国之所捍，民之所保：“且匪徒中国而已，彼环海之国不一，虽法制或歧，教俗或异，然使官吏不死职，将士不死绥，宁有存立盛强可指称者耶？吾国新进学子，驰观域外，不深察其终始，猥猎一二不根肤说，盛倡于纲纪陵夷、士气萎靡之后，以忠为戒，以死其君为妄，溃名教之大防，绝彝常之系统，势不至人心尽死，导而成蜉蝣之群、奴虏之国不止。为祸之烈，尚忍言哉？”[①]文中的“吾国新进学子，”当指批判旧道德提倡新道德的新文化团队。盛宣怀是辛亥武昌起义的引爆人。他任邮传部大臣期间，推行铁路国有，而引起各省的保路运动。辛亥革命爆发后被免职，1916年去世。陈三立为盛宣怀作墓志铭，为其辩护的色彩显而易见：“夫当国势岌岌，纲维久弛废，祸机四伏，假以自逞，何可胜原？且引绳而绝之，绝必有处，犹欲以此蔽罪于公，岂天下后世之公论哉？”[②]1917年6月的张勋复辟，是袁世凯称帝后的中华民国又一重要政治事件。张勋以调停黎元洪、段祺瑞矛盾为名，率3000辫子军进入故宫，把12岁的溥仪请出，宣布民国六年为“宣统九年”。复辟仅存在12天。在段祺瑞的讨逆军的打击下，张勋逃往荷兰使馆，溥仪逃到天津租界。张勋1923年去世，陈三立作《张忠武公墓志铭》，为张勋行为辩护。文中称溥仪为“今上”，借妇孺之口赞张勋为“忠臣”。又以“所部数万人，亦无一断发者，世所指为辫子军者也”[③]之语描述张勋的部下。

---

① 陈三立：《散原精舍诗文集》，李开军校点，上海：上海古籍出版社2014年版，第993页。

② 陈三立：《诰授光禄大夫太子少保邮传大臣盛公墓志铭》，《散原精舍诗文集》，李开军校点，上海：上海古籍出版社2014年版，第1011页。

③ 陈三立：《散原精舍诗文集》，李开军校点，上海：上海古籍出版社2014年版，第1019页。

陈三立辛亥革命到五四时期的墓志铭写作，比较集中地体现出他的政治立场与情感指向。读懂这些文，可以更深刻地理解陈三立的诗，更细致地把握诗人的情感世界。

四、无归人：独摩老眼立秋风

1922年，陈三立已经是七十岁的老人。其旧诗友梁鼎芬、沈瑜庆、易顺鼎、瞿鸿禨、严复、沈曾植相继作古。古稀老人虽文酒诗会依旧，但心情自然不同，诗作也渐趋稀少。70岁之后，陈三立生命与情感中的大事有以下几件：

一是1922年11月陈三立七十大寿，全家几代在散原精舍前合影，其乐融融。不到一年，1923年夫人俞明诗、大儿陈衡恪相继在南京去世。对夫人去世，陈三立惊呼："呜呼！淑人之生死，系余一身一家者，至重且巨，天持以谴余，俾忽忽不复有生之可乐者，盖自兹始也。"[①]陈衡恪是为照顾母亲，哀毁致病而不治。一月之内，陈家两件丧事。聚居23年的大家庭，又经历了一次生离死别的痛苦。

二是1922年秋梁启超南京讲学旧友重聚与1929年在上海主持梁启超公祭。1922年11月，梁启超到南京东南大学演讲，恰逢中国科学社为陈三立祝寿，这是湖南时务学堂分别后的两人第一次重逢。陈三立以新印成之《散原精舍诗》及《续集》赠梁启超。三日后，陈三立请梁启超到散原精舍家中小聚，开五十年陈酒痛饮共醉。对于赠书，梁启超《散原精舍诗手记》云："与伯严别二十五年，今岁讲学秣陵，始复合并。吾年五十而伯严且七十矣。

① 陈三立：《继妻俞淑人墓志铭》，《散原精舍诗文集》，李开军校点，上海：上海古籍出版社2014年版，第1023页。

九月晦，同人集科学社为伯严寿，而沪上适以此书至。俯仰离合，不能已于怀。”[①]对于醉酒，梁启超《致梁思成梁思永等》记曰：“前晚陈老伯请吃饭，开五十年陈酒相与痛饮，我大醉而归。”[②]欧阳渐事后记录梁、陈在散原精舍聚会，陈、梁谈及湖南时务学堂旧事。学生蔡锷，入学年龄十四岁，文不通，已斥，复又取之。不想蔡锷后来成绝大事业。又谈学术：“散原问何佛书读免艰苦，任公以《梦游集》语之。散原乃自陈矢，今后但优游任运以待死，不能思索，诗亦不复作也。”[③]梁启超告别南京，陈有《任公讲学白下及北还索句赠别》诗：“辟地贪逢隔世人，照星酒坐满酸辛。旧游莫问长埋骨，大患依然有此身。开物精魂余强聒，著书岁月托孤呻。六家要指藏禅窟，待卧西山访隐沦。”[④]叙写了23年后重逢，不胜唏嘘的情感。不料南京一晤，竟为永别。梁启超1929年1月19日在北京病逝，2月17日，上海在静安寺举行公祭，陈三立、张元济担任主持。一时名流云集，极尽哀荣。

三是1924年4月15日前后，在杭州寓所会见印度诗人泰戈尔。泰戈尔访华，是梁启超1920年欧洲归来成立讲学社后，邀请外国著名学者访华的一项重要安排。泰戈尔是诺贝尔文学奖获得者，其中国之行，引发轰动，也遭到抵制。泰戈尔在杭州会晤陈三立，两个不同国度的诗人相见时的情况，王统照的《致晨报社友书》记录如下：“在杭时，有人介绍陈三立与之相晤，合拍一照，对语时，由志摩口译，但所谈有限。陈氏七十余岁，与六十余岁之太氏相较，其康健非太氏可比。当太氏索其诗册，陈甚谦逊，连言不可相比，终未相送。”徐志摩作泰戈尔的翻译，勉为其难。徐不懂梵语，交流只

---

① 李开军：《陈三立年谱长编》，北京：中华书局2014年版，第1268页。

② 李开军：《陈三立年谱长编》，北京：中华书局2014年版，第1269页。

③ 陈三立：《散原居士事略》，《散原精舍诗文集》，李开军校点，上海：上海古籍出版社2014年版，第1513页。

④ 陈三立：《散原精舍诗文集》，李开军校点，上海：上海古籍出版社2014年版，第625页。

能用英语，因此会晤只能是礼节性的。至于陈三立坚持不送自己的诗集，不知是过谦还是不愿明珠暗投，已不可细究。

四是陈宝琛、郑孝胥谋划陈三立见溥仪之事。1924 年年初，郑孝胥入故宫，为内务府总理大臣。7 月 25 日，陈宝琛、郑孝胥于溥仪召见时，奏请召见陈三立，溥仪答允。郑孝胥让陈隆恪写信告知陈三立，陈三立答应待天气稍凉即来京。10 月 23 日，冯玉祥发动北京政变，废除帝号，清室迁出紫禁城，驱逐溥仪出宫。陈三立谒见溥仪之事无从谈起。11 月 29 日，冯煦、陈夔龙、陈三立等二百十六人致电张作霖、段祺瑞，请恢复清室优待条件。同情溥仪遭遇，希望政府遵守逊位协议，不仅仅是出于遗民心态。

五是 1925 年 8 月 15 日，《甲寅周刊》刊出《光宣诗坛点将录》将陈三立列在宋江的位置，郑孝胥列在卢俊义的位置。陈、郑虽有甲乙之别，但均在领袖群伦的地位。在生命的最后几年，陈三立对点将录排位及与泰戈尔的会晤还是十分看重的。

《光宣诗坛点将录》刊出后，陈三立逐渐恢复写诗。其 1922 年至 1930 年间诗，辑为《散原精舍诗别集》，1931 年由商务印书馆铅印刊行。1925 年年底，在杭州葬俞夫人、了衡恪后，由朱祖谋等好友在《申报》刊出陈二立书例，原有的鬻文为生之外，增加了鬻字为生的项目。陈三立《乙丑除夕次韵答倦知同年》写生存艰难："残客光阴托烬余，接床湖树鸟窠如。三年留命偿磨折，一室何心问扫除。催老杯浇终古恨，移情灯显数行书。杭人认入承平世，爆竹声沉万井庐。"[①]在战事频仍的多事之秋，哪里有承平之世的气息？陈衍的大儿子也在此年病卒，陈三立与陈衍成为白发人送黑发人的同病相怜者。陈三立《挽陈石遗翁长男公荆》："残年未灭思儿泪，今与而翁共此悲。我只吞声延气息，而翁犹及费文辞。互为药误天难问，独许才强世所

① 陈三立：《散原精舍诗文集》，李开军校点，上海：上海古籍出版社 2014 年版，第 644 页。

期。料得九冥怜二老，兵戈相望更何之。”[①]兵戈遍地，何处可去？是丧失亲人之后的诗人的另一种生活困境。

陈三立南京悼亡后，居杭州两年，上海四年。在杭州、上海居住期间，与康有为来往增多。1925 年夏初，陈三立写信邀康有为到杭州观荷。11 月康有为到杭州，先有诗赠陈：“戊戌当年锢党人，累君父子叹沉沦。风波亭外今何世，怅望桑田海作尘。”[②]说二十年前事。待两人在丁家山坐定把酒赏菊。康有为有诗多首，其中一首曰：“东篱采菊息群纷，冒雨登山来故人。鸡黍衔杯更见子，风波垂夜阻留宾。谈天且为开怀抱，度世固宜知鬼神。七十看花长喜乐，勿为哀怒只嬉春。”[③]主要是希望陈三立从失去亲人的痛苦中走出来。陈三立有诗多首作答。1927 年 3 月 8 日，康有为七十大寿，陈三立《寿康更生翁七十》诗云：“九老成图犹在眼，十年阅世益刳肝。已穷呼吁天谁补，为湿精魂海自寒。骑气夜穿星宿界，着书庐恋薜萝峦。活国凭依驻景丹，颇传采药蓬壶返。”[④]寿日后不久，康有为卒于青岛。康有为晚年执着于“以孔教为国教”的社会活动，是张勋复辟闹剧的主要参与者。在提倡孔教方面，有合于陈三立思想之处。1934 年陈三立索要张伯桢所写《康南海先生传》，读后写信给作者，一是申明王先谦非旧党，是湖南新政的支持者。二是以为康有为为中国一大人杰，天下后世，自有定论，因而需要保护好有关史料。[⑤]

三子陈寅恪 1926 年起已在清华任教。陈三立 1929 年 9 月拟就养于北平，因军阀战起，道路阻断，被迫改道至庐山牯岭二儿子隆恪家中。陈隆恪在江

---

① 陈三立：《散原精舍诗文集》，李开军校点，上海：上海古籍出版社 2014 年版，第 631 页。

② 李开军：《陈三立年谱长编》，北京：中华书局 2014 年版，第 1312 页。

③ 李开军：《陈三立年谱长编》，北京：中华书局 2014 年版，第 1312 页。

④ 陈三立：《散原精舍诗文集》，李开军校点，上海：上海古籍出版社 2014 年版，第 666 页。

⑤ 李开军：《陈三立年谱长编》，北京：中华书局 2014 年版，第 1475 页。

西任职，在庐山有住处。于是陈三立有了几年的山居生活。诗人乐在山水，愁在战乱：

> 钟动灵山鹊语腾，虬龙骧首破云层；兵戈四海无归处，来作娑罗树下僧。①
>
> 吾生无乐处山中，披诵骚辞托迹同。群盗更传掠薇蕨，独摩老眼立秋风。②

山居四年后，因患有癃闭症，山上治疗不便，陈三立1933年10月回到南京，度过八十一岁生日，索阅并审定汪国垣《光宣诗坛点将录》。然后到北京，在北京度过生命的最后的时光。其时，北京已处在日本侵华战争的第一线。陈三立在京期间，与陈宝琛等旧友，多有聚谈。1935年陈宝琛去世，陈三立以“沆瀣之契，依慕之私，幸及残年偿小聚；运会所遭，辅导所系，务摅素抱见孤忠”③之辞挽之，并以八十三岁高龄为座师执绋。1937年7月7日卢沟桥事变，陈三立困居北京，旧疾复发，9月14日在家中去世，得年八十五岁。写出“兵戈四海无归处”诗句的诗人，一语成谶。陈三立家人遵嘱将其灵柩厝长椿寺。半月后，陈寅恪即随清华大学逃难去长沙。陈三立的灵柩，直至抗战胜利后的1948年才归葬杭州。随侍的隆恪、登恪，“发土起棺，默诵放翁诗‘王师北定中原日，家祭无忘告乃翁’句，怆痛欲绝”④。第二年，其《散原精舍文集》由中华书局刊行。此时，距陈三立故去已十

---

① 陈三立：《题黄龙寺倚树摄影图》，《散原精舍诗文集》，李开军校点，上海：上海古籍出版社2014年版，第666页。

② 陈三立：《遣闷》，《散原精舍诗文集》，李开军校点，上海：上海古籍出版社2014年版，第711页。

③ 李开军：《陈三立年谱长编》，北京：中华书局2014年版，第1489页。

④ 李开军：《陈三立年谱长编》，北京：中华书局2014年版，第1537页。

二年。陈家在战争中的遭遇，折射出千千万万中国家庭在惨绝人寰战争中的命运。

五、稍稍挹苏黄　磊磊攀韩杜

晚年的陈三立，颇受《光宣诗坛点将录》将其置于领袖群伦位置的鼓舞。写作《光宣诗坛点将录》的汪国垣，字辟疆，为江西彭泽人，与陈三立之子陈寅恪年龄相仿，1912 年毕业于北京大学，1928 年起任教于南京国立中央大学。汪国垣本人写诗，属西江一派，对近代诗的研究，终其一生。《光宣诗坛点将录》关于陈三立的诗作评语为："撑肠万卷饥犹餍，脱手千诗老更醇。双井风流谁得似，西江一脉此传薪。"[①]双井是黄庭坚的家乡，也是陈三立的出生地。"双井风流"是指黄庭坚的诗学韵泽，"西江一脉"点明陈三立诗学传承。"撑肠万卷"称赞陈三立诗作，学有根柢。陈三立 1933 年离开南京前，索阅《光宣诗坛点将录》，对"西江一脉此传薪"的评语，并没有提出异议。抗战时期，一代同光体诗人纷纷谢世，汪国垣 1934 年前后作《近代诗派与地域》，其论陈三立诗学路径曰：

> 至陈散原先生，则万口推为今之苏黄也。其诗流布最广，工力最深，散原一集，有井水处多能诵之。盖散原早年习闻湘绮诗说，心窃慕之。颇欲力争汉魏，归于鲍谢，惟自揣所制，不及湘绮，乃改辙以事韩黄；又以出自弢庵之门，沆瀣相得，戊戌变政，受谴家居，遂壹志为诗；及流寓金陵，诗名益盛，同辈习闻所说，归礼涪皤，偶事篇章，并邀时誉，而后生末学，远近向风者，更

① 汪国垣：《汪辟疆诗学论集》，南京：南京大学出版社 2019 年版，第 68 页。

> 无论矣。平生论诗，恶俗恶熟。又尝言：“诗必宗江西，靖节、临川、庐陵、诚斋、白石皆可学，不必专下涪翁拜也。”盖散原诗亦经数变，早年专事韩黄，大篇险韵，尽成伟观。辛壬避地海上，又兼有杜陵、宛陵、坡、谷之长，闵乱之怀，写以深语，情景理致，同冶一炉，生新奥折，归诸稳顺，初读但惊奥涩，细味乃觉深醇。晚年佐以清新，近体参以圆海，而思深理厚，尚不失自家面目。此其过人者也。[①]

陈三立1927年在友人诗册上题诗，有“稍稍挹苏黄，磊磊攀韩杜”[②]的诗句，与年轻诗友共勉。“稍稍”是一个逐渐的过程，“挹”属膜拜而酌取的行为。“稍稍挹苏黄”是渐次得苏与黄浸润，然后酌取其精华；“磊磊”谓胸次分明，“攀”是攀援接近。仰之弥高，日积月累，接近杜韩的诗境。诗人关于学诗方向、路径的描述，是我们把握陈三立诗学成就的基本遵循。

近代湖湘间西江诗派与湘乡文派的兴起，与曾国藩有关。曾国藩早年在京师读书养望时，自言读明清大儒之书，不克辨其得失；读姚鼐《古文辞类纂》，而于古文诗者，心有灵犀。受姚鼐诗学主张的影响，曾国藩提倡学诗，由黄庭坚上接杜韩。其1835年《题彭旭诗集后即送其南归二首》诗中，对“涪叟”“涪公”即黄庭坚造意无垠，琢辞倔强、以文为诗、盘空硬语的诗风，有深切的体会，且因自己的倡导学黄，改变了诗坛忻向，颇有自得之意。咸同之际，曾国藩在戎马倥偬之中，以诵读诗文涵养心志，间怀文人雅士之想，在古文方面，以湘籍作家接续桐城古文传绪，且有中兴桐城派之举，别创湘乡派。在诗学方面，继续提倡杜韩苏黄。曾国藩幕府中，吴

---

① 汪国垣：《汪辟疆诗学论集》，南京：南京大学出版社2019年版，第48页。

② 陈三立：《散原精舍诗文集》，李开军校点，上海：上海古籍出版社2014年版，第676页。

汝纶、莫友芝等均为学黄响应者。湖南籍著名宋诗派诗人何绍基，辞官后被曾国藩聘至扬州、苏州印书。曾国藩在同治中兴时期的高位，有助于其诗文主张的播迁。陈三立的父亲陈宝箴即是黄诗的迷恋者。咸同年间湖湘诗文之兴，与曾国藩风气鼓荡大有关系。

“袖手人”时期，游走于长沙与武昌之间的陈三立，尚处在年轻气盛，孜孜功名，奔走求进的时期。游走于长沙与武昌之间的陈三立，实际是游走于两个诗歌流派之间。长沙为王闿运湖湘派派所笼罩。陈三立在长沙与王闿运弟子多有交往。王闿运年长陈三立 21 岁，陈三立 1882 年后结识王闿运后，有多次论诗与唱和的机会。1891 年，陈三立随父来到武昌。武昌的诗坛大佬是张之洞。张之洞论诗，不喜黄庭坚，与曾国藩取径西江有别。在与长沙湖湘派、武昌唐诗派诗人的交流唱和中，陈三立与不同取径的诗友有过切磋，也经历过多种诗学路径的尝试。1894 年以后，陈三立与范当世、黄遵宪交往增多。范当世为曾国藩诗与古文的再传弟子，给陈三立以影响。黄遵宪与陈三立互评诗作，陈谓黄遵宪《今别离》新事而合旧格；黄谓陈三立诗，已将名人才士之语扫荡很多，但仍需自辟境界，自撑门户。诗友间的鼓励，促使陈三立在自辟自撑上用力。至经历戊戌罢官免职，家破人亡的人生惨剧后，陈三立从“袖手人”走向“悲歌人”，其“独余慷慨悲歌气”的情感，得以与“稍稍挹苏黄，磊磊攀韩杜”的诗学路径结合，才真正成就了诗人陈三立。

1893 年，陈三立游黄州，在杨守敬广文书楼，见到馆主从日本带回的宋版《黄山谷内外集》，陈三立“念余与山谷同里闬，余父又嗜山谷诗，尝憾无精刻。颇欲广其流傅，显于世”[①]。刻书用时七年。书成，陈宝箴遽归道山。陈三立请范当世为父写碑传，即以重刻宋版《黄山谷集》为酬谢。迁居

---

① 陈三立：《山谷诗集注题辞》，《散原精舍诗文集》，李开军校点，上海：上海古籍出版社 2014 年版，第 1126 页。

南京，走入“悲歌人”时期的陈三立，越来越频繁地提及家乡先贤陶渊明，提及杜、韩、苏、黄。雨中题崝庐壁，有“可似涪翁卧双井，吟魂破碎永思堂”[①]之句。重九登高未成，与友人以“诗法研涪翁，书势临钟傅……饮酒读离骚，意与古人遇”[②]的诗互相宽慰。读范当世甲午天津玩月之作，叹绝苏黄之下无此奇，以“吾生恨晚生千岁，不与苏黄诸子游”[③]之诗和韵。友人从湖北来，谈湖北通志写作，陈三立以“犹能迭韵追坡谷，莫更论文数马班”[④]之句相赠。陈三立《漫题豫章四贤像拓本》，分别为四位乡先贤陶渊明、欧阳修、黄庭坚、姜夔题诗：

此士不在世，饮酒竟谁省。想见咏荆轲，了了漉巾影。
道丧文亦敝，踵韩挺作者。微茫通波澜，独餉百代下。
驼坐虫语窗，私我涪翁诗。镵刻造化手，初不用意为。
辞赋丽以淫，如翁安可得。一卷蓑笠前，国风有正色。[⑤]

陶渊明咏歌荆轲，采菊东篱，以葛巾漉酒，潇洒自放；欧阳修当道丧文敝之时，力挺韩愈、擢拔苏氏兄弟；黄庭坚以镵刻造化之功，达于自然天成诗境；姜夔以近俗的词体，表现国风之雅正。四位江西先贤皆为转移文学风气的大家。乡先贤的独立不移的品格成为一种精神滋养，弥散在晚生后辈

① 陈三立：《雨中题崝庐壁》，《散原精舍诗文集》，李开军校点，上海：上海古籍出版社 2014 年版，第 39 页。

② 陈三立：《重九放晴》，《散原精舍诗文集》，李开军校点，上海：上海古籍出版社 2014 年版，第 77 页。

③ 陈三立：《肯堂为我……》，《散原精舍诗文集》，李开军校点，上海：上海古籍出版社 2014 年版，第 51 页。

④ 陈三立：《小鲁至有赠》，《散原精舍诗文集》，李开军校点，上海：上海古籍出版社 2014 年版，第 239 页。

⑤ 陈三立：《散原精舍诗文集》，李开军校点，上海：上海古籍出版社 2014 年版，第 119 页。

的起坐行止之中：

> 健者飘零不相见，涪翁此语最可悲……世难益迫人益老，采菊漉酒真吾师。[①]
>
> 嵇康嗜操锻，陶潜喜获稼。劳生各有适，纵浪于大化。[②]
>
> 我诵涪翁诗，奥莹出妩媚。冥搜贯万象，往往天机备。世儒苦涩硬，了未省初意。粗迹捋毛皮，后生渺津逮。[③]

对乡先贤的诗文境界的揣摩与化用，成为陈三立涵养心志，抒写忧愤，走出人生难关低谷的支撑力量。缘于此，陈三立悲歌人时期的诗便有了一种倔强之气。细读陈三立《散原精舍诗集》中的作品，国忧家难的牢骚，生涯获谤的愤懑，乱世空文的嗟叹，敛手江湖的不甘，老去耽吟的从容，胸茹万古的自信，都被陈三立以诗与文的形式表现出来。

> 日日吟成危苦辞，更看花鸟乱余悲。闲来岁月吾丧我，圣处功夫书与诗。如此江山相向老，休论文字起衰谁。江南风景须公等，看取园亭啜茗时。[④]
>
> 满纸如闻呜咽辞，看看无语坐衔悲。黄云大海初来梦，白月高天自写诗。已向蒿莱成后死，拚供刀俎尚逃谁？痴儿只有伤春

---

① 陈三立：《九日忆去岁……》，《散原精舍诗文集》，李开军校点，上海：上海古籍出版社 2014 年版，第 134 页。

② 陈三立：《遣兴用伯弢除夕韵》，《散原精舍诗文集》，李开军校点，上海：上海古籍出版社 2014 年版，第 99 页。

③ 陈三立：《为濮青士观察丈题……》，《散原精舍诗文集》，李开军校点，上海：上海古籍出版社 2014 年版，第 126 页。

④ 陈三立：《次韵答宾南并示义门》，《散原精舍诗文集》，李开军校点，上海：上海古籍出版社 2014 年版，第 12 页。

泪，日洒瀛寰十二时。[①]

上引两诗自述免职后的诗酒生涯：闲来岁月，唯书与诗。江南风景，黄云大海，有江山之助，又何必在意诗文起衰何代何人？日日危苦辞，满纸呜咽辞，是因为蒿莱后死，刀俎尚逃，诗心文情蓬勃，索性“白月高天自写诗”。郁结的现实处境与穷病的世俗生活，把维新变法时期“九州传说是狂名”的义宁公子，一变而为“苦拨死灰话怀抱”的白下诗翁。其经历，其襟怀，其意绪，其诗格，触之峥嵘，忆之缠绵。陈三立很快在诗家众多的江南，脱颖而出，成为诗坛翘楚。

陈三立“悲歌人”时期的诗文，有强大的气场与精神力量。诗骚传统，贬谪遭遇，家国孤愤，士大夫穷达情怀，构成陈三立诗文中的底气，或喷薄而出，或盘旋曲折；既是自家怀抱，也是众人心声。“一万年来无此日，二三子肯定吾诗。”[②]“暮年怀抱白天壤，到处池台欺鬓华。”[③]“敛手江海对鸥鹭，孤飞闲立奈愁何。”[④]“世乱为儒贱尘土，眼高四海命如丝。”[⑤]钱基博《现代文学史》中称陈三立诗泣鬼神，诉真宰，未尝不在文从字顺中，当指此类作品。陈三立《寄姚叔节》有“天地精神自来往，江湖意兴莽萧疏”[⑥]之句，

---

① 陈三立:《得熊季廉海上寄书……》,《散原精舍诗文集》，李开军校点，上海：上海古籍出版社 2014 年版，第 13 页。

② 陈三立:《侵晓舟发金陵……》,《散原精舍诗文集》，李开军校点，上海：上海古籍出版社 2014 年版，第 13 页。

③ 陈三立:《次韵伯弢……》,《散原精舍诗文集》，李开军校点，上海：上海古籍出版社 2014 年版，第 58 页。

④ 陈三立:《扬州方地山泽山兄弟……》,《散原精舍诗文集》，李开军校点，上海：上海古籍出版社 2014 年版，第 59 页。

⑤ 陈三立:《徐先生宗亮……》,《散原精舍诗文集》，李开军校点，上海：上海古籍出版社 2014 年版，第 53 页。

⑥ 陈三立:《散原精舍诗文集》，李开军校点，上海：上海古籍出版社 2014 年版，第 117 页。

《寿左子异宗丞五十》有“破荒日月光初大，独立精神世所尊”[①]之句，天地精神、独立精神，都是“悲歌人”诗文写作的底气所在。

陈三立《散原精舍诗集》中有“猛志固长在”的一面，也有“悠然见南山”的一面：

> 露气如微虫，波势如卧牛。明月如茧素，裹我江上舟。[②]
>
> 初岁仍微雪，园亭意飒然。高枝噤鹊语，欹石活蜗涎。冻压千街静，愁明万象前。飘窗接梅蕊，零乱不成妍。[③]

前诗书南昌江舟夜行，后诗写园居微雪，观察细腻，描写入神。张慧剑《辰子说林》中记陈三立善于观察事物，细心穷理格物，这种功力，于上诗中可见。

陈三立1903年前后的诗作，受梁启超、黄遵宪新派诗的影响，不避新词语：

> 日手东西新译编，鸾姿虎气镜台前。家庭教育谈何善，顿喜萌芽到女权。[④]
>
> 儿童觊作抛球厂，厮养贪连种菜园。留与老夫候明月，累唏

① 陈三立：《散原精舍诗文集》，李开军校点，上海：上海古籍出版社2014年版，第201页。

② 陈三立：《十一月十四夜发南昌月江舟行》，《散原精舍诗文集》，李开军校点，上海：上海古籍出版社2014年版，第85页。

③ 陈三立：《园居看微雪》，《散原精舍诗文集》，李开军校点，上海：上海古籍出版社2014年版，第154页。

④ 陈三立：《题寄南昌二女士》，《散原精舍诗文集》，李开军校点，上海：上海古籍出版社2014年版，第87页。

歌啸了无痕。[①]

前诗答南昌女士，以“家庭教育”入诗；后诗写家庭天伦之乐，以“抛球厂”入诗。陈三立赞成新教育、拥护科学。新词语入诗，是一种写作尝试，也是对梁启超诗界革命的一种响应。

陈三立 1905 年的一首诗曾引发张之洞的不满，并在诗友中形成一场小小的争论。此年重阳节，陈三立从张之洞登武昌洪山宝通寺，饯送梁鼎芬，有诗两首。其一云：“啸歌亭馆登临地，今日都成隔世寻。半壑松篁藏梵籁，十年心迹照秋阴。飘鬓自冷山川气，伤足宁为却曲吟。作健逢辰领元老，下窥城郭万鸦沈。”[②] 其中第七句，元老当指张之洞，“领元老”使张之洞不解，元老安得为人所领？因而引发不悦。宋人诗好用倒装句。以倒装句读陈三立诗，“领元老”变为“为元老所领”，张之洞自然可以释然。晚清时期的诗坛，百家竞艳，难定一尊。张之洞诗主清切，将稍近僻涩者，归诸西江派，而陈三立论张之洞诗，又嫌张诗有纱帽气即官气。诗坛纷纭，好恶各自。这些诗坛掌故，可以帮助读者体会细分诗人性格、取径与风格的不同。

在诗坛名声日重、风生水起的陈三立，日益自信旷达。其 1906、1908 年分别赠郑孝胥、樊增祥的两首诗，可以感到他的坚定信心：

生还真自负，杂处更能安。意在无人觉，诗稍与世看。所哀都赴梦，可老得加餐。吐语深深地，吹裾海气干。[③]

---

① 陈三立：《后园茅苇锄除尽……》，《散原精舍诗文集》，李开军校点，上海：上海古籍出版社 2014 年版，第 97 页。

② 陈三立：《九日从抱冰宫保至洪山……》，《散原精舍诗文集》，李开军校点，上海：上海古籍出版社 2014 年版，第 162 页。

③ 陈三立：《沪上访太夷》，《散原精舍诗文集》，李开军校点，上海：上海古籍出版社 2014 年版，第 194 页。

骚赋而还接古悲，散为俶诡托娱嬉。要抟大块阴阳气，自发孤衾寤寐思。愈后谁扬摩刃手，鼎来傥解说诗颐。中声翻觅喧腾里，输与黄钟笋簴知。①

两诗以“生还真自负”“吐语深深地”“抟大块阴阳气”“发孤衾寤寐思”的诗学目标与郑、樊共勉。以自己熟悉的表达方式，选择喜欢的学古路径，抒写所思所想，喜怒哀乐，正是晚清民国旧体诗人孜孜以求的境界。

辛亥革命的爆发，陈三立的生命与情感进入“亡国人”时期。辛亥之变及稍后的新文化运动，给陈三立的诗文带来更多的风云之气。同时，与清王朝去职的罢官废吏及以遗民自居的诗友聚集唱和的增多，也给这一时期的诗作带来互慰寂寥与切磋诗艺的新质。陈三立 1919 年《书善化瞿文慎公手写诗卷后》记述诗社起止曰：

迨国骤变，大乱环起，四方人士暨生平相识亲旧，类辟地羁集沪上，三立与公亦先后俱至。居久之，无以遣烦忧，始纠侪辈十许人，时时联为诗社，公之诗遂稍多，每出示，精思壮采，辄震其坐人。盖公诗典赡高华，由子瞻上窥杜陵，而不掩其度，即愤时伤乱，形诸篇什，神理有余，蕴藉而锋芒内敛，非如三立犷野激急，同于伧父也。三立既引还白下，公旋弃人间世，而王完巢、沈涛园亦相踵物故，所谓诗社者稍歇绝矣。昔欧阳公称：“世之贤豪不常聚而交游之难得。”又称：“非徒相得之难，而善人君子欲使幸而久在于世亦不可得。”三立诵而流涕，谓不啻为吾辈今日言之。然欧公犹生当隆平极盛无事之时，所感已如此，而况际

① 陈三立：《樊山示迭韵……》，《散原精舍诗文集》，李开军校点，上海：上海古籍出版社 2014 年版，第 255 页。

天荒地变、患气充塞、人人莫知死所之今日耶？宜抚公诗，亡魂失志，至不喻古今聚散死生为有可哀也。[1]

文中的瞿文慎公为瞿鸿禨，官至军机大臣、协办大学士职。民国后徙居沪上，以遗老自居，1918 年去世。王完巢为王仁东，南通知州，1917 年去世。沈涛园为沈瑜庆，林则徐外孙，曾任江西布政使，1918 年去世。愤时伤乱的亡国之痛与聚散死生的亡友之痛，掺合纠缠在一起，诗社成为亡国人互慰寂寥与切磋诗艺的平台。“写忧行吟存孑遗，吾曹漫比蚊虻哄。”[2]“隐居笑有宗雷侣，玩世今为嵇阮流。”[3]在多重混乱的政治情感与学古方向的裹挟下，陈三立“稍稍挹苏黄，磊磊攀韩杜”的诗学目标更加坚定。1914 年 7 月 15 日，黄庭坚生日纪念，沈曾植招集泊园，观宋刻任注《山谷内集》，陈三立有诗：“坛坫颇如压强敌，诸公尽有锦囊癖。”开首两句描述民国诗坛状况：人人均有学古目标学古祈向，各自夸耀学诗路径学诗自得。但透过喧嚣，拨去浮云，学诗途径的主流，仍不外杜韩苏黄：

是日适下涪翁拜，高唤尚想摩霄翮。翁诗久远愈论定，立懦廉顽果谁力。世人爱憎说西江，类区门户迷白黑。咀含玉溪蜕杜甫，可怜孤吟吐向壁。乡味肠浇双井茶，谪所梦恋廷珪墨。根柢早嗤雕虫为，平生肯付腐鼠吓。一家句法绝思议，疑凭鬼神对以臆。沈侯秘箧出宋椠，任注矜慎辨行格。乍喜并寿八百年，瓣香

① 陈三立：《散原精舍诗文集》，李开军校点，上海：上海古籍出版社 2014 年版，第 948 页。

② 陈三立：《乙卯花朝逸社第二集》，《散原精舍诗文集》，李开军校点，上海：上海古籍出版社 2014 年版，第 449 页。

③ 陈三立：《用前韵答剑泉》，《散原精舍诗文集》，李开军校点，上海：上海古籍出版社 2014 年版，第 511 页。

告翁天护惜。嗟余仰止忝邑子，捋扯毛皮意何得。[①]

此诗应是陈三立最集中论述黄庭坚诗为人瓣香原因与黄诗传承所自的文字。黄诗流传不绝，在其立懦廉顽，在其孤吟槎枒，在其根柢坚实，在其句法奇妙。黄诗的妙处在“咀含玉溪蜕杜甫”，李商隐的隐晦迷离与杜甫的沉郁顿挫，经咀含蜕变后，成就黄庭坚之诗。1914 年 1 月纪念苏轼生日的聚会中，诗坛大家云集。陈三立自言“我凭小黠诘大匠”，重提唐代苦吟诗人孟郊之诗：“环肥燕瘦泯拣择，乃薄孟郊为秋虫。郊诗肺腑造万物，偶蔽所见宁谓公。湘绮效古恣挥斥，亦黜公体乖国风。酸咸嗜好积誉毁，至精不灭仍重重。只今世界堕恶趣，仰首长袅仙人踪。取公晚岁悟道语，好恶焚去还虚空。”[②]苏轼当年《读孟郊诗》有“寒虫号”之讥，今人王闿运又指责苏公之体有违国风，此均为环肥燕瘦酸咸嗜好的见解而已。在“只今世界堕恶趣”的时代，还是遵循苏轼晚年悟道之语，求同存异，将个人好恶焚去，走转益多师之路。

“亡国人”时期，陈三立诗作收入《散原精舍诗续集》中，其诗学取径的眼光更宽。“世人但眩五铢衣，那识幽衾贮辛苦。郁陶悱恻本忠厚，诚出离骚二十五。”[③]强调忠厚悱恻的《离骚》宗旨。“行卷讶飞苔石气，贪收郊岛入新诗。”[④]以诗学郊、岛，与诗友商榷。夜读陆游诗集，有“老有高情照

---

① 陈三立：《六月十二日山谷生日……》，《散原精舍诗文集》，李开军校点，上海：上海古籍出版社 2014 年版，第 375 页。

② 陈三立：《东坡生日……》，《散原精舍诗文集》，李开军校点，上海：上海古籍出版社 2014 年版，第 394 页。

③ 陈三立：《雨夜遣兴……》，《散原精舍诗文集》，李开军校点，上海：上海古籍出版社 2014 年版，第 290 页。

④ 陈三立：《沪上遇八指头陀……》，《散原精舍诗文集》，李开军校点，上海：上海古籍出版社 2014 年版，第 278 页。

峡藤，篇篇都诉短檠灯。匡时报国寻常语，四字吾生写未曾。”①依旧坚持人与诗称，诗不用豪语大言的写诗宗旨。诗友沈瑜庆民国后酷爱杜诗。陈三立《涛园夜过纵谈杜句》诗云：“涛园抄杜集，半岁秃千毫。所得都成泪，相过问奏刀。万灵噤不下，此老仰弥高，胸腹回滋味，徐看仆命骚。”纷乱之世读杜，此老仰之弥高。②以杜韩苏黄为诗学旗帜，上朔诗骚传统，不弃郊寒岛瘦，广收博取，使陈三立的诗更具表现力：

> 寻常寄兴触虚舟，过子何期对楚囚。于国于家成弃物，为人为鬼一吟楼。传薪愿缓须臾死，把袂犹堪汗漫游。我反称天韩愈说，玄夫得及莫愁不。③
>
> 乙盦登七十，苏盦亦六十。海滨成二老，觞辰差旬日。一楼一天帝，据之各无匹。乙盦杜德机，奇哀寄示疾。苏盦徇变雅，腾吟如草檄。二子痴则同，苏盦益傲物。不知老将至，胸伏万锐卒。待世非弃世，天谨龙蛇蛰。屋山垂海云，搅结溢渴笔。传观助张目，余年六十七。④

辛亥之后，陈三立即以“文化托命人”自我定位，“传薪愿缓须臾死”所表达的即是这种信念。

1922 年之后，陈三立进入“无归人”时期的诗作，收入《散原精舍诗

---

① 陈三立:《散原精舍诗文集》，李开军校点，上海：上海古籍出版社 2014 年版，第 512 页。

② 陈三立:《散原精舍诗文集》，李开军校点，上海：上海古籍出版社 2014 年版，第 398 页。

③ 陈三立:《病山南归……》,《散原精舍诗文集》，李开军校点，上海：上海古籍出版社 2014 年版，第 550 页。

④ 陈三立:《读郑苏盦六十感愤诗……》,《散原精舍诗文集》，李开军校点，上海：上海古籍出版社 2014 年版，第 676 页。

别集》中。诗人在“尧天历历苍天死，禹甸茫茫白骨多”[①] 的生存环境中，以“年年倔强人间世”[②]的心态，以及“余生犹恋太平年”[③]的期望，继续着“稍稍挹苏黄，磊磊攀韩杜”，“近喜新吟接坡谷”，“哀乐消磨头可白”[④] 的诗学之路。诗已经成为诗人生命和情感的重要载体，而文化托命人的认同，经史的滋养，先贤的垂范，皆是诗人自立自信的凭藉：

> 末流作者沿宗派，最忌人云我亦云。树立还期成一子，声誉安用列三君。读书榻有濠梁趣，养气雷生岱岳云。不负壮夫偿老学，风行水上与论文。[⑤]
>
> 昔贤句法高天下，遗响都非众所云。徒掇毛皮应笑我，能雕肝肾一逢君。陆离奇景辉孤萝，冥漠空霄写大云。五十诗人起高适，还如雾豹泽其文。[⑥]

上引是陈三立写给学生袁思亮的论诗之作。晚清民国诗坛，流派甚多，多为末流作者标榜声气的行为。以有所树立自期，最忌人云亦云，还当读书养气。人可以“徒掇毛皮”笑我，我却以“能雕肝肾”望君。教学生不盲从

---

① 陈三立：《写怀次闲止疴韵》，《散原精舍诗文集》，李开军校点，上海：上海古籍出版社2014年版，第635页。

② 陈三立：《和酬倦知同年》，《散原精舍诗文集》，李开军校点，上海：上海古籍出版社2014年版，第709页。

③ 陈三立：《次韵庸庵同年寄怀》，《散原精舍诗文集》，李开军校点，上海：上海古籍出版社2014年版，第676页。

④ 陈三立：《次韵庸庵同年元旦口号》，《散原精舍诗文集》，李开军校点，上海：上海古籍出版社2014年版，第663页。

⑤ 陈三立：《次和伯夔生日……》，《散原精舍诗文集》，李开军校点，上海：上海古籍出版社2014年版，第661页。

⑥ 陈三立：《再次和伯夔生日……》，《散原精舍诗文集》，李开军校点，上海：上海古籍出版社2014年版，第661页。

于宗派之说，以读书养气入手，都显示陈三立在晚清民国诗坛的清醒与特立独行。陈三立为陆游遗像题诗：

> 陶集冲夷中抗烈，道家儒家出游侠。放翁孤抱颇似之，皆奇男子无分别。可怜垂死望王师，忠义从今欲语谁。历劫天留圆扇面，起扶名教与论诗。[①]

陆诗得陶诗冲夷抗烈气韵，陆游、陶渊明皆奇男子之诗。陶、陆两诗人的游侠气度，来自于道家儒家。因而陆游《示儿》诗“王师北定中原日，家祭无忘告乃翁”的诗句，有动人心魄的力量。忠义的节操与底气，源于名教，是古与今诗人气度情感融通的媒介。劫后若有余生，当与陶、陆先贤，起扶名教，再论诗艺。陈三立最终没有度过战争与生命的大劫，含恨去世在日本人占领的北京。1948 年，陈三立归葬杭州时，子女念诵陆游《示儿》诗，以慰亡灵。古人与今人的生命情感，以诗的方式连通交汇。

六、犹吐光芒配残月

“犹吐光芒配残月，海隅悬作启明星”两句诗，来自陈三立 1927 年所作《次韵庸庵人日见寄》。[②] 庸庵为陈夔龙，是陈三立丙戌榜同年，官至北洋大臣，民国后居沪。陈三立 1921 年作《俞觚庵诗集序》描述海滨流人遗老声气相投的情形及以诗为养生送死之具感慨，已在前文引述。陈三立对辛亥革

---

① 陈三立：《陆蔼堂求题其远祖放翁遗像》，《散原精舍诗文集》，李开军校点，上海：上海古籍出版社 2014 年版，第 676 页。

② 陈三立：《散原精舍诗文集》，李开军校点，上海：上海古籍出版社 2014 年版，第 664 页。

命后社会情况的描写，体现出他一贯的评价立场：辛亥革命破坏种种，但成就海滨流人遗老冤苦烦毒愤痛之诗，可谓国家不幸诗人幸。但贼不得杀，瑰意畸行，无从实现，生以诗为业，死以诗索名，也是人生极悲催之事。在本文的最后，试图借用陈三立“犹吐光芒配残月”的诗句，描述陈三立在晚清民国诗坛存在的意义。

首先，作为晚清旧秩序崩溃、民国新秩序建立的亲历者，陈三立的诗文是这个西学东渐、新旧交替的时代，最后一代士大夫去旧向新情感的记录。曾经议论风生、谈兵究弊的旧秩序与旧文学，已是一弯残月；因党锢惩处被迫置身于政治之外的士人，以诗文的写作的方式，旁通曲畅，叙写心声，犹吐光芒。由论文以作的描述中，我们可以证实：陈三立并非晚清民国历史进程的袖手人。他用燃烧生命与情感的方式，参与了新旧时代的历史过程。这种投入与参与，使一弯残月的旧秩序、旧文学，呈现一抹光芒。此是陈三立在晚清民国诗坛存在的第一重意义。

晚清是一个旧政治旧制度土崩瓦解却死而不僵的年代，民国是一个新政治新制度建立，但复辟暗潮此起彼伏的年代。在政治变革的第一个回合中，湖南因实行新政而成为戊戌政变后唯一受到惩处与清算的省份，陈家父子在晚清政治博弈中提前出局。1900 年陈宝箴的突然去世，的确是一种解脱。而陈三立转而成为惩处清算压力的主要承担者。陈三立的父亲陈宝箴去世时，其三子陈寅恪刚满 10 岁，党锢之祸的阴影，已深植幼小的心田。陈寅恪 1945 年在《读吴其昌撰梁启超传书后》中，描述戊戌变法五十年间个人的心路历程：

> 又十余年，中日战起。九县三精，飚回雾塞，而所谓民主政治之论，复甚嚣尘上。余少喜临川新法之新，而老同涑水迂叟之迂，盖验以人心之厚薄，民生之荣悴，则知五十年来，如车轮之逆转，似有合于所谓退化论之说者。是以论学论治，迥异时流，

而迫于时势，噤不得发。[1]

由青年陈寅恪的心态反观中年陈三立，可以更真实地理解陈三立“凭栏一片风云气，来作神州袖手人”的无奈与悲凉，理解陈三立夜读陆游诗，其“匡时报国寻常语，四字吾生写未曾”之句的曲折深意，会心于陈三立在南京新学家上下其议论泰西新学时咏梅尧臣“谈兵究弊又何益，万口不谓儒者知”诗句而与范当世相视而笑的行为。诗文不作大言，不谈兵究弊，少匡时报国语，是生存中的避害智慧，是创作中内敛含蓄的低调，当然，也不无士大夫阶层“曾经沧海难为水”的矜持自傲。陈三立为《苍虬阁诗序》论陈寿曾诗：“尝论古昔丁乱亡之作者，无拔刀亡命之气，惟陶潜、韩偓，次之元好问。仁先格异而意度差相比，所谓志深而味隐者。”[2]志深而味隐，也正是陈三立所致力的诗境。

陈三立的诗文中，家与国是紧紧连在一起的。对纷乱国事，穷病家事之喜怒哀乐情绪真实深刻地书写，是陈三立得以在晚清民国诗人中出类拔萃、跻身前列的原因所在。家国忧愤的深广与厚重，也是陈三立诗文不可一世、苍茫排奡意态形成的底蕴底气。诗人“百忧千哀在家国”情感重重叠叠：“贫是吾家物，宁敢失坠之？”[3]“一笑敝庐无长物，不教掠买是虫声。”[4]是言家贫。“疮痍饿殍极千里，荡洗宁问犁与耙。”[5]“况闻九州岛外，蛮触争

① 陈寅恪：《寒柳堂集》，上海：上海古籍出版社 2020 年版，第 150 页。

② 陈三立：《散原精舍诗文集》，李开军校点，上海：上海古籍出版社 2014 年版，第 1138 页。

③ 陈三立：《壬寅长至抵崝庐谒墓》，《散原精舍诗文集》，李开军校点，上海：上海古籍出版社 2014 年版，第 55 页。

④ 陈三立：《晚坐听虫声》，《散原精舍诗文集》，李开军校点，上海：上海古籍出版社 2014 年版，第 417 页。

⑤ 陈三立：《人日遣兴》，《散原精舍诗文集》，李开军校点，上海：上海古籍出版社 2014 年版，第 398 页。

未息。杀气薄穹苍，膏血贱禹域。”[①]是言世乱。“恍疑饭颗逢杜甫，安得屐齿俱谢公。”[②]“近句瘦硬益振奇，宛肖东野追杜陵。”[③]是言学古取法。“要抟大块阴阳气，自发孤衾寤寐思……元气有根终食果，长歌当哭不逢人。”[④]“正自深杯写长恨，又移盛世作畸人。海涛飞梦初怀旧，天意昌诗觉有神。”[⑤]是言诗文写作。内在情感之元气淋漓，与外部世界之瞬息万变，氤氲交集，再加上取则于古，转益多师的努力，陈三立以真气主宰，真情灌注，超凡脱俗，戛戛独造的诗文创作，在晚清民国旧秩序旧文学的格局中，犹吐光芒。

其次，陈三立“犹吐光芒配残月”的努力，表现在“文化托命人”价值观的坚守。义宁陈氏之学，起于江西，成于湖湘。在陈三立学术思想的形成过程中，曾国藩、郭嵩焘、张之洞影响甚大。陈三立《黄峙青同年属题李文忠致曾文正廿七通手笺册》云：“中兴将相三四公，天启文忠继文正。当年勋绩迭驱驾，要竭智勇基笃敬。”[⑥]称赞中兴将相曾国藩、李鸿章并功德言于一身的完整。《赠袁伯夔》一诗描述曾国藩同治中兴以后湖湘文与诗沿革：“武烈翊中兴，楚材冠当代。文派亦俱昌，沿流等起废。湘乡接桐城，雄跨欲无对。羽翼郭与吴，云龙瞻进退。湘绮别树帜，映古纷杂佩，末运稍

---

① 陈三立：《留别墅遣怀》，《散原精舍诗文集》，李开军校点，上海：上海古籍出版社2014年版，第435页。

② 陈三立：《题王梦湘太守匡山戴笠图》，《散原精舍诗文集》，李开军校点，上海：上海古籍出版社2014年版，第398页。

③ 陈三立：《地震后三日……》，《散原精舍诗文集》，李开军校点，上海：上海古籍出版社2014年版，第289页。

④ 陈三立：《樊山示迭韵……》，《散原精舍诗文集》，李开军校点，上海：上海古籍出版社2014年版，第255页。

⑤ 陈三立：《人日和剑丞沪居见寄》，《散原精舍诗文集》，李开军校点，上海：上海古籍出版社2014年版，第398页。

⑥ 陈三立：《散原精舍诗文集》，李开军校点，上海：上海古籍出版社2014年版，第580页。

衰歇，能者犹数辈。”[①]其《留别墅遣怀》回忆自己年少时与郭嵩焘的交往道：“绮岁游湖湘，郭公牖我最。其学洞中外，孤愤屏一世。先觉昭群伦，朒怀领后辈。”[②]陈三立一直把郭嵩焘作为对自己有重要影响的师友。

1915年陈三立过南昌，江西有刊行豫章丛书之议，陈三立赞曰：“四海犹存垫角巾，吐胸光怪掩星辰。已迷灵琐招魂地，余作前儒托命人。”[③]前儒托命人或文化托命人的职责是维护儒学敬天志道、伦理纲常的价值观。用旧的政治秩序与君臣伦常看待辛亥革命，则无疑是“国变”与“亡国”。正是如此，陈三立有多篇碑传文，写与辛亥革命有关人物，寄托对“国变”“亡国”的评判与不安。流寓上海等地的罢官废吏增多，文酒诗会中，遂形成一种流亡群体。这一流亡群体是中国最后一代士大夫阶层、贵族阶层。其政治取向有别，诗学路径有别，可谓云泥有别，泥沙俱下。“国破屡狼狈，终依黄歇浦。海隅聚流人，过逢互摩抚。摊钱耽醵饮，哀乐倒肺腑。寻常挟孤愤，滑稽评今古。”[④]陈三立对诗坛众生相的描述，不无讥讽自嘲的意味。与流亡团体中的罢官废吏、政治遗老普遍的“亡国”情绪相比，陈三立还有一“文化托命人”的理想在。这是他能守住士人尊严与底线，未能与王闿运、郑孝胥、沈曾植等沦为劝进奔竞者流的原因，也是辛亥年后他把座师陈宝琛之诗称为“古遗民”之诗原因所在。“古遗民”具有“孤照潜符，靖己而吁天”、精神自得高蹈的诸种特质。1932年，陈三立已进入生命的晚年，其作《顾印伯诗集序》云：

---

① 陈三立：《散原精舍诗文集》，李开军校点，上海：上海古籍出版社2014年版，第621页。

② 陈三立：《散原精舍诗文集》，李开军校点，上海：上海古籍出版社2014年版，第436页。

③ 陈三立：《余遇南昌……》，《散原精舍诗文集》，李开军校点，上海：上海古籍出版社2014年版，第453页。

④ 陈三立：《哭于晦若侍郎三首》，《散原精舍诗文集》，李开军校点，上海：上海古籍出版2014年版，第482页。

自周秦以来，积数千余岁之诗人，固应风尚有推移，门户有同异，轻重爱憎，互为循环，莫可究极。然尝以谓凡托命于文字，其中必有其不死之处，则虽历万变万哄万劫，终亦莫得而死之，而有幸有不幸之说不与焉。老遁穷山，披讽君诗，其庶几一二有合于此与？[①]

此年，陈三立寓庐山，“一·二八”事变在上海发生。此年的前五年，王国维去世，陈寅恪有著名的《王观堂先生挽词并序》：

近数十年来，自道光之季，迄乎今日，社会经济之制度，以外族之侵迫，致剧疾之变迁；纲纪之说，无所凭依，不待外来学说之掊击，而已销沉沦丧于不知觉之间；虽有人焉，强聒而力持，亦终归于不可救疗之局。盖今日之赤县神州值数千年未有之巨劫奇变；劫尽变穷，则此文化精神所凝聚之人，安得不与之共命而同尽。此观堂先生所以不得不死，遂为天下后世所极哀而深惜者也。[②]

陈寅恪以“殉文化”说解释王国维的自杀行为在前，陈三立谈“凡托命于文字，其中必有其不死之处”在后。陈三立与陈寅恪父子的精神世界有许多内合与呼应。这些价值观是义宁陈学的重要内容。对照读之，我们似乎可以感受到晚清民国从传统士大夫到现代知识人价值观的接榫与转换。戊戌政变后，陈氏父子被人讥讽；南社成立后，陈三立及同光体诗派受到攻讦；

---

① 陈三立：《散原精舍诗文集》，李开军校点，上海：上海古籍出版社2014年版，第1090页。

② 吴宓主编：《学衡》，第六十四期，1928年。

五四新文学起，陈三立成为拟古诗派的代名。这些曲折都可以纳入陈三立所谓“万变万哄万劫”的范畴。陈三立没有与上述讥讽攻讦正面冲突，也不愿断断辩白，不侈谈自己诗属何派，文学何人。蛰伏隐忍的背后，是因为他坚信：凡托命于文字，其中必有其不死之处。其自立自信的精神气度，当属晚清民国西学东渐、新旧交替文化场域中“犹吐光芒”者。这同样也是陈三立在晚清民国存在的重要意义。

从同适斋到不舍斋

——《任访秋文集》代序

著名学者、文学史家任访秋先生（1909—2000）一生以教书与著述为业，在中国文学史以及思想史、学术史等多个学术领域辛勤耕耘，成果丰硕。尤其是在打通古代、近代、现当代文学畛域，梳理晚明至五四文学发展源流方面宏论迭出，多有创获。先生晚年病目，未及将著述一一订正整齐，而不少著作也已绝版多年。为使任访秋先生著述完璧于世，保存和继承先生留下的宝贵学术遗产，自2006年起，刘增杰教授遂有编辑《任访秋文集》之倡言。此后，十数名中青年学者分工合作，历时四年，完成了《任访秋文集》的校勘整理工作。在皇皇十几卷、洋洋五百万言的《任访秋文集》付梓印行之际，刘增杰教授又嘱我代笔，为《文集》作一序言。爱和既忝列先生门墙，晚年又侍奉先生左右最久，自当从命。然先生著述博大精深，非晚学后辈所能详尽。拜读文集，略呈感想，以期阐发先生学术精髓于万一。

一、风雨兼程的学术生涯

如果以1929年入北师大读书为起点，到1996年因视力急剧减退不能再进行写作为终点，任访秋先生的学术生涯，持续了近七十年。七十年间，从年青时期，仰慕胡适、钱玄同治学成就，把自己在北师大两三平米的书斋命名为同适斋，到晚年有感于岁月不居，时光如流，不舍昼夜而把在河南大学的书斋称之为不舍斋，在学术的道路上，先生勤勉地走了一生。当我们从《文集》中读到 1996 年 10 月 21 日最后一篇日记“凭我的记忆，摸着写……”时，每个人都会为之动容。以学术为业的任访秋先生，经历了旧中国的战乱、饥饿、迁徙无所和新中国的反右、“文化大革命”、思想改造等风雨历程。从同适斋到不舍斋，先生走过的是一条风雨兼程的学术道路。

任访秋先生出生在河南南召县梁沟村一个书香门第。父亲任尚贤是晚清廪生，曾赴省参加乡试，不第。先生从小随父亲读《四书》《左传》，并翻阅《三国演义》《水浒传》《聊斋志异》等文学书籍，逐渐产生了对文学的喜爱。1923 年，先生离开家乡，到开封的河南省立第一师范读书。开封一师是当时河南的名校，经费充足，教师待遇高，能从南北各大学聘请学有专长的教师任教，并形成了思想与学术自由的良好校风。来到省会城市，任先生有机会接触许多新文学作家如鲁迅、周作人、胡适、叶圣陶、冰心等人的作品，阅读到《语丝》《文学旬刊》《创造周刊》等文学杂志，得到许多新鲜的感受和启发。在国文老师的鼓励下，先生开始在商务印书馆发行的《学生杂志》上发表《杨柳与文学》等文章，并与同学白寿彝等人成立文学团体晨星社，编辑出版《晨星半月刊》，在半月刊上发表过评论茅盾《蚀》三部曲的文章。

1929 年秋天，任先生考取北平师范大学国文系，有机会聆听沈兼士教授的“文字学”，吴检斋教授的“经典叙录”，钱玄同教授的“国音沿革”“经学史”“说文研究”等课程，又到北大听胡适教授的“中古思想史”课程，眼界大开。尤其是对钱玄同打破经学家门户之见，把经学看做真伪并存的历史资料加以运用的通达开阔，胡适对中国学术，不论是哲学还是文学，都有自己的真知灼见，深感钦佩。这一时期，先生把自己的书斋命名为同适斋，即表达了引钱、胡为楷模，从事于学术研究的志向。

当时北师大教师授课大多没有印发的讲义。先生在大学一年级时，偶尔领到一份桐城姚岳编选的《论文名著集略》，其集唐宋八家，中经明代的归震川，清代的方苞、姚鼐、梅曾亮、曾国藩等，最后为吴汝纶，共十八家的古文论著为一册。先生以此为线索，在图书馆翻阅各家文集，用近一年的时间，写作了约四万言的《古文家的文论》，发表于北师大《国学丛刊》第十卷第一期。这应该是先生从事学术研究的起步。

进入二年级后，先生参加了《国学丛刊》的编辑工作，学术兴趣逐渐转移到明代公安派的研究上。先生在北京图书馆把凡是晚明文坛上与三袁兄弟有关的文人集子，都借出来阅读，在此基础上，写出了《中郎师友考》《袁中郎评传》等文章，在《师大国学丛刊》《师大月刊》等杂志上发表。

进入三年级时，先生考进了北京大学国学研究所。当时的北大国学研究所招收研究生，报名不限学历，只需递交论文，经审查认为具备研究能力后，再进行学业知识和外语的笔试。先生被录取后，选定的研究题目为"元白研究"，导师为沈尹默先生。研究所的导师并不给学生上课，主要的联系方式是书信交流。先生与沈尹默先生通了几次信，沈先生去天津做教育厅长了，先生忙于完成学业，与导师也便失去了联系。

1933 年，先生大学毕业后到洛阳河南省立第四师范教书，给学生开设"中国文学史""国学概论"等课程。中国文学史课最初用别人编写的本子，后来感到不够满意，就自己编写讲义。收入本文集中的《中国文学史讲义》即是这一时期的作品。《中国文学史讲义》的编写，使先生有机会通读先秦以来各个时期代表作家的原著，视野大为开阔。1935 年，先生忽然接到北大研究院的通知，说研究所已改为研究院了，原来注册的研究生须到学校学习。先生便辞去教职，到北大文学研究所读书。重到北大后，先生的论文题目改为"袁中郎研究"，指导教师为周作人。先生此后多次到八道湾周作人家借书请教，在原来研究的基础上，完成了毕业论文《袁中郎研究》。1936

年暑期，先生完成了毕业论文答辩。论文答辩委员会由五人组成：主任委员胡适，副主任委员周作人、罗常培，并请清华大学教授陈寅恪、俞平伯为校外委员。论文答辩顺利通过。论文答辩完成后，研究院同时毕业的几名学生在中山公园来今雨轩请校长蒋梦麟、所长胡适和导师周作人吃了一顿饭，并摄影留念。

1936 年暑期后，先生仍回洛师教书。在完成《中国文学史讲义》后，又写作了约五万字的《中国小品文发展史》。1940 年，先生接到河南大学的聘书，来到因躲避日寇而流亡办学的河南大学文学院所在地豫西嵩县潭头镇，此后先生五十余年的学术生涯便与河南大学结下了不解之缘。当时河南大学文学院院长是嵇文甫，文史系主任是张邃青，两人都是先生一师读书时的老师。先生来到河南大学后，为学生开设"中国文学史""古代散文选"课程。从 1941 年起，又开设"中国现代文学及习作"课程。

先生在潭头时，家眷被安排在南召老家。因开设"中国现代文学及习作"课程的需要，先生在流亡而随迁的河大图书馆里，居然找到了五四时期全部的《新青年》《新潮》以及当时倡导新文化运动的陈独秀、胡适、鲁迅、周作人、刘半农等人的著作，及大量二三十年代的刊物。先生每天在上课之余，沉浸于这些书籍和报刊的研究中，自己感觉好像又上了几年研究院。1944 年 5 月，先生的《中国现代文学史》上卷请嵇文甫作序，由《前锋》报社出版，印了两千册，是学术界最早的中国现代文学史著作。可惜下卷因战争中的流亡迁徙未能印出。之后，先生随河南大学的流亡辗转于洛阳、西安、宝鸡等地，著有《中国文学批评史》一书，从先秦到明末，存稿约十四万字。抗战胜利后，学校回到开封，先生与教育系、外语系的同仁办过一个《师友》月刊，并由师友社出版了《中国文学史散论》。1948 年 6 月，河南大学迁往苏州，1949 年 7 月，又从苏州返回开封。因缺乏安定的生活，先生的学术研究也处在时断时续中。其间，先生曾有去西北联大任教的想法。西北联大黎劭西先生也回函同意他到西北联大任职，但因为张邃青、嵇文甫先生挽留而未能成行。

新中国成立后，百废待兴。高校所面临的主要任务是用马克思主义的立场、观点、方法为统领，编写出新的教材。河南大学中文系开设的“中国文学史”“中国现代文学史”“文艺学”由李嘉言、先生和张长弓共同担任。三门课的教材分别由三人分段编写。其中《中国文学史讲授提纲》由新华书店印行。这部书提纲的编写，先秦两汉部分由张长弓担任，魏晋南北朝隋唐宋部分由李嘉言担任，元明清部分则由先生担任，这是新中国成立后尝试用新观点编写并最早出版的古代文学史著作。辩证唯物主义和历史唯物主义对从旧中国到新中国的学者来讲，是新鲜而充满活力的理论和方法。毛泽东《新民主主义论》和《在延安文艺座谈会上的讲话》中的观点，如批判与继承问题、评价作品的政治与艺术标准问题、人民立场和历史进步意义问题等，成为新旧转折历史过程中一代学者解释文学史现象、评判历史人物的思想准则和治学方法。这些思想准则和方法不同于胡适、钱玄同、周作人等人的理论。在历史唯物主义理论的指导下，很多弄不清、说不明，知其然而不知其所以然的历史与文学现象，有了合理的归纳和解释。先生认为：“这本提纲的印行，标志着我在治学方法上的一个大的转折。”

1950 年到 1957 年，是先生学术研究上比较多产的时期。由于初步掌握了新的思想与方法，对比较熟悉的古典文学，经常有着与前人不同的看法，能够发前人之所未发，对于现代文学，也可以做出新的审视和评价。先生在古典文学方面发表的学术文章，收入 1956 年长江文艺出版社印行的《中国古典文学研究论集》，而在现代文学方面，则以 1944 年未能出版的《中国现代文学史》下册为基础，形成了河南大学函授部印行的《中国现代文学史》。1957 年，先生被错划为右派，写作与发表论文成为不可能的事。直到 1964 年，才开始试探性地在学校学报上发表《龚自珍文学略论》《吴敬梓的学术思想》等文章。这些有关古典文学的论文，与 1956 年长江文艺出版社的《中国古典文学研究论集》的文章一起，1980 年辑为《中国古典文学论文集》，1982年由中州书画社出版。“文化大革命”中，作为“反动学术权威”，批斗和劳动改造自然是少不了的。直到1972年，大学恢复教学活动，先生才重拾旧业，开始给学生讲授“鲁迅作品选”。先生有关鲁迅思想和作品的文章，辑为《鲁迅散论》，1981年由陕西人民出版社出版。

1978年，在右派冤案被彻底改正之后，先生出任河南大学中文系系主任，不久到北京参加全国文代会，后又被推为全国政协委员、河南省政协副主席，各种社会与学术兼职也纷至沓来。随着政治生命的复苏，先生的学术研究也进入到了一个收获期。这一时期先生学术研究的最大变化是把研究重点移到了中国近代文学，在近代文学领域取得了一系列标志性成果，并由近代上溯至晚明，探求五四文学革命的渊源，学术界称之为“中国新文学渊源研究”。

中国近代文学史是指1840年鸦片战争后到1919年五四运动之前近80年间的文学发展历史。这80年间，中国文学完成了由古典向现代的过渡与转型，而过渡转型时期的文学，蕴含着许多有重大意义的学术课题。先生注意五四新文学渊源的研究，始于1944年的《中国现代文学史》，其第一编即为《清末民初的文学》。20世纪50年代，先生写作过批评胡适《五十年来中国之文学》的长篇文章，文章涉及近代一些作家的评论问题。60年代初，中文系主任李嘉言先生拟请先生开设“近代文学史”课程，为此，先生比较系统地研读了近代作家的作品，写作了研究龚自珍、黄遵宪等作家的论文。1980年前后，陆续在国内刊物上发表了对龚自珍、魏源、黄遵宪、严复、康有为、谭嗣同、梁启超、章炳麟、刘师培、苏曼殊、林纾、王国维、吴沃尧、曾朴、李伯元、刘鹗、钱玄同、胡适等人的研究成果。这些成果辑为《中国近代文学作家论》，1984年由河南人民出版社出版。

在中国近代文学的研究取得进展后，先生又把五四新文化运动的思想革命与文学革命的源流追溯至晚明，陆续写作了《李贽与晚明思想解放及文学革新运动》《十七世纪初中国文学革新运动的倡导者——袁中郎》《晚明的文化革新运动与中国十七、十八世纪的文学》《清代朴学家的反程朱思想与先进的文学观》《清代桐城派的兴起、发展与衰歇》《晚清西学的输入与中国近代文学的发展》《晚清的排荀、批孔与五四的思想革命》《晚清文学革新与五四文学革命》。这八篇文章构成了一部完整的学术力作《中国新文学的渊源》，1986 年由河南人民出版社出版。先生自己也认为《中国新文学的渊源》是他生平著作中比较有个人独到之见，具有开创性意义的论著。

1982 年 9 月，中国社科院文学所和河南大学举办的第一届近代文学学术研讨会在开封召开。会议选择在开封召开，是对先生在近代文学研究方面影响的一种肯定。次年，先生又参加在北京召开的中国近、现、当代文学分期问题讨论会。1988 年，中国近代文学学会成立时，先生与钱仲联先生、季镇淮先生共同被推为学会顾问。1984 年在杭州召开的第二届近代文学学术研讨会上，与会同志感到高等学校要开设近代文学史课程，需要编写一部能够反映这门学科研究新成就的中国近代文学史教材。于是，先生约请几位高校的同志，商量编写《中国近代文学史》事宜，先生被推为主编。1988 年，该书由河南大学出版社出版。1986 年，上海书店拟编纂一部《中国近代文学大系》，范泉先生约请先生担任散文卷主编。《散文卷》共分四卷，共计二百万字，历时两年左右完稿，1992 年出版。《散文卷》导言由先生执笔完成。

先生致力于中国近代文学研究的同时，并未能忘怀于中国古代文学。1980 年以后，先生相继在上海古籍出版社出版了《袁中郎研究》（1983 年），在中州古籍出版社出版了《子产评传》（1987 年），在河南人民出版社出版了《中国古典文学论文集》（1981 年）、《聊斋志异选讲》（1981 年），在河南大学出版社出版了《中国古典文学论文集续编》（1991 年）。

先生从学生时代起就有记日记的习惯。“文化大革命”期间，先生被劳动改造，夫人马鸿毅在数次抄家后，惧祸而将先生几十年的日记烧毁。先生现存的日记是 1970—1996 年间的，约七十万字。1992 年前后，先生因随女儿生活的原因，辗转在开封与郑州两城市之间。在郑州女儿家时，因不能带太多的书前往，也就无法继续读书写作的生活了，先生为之十分苦恼。先生在1992年1月4日的日记中写道："到此之后，什么也没做，真是蹉跎岁月，如此下去，何以得了。须要振奋精神，在学术领域再拼搏一番。"在1994年3月14日的日记中写道："近来视力急剧减退，一般书中的文字都分辨不清，非常地可怕。现在只有吃点药，不知能否增加一点视力。"在3月15日日记中写道："随便翻翻过去看过的书。有时背诵过去能熟背的诗，如《长恨歌》《琵琶行》等，以消磨时光。"先生的学术研究工作，因目疾日趋严重而被迫中止。

二、贯通古今的学术视野

任访秋先生七十年的学术活动，以古今贯通、中外兼容的学术视野和献身学术、辛勤劳作的学术精神，在古典与现代之间建立了坚实的学术立足点，并取得了骄人的学术成绩。

在北师大与北大研究院读书期间，任访秋先生初步确立了致力学术的人生志向。在先生的心目中，亲历过五四新文化运动的钱玄同、胡适、周作人是值得仰慕的。这样一代学者用思想魔棒点触各自的研究对象时，都会产生出奇异的不同于前人的思想火花。年轻学子对这种学术境界自然是心向往之，以胡适、钱玄同、周作人为楷模，坚持五四新文学的学术立场，成为同适斋主的学术目标。

在北师大读书期间，先生经常给《新晨报·副刊》投寄一些研究性的短文，一是在开封一师养成的习性使然，二是每月可获得五六元的稿酬，能够赖以果腹。稍后先生参与师大《国学丛刊》的编辑工作，更有发表研究成果的阵地了。一年级时，先生即埋头读书，空余时间都是在图书馆中度过。他用将近一年的时间，系统阅读古文各家的文集，写成了四万余字的论文《古文家的文论》，在《国学丛刊》上发表。此后，又经常到府右街北京图书馆善本阅览室借阅有关晚明三袁的集子，写成一系列的文章，在《师大月刊》等杂志发表。心无旁骛地从事学术研究，成为其最坚定的人生选择。

先生在师大发表的论文，大多是兴致所至的学术习作。而真正的学术研究，还是从北大研究院期间写作《袁中郎研究》开始的。任访秋先生对袁中郎及明代公安派的注意，起源于周作人为俞平伯的散文集《燕知草》所写的跋文中关于“中国新散文的源流，我看是公安派与英国小品文两者所合成”的论断。先生在读了袁中郎的有关资料后，写成了《袁中郎评传》一文，对袁中郎和公安派在晚明文坛上的贡献进行评述。此时先生是大三的学生，并因借阅袁小修的《游居柿录》而到苦雨斋拜访过周作人。到北大读研究院后，因为导师选择了周作人，也就自然将“袁中郎研究”作为毕业论文题目。“袁中郎研究”分论述和年谱两个部分。论述部分共三章：第一章谈中郎以前明代文学思潮的趋向，主要描述分析前后七子的复古主义主张。第二章谈中郎的思想与文学。先生以为中郎早年师事李贽，后又与泰州学派交往密切，中郎熔儒、释、道诸家思想于一炉，从道家得到解放，从佛家得到自由，两种精神施诸文学，才产生了他所倡导的文学革新运动。中郎能免除复古派“贵古贱今”的弊端，反对模拟，打破格套，主张取法自然，抒写性灵，看重小说戏曲和民间歌曲，其诗文作品信腕信口、卓然自立，加上袁氏兄弟及其追随者的推波助澜，李贽、汤显祖、沈德符、冯梦龙、凌濛初等人的遥相呼应，形成了16世纪末17世纪初发生在我国文坛上以公安派为代表的文学革新运动。17、18世纪文坛上出现《聊斋志异》《儒林外史》《红楼梦》等文学杰作，正是晚明文学革新运动收获的硕果。第三章谈明末以来对中郎文学功罪的评判。先生认为，新文学运动显然是受西方科学民主思潮影响而起的，但明末文学革新运动，为五四新文学提供了一个“世界之思潮”之外“固有之血脉”的例证。五四新文学的成功，意外地完成了对明末文学革新运动价值的再发现。

在洛阳师范任教期间，任先生出于教学的需要，着手编写《中国文学史》讲义。文学史的写作，在20世纪20年代以后，为很多学者所重视。用当下的学术眼光，为有文字记载以来的中国文学写史，是中国现代学术体系建立过程中的一项重要工程。《中国文学史讲义》第一节开宗明义讲“什么是文学史”：

> 文学史乃是记载人类活动的东西，它应具的条件，应该是：一、说明文学的变迁及其盛衰的情况。二、研究文学盛衰的所以然。三、考证作品的真伪与产生的时代及作者身世与所处的环境。四、评出文学的价值。

从先生的《中国文学史》讲义中，我们可以感受到这项工程的筚路蓝缕，感知20世纪30年代末先生对文学史写作的雄心壮志。先生把文学史的研究分为专家的研究、流派的研究、断代史研究、通史的研究。先生认为通史的研究最难：

> 以中国文学历史之悠久，文体之碎杂，作者之林立，能够把它一一容纳在一部书里，就光正确已是极不容易，更不要说能够有什么特见卓识了。因为这个缘故，就近年所出版的中国文学通史来看，几乎连一部令人满意的作品都没有，不过有的虽然见解稍偏，但毕竟还有独到之处，可资参考。至于那些专事抄袭，不加检择的，多半荒谬芜杂，简直是不值一读。

正是出于对当下文学史的不满，先生试图自己写作一部文学史讲义。讲义中把中国文学史的发展分为八个时期：第一期为上古至夏商，第二期为周至秦，第三期为汉至隋，第四期为唐，第五期为五代至宋，第六期为元，第七期为明清，第八期为民国。先生描述民国文学发展概况道：

> 这一期可以看出旧文学一部分之衰老死亡，而平民文学所用之语体之抬头。中间经过一度长时期辩论争执，终于语体占了优势，而独霸了文坛的诗词古文，同那些装腔作势的戏曲，雕琢堆砌的小说，都被摈弃，而不为一般人所称道。新文学运动之后，又继之而有新写真主义与写实主义之争，又继之而有大众语之争，此均足证明文学之演进，与时代是如何密切的关系。

任先生 30 年代近三十万字的《中国文学史讲义》的写作，充满着学术的锐气和真知灼见，也体现出鲜明的五四新文学的立场。

这种五四新文学立场在先生 1944 年出版的《中国现代文学史》上卷中得到充分的展现。这部书写于抗战流亡期间，是我国最早的中国现代文学研究的专门著作。上卷共分三编，第一编为“文学革命的前夜”，主要论述清末民初的政治、思想与文学。第二编为“文学革命运动”，主要论述五四文学革命的始末，及伴随着文学革命运动而来的诸如整理国故、国语统一等问题的研讨。第三编为“新文学的萌芽与成长”，主要论述五四时期诗歌、小说、戏剧、翻译等文体所取得的成绩及文学研究会、创造社、语丝社等文学团体的活动。

在论及清末民初思想与文学时，先生认为：清末民初思想界，大致可分列四派：一是严复所介绍的西方学术。严复以《天演论》为起点，把西方民主与科学的思想介绍到中国，成为提倡民主与科学精神的第一人。二是康梁的变法维新思想。梁启超推翻旧文化、建设新文化的努力，为结束旧时代、开辟新时代立下了汗马功劳。三是章炳麟的反儒、排满思想对五四反孔教运动产生了直接的影响。四是张之洞的中学为体、西学为用的思想，对当时的中西之争、新旧之争起到了一种调和的作用。清末民初的文学界，是一个过渡的时代。在诗歌上，已无新的路径可走。变来变去，总逃不出古人的窠臼。这时比较有点特识的作家，像黄遵宪等人，已经有意地要打破旧的束缚，期待着建造一个新的诗坛。小说方面，那些从谴责而趋于黑幕的作品，也到了山穷水尽的地步，似乎也非得另转一个方向不可。散文因为整个环境的剧变，古文骈体都已不能够适应时代的需要，于是才产生出像梁任公那样极端解放的新文体。翻译因为林纾、严复、周氏兄弟运用古体和古文，影响力大大减退。这些变化都构成了一种过渡。黄公度的诗、梁任公的文，都是一种改良。他们觉得旧的不行，但还没有把旧的整个推翻而重新建立新的勇气。五四文学革命，使得破旧立新的夙愿得以实现。

把五四新文学运动与中国文学史上韩愈所领导的复古运动、明代公安派所倡导的文学革新运动相比，先生认为：它们都比不上五四新文学运动规模来得伟大。五四新文学运动，“不但是把文言推翻而代之以白话，而且把旧有的文学上的格律都打破了；这还不算，小说，同戏曲，简直是根本截断了旧的源头，而整个地迎接了西洋的潮流。至于内容上巨大的变化，那更是前人做梦也梦不到的事”。先生在论述五四新文学运动产生的远因和近因时认为，五四新文学运动产生的远因有五：一是旧文学之弊已达到极点，诗不出涪翁，词不出梦窗，文不出方姚。辗转祖述，终难摆脱前人窠臼。二是时代已变，旧文学已不能适应新时代的需要，不能适应现代人的表达情感的需要。三是言文一致的要求，愈来愈强烈并深入人心。四是对方言的重视与研究，助推了国语文学的发展趋势。五是受西方文学观的影响，人们看重文学的社会作用、艺术价值，小说、戏曲的地位不断提高，世人不以“小道”来看待文学。五四新文学发生近因，则是《新青年》杂志社所倡导的思想革命。思想革命一方面对西方的民主、科学思想积极推介，同时，又以民主与科学精神为根据，对中国传统的政治思想、宗教以及风俗、习惯等作全盘的破坏。思想革命与文学革命，成为一而二二而一的事，文学有了新的思想而更加充实，思想有了文字，而传播愈速。新文学对旧文学的破坏，体现在不模仿古人，废律废骈，不用典，不用滥调套语。新文学的建设在形式方面主张建设国语文学，在内容方面主张建设人的文学。国语文学与人的文学，成为五四新文学的双翼。

任访秋先生《中国现代文学史》上卷的学术贡献是多方面的。一是对“现代文学”这一概念的使用。其上限以五四新文学为起点，是明确无误的。至于下限，任先生1957年以《中国现代文学史》下卷为基础而写成的《中国现代文学论稿》，则将现代文学的下限延长至第二次全国文代会之后，是包含当代的。二是作者对五四新文学与晚清文学之间的继承与发展关系，给予了较多的关注，使晚清文学与五四文学的前后呼应，更合乎历史发展的实际。这种“欲说五四、探源晚清”的做法，在早期现代文学史著作中，是慧眼独具的。这也为先生晚年治晚清文学留下伏笔。三是对思想革命与文学革命，如影随形、相互支撑、相得益彰关系的描述，深得以“提倡新道德，反对旧道德；提倡白话文，反对文言文”为旗帜的五四新文化运动的精髓。四是把五四新文学形式与内容的特质概括为国语文学与人的文学，高屋建瓴，简洁明快，同时也鲜明地体现了同适斋主的文学史立场。

在论述文学创作分期时，《中国现代文学史》把五四以后的文学创作分为五个阶段：一是初期试作的时代（1918—1921）；二是自然主义与浪漫主义的时代（1922—1926）；三是自由主义与社会主义的时代（1927—1932）；四是写实主义、新写实主义与民族主义时期（1933—1937）；五是抗战文艺的时代（1938—1944）。上卷对文学创作的评述，截止在第二个时期的1926年前后。虽然因战争的原因，下卷未能在当时及时出版，但我们已能从以上分期中，清晰地看出先生对五四以后文学创作概况的整体把握。

先生在20世纪40年代还有两部著作，应引起研究者的注意。它们是《中国文学批评史》《中国文学史散论》。中国文学批评史作为中国文学史学科的一个分支，30年代起引起中国学者研究兴趣。任先生40年代在河南大学教书时写作的《中国文学批评史》，约十四万字，未及出版，这次根据手稿收入到文集之中。我们可以从这部书中看到任先生对中国文学批评史的有关思考。关于文学批评的产生及类别，先生认为：

> 文学批评之产生，无论中外，其时间总是晚于文学作品。照例是有了传诵一时的作品之后，一般学者第一步为明白此作品之内容及其价值，进一步为明白此类作品之所以产生，及其与人生之关系起见，于是文学批评遂因之产生。

先生引英国学者关于文学批评的十三种分类以为中国的文学批评分类，以考证的批评、历史的批评、比较的批评、主观的批评、客观的批评、道德的批评、印象的批评居多。论及文学批评与文学演变之关系，先生以为：

> 文学批评与文学作品，就关系上说，是互为影响互为因果的。盖批评之产生，最初由于对流行作品之分析与归纳，其结果批评之倾向常与一时作品之风尚相应合，故文学批评之转移，恒随文学之趋向为转移……至批评、创造中间相互影响之枢纽，又常在后者。
>
> 吾等研究中国文学批评之演变，应把握其所以演变之枢纽。此枢纽为何？一曰文学本身之趋向，二曰时代思潮之演变，及其所以演变之故，可以知其大略矣。

《中国文学史散论》是先生 1946 年结集出版的古典文学论集。先生在《自序》中谈到自己文学史的研究由博转约的认识过程时说：

> 提起《中国文学史》，不免就回忆起远在中学读书的时候，就

对它抱着很浓厚的兴趣。及至进了大学，竟毫不犹豫地选了这门学科，作为个人终身致力的目标……过去曾一度的发奋要写出一部《中国文学史》来。那时是一空依傍，泛览着一些名家作品。为的避免为旧说所囿，往往自己觉得对某人有着相当认识了，这才再拿前人的见解，来与个人的相参证。书是写成了十之七八，统共不下四十万字。但是后来，停了一个相当时期以后，自己对这部稿子不知怎样的，竟渐渐厌恶起来。觉得疏略谬误之处极多，而创获发明之点太少，于是把它问世的念头，也就因此打消了。基于这样的经验，使我深深感到要想写一部像样的文学通史之不易。对这门学科要想真正有点贡献的话，非得把范围缩小，从事于窄而深的研究不可。自此不敢再去贪多务得，从事于大规模的尝试，而开始着手于专家的研究。

先生发奋写作的文学史当指《中国文学史讲义》。从广博的文学通史到窄深的专家研究，显现了先生学术目标的自我调适，也折射出五四以来中国学术界分门别类、务为专家趋势的形成。

新中国成立后，五四以来的中国现代文学的研究引起了越来越多学者的重视。先生此时出任河南大学中文系现代文学教研室主任。1951 年，李何林、蔡仪、老舍、王瑶四位先生共同拟定的《中国新文学史教学大纲》发表。任访秋先生把四位先生的教学大纲与自己写作的现代文学史大纲比较，在《新中华》杂志上发表《对〈中国新文学史教学大纲〉的商榷》一文。文章对大纲的商榷有以下几个方面：一是四位先生所写的大纲绪论第一章“目的与方法”的写作过于原则而不够具体。二是第二章“五四时期的口号论争”应放在文学史的叙述中，没有必要专设。三是现代文学的分期可分为三个时期，即第一时期，文学革命的前夜，是旧民主主义的文学改良运动；第二时期，从文学革命运动到延安文艺座谈会，这一时期已开始步入了新民主主义的文学革命运动阶段；第三时期，从座谈会到第一次文代会，新民主主义的文学革命运动获得了基本的成功，开始走上了建设之路。这种分期与四位先生的大纲略有不同。四是《大纲》中第一编第一章标题为“五四前夕的文学革命运动”，把“文学革命”局限于五四以前，这是需要考虑的。文学革命与五四政治运动是互为表里、互相推动的，不应分割。五是《大纲》中设专节讨论1923年中国青年几位作者的主张，以为邓中夏等人提倡为革命服务，深入生活，表现现实，有暗合文艺的工农兵方向之处。先生则认为：这些人的主张主要是提倡表现人生和现实，与文艺的工农兵方向有着相当大的距离，不宜相提并论。任先生1951年还在《新中华》上发表了《谈谈五四文学革命运动在思想上的领导问题》。文章依据毛泽东主席的《新民主主义论》，对李何林《近二十年中国文艺思潮》中把新文学运动视为资产阶级领导的革命运动的有关论述，提出了商榷。

任先生上述对中国现代文学史的理解，都融会于他的《中国现代文学论稿》中。这部著作与1944年出版的《中国现代文学史》上卷相比，注重新文学与晚清文学、中国古代文学的渊源，注重新文学所受到的西方文学与苏联文学的影响，注重社会思潮、学术思潮与文学发展的关系等学术传统一直被保留着，而变化主要表现为：一是在分析中国现代文学运动思潮时，越来越多地强调无产阶级思想在中国现代文学史发展中的领导地位。二是在考察现代文学作家作品思想内容时，越来越多地强调人民立场和工农兵方向。三是在讨论作品的艺术成就时，越来越多地突出社会主义现实主义创作方法的优势地位。这些变化，都带有新中国成立后，学术界接受并运用新思想、新观念的印痕。

任先生在新中国建立后主要担任中国现代文学史的教学与研究工作，但同时也担任了与李嘉言、张长弓合作的《中国文学史提纲》元明清部分的编写任务。先生对于古典文学，仍不能忘情，时常有一些古典文学研究方面的成果发表。1956年，长江文艺出版社将先生1951年到1955年间所写的关于屈原、司马迁、《桃花源记》、《红楼梦》、《聊斋志异》、黄遵宪、古典文学中的“典型”与“幽默”等问题的八篇论文编辑为《中国古典文学研究论集》出版，其中的五篇又和先生1956年后到1966年间所写的十一篇古典文学论文，1981年由河南人民出版社辑为《中国古典文学论文集》出版。收入《中国古典文学论文集》中的十六篇论文，唐前的有七篇，宋元后的有九篇。先生在后记中写道：“宋元以来的市民阶级的文学，从思想上看，有许多是进步的。从艺术上看，有许多达到了前无古人的高峰。”对宋元后的市民文学的关注，应是新中国成立后先生古典文学研究的着力点之一。

收入《中国古典文学论文集》中的《关于袁中郎和他所倡导的文学革命运动》一文指出：袁中郎和他所倡导的文学革命运动，在思想上反对程朱理学，要求自由解放；在文学上，反对形式主义，主张打破一切陈腐的格律，要求真实地反映现实生活，以及时代的精神和面貌。我们要想了解17、18世纪中国文坛上有进步倾向的文学创作，如《聊斋志异》《儒林外史》《红楼梦》等，必须追溯到16世纪末公安派的文学革新运动。清末戊戌时代梁启超、黄遵宪等所倡导的文学革新运动，也有与其一脉相承的关系。此文写作于20世纪60年代，奠定了先生此后的基本学术取向和路径。收入《中国古典文学论文集》中同样写作于60年代前后的《略论〈金瓶梅〉中的人物形象及其艺术成就》《〈今古奇观〉的思想与艺术》《吴敬梓与〈儒林外史〉》《龚自珍文学略论》《章太炎的学术思想与革命精神》《胡适〈五十年来中国之文学〉的批判》，先生都在梳理着由晚明而至晚清，由晚清而至五四的思想与文学的发展轨迹。

先生20世纪80年代出版的古典文学论著还有《袁中郎研究》《聊斋志异选讲》《子产评传》。《袁中郎研究》是先生读北大研究院时的毕业论文，论文答辩通过后，被存放于箱底。20世纪80年代初，先生重新加以修正与补充，1983年由上海古籍出版社出版。经补充修正的《袁中郎研究》共十四万字。河南人民出版社1981年出版的《聊斋志异选讲》是先生60年代初选定的。共选了二十五篇，每篇后的注释部分由先生的公子任光完成，讲析部分由先生完成。1987 年中州古籍出版社出版的《子产评传》，是根据先生 1944 年前后由前锋报社印行的《子产》增修而成的。旧作而生新枝，一是显示先生旺盛的学术精力和不舍昼夜的学术精神，二是出版业的复苏和对学术著作的支持，使得修增之后的旧作有了重新出版的可能，这是 20 世纪 80 年代科学春天到来的结果。任访秋先生在 1985 年所写的《关于个人治学的回顾》一文中说道："党的十一届三中全会召开后，知识分子不仅得到了解放，同时也出现了一个科学的春天。从 1980 年后，就整理旧稿和写作新的论文近百万字。特别是在治学领域上有的新的开拓，就是对中国近代文学的研究。"

1990 年，任先生把自己 30 年代初涉学术领域时及 80 年代后期写作的古典文学论文，取名为《中国古典文学论文集续编》，交由河南大学出版社出版。《续编》的成书，先生抱着"与其过而弃之，毋宁过而存之"的想法，是一种拾遗整理的工作。其中《贾谊论》《司马相如论》《曹植论》《阮嗣宗论》《嵇叔夜论》是早年的学术习作。《继承灿烂的祖国文化遗产》《简论中国文化遗产中的民主思想的产生与发展》，是晚年应杂志社之约而写，《龚自珍与晚清诗坛》《从〈歧路灯〉看李绿园的思想》《〈三国演义〉与正统论》，是应学术会议之邀而写。《近现代学者论治学方法》《关于个人治学的回顾》是为学生讲课而写。

任先生自 20 世纪 80 年代起，专心于中国近代文学的研究，首先是他学术研究领域的自然扩大和延伸。先生研究中国五四新文学的源头，总是从晚清说起，而先生对中国古典文学的研究，又特别青睐于明清市民文学的发展与流变。中国近代文学研究，是先生古典文学与现代文学两个领域的研究水到渠成的打通与融合。其次也是 20 世纪 80 年代中国近代文学学科意识成熟与自觉的结果。1982 年 9 月，全国第一届中国近代文学学术会议在开封召开，次年，关于中国近、现、当代文学分期问题的学术讨论会在北京举行，中国近代文学成为一个独立学科的呼声，越来越多地引起学术界的注意。先生把学术研究的兴趣转入中国近代文学，也是要以自己的努力，支持这一学科的发展，而在实际上，先生自然成为这一时期近代文学学科的开拓者和学术旗帜。

1982年结集、1984年出版的《中国近代作家论》，是先生从事近代文学研究的第一部力作。先生在此书的《后记》中，首先详细叙述了个人自40年代以来对近代文学留意和涉猎的学术过程。其次谈到《中国近代作家论》所选取的作家："在嘉道时期，除龚自珍外，又选了魏源。在同光时期，于维新派则选了康有为、梁启超、谭嗣同、严复、黄遵宪。于革命派则选了章太炎、苏曼殊、刘师培。至于在政治上比较保守，而在文学观上有其正确一面的如王国维；在对西方文学进行大力介绍，于当时文坛产生了一定积极作用的如林纾，也作为论述对象。而于晚清的小说家，将其中影响较大的选了曾朴、李伯元、吴沃尧、刘鹗等四人。"以上共计十六位近代作家，附录中收入胡适、钱玄同两位五四作家及《晚清文学思潮的流派及其论争》一文。《后记》的最后，先生对未及论述的作家如秋瑾、柳亚子、曾国藩等人，文学流派如风行一时、有重要影响的同光体、桐城派、选派等，提出应给予足够的重视和研究。以为只有这样，才能展示文学史发展的全貌。

《中国近代作家论》在写作方法上采用生平、思想、创作、文学史上地位这样一个大致相同的结构方式。写作于1963年的《龚自珍》，在论及龚自珍创作对后世的影响时，先生认为：龚的诗文忧国忧民、愤世嫉俗而要求打破成规革改一切，表现的是嘉道时期内忧外患交相煎迫下先觉者的思想，因此他的诗文在风格上，恢诡谲怪，踔厉风发，在形式上打破一切清规戒律，而趋于解放，从而在思想上与艺术上都成为近代文学的先驱。与龚自珍文学史地位相仿佛的是梁启超。任先生的《梁启超》一文认为：以前的文学史家对梁启超所领导的晚清文学革新，仅仅视为一种对文体枝节性的改良，而没有视为一种有意识有目的地配合维新变法而产生的文学革新运动，因此，对梁启超在晚清文学史上的地位的估计，自然不能恰如其分。梁启超领导的文学革新运动，在内容与形式上都做了五四文学革命运动的先导，给五四文学革命提供了宝贵的借鉴。至于胡适，先生认为，他20年代以后的政治立场是应该得到批评的，而其在五四文学革命运动中的功绩，则不应该一笔抹杀。胡适提倡新文学反对旧文学，提倡新道德反对旧道德，同当时《新青年》杂志社中其他革命者并肩战斗，给中国文学史开辟了一个新的历史时代。他后来写作的《白话文学史》，描述国语文学是两千年中国文学的重要组成部分，巩固了文学革命的成果。其提倡的“整理国故”运动，开创了一个资产阶级文化的新时代。先生在此书中论及章太炎、严复、林纾、钱玄同的文字，也多是宏论，新见迭出。

收入《中国近代作家论》附录中的《晚清文学思潮的流派及其论争》一文，曾发表于1982年第二期的《社会科学战线》上，此文代表了先生在近代文学作家论基础上对近代文学思潮流派发展轨迹的宏观思考。论文在分别点评了近代作家梁启超、严复、章太炎、刘师培、柳亚子、鲁迅、周作人、林纾、王国维的思想与文学贡献之后指出：晚清十几年间，各种文学思潮流派的论争交锋，此起彼伏，其发展变化有以下几个方面的特点：一是每一次文学革新思潮与流派的形成，其倡导者都在不同程度上接受了西方文学思想的影响，并用新的价值观照评判中国旧有文学，以扬长避短、洗心革面的努力，使之适应新时代新形势的要求。外来文化与文学的影响，是推动晚清革新文学思潮流派形成和发展的巨大动力。二是思想解放与文学革新总是如影随形，桴鼓相应，没有思想上的解放，就不可能出现文学上的革新。晚清文学思潮流派其面貌之所以迥异过去，是因为近代科学与民主思想的输入，对中国的思想界产生了前所未有的巨大冲击和解放。三是从晚清文学思潮与流派的发展规律来看，在政治上要求革新，往往在文学上也要求革新，如梁启超；在政治倾向上趋于保守的，文学上也往往因袭前人的规矩准绳，如林纾。四是晚清各思潮流派，其代表新的倾向的有对儒家思想持批判态度，根据中国文学的发展，指出中国文学将来必然走上言文合一的道路，提高文学戏曲的文体地位，促进小说戏曲的空前繁荣这样几个共同的特点。晚清从时间上说虽然甚为短暂，但由于思想上的解放，因而展现出了一幅“百家争鸣”的新图景。

由近代作家的个案研究到晚清并上溯至晚明文学思潮研究，先生1982年出版的《中国近代作家论》和1986年出版的《中国新文学渊源》显示着这一变化。先生在20世纪30年代研究袁中郎及公安派文学，对李贽对公安派的影响有所论述。后来读嵇文甫的《左派王学》一书，进一步理解了李贽在“左派王学”中的地位。李贽反程朱理学而进一步对孔子的是非观提出疑义与批评，在晚明思想界具有振聋发聩的意义。李贽所倡导的思想革命与公安派反前后七子的复古主义文学运动，以及小说戏曲等市民文学的高涨，形成了晚明以至清代中叶的文学革命。对晚明以来的市民文学，先生在20世纪五六十年代，曾就“三言二拍”、《聊斋志异》、《红楼梦》、《儒林外史》等发表一系列的研究文章，并试图写作一部中国17、18世纪的文学史，从晚明写到清乾隆中叶，描述这个阶段反映市民思想的市民文学的发展，但因种种原因，而未能实现。1982年，先生招收第一届近代文学专业研究生，因开设专业课的需要，先生便下定决心，把晚明文化革新运动到五四文化革命运动这三百年间的中国学术思想的演变与中国文学的发展，联系起来进行考察，这便有了《中国新文学渊源》的成书。先生在书的《前言》中写道：“本书的目的，即在于论述阐明从晚明到五四近三百年来中国进步的文学思潮发展的路径。”

在《中国新文学渊源》一书中，考察是循着思想与文学两条线索进行的。从学术思想来看，晚明“左派王学”的反程朱，特别是李贽提出孔子之是非为不足据，的确是石破天惊之论。清代朴学家反程朱，最初认为程朱派学者对经典的注释不够正确，远远不及汉儒；到了戴震，则揭露程朱“去人欲，存天理”的理学祸及社会与民众。这种批程朱批孔的思想暗流，在晚清西方民主思想输入的背景下，经梁启超、谭嗣同、夏曾佑、章太炎等近代思想家的推波助澜，终于形成了五四反孔教的运动，在“打倒孔家店”的浪潮中，李贽的著作、思想得到了褒扬和回应。

从文学的发展来看，李贽的天下至文皆出于童心，诗何必古选、文何必先秦的思想影响了公安派袁氏兄弟。公安派主张抒写性灵，信腕直寄，反对前后七子复古主义，并对小说戏曲等市民文学大加褒扬。明清出现的《牡丹亭》、“三言二拍”、《聊斋志异》、《红楼梦》等戏曲小说作品中贯穿着主情主义，提倡婚姻自由，反对封建等级制度等市民意识和思想。清代朴学家中，焦循重视戏曲小说，有“一代有一代之所胜”之说，影响晚清王国维、刘师培甚大。李汝珍创作《镜花缘》，俞樾亲自动手改编小说，晚清龚自珍崇尚心力，贵创，梁启超主张文体革命，提高小说戏曲的地位，这些都构成了五四新文学的民族文化渊源。晚明以来的反孔教与反复古主义文学，再加上晚清从西方输入的科学、民主等学术思想及文学观，两者汇合，形成了五四思想革命与文学革命的思想与理论基础。《中国新文学渊源》最大的学术意义是梳理描述了晚明至晚清、五四时期思想与文学嬗变的轨迹，并将先生早年和晚年所致力的两个研究领域，通过这种学理上的梳理联结起来，给人一种始于曲径通幽，终而豁然开朗的阅读感受。这种古、近、现代贯通式的研究成果，也让作者充满着求仁得仁的快乐。

《中国新文学渊源》出版后，先生还主持了《中国近代文学史》教材与《中国近代文学大系·散文卷》的写作与编辑工作。这一阶段所写的有关近代文学方面的论文，如《龚自珍与晚清诗坛》《近现代学者论治学方法》等，收入《中国古典文学论文集续编》之中。

任先生的鲁迅研究也是厚重和极富有特色的。先生1923年入开封一师学习时，便读过鲁迅先生的《呐喊》，后又读《语丝》，读《热风集》《华盖集》，对鲁迅作品有了初步的了解。1929年，先生到北京读书时，鲁迅先生已定居上海。针对文艺界对鲁迅的不恭之辞，先生以“霜枫”的笔名，在报上发表了《我所见的鲁迅与岂明先生》，对周氏兄弟进行比较性的论述，被列入拥周派的言论中。1932年，鲁迅到北师大讲演，先生曾到和平门外校本部听讲。1936年鲁迅逝世，先生写作《中国传统思想的叛逆者——嵇康、李贽与鲁迅》一文，以表纪念。1941年，河南大学进步师生举办鲁迅先生逝世五周年纪念会，先生写作了纪念歌辞在会上演唱。1944年出版的《中国现代文学史》，对鲁迅的小说与杂文作了专题论述。先生此后有关鲁迅的论文，分别收入《鲁迅散论》《鲁迅散论续集》中。

先生收入上述两书的研究文章可分为以下几类：一是纪念性和作品评论一类的文章，如为纪念鲁迅先生逝世二十周年而作的《伟大的文学家、思想家和革命家鲁迅先生的一生》《〈野草〉的思想与艺术》《〈希望〉浅析》等，这类文章显现着先生对鲁迅的敬仰和对作品的热爱。二是鲁迅与同时代及不同时代的思想家文学家的比较性研究，如《鲁迅与胡适》《鲁迅与蔡元培》《鲁迅与晚清几个作者——严复、梁启超、章太炎》《鲁迅与龚自珍》这类文章，在比较中凸显鲁迅的思想路径与创作特质。三是把鲁迅放在近现代思想史和文学思潮史的宏大背景下，考察鲁迅存在的意义和贡献，如《试论晚清第二次文学运动》《试论晚清以来中国知识分子的几次分化》《中国文学划时代的作品——论鲁迅五四时期小说伟大的历史意义》。这类文章高屋建瓴，帮助读者理解鲁迅战士与旗手的时代与历史定位。

70年的治学经历，在中国古代、近代、现代几个历史阶段和思想史、学术史、文学史数个研究领域，任访秋先生辛勤地耕耘着，愉快地收获着。从同适斋到不舍斋，先生学术道路的每一步，都是扎实厚重而富有创获的。

三、求真明变的学术维度

作为文学史家，任访秋先生七十年的学术著述是十分丰厚的。在任先生留下的学术著述中，观察体味先生是如何在古今中外的文化矩阵中，选取并形成自己的思想与学术领域的，而其学术思想与方法，又经历了怎样的发展与嬗变过程，是一项具有学术史意义的工作。

任先生读书与初涉学术的年代，是五四之后的年代。后五四时代，是中国现代学术体系初步形成的时期。五四前后欧风美雨的荡涤，中国学者世界视野的逐渐扩大，加上中国现代高等教育制度的建立，使中国学术有可能从经学研究中心和家法、门户之见的旧套子里走出，学科结构和知识形态发生着巨大的变异、解构与重建。1923 年，先生到开封一师学习，从国文教师嵇文甫那里，培养了对文学的兴趣。而嵇文甫开设的《中国文学史》课，用的教材就是胡适的《白话文学史》。1929 年，先生到北师大学习，对钱玄同摆脱今古文两派的门户之见，把经学原典还原为真伪并存的历史资料的治学精神和勇气，甚为感佩。同时，先生又到北大听胡适的《中国哲学史》课程，对胡适提出的哲学史的撰述应以明变、求因、评判为三大目的，以“求出各位哲学家一生行事、思想渊源沿革和学说的真面目”为根本功夫的理论也是心有灵犀。两位大师“研究问题，输入学理，整理国故，再造文明”的学术倡导与实践，对立志以学术研究为毕生事业的任访秋先生，有着重要的影响。任先生在北师大《国学丛刊》上发表的第一篇学术论文，开宗明义，阐明在古文已成为历史的腐臭之物的情况下，研究古文家文论的意义所在：一是古文在文坛上坐第一把交椅一千余年，其兴盛和衰歇的原因值得探讨；二是研究中国文学，目的在“真”，在“整理”，因此，对文学史上的重要理论，不管是好是坏，是正确是谬误，都应“去还它一个本来面目”。把“求真”“还它一个本来面目”作为“研究问题”“整理国故”的出发点，这正是当时学术界的基本精神，也自然成为同适斋主最为初始的学术目标。

“还历史本来面目”的“求真”过程不易，达到明变、求因、评判的治史目的更难。在古今接续、中外会通中明变，从社会思潮变迁、学术思想传承中求因，构成了同适斋主治学的第二重目标。任访秋先生 1935 年发表在《师大月刊》上的《论文学中思想与形式之关系》一文，从赋、古文、小品文、白话文四种文体的发展，孔子与庄子、陶潜与谢灵运、杜甫与李白、李攀龙与袁宏道、林纾与胡适这十个作家的创作中，探求文学内容与形式的关系。论文结论有二：一是中国文学的发展，大体受儒、道、佛三家影响而形成不同的面目。儒家之文典雅而不免于矫饰，佛教之文华丽而易陷于雕琢。道家重真、重自由，对文学创作的影响最为积极。二是思想为治文学史者最不应忽视的东西。它不但在支配着文学的内容，而且形式的变革，也完全操握在它的掌中。讲文学史而丢掉思想，是无法来解释作品形式变革之所以然的。这种倚重思想史、学术史解释文学史的理路和方法，渐渐为同适斋主所熟练掌握和运用。

同适斋主“求真”与“明变”双重目标的完善结合，体现在1936年的《袁中郎研究》、1937年前后的《中国文学史》讲义和1944年的《中国现代文学史》的写作中。《袁中郎研究》上编为论述，下编为年谱。年谱部分对袁中郎的行止、交往、著述进行了详尽的考辨，体现了还原求真的原则。论述部分对明代文学思潮的趋向、中郎的思想与文学、明末以来对中郎的评价等方面进行了考察，描述了明末文学与五四文学精神呼应，突出了明变、求因、评判的原则。上下编结合，更使研究显得扎实平稳。《中国文学史》讲义试图通过个人的努力，勾勒上古至民国文学的发展脉络，作者深知工作的艰难。其《绪论》论治文学史之方法时说：

> 我们现在来从事于这样繁难的工作，只要能用科学的方法，小心审慎地去研讨，虽不能说能发前人所未发，至少“可以无大过矣”。所谓科学的方法，不外是客观的，以证据为依归，我们研究作家的身世，有可信的史料我们来引用，否则宁可阙疑，绝不以讹传讹。对作品的真伪，应依辨伪的通则，去考证它的产生时代。其次是注意文体演变的说明，与时代背景的解释，对作家绝不存崇拜英雄的心理，去夸大的推尊，应着实地解释作品所以产

生的必然性。

大概过去研究文学的总免不了门户之见，常常是入主出奴，尊骈俪的必菲薄古文，尊唐诗的必菲薄宋诗。至于尊唐宋古文同尊宋诗的，其訾议骈俪同唐诗，自不必说了。我们要极力避免这种习气，要具有独特的精神，不依附古人，同时又必须持一种客观的态度，能实事求是，既不阿附此，更无须攻击彼，能够这样，才可以达到我们所希望的"真"与"信"的目的。

"科学"的治史方法，"真"与"信"的治史目的，构成了同适斋主处理繁难学术问题的内在凭藉。

先生写于1944年的《中国现代文学史》也是一部在通读晚清五四报刊、名家文集基础上的潜心之作。建立在求真基础上的评判，充满了真知灼见。先生把晚清与五四联接，称之为过渡时代：

这一切都象征着这是一个过渡的时代……旧的制度与思想不适于新的时代，已是不成问题了。文学又何尝不是如此呢？黄公度的诗，梁任公的文，他们只不过觉得旧的不行，但还没有把旧的整个推翻，而重新建立新的勇气。但能够这样，就已经是难能可贵了。时代是渐进的，所以发展到一个相当的时期，革命运动，就终于爆发了。

其评价五四文学革命倡导与实施的意义说：

文学革命，是我国文学史上的一个划时代的运动。就以往的文学史来看，文体虽是常常的在变动着，但大半是不自觉的、无意识的。一方面因袭着旧的规范，一方面创造着新的形式。就中比较看，争执得最烈的，是唐代韩昌黎的复古运动，同明代公安派的革新运动，但他们都赶不上这一次的规模来得伟大，因为他们所争论的只不过是形式上的问题。至于这次，不但是把文言推翻而代以白话，而且把旧有的文学上的格律都打破了；这还不算，小说，同戏曲，简直是根本截断了旧的源头，而整个地迎接了西洋的潮流。至于内容上巨大的变化，那更是前人作梦也梦不到的事。

这段话既把五四文学革命放在中国文学史的长河中，以凸现它在文体变革、语言变革、思想内容变革方面独特的价值和意义，而同时也指出五四文学革命中西方思想潮流的影响。古今与中外，始终是任访秋先生把握五四文学革命的两把尺子。

论及五四文学革命与思想革命的关系，任先生指出：

打倒传统思想，与文学革命工作，是一而二二而一的事。新的文学……必须有新的思想内容，才能充实。同时，新的思想，也必须有新的文学形式，才能传播愈速……这次文学革命之能成功为一种运动，是基于思想革命。而思想革命之所以发生，则由于介绍民治主义与科学。

正是以民主、科学的思想革命为底蕴，文学革命才能摧枯拉朽，一举而获得成功。

作为最早的中国现代文学史，作者以后五四时代学者的眼光，解读五四新文学的发生发展，作出了“求真”“明变”的努力。书中论及五四与晚清文学的联系时说：

从戊戌到五四，当中十几年间，中国文化是渐进的，在蜕变，而舍旧而谋新。直至五四，时机成熟，因此趋新舍旧之动向，才算达于最高潮，由此而遂转入一新时代。尽管初期的维新者，到后来竟一变而为守旧者，像康有为同严幼陵等，因为他们没认清这种新思潮演进的全部过程，所以才不免大惊小怪。实际五四的种子，都是他们过去播下的。不过到这时，才算开花，才算结实就是了。

这种“欲说五四，溯源晚清”的做法，得到了历史学家嵇文甫的赞同。嵇先生在此书的《序》中写道：

其实文学革命本为长期孕育而来。当初几个倡导者都是从整个文学进化史上，找出他们的理论根据，认为这一次文学革命是历史的必然。他们的工作，实际上是和清末文学界发展的趋势一系相连的。大概文至梁任公，诗至黄公度，已经在旧文学中来了个彻底大解放，接近着国语文学的边缘。严几道、林琴南的翻译，虽然他们仍使用着古文，虽然林氏后来竟成为反对文学革命的代表人物，但实际上他们都作了新文学运动的先驱。历史上的因果是错综倚伏的，只要把清末文学界的动向细细加以研究，就知道五四以来的文学革命实非偶然。

从《袁中郎研究》《中国文学史》讲到《中国现代文学史》，先生初步形成了自己的治学路径和方法。其 1989 年写作的《五十年来在治学上走过的道路》一文中把同适斋时期的学术活动称之为早期、中期：

早期。从 1929 到 1933 年，在治学上注重选题，然后根据题目搜集有关资料，对资料进行分析比较，从中企图有所发现，然后把它系统化、条理化。把根据有关资料的研究所得，予以整理，写成论文。较早发表于北师大《国学丛刊》中的《古文家的文论》与发表在北平《新晨报》副刊的《边塞诗人吴汉槎评传》《刘师培的文学论》，可作为此期的代表作。

中期。受清代朴学家及五四时期胡适、钱玄同等学者治学方法的影响，学习了他们的重证据、斥臆断，以及客观地分析评论、务期有所创见的“实事求是”精神，来解决学术上的问题。我在北师大读书时听钱先生的课，在北大研究院读书时接受胡的指导，受到深刻影响。后来在北大研究院写的毕业论文《袁中郎研究》即根据上述精神而写成的。

新中国成立后，唯物史观在学术界深入传播。学术界尝试用唯物史观和辩证唯物主义，观察分析中国历史和文学。像学术界其他文史工作者一样，任先生在使用新方法进入文学史的研究时，充满着探索求真的精神，也收获了意料之外的快乐。

1952 年印行的《中国文学史讲授提纲》和 1956 年印行的《中国现代文学论稿》《中国古典文学研究论集》是任先生运用辩证唯物主义和历史唯物主义的观点、方法进行中国文学史研究的最初尝试。把任先生负责编写的《中国文学史讲授提纲》元明清部分，与任先生 40 年代个人写作的《中国文学史讲义》的元明清部分相比较，变化主要有两点：一是 50 年代本不再讲宋以后的诗与古文，而重点讲宋以后的小说、戏曲。二是在小说、戏曲作品的论述中，更多地使用人民情调、阶级意识等概念，强调人民大众立场和阶级诉求。《中国现代文学论稿》在《绪论》中专设“学习现代文学的方法”一节，以为学习现代文学的方法有四：一是坚持辩证唯物主义和历史唯物主义的观点、方法和无产阶级的立场，这是有史以来最进步的科学方法。二是采用对具体作品进行具体分析的方法。文学史工作者应该对研究的对象进行具体的分析，从内容到形式，从思想性到艺术性，给以正确的说明和评价。不能盲目照抄别人的论断，流于公式化或者教条主义的分析和批评。三是对作家的分析研究，首先要注意他所处的时代，这样才能更好地了解作品的内容与形式，了解作品的社会意义与历史意义，评判作家的贡献和地位。其次要了解作家的世界观和政治态度，并与当时历史发展的方向相印证。四是以人民大众的需求与利益为作品评价的最重要标准。《中国古典文学研究论集》中对屈原爱国主义思想的解读，对司马迁《史记》现实主义创作精神的分析，和《对于王瑶先生〈晚清诗人黄遵宪〉一文的意见》中阶级分析方法和人民立场评价标准的运用，我们都能感受到先生在寻求唯物史观与古人的知人论世、清儒的实事求是、五四的求真明变等治学方法兼容并包方面所作出的努力。

1957 年以后，先生被迫中断了学术研究工作，此后不久，又是十年“文化大革命”。“文化大革命”中，先生研读鲁迅。生活之书与鲁迅之书的教益，使先生运用新思想、新方法的熟练程度大大提高。1980 年，先生把新中国建立后至“文化大革命”前十五年间的古典文学论文辑为《中国古典文学论文集》，并在《后记》中谈及古典文学研究的方法问题，先生认为：古典文学的研究，首先是批判继承问题。文学与文化建设，就要对古今中外的文学、文化遗产借鉴继承，剔除其糟粕，吸取其精华。其次对古典文学的评价标准，应坚持思想标准第一，艺术标准第二。思想标准中首先看对待人民的态度如何，然后看在历史上有无进步的意义。文学作品的艺术性也是十分重要的，提高文学作品的艺术水平，是避免文学公式化、概念化、政治说教的唯一道路。第三是要把文学作品放在一定历史范围内，加以考察，进行分析比较，不孤立片面地看待问题，才能得出全面正确的结论。

这也正是先生特别看重 1980 年后完成的《中国近代作家论》《中国新文学渊源》的原因。《中国近代作家论》是作家研究，先生选取近代最有代表性的十几位作家，考证其身世作品，说明作品的渊源、流派及价值，以散在的、个体的作家论，折射出中国近代文学史发展的基本轮廓。《中国新文学渊源》是思潮与流派研究。它通过思想与文学的两条线索，将晚明至五四近三百年的文学精神作了连接，描述了三百年文学中的“固有之血脉”和“外来之影响”的交锋交汇。两书打通的不仅是先生自 20 世纪 30 年代即孜孜以求的明末与五四两段文学史，打通的还有古人、清儒、五四学者、唯物史观治学方法的壁垒，从而进入一种“从心所欲不逾矩”的学术自由境界。先生在 1989 年所写的《五十年来在治学上走过的道路》一文，谈及新中国成立后的学术活动时说道：

> 建国后学习了马克思列宁主义的经典著作，以及毛泽东的哲学论著，特别有一个时期系统地钻研了鲁迅后期的论著，在立场、观点、方法上又深受鲁迅的启发，因而能较顺手地运用新的阶级观点，以及辩证唯物论与历史唯物论去分析学术上的各种问题，深感得到这一锐利的武器，应付学术上的问题，随时随地大都能够得到较满意的解决。这时看过去一些旧时代学者的论著，觉得未免陷入皮相之见，很少能鞭辟入里的。我用新的观点、方法写出的书，有《中国古典文学论集》《鲁迅散论》《中国近代作家论》《中国新文学渊源》等，特别是《渊源》一书，自信为个人的创获。

这种自信，来自于先生不断的自我完善和锲而不舍的辛勤耕耘。

四、亲情友情中的学者情怀

收在文集中的《感旧集》是先生写于 1989 年前后回忆师友与亲人的文字，时年先生 80 岁。《感旧集》有《我的朋友》一文，文中写道：

中国古代把朋友作为五伦之一。这说明人生活在社会上不能没有交际，因而也不能没有朋友。一个人从童年、青年、壮年，直到老年，都不可能块然独处。随着年龄的增长，社交方面也随之而发生变化，朋友也因之增多起来。从古至今，朋友有着多种多样，有道义之交，也有势利之交。前者以道义，时间久而弥坚，以至生死不渝。而后者不过彼此利用，时过境迁而成路人。这在复杂的社会生活中，是在所难免的，也无须兴什么人心不古之叹。

先生文中记述了几位年轻时期即志同道合，一生中都相互帮助的朋友，他们是一师时期的徐缵武、罗梦册，大学时期的李静之，研究院时期的商鸿魁。80 岁忆友，字里行间，充满着沧桑之感。

《感旧集》中更多的文字是对师长的回忆。嵇文甫、张邃青是先生一师时期的老师，两位学有所长的历史学家，给了先生很多学术的启蒙。先生 1940 年到河南大学任教时，嵇是文学院院长，张任文史系主任，两人在学术和道德上的崇高威望，使当时的文学院超然于派系争斗之外，为文学院发展营造了良好的学术氛围，功德无量。大学时期的老师印象最深的是钱玄同、吴承仕、徐祖正、黎锦熙。钱玄同是国学大师章太炎的弟子，五四新文化运动的先锋，他提出的“桐城谬种，选学妖孽”的论点，影响极大。他开设的“国音沿革”“经学历史”“说文研究”等课程，任先生听课时都有详细的笔记。钱先生一方面继承清代皖派治学的方法和精神，同时又受西方科学与民主思想的影响，在很多方面超越了清代朴学家。他批判汉学家“凡古必对，凡汉必好”的观念，打破经学研究中的门户之见，站在历史的立场上，研究经学的本来面目，主张“考古务求其真”“致用务求其适”，是五四时期学者的典型代表。北大研究院时期的老师有胡适、周作人。先生在师大读书期间，曾到北大听过胡适的“中古思想史”课程。1935 年先生读研究院期间，胡适是北大文学院院长，兼研究院文学研究所所长。胡适身为中外闻名的大学者，对学生却和蔼可亲。先生当时写过一篇《袁中郎与李卓吾》的文章，请胡适批阅，胡非常赞赏，写了批语，并推荐到天津《益世报》文学副刊发表。先生研究院毕业时，胡适担任答辩委员会主席。新中国建立后，先生因与胡适有一段师生关系而受到冲击，先生写过两篇学术文章，分别批判胡适的论典型问题和《五十年来中国之文学》。1982年，专门论述胡适的文章收入《中国近代作家论》一书。文章认为：胡适在中国文化史上，值得注意的有两件事：一是参加新文化运动，二是提倡整理国故运动。两者既有联系，又有区别。就新文化运动而言，胡适在美留学期间，就有改革中国文学，用白话文代替文言文的主张。1917年在《新青年》发表《文学改良刍议》，引起陈独秀的注意，不久又有钱玄同、刘半农等人的响应，以后逐渐发展，而形成了波澜壮阔的文学革命运动。在文学革命中，胡适的《历史的文学观念论》《建设的文学革命论》《易卜生主义》，诗集《尝试集》，话剧《终身大事》产生了巨大的影响。对于新文化运动，胡适以为当以“研究问题，输入学理，整理国故，再造文明”为出路，因而有了“整理国故”的提倡。在“整理国故”的实践中，胡适一方面试图厘清清代学者治学的优点与不足，并将清代学者研治文字学、校勘学、考订学的方法，与西方逻辑学中的归纳法、演绎法进行比较，总结出“大胆的假设，小心的求证”的治学箴言；同时又引入西方学者的观点与方法，运用于中国哲学史、中国文学史研究中。在中国文学方面，胡适致力于白话文学史编写和元明以来章回小说的考证。胡适在“整理国故”的努力中，开创了五四之后一个新的学术时代。北大研究院另一位对任先生产生巨大影响的是周作人。任先生青年时代因《语丝》而知道周作人，因读周作人的《燕知草·跋》而知道明末公安派的小品文，后又因研究袁中郎而与周作人有了师生之谊。周当时是知名作家，北大的研究教授，其1928年为辅仁大学所作的演讲《中国新文学的渊源》，把中国文学史的发展看作是“言志”“载道”两派的此消彼长的过程，并在《燕知草·跋》中盛推晚明公安派的小品文，认为中国的新散文是公安派与英国散文二者的合成，这些论点引起任先生对晚明文学的兴趣。读研究院时期，先生便选择“袁中郎研究”作为论文题目，选择周作人作为导师。课题研究中，先生多次向知堂老人请教，有时周以书信作答，可惜这些书信在抗战中损毁。如何看待抗战时期周担任华北伪组织的教育督办一事，先生1988年著《忆知堂老人》一文写道：

> 知堂老人之所以晚节不终，据我的推断其原因：一是他思想上存在的民族失败主义。他把当时的中国比作晚明，明代的结局是亡于满洲。至于蒋介石政权，已是腐败透顶，而他又看不到，也不相信共产党领导的人民抗日力量，所以他认为亡国是不可避免的。这就是他附逆的根本原因。二是他自称他思想中有两个东西：一、叛徒，二、隐士。这话倒也符合实际。在五四时代，他是一个中国封建传统思想的叛徒。当时他曾提出思想革命的口号，为提倡民主与科学，在新文化运动中作出了杰出的贡献。但到三十年代，面对阶级斗争、民族矛盾日趋激化的时候，他便躲进书斋，逃避现实，变为隐士。从他的散文集的名字从谈虎到谈龙，以至后来谈草、木、虫、鱼，就充分可以说明了。而最后终于堕落为民族的叛徒。三是家室之累。他的负担很重，离开北平，生活困难较多。

对如何评价知堂老人的一生，先生以为：

> 五四时代他参与文化革命的功绩是不应抹杀的，而他的散文自成一派，也影响了不少晚辈学者。至于在介绍东欧文学与日本文学方面的贡献，除鲁迅之外，很少可以与之相比的。因而在文学史上，应该给他一定的地位。而后来的投敌叛国，则是任何人

也难以为其辩解的历史铁案，当然也是他个人一生中最惨痛的一幕悲剧。

此可谓知人之言。

《感旧集》中还有一些文字是写家庭的。先生 1909 年农历八月出生于河南南召县梁沟村，父亲任尚贤，清末秀才。母亲姓高。先生在家最小，上有两个哥哥，两个姐姐。夫人马鸿毅，陕西米脂人，十几岁随哥哥到南开女中读书，后考入北平大学女子文理学院，与先生好友李静之的夫人同窗。先生在李静之处见到容貌美丽、谈吐爽快的马鸿毅后，顿生倾慕之意。九一八事变后，先生参加南下请愿团，路途在车站购物与马先生邂逅，回北京后便有了频繁的交往。1932 年夏，先生与马先生在王府井大街的一家餐馆举行了订婚仪式，马先生自此开始了与任先生 68 年相濡以沫的生活。先生 1988 年所写的《我的婚姻》一文说：

同鸿毅的结合，转眼已五十多年了。现在我的大女儿秋子，已五十五岁了。半个多世纪以来，经历了抗日战争、解放战争。我们东西播迁，从城市到农村，从农村到城市，历尽了人间的艰辛。但我们有着深厚的爱情基础，所以能相互体谅，同休戚，共患难。鸿毅性格上的温柔与坚强，使她在坎坷曲折的人生道路上虽饱尝了苦难，受尽了劳累，而从无怨言。在她处处体贴照抚下，我才得以在学术上有所创获，在学术界稍有声誉。同时，孩子们由她抚养，都已大学毕业，成家立业。在这些地方，我不能不对她的性格与品质，表示由衷的敬佩，并以此感到无比幸运。

先生 2000 年 7 月在开封病逝，师母也病重不起，一年后撒手人寰。两位老人被子女安葬在黄河之畔，守望着黄河两岸的故乡，继续着他们未曾中断的对话。

收入文集中的约七十万字的《日记》，起于1970年，止于1996年。1970、1972、1974年的《日记》都是片段。1970年的《日记》又为《农场日记》，专记先生在农场学习和劳动改造情况。1972年的《日记》又题为《北京日记》，记述了因学校要恢复招生，先生暑假期间去北京走访的情况。先生在北京拜访了冯友兰、吴组缃、王瑶、白寿彝等人。1974年的《日记》中记载先生的学术活动，大多与评法批儒有关。1978年先生的《日记》由《武昌日记》《桂林日记》两部分组成，先生武昌、桂林之行与中南地区高校联合编写《中国现代文学史》有关，而教育部也来函，请先生到北京参加北大、师大编写的《现代文学史》资料审稿会。本年度，先生招收的第一届研究生到校学习。

先生1979年以后的《日记》恢复正常。本年度，先生右派问题彻底平反，出任中文系主任，被选为省政协常委，到北京参加民盟代表会议和全国文代会，先生进入学术活动和社会活动骤然增多的时期。先生记全国文代会闭幕式情况道：

> 继而周扬同志讲话，承认了五六年把丁玲、陈企霞打成反党集团是错误的，五七年所划的右派绝大部分是划错了的。同时宣布为丁、陈两同志平反，并向她们，以及经他手所划的文艺界的右派如艾青、冯雪峰、秦兆阳、刘宾雁、王蒙等同志表示道歉。这时群众热烈鼓掌，说明了大家对他的承认错误是赞扬的。

我作为学生向任先生问学的记载，出现在1980年的《日记》中。1980年的6月，在中文系大三读书的我和李慈健、王宛磐响应系里的号召，参与学生学术论文写作活动，计划研究柳亚子，到先生家请教，先生6月2号的《日记》中记载："王宛磐与两位七七级同学来，他们想写柳亚子，问是否值得写？我答以当然值得写。”得到先生的鼓励，我们用一个暑假的时间，完成了《柳亚子简论》的初稿送先生审阅，先生 9 月 19 日《日记》中记载：“看王宛磐三人写的《柳亚子简论》，并加上评语。”此文后来在《河南师范大学学报》上刊出，这也便成为我们正式发表的第一篇学术论文。在先生的激励下，我以“谭嗣同文学略论”、李慈健以“南社文学思想初探”作为毕业论文题目，开始了中国近代文学的研究。1981 年下半年，先生开始为毕业班开设中国近现代文学专题课。先生 12 月 26 号的《日记》写道：

上午给七七级上最后两节课。第一节课结束时，《梁启超》还有部分未讲毕，课间休息时，有位同学让给他们以临别赠言。当第二节课把《梁启超》讲完时，还剩半个钟头，于是给他们以临别赠言。告诉他们要有雄心壮志，在实现自己的目的时要有锲而不舍的精神。同时还谈一些读书研究应注意的几个方面：一是有所专，但又不能只看一方面的书。知识面要宽一点，只有这样，才能做到参照比较。二是要勤于学有心得，即能写短文就写短文，要有一个长期积累过程，最后才能融会贯通。

1982 年春，我成为先生本年度唯一的研究生入校学习，先生开始给我及上届研究生开设清儒治学方法课程。从此我便有机会跟随先生，亲闻謦欬，见识了七十余岁老人的辛勤与繁忙。此时先生正在写作《中国近代作家论》的有关文章，我们摘要 1982 年 3 月 14 号到 3 月 21 号一周的《日记》，以说明先生的工作节奏。

周日：昨天下午和晚上，因太累以致晚上睡不着觉，吃了安眠药。晚陈韶麟夫妇来，陈送来了他的毕业论文。

周一：写《康有为论》的思想部分。

周二：写《康有为论》的思想部分。

周三：看陈韶麟论文。下午写《康有为论》，将思想部分结束。

周四：写《康有为论》的诗歌部分。

周五：写《康有为论》的诗歌部分。上午，给研究生关爱和、陈韶麟两同学讲近代学者论清儒治学方法，从9点讲到11点半。

周六：上午在学校小礼堂听校领导传达中央三个文件。下午写《康有为论》诗歌部分，思路甚为迟滞。[张] 如法送来我写的《胡适论》的校样，明天下午来取，时间紧迫，于是马上校对，至晚7时许校毕。

周日：上午继续写《康有为论》诗歌部分，至下午写毕，并拟出散文部分的大纲。

读到这些，我们似乎可以明白先生晚年为何把自己的书斋称之为“不舍斋”。多思与勤奋是先生学术成功的重要阶梯。

先生自1978年招收第一届研究生后，与研究生的交往，便成为先生生活中的重要内容。对研究生的培养，包括研究生入学考试，给研究生上课，修改研究生的论文，带研究生参加学术会议、访学，与研究生的谈话，研究生的毕业论文答辩等在先生的《日记》中都有记载，对研究生学术方向的选择，工作与生活的安排，先生都花费了很多心血。同时，每位研究生对先生的关怀和宽容也心存感激，以父辈事之，尊敬有加。《日记》中先生给研究生上课的记载，截至1992年，前此一年入校的研究生是晋爱荣、刘宝亮、王勤兵、姚晓雷等人。1992年以后，先生视力减退很快，不再能随心所欲地阅读，甚感烦恼。多年形成的写作、教学的生活节奏，也因此而被打破。1998年河南大学中国现代文学博士点获批，我们向先生报告，先生十分高兴。但可惜的是，先生的健康状况，已不能再亲自给博士生授课了。

对于学生，先生是宽厚和宽容的。1984 年，我随任先生到杭州参加中国近代文学会议。会上，几所高校提出编写一本《近代文学史》教材，并推先生作为主编。按照分工，《近代文学史》的绪论由先生来写，先生也写出了初稿。1985 年前后，学术界正流行新观念新词语，我便心血来潮，约袁凯声、解志熙共同写作了一个用新观念新词语表述的《近代文学史》绪论，这给先生出了个难题。先生 1987 年 12 月 15 日的《日记》中写道："爱和来，送来他所写的文学史前言。认为我写的不够全面，他拟让他写的代替我写的。对此事，我须很好地考虑来处理。"

《中国近代文学史》1988 年出版时，用了我们所写的《绪论》。先生在 1989 年 6 月 11 日的《日记》中写道："在家看《近代文学史》中的《前言》，系别人执笔。我近来看年轻同志的文章，其用语，许多为我们所未曾用的。但新的语言与词汇更准确，更能说明问题，说明我们在行文上未能改进，还因袭过去的一套，主要是读新的东西不多，未能立意向新的风尚学习，今后应当力矫此病。"先生的上述两则日记，我是在写作此文时才看到的，我为自己当年的冒失莽撞感到羞愧，又对先生的虚怀若谷深感敬佩。这也正是先生的伟大之处。

先生晚年生活，有一巨大创痛，这便是 1983 年底正值壮年的大儿子任光遭受意外，失去了站立行走的能力。任光是先生四个孩子中唯一学习中文，而又在先生身边，可以帮助先生工作、照料先生生活的人，罹此大难后，反要先生照顾，这给先生带来极大的精神压力。先生 1991 年 10 月 29 日的《日记》中写道："翻阅过去的日记，光儿受伤为八三年，转而将近十年了。由于伤残，给他一生事业打击极大，而我同鸿毅在生活、工作中也深受影响。这件不幸的遭遇，只有归之于命运，否则无可解释。"

先生很少有诗，1989 年先生有《八十自述》云：

光阴如飞矢，倏忽已八十。

却顾所来路，亦慰亦叹息。

弱龄从父读，经书略能记。

继而入小学，成绩前列居。

直至研究院，振翅尤奋翼。

硕学曾亲炙，名家为我师。

中国文学史，源流已备悉。

古典近现代，论著多成帙。

观点与识解，颇受士林誉。

执教五十载，桃李满华域。

子女已成人，各自有所长。

夫人虽年迈，家务仍独当。

深愿天假年，继续发余光。

1990年8月28日《夜里醒来，成诗二首》云：

电光石火催人老，齿豁头童面枯槁。

著述纵使惊海内，蜗角浮名何足道。

平生祈慕是庄老，嗣宗渊明亦我好。

荣华富贵如浮云，蔬食饮水无烦恼。

诗言志。先生之诗，庶几近之。

任访秋先生的道德文章，对我们来说是一笔丰厚的文化遗产。从事《文集》整理的十几位中青年学者，或是亲聆先生教言的弟子，或是未能登堂入室的再传弟子。整理出版先生的《文集》，是后辈学人应尽的责任义务，也是学习继承先生学术精神和学术思想的最好过程。河南大学首任文学院院长冯友兰诗云："智山慧海传真火，愿随前薪作后薪。"先生逝矣，先生的皇皇巨著与读者同在，先生的学术精神与日月共存。立志愿作后薪之诸君，相将勉力于智山慧海真火的传递之中，这也许是对先生的最大慰藉！

（刊于 2010 年 6 月《汉语言文学研究》第 2 期）

中国近代文学研究访谈

王德威　陈平原　夏晓虹　关爱和　杨萌芽

杨萌芽（以下简称杨）：河南大学有较好的近现代文学研究传统，我们老师中有研究小说的，有做报刊的。我现在在研究诗文，时间不是很长。有些看法很受几位老师的影响，比如王老师提出的“没有晚清，何来五四”，在我看到的评论中，有一些人不同意这样的看法，认为把现代的起点向前推进了。其实王老师的本意是对晚清文学研究的一种促进，使大家更多地关注晚清这一块，所以想请王老师先谈谈这个概念提出背后的一些情况。

王德威（以下简称王）：最初提出这个概念基本思想是希望重新对五四进行评估，有一个很大的误会是：支持者觉得很好，认为它颠覆了原来的正统的文学史看法，对五四需要重新评价等等。但是我想很多人忽略了一点，我在《抒情传统与中国现代性》书的最后一章也提到这样的说法是有理论根据的。所以，我不把“没有晚清，何来五四”当作是一个因果，只是把现代性推前了50—100年。后来有一次也是在国内访问，我也说到另外一个说法，如果对我有批评的话，我也同样乐于说“没有五四，何来晚清”。也就是说，文学史的时间不必是单向、线性的看法。五四的知识分子如胡适、鲁迅都是重新看晚清的。所以在那个意义上，“没有晚清，何来五四”这个论点其实可以更丰富一点，它的辩证性可以更复杂一点。

杨：我觉得可能很多人没有仔细去读这篇文章，王老师在文章中并没有贬低五四的意思，而是说晚清是“众声喧哗”的，值得注意的一些现代性的问题被屏蔽了。

王：其实那时候受到平原早一点的书的影响，西方像捷克的布拉格学派的米列娜（Milená Doloželva-Valingerová），他们在 1980 年就开始讲对五四、晚清的关系进行反思。更早是米列娜的老师，也就是普实克（Jaroslav Průšek），他根本就说五四时反传统的动力其实是来自于中国古典的抒情传统。他有一个很吊诡的辩证：五四的现代性其实不是对晚清或晚清以前的一个简单的反动，它其实是承续了晚清文人的抒情姿态，强调个人的情性的发展，由“小我”的重新发现，再通向社会“大我”的建立。这是五四以后主体性很大的一个重点。他认为在反对和不反对中间有一个空间，是可以不要完全用原来那种简单的方式来评价晚清和五四。如果讲理论的话，它的来源是有不少线索的。在原来那本书的最后一章我也提到这些。引起了很多反响是好事。

杨：其实，陈老师和夏老师两位也在做这样的工作，提醒大家注意晚清的重要性，只不过没有像王老师这样大声疾呼而已。

王：是的。如关老师研究“桐城派”，今天真得借这个机会“表扬”一下。我最初看到这样的研究时真的很惊讶，因为对我们来讲，无论是在台湾还是在哪里，你会觉得“桐城派”在传统的评价上是相对贬低的，这是五四的一个标准的说法。到后来才了解原来“桐城派”是这样复杂的一个问题，包括胡适、周作人，每个人都有不同的说法，这部书当时我看完很受启发。另外一个线索是胡志德（Theodore Huters），他在 1988 年提出“桐城派”和“文选派”的问题，认为两者审美的位置是中国传统文论所不及的。而这种审美位置对后来的所谓“纯文学”的审美观念有直接或间接的影响。其实在不同的位置上，学者们都对晚清开始有了一些反思。

关爱和（以下简称关）：20 世纪 80 年代，现代文学和近代文学学科都计划整合本学科的力量，搜集、整理、出版与本学科有关的文学史料丛书，为学科建设做一些最基础、最根本的工作。1983 年，由中国社科院文学所主办的近代文学史料工作会议在江苏常熟召开。会上分配给河南大学的任务是整理与“桐城派”有关的研究资料。这本资料后来没有出版，但我因为参与资料整理工作而受益匪浅。

中国单行散体的古文写作，经唐宋八大家的改造之后，成为一种士大夫和文人之文，讲求格局、韵致，长于抒情而短于议论。“桐城派”崇尚《左》《史》及唐宋八大家以来的古文传统，追求文从字顺，言简有序，纯净秀美，于琐细中见情致的文章风范，是偏于阴柔一路的文人之文。曾国藩以事功见著于世，他认为“桐城派”文的弱点在于“不宜说理”。“不宜说理”的文人之文，无法成为行远之坚车，因而主张“扩姚氏而大之”,“并功、德、言于一途”，提倡政治家之文与文人之文合一的“湘乡派”之文。曾国藩的弟子吴汝纶，在甲午战争洋务运动失败后，致力于“湘乡派”文向“桐城派”文的复归，主张说身边的事，说与自己身份相符的事，以自己的感受，去反映这个时代。晚清是丰富多彩的。甲午前是在传统格局中潜移默化的渐变，甲午后是在西风东渐的背景下风卷残云的巨变。“桐城派”是旧派文学中渐行蜕变的典范。

杨：我觉得现在的文学研究和史学研究不太一样，现在近代史的研究对晚清这段更加重视。（王：早就是一个显学。）文学界确实需要对晚清重新发掘、重新认识。

夏晓虹（以下简称夏）：我最近发现大陆和台湾也不一样。我这次去台湾开会，他们跟我说，研究古典的人很寂寞，晚清已成为显学。

王：是呀，晚清研究在台湾早就是显学，这一部分和文化研究、文化生产包括报章杂志翻译、文人活动等资料相结合，的确最近蛮热闹的。

夏：在我们这儿还是不同，因为从课程建设上就没有这一块。你的学生如果真是从近代进来的，找工作时，很多学校没有这个专业，他们也不需要。他们不觉得近代像古代、当代、现代一样必不可少。我的学生毕业后，很多就去教古代或现当代的课，不见得再去教近代。

关：这可能是一种暂时的现象，学科的分类和教学大纲的设置造成了这样一种情况。目前，史学界早就把鸦片战争到1949年划分成近代，但是我们文学史还是以1919年作为近代现代分界。河南大学学科点的特点是基本上把近代和现代打通了，目前要做到的就是把现代和当代打通，现代和当代的距离可能更大些。

王：怎么会呢?

关：但是我们这里出现的问题的确是这样，可能是由于原来研究生培养体系、知识体系造成的。注重近代、现代，当代反而做不到。

王：那分界点是1949年吗?

关：与当代相比，近、现代文学经过了历史积淀的过程，并已经形成相对成熟的学术与知识体系。而当代文学的研究，是把握、评价正在发生、发展、变化中的作家、创作和文学现象，文学史的研究与文学评论合二为一，因而需要更深厚的学养，更多的才气、敏锐和灵感。

杨：陈老师对体制造成的学科分割应该也有很多感受吧?

陈平原（以下简称陈）：谈学术发展方向，有的是学者的个人趣味，有的则是整个学界的潮流，还有大学里的课程设计，这是完全不一样的问题。个人做研究，完全可以自主选择。比如说晚清与五四，我从来都是把两者放在一起讨论，不主张分割的。早年大家不关注晚清，我会强调晚清；现在大家开始大谈晚清，我就要强调五四了。长远来看，两者是分不开的。我在北大讲授“现代中国学术史”专题课，分别讨论蔡元培（1868—1940）、章太炎（1869—1936）、梁启超（1873—1929）、王国维（1877—1927）、鲁迅（1881—1936）、刘师培（1884—1919）、陈寅恪（1890—1969）、胡适（1891—1962）、郭沫若（1892—1978）、顾颉刚（1893—1980）、钱穆（1895—1990）、傅斯年（1896—1950）、宗白华（1897—1986）、郑振铎（1898—1958）、闻一多（1899—1946）等人的学问与文章。这十五人名单，按出生年一排，你很容易发现，五四的蔡元培排在晚清的章太炎之前，更不要说刘师培了。晚清的书目和五四的书目，我都挑选了一些，让学生们阅读。我的学生做晚清，她（夏晓虹）的学生做现代，这都很正常。虽然她是古代文学教研室的，我是现代文学教研室的。学科体制不合理，明知有问题，暂时不能动的，我们绕着走。要是照我的思路，应该这么分：中国古代文学、中国现代文学、文艺理论与文学批评。当代文学批评，就管十年内的创作，用"批评"而不是"文学史"的眼光，来评论具体的作家作品。"文化大革命"前，当代文学批评放在写作教研室或文学理论教研室，文学史就是古代文学与现代文学。起码北大是这样的。现在分近、现、当代教研室，合起来教师人数可能比古代教研室还多，从学科角度讲没有道理，可这是历史形成的。另外，现代文学学科承担的任务很多，北大这样，我相信河南大学也是这样，所有中国大学现当代文学专业的老师，除了从事文学研究，还做文化研究、政治批评，乃至很多社会活动。换句话说，中文系里"不务正业"的工作，大都是现当代文学专业的老师在做。这些人关注社会正义与思想启蒙，请不要用"学科边界"去硬卡，中文系的思想活力，有时候正是靠这么一些"不务正业"的、敢于对社会发言的知识分子。我半开玩笑说，近、现、当代文学专业的老师，因其对现实生活的强烈关注，容易出系主任、院长乃至校长，还有，也容易出批判型的思想家——因为有鲁迅这样的精神偶像。

王：你不觉得，我们不能忽略关老师刚才讲的政治论述，其实有一个历史的预设，即 1949 前为现代，后为当代？我在国外教书，对学生解释说如果到中国你要念现当代，学生立刻会问当代为什么比现代长，现代到 21 世纪是当代，当代一直向前推进，为什么 1949 之后都是当代文学？当代文学六十几年，现代文学只有三十几年，如果近代文学再要往回推的话，它的时间跨度也比现代大，我们已经推到 1840 年，现在还要再推。现代文学在学科划分上，它的难题不仅仅是学科本身的建制，还有背后的政治论述的影响。

陈： 学术研究仍有一些禁区。目前不可以碰，怎么办？不一定直接碰撞或解构，在实际操作中，可以将它搁置或跨越。很多大学将现当代完全打通，就讲“20世纪中国文学”；也有一些涉及到很具体的体制、历史、人事等问题，愿意分开来讲。可以各行其是，没必要统一。关键是，作为研究者，你心里应有数：哪些是学术理想，哪些是权宜之计。

王： 其实有时是出于教学体系、人事建构、名额的考量，不一定是抬高到政治论述的高度。

关： 我从2011年出版的《中国共产党历史》第二卷的编写看到一些变化。此书开始用现代化的观点描述中国近现代史，从鸦片战争、洋务派到新中国的建立，把所有的政治、经济、军事活动都看成中国选择走向现代化的过程。新中国成立后中国成为一个主权国家，开始运用国家的力量和意志推动现代化。用现代化的视角来解读中国近代史。它有两大突破，第一，在告别贫穷、落后，追赶世界现代化潮流的主线下，找到了晚清政府、国民政府、中华人民共和国人民政府不同政治集团的共同点。第二，鸦片战争之后的现代化过程中的一切社会思潮，都是现代化的产物，有顺应现代化的，也有非现代化和反现代化的。在这样一种叙述下，所有的文学流派文学思潮都变成一种合理的存在。

王： 前两年剑桥大学做三千年的中国文学史，做到近现代的时候，我们希望有一个不同的架构，没有刻意批判什么东西。很多海外的古典研究者认为《红楼梦》之后就不存在文学了，为什么又要将现代甚至当代文学摆在文学史里？这又碰到五四这个问题。后来做了一个折中的安排，我写的是1839年龚自珍罢官到1937年全面抗战前夕；1937年到现在21世纪是由奚密教授写，这样对现当代架构稍微做了调整。我的意思是1949年不必作为唯一的文学流变的分界线，很多文人思想在战前就已经变化。文学史脉络需要不断反省。

关： 近代史有很多课题可以重新研究，比如袁世凯问题、孙中山问题，还有重新还原历史真相都在史学界有广泛提出。近代史在史学研究中是显学，相对而言，现代史反而成为弱项。文学研究的情况恰恰相反，现代文学成为显学，而近代文学的研究队伍相对偏小，成果偏弱。

陈：我同时关注文学、史学、教育、思想，谈及学界进展，我跟复旦大学陈尚君教授的观点比较接近：20世纪70年代末到90年代初，文学研究界突飞猛进，走在历史学界前头；而90年代中期至今，历史学界做得更为出色。唐史与唐代文学研究，或近现代史与近现代文学研究，都是这个样子。他们的训练、他们的关怀、他们的突破，都在我们之上。不知道爱和怎么看，我认为，最近20年，中国近现代文学研究没有突破性的进展，没能走出一条新路。80年代是我们的黄金时代，配合着改革开放的步伐与进程，从“拨乱反正”到“重写文学史”，每下一步棋，都掷地有声。90年代中期以后，我们逐渐丧失社会影响力，萎缩到一个具体的学科领域里面，不再对外面的世界感兴趣，也不再对其他专业产生影响。实在遗憾。

杨：是的，历史学界对晚清维新变法、庚子事变、义和团的看法都已经比较客观了，像柯文的《历史三调：作为事件、经历和神话的义和团》一书中谈到的义和团，就不同于以往的认知。如陈老师所说近代史研究已走在文学前边。

陈：史学研究为何走在文学研究前面，最容易的解释是，大量史料出现，迫使解释系统发生变化。考古发掘及出土文献，让人应接不暇，对中外学界的冲击及影响，非常明显。新史料层出不穷，解释框架必须跟上。这方面，最值得关注的是中共党史研究的变化。在我看来，这会成为中国人文学的一个最有冲击力和发展前景的研究方向。苏联档案买回来了，我们自己的档案也在陆续公布，中苏关系问题，早期共产党人从陈独秀到瞿秋白，还有建国以后若干挫折，会逐渐被学界勾稽、描述、阐发出来的。大量档案的出现，使得历史学家的研究视野发生一个大的变化，若有合适的政治环境及学术氛围，我相信近现代史研究能出大学问。

杨：我觉得夏老师的研究方法挺好，从期刊史料出发来研究，这样是不是比较少地受到既有文学观念的影响？

夏：从报刊进入，材料非常丰富，的确可以打开新的视野。不过，我和我的学生也有另外的问题，可能是文学的东西太少了。我的学生做的都不完全是文学研究。

王：文化史、妇女史。

杨：陈老师原来研究文化史、学术史，现在还有教育史，起初大家觉得陈老师没有继续进行文学研究太可惜了，现在看到成果斐然，不断给学界以新的惊喜。我觉得陈老师虽然一直在研究文学之外的其他领域，但是眼光一直放在晚清五四。

陈：其实，我的根基还是文学。学生们不知道，看我南征北战，以为很惬意，很轻松。我告诉他们，跨学科是很难的。你想"跨学科"发言，可以，但要得到相关学科专家的承认，不容易。所以，我切入其他专业领域，大都是贴着文学和那个专业的边来行走。比如，我谈"教育"，关注的是大学史、文学教育，以及教育理念等，不愿涉足教育经济、教育政策或课程设计等传统话题。最近读李泽厚和刘再复的对谈，称20世纪是语言学转向，21世纪的关键则是教育问题。我没那么大胆，不敢下这么大的判断。但我承认，作为一种知识体系，教育学对人类思考及表达的促进，尚未得到很好的落实，故特别值得关注。今天中国各大学里的教育学院，忙于承担很多现实课题，思路越来越封闭，越来越变成一种技术操作，实在有点可惜。或许，"小教育"属教育学院管，"大教育"则是所有关心中国未来的人文学者都能插嘴的。须知，我们的知识生产，只有通过"教育"，才能制度化，并最终得到落实。"教育"会是文学、美学、哲学、思想等转化为实际行动的很重要的一个阶段。在这个意义上，所有人文学者都应该关注教育问题。

关：我是到学校担任行政工作之后才开始对文学之外的学科投入更多的精力，因为工作需要。首先是教育。对大学历史，各个学校教育模式的变化，还是有一定的理解。第二呢，学文学的以历史作为根底，所以对历史方面的东西最感兴趣。我同意平原的观点。这次提交给会议的论文，因为要做一些命题论文，所以对文学相关的历史有一些了解，因为在开封，所以对七朝古都了解较多，像以前肯定是重新阅读，梳理对城市的看法。

陈：有一位从事历史研究的朋友，问我一个问题，对我震撼很大。他问，做文学研究的，有可能成为一流学者吗？可见，很多人对文学研究的“海阔天空”，其实是不了解的。

王：刚开始我做跨学科的时候，充满很大希望。然后就是沟通得不够多，后来就好很多。

杨：我们研究近代诗歌有个很大的问题，多数研究近代诗歌的人认为这一时期处于古典链条的末端，虽出现了一些有才华的诗人，但也无力回天，怎么才能突破这种思维定式是我近来最困惑的。从思想史和学术史的角度来讲，近代这批诗人比如宋诗派既比较传统又有变革的愿望，他们内心的困惑彷徨可能被后来的一些文人感受到，比如陈寅恪、吴宓、钱锺书等等。是否可以从这个角度切入来进行研究。

王：或者你更大胆一点，简单地说，从文类的生态史来讲没有就没有，绝句或是律诗的黄金时代过去，没有了就没有了。但反过来说，古典诗作为一个庞大的文学资产到了 19 世纪末影响仍然不绝如缕；不同时代对诗的认识和实践，同时又被拿出来重新整理。在 20 世纪的确还有不止一代，甚至有好几代文人在操作这个文类，它就存在，它没有不见了呀！对它的遮蔽是我们一厢情愿的、简单的、强势的文学史的一种期望。到 20 世纪看，以古典的诗或文作为基础的一种文学写作如果存在的话，就是文学的一部分，所以不必要只把它当作思想史的一部分。存在就存在嘛。比如国画，它本身具有生命周期没错，如果它没有消失，还有人在欣赏，那就有必要给它一个位置。古典文体的诗文在现代的位置还没有到盖棺论定的时候，它在这里进行。所以我说你做的是有勇气的一件事。“宋诗派”是不好研究的，如果只将其放在遗民文人的研究可能小看了那个时代的驳杂。我的同事宇文所安（Stephen Owen）气派更大，他不但这么说，还要说古典诗歌仍然是诗歌的正统，现代诗不成气候。古典诗形势一片大好，网上有诗迷和刊物等等。我没有那么乐观，聂绀弩等人的诗我鼓励学生仔细研究，但那应该是一个特例。

陈：古典诗歌也必须做进一步的分梳。其实，中国诗歌史上说，正与变的交叉，从来没有停止过。像聂绀弩那样，以不诗为诗的尝试，可谓代不乏人。只不过有的路走通了，有的则因个人才华或时代潮流，而烟消云散，不为后人注意。古典诗也一直在变，我们今天说汉魏诗，与唐宋明清的诗，就很不一样。所以，必须分清是哪些古典诗，或者古典诗的哪些因素，被挪移到现代诗中。有两种路径：一是不薄旧诗爱新诗；二是以现代诗取代古典诗。日本学者问我，为什么五四新文化人提倡白话诗时，必须打倒古典诗呢？为何不能像日本人那样，新旧并存，自由竞争呢？这是我们推行“文学革命”以及“教育革命”的基本思路，仿佛只有“破旧”，才能“立新”。不用说，晚清开始的废书院、兴学堂，也是同样的思路。你问今天古典诗的命运如何？在日常交际方面，古典诗的作用仍然很大。今天中国喜欢舞文弄墨的，懂英文没什么了不起，能写古文或旧体诗，比懂英文、法文、德文更加牛气。问题在于，研究现代文学的学者，精通古文或古诗的，还真不多。不懂古典诗文，硬要做“现代中的传统”，只能往思想史、社会史或知识分子心态方面靠。这还是有点遗憾。

杨：很尴尬的一个状态，做古典的人不想做，做现当代的人力不从心。尴尬就在近代这一块。

王：根据我个人在美国所受的训练来讲，反而会觉得在美国文学是完全走在史学前面的，因为从 20 世纪 80 年代开始，历史学家越来越脱离确定的（positive）简单事实概念，而是从复杂文本分析开始重新阅读历史史料。我们还是比较接近文学做法，更熟悉这些资料，没有办法真正理解文本真正能提供什么。我好奇历史这样的转变在中国是否有类似的现象。

陈：无论是美国的新历史主义，还是法国的年鉴学派，在其兴起及拓展的过程中，确实借鉴了不少文学批评的思路，比如对“叙事”的理解，对“历史”的阐释等。问题是，在中国，历史学真正的突破，跟年鉴学派或新历史主义的引进关系不大。近现代史研究的明显进步，主要得益于政策的松动，中共党史会成为热点，也是这个因素。另外，今天中国考古及地下文物出土对历史研究的冲击，其激烈程度远远超过欧洲、美洲。因此，对于中国第一流的历史学家来说，你若太往文学方面靠，会被认为是雕虫小技，不够厚重，也不够大气。

王：讲得很好。这两年理论热怎么样？在中国大陆比以前好一点了吧？

陈：不像以前那么疯狂了。因为前些年培养的博士生很多，急着找题目写文章，欧美有什么新理论，刚出来就有人翻译、介绍、研究。现在还好，以前你每次回来，肯定有人向你讨教，最近美国有什么新潮流、新理论？若有，赶快译。

王：这几年理论发展似乎碰到一个瓶颈。很奇怪，到后殖民的批判之后，就没有让大家趋之若鹜的“新货”了。

陈：去年，我们请后殖民理论家、哈佛大学人文中心主任霍米巴巴（Homi Bhabha）来讲学，学生也没觉得有什么了不起。知道他是欧美著名学者，乐意听听，也读点他的书，如此而已，不像以前那么容易激动了。学生们不但没有如饥似渴，甚至还有些警惕与批判的声音。

王：很好的现象。现在美国中国研究在方法学上，理论已经跟上，都可以操作。不能操作的是晚清到60年代的文论，有时候文言文和半文言文的文本《石遗室诗话》或者钱锺书、陈寅恪等的论述，几乎完全缺席。做一个现代文学专业，无论在中国美国，包括老师在内，我们似乎仍然缺乏这样的自觉：在论述层次上要如何为中国本地发展的文论给出一个位置，和西方方法对话。这样说容易引起误会，因为“现代文学”本身是西方影响下形成的学术科目——我不是倡导国家的本质的文学主义复辟。但是，我觉得从梁启超、王国维以来，中国品评者的论述在外语研究中翻译很有限。有时候很难和英语、法语、比较文学系的同事对话，这些人没有办法读中文，很难说服他们说中国文学其实有自己一套思想体系的转变。

杨：原来我们不把它作为现代文学关注的对象，这两年关注到了。比如陈寅恪、钱锺书。

王：章太炎对文的观念梳理得很好。有时候可能我们已经忘记这些人在那时已经是面对西学的冲击，在冲击之后思考文类和文脉的问题。这个做得不够多。

杨：越是对传统熟悉的人，在接受西方思想的时候可能更冷静和理智。他们也提出了一些很好的方案，可惜这个方案被很快否定。王老师提出遗民对过去的想象性建构是一个很有趣的话题。

王：我其实是开了一个玩笑，因为当初的动机是对欧美的后殖民主义太不耐烦。尤其中国学者学生竞相追逐，让我觉得不以为然；中国的现代历史经验有相当特殊性。“遗民”是中国的概念，loyalism 的问题。我想提的是“后”遗民：这样的遗民观可能是一个“想象”的建构；就算历史经验上没有改朝换代的事实，某些自认有遗民情结的文人仍然可以发明自己的遗民信仰，甚至谱系。换句话说，乌托邦 / 反乌托邦的寄托不一定是对未来的寄托，很有可能是对从来不存在的过去的一种寄托。坦白说，当时写“后遗民主义”是因为 2004 年对台湾政治论述产生怀疑。本身我对台湾政治选择没有太大想法，但是从政治独立分子的论述中看出问题。台湾是历史冲撞下的经验，今天为了强烈建构国族民族主义的纯粹性，回过头去对之前四五百年的历史做一个“正统”的建构，自命是从未发生却已经失去的正统的遗民。民族主义特征就是要把“国家历史”的源流追出来，从过去到现在到未来。我当时是对那种政治论述的批判，但后来发现，这样的后遗民观点也可以用到更广义的中国文化政治意识的思考上。比方说，王国维没必要放在很僵化的清遗民的论述里面；他自认是“文化”的遗民。

陈：20 世纪八九十年代，北大也有几个诗人自杀，如海子、戈麦等。讨论这类问题，不能仅仅着眼于政治环境。其实，好的诗人，既忧生，也忧世，其思考问题的方式，超越一时一地的政治事件。

王：诗人之死是很有趣的话题。

杨：王老师善于理论概括总结。比如刚出的新书关于抒情传统的问题，张松建这两年也在做抒情问题，王老师还是有很多独到见解的地方。

王：今天中午李杨还批判我一顿，正在写一篇批判我的文章，搞得我很紧张。他讲得很有道理。他问我为什么陈世骧、高友工等人对抒情传统的批判到了《红楼梦》以后就结束了。我认为，陈先生、高先生的抒情传统本身就是面对文学史，面对历史、很“抒情”的品评姿态。它其实有一个历史的位置。去年平原找我去北大讲革命、启蒙、抒情。我特别强调，我对抒情的评论，一定是在一个语境里面。对革命、启蒙的论述一定是在对话的语境中论述这些问题。前辈的论述，我和前辈的对话，各自有时代寄托。去年在北大，有个学生问我为什么讲抒情，有那么紧要么？我说在此时此地讲抒情传统，就是我的立场——相对革命，我在陈述我的立场。但是这个问题不必窄化成为政治论题，它本身就有丰富传统在后面，是丰富的话题。我和张松建做得稍微不一样。他认为中国新诗是浪漫主义到现代主义的传统，我恰恰认为新诗传统里面有很大一个面向就是和古典诗歌传统在做有形无形的对话。

杨萌芽：谢谢各位老师接受我们的访谈！

（刊于 2012 年 12 月《汉语言文学研究》第 4 期）

《中国近代文学论文集·小说卷（1980—2017）》前言

20 世纪 80 年代：中国近代小说的分期与性质研究

中国近代小说的分期与性质研究，是 20 世纪 80 年代中国近代小说研究的热点。分期与性质研究，要解决的是对近代小说内在发展节奏的把握和对近代小说思想属性的宏观估评。解决这一问题，对尚在建构中的中国近代文学史知识体系，显得十分紧要。

侯忠义是小说史研究专家。其所著《汉魏六朝小说史》《隋唐五代小说史》《中国文言小说史稿》影响甚广。收入续选的《略论近代小说的历史分期及其特点》是 1980 年发表的，是其小说研究的代表作之一。论文认为：自鸦片战争以来的中国近代文学，是文学史研究领域里的薄弱环节。近代小说更是缺乏全面深入的研究。论文依据作家思想、作品题材内容、思想倾向以及艺术特点，把近代小说的发展分为三个时期。1840—1894 年是近代小说发展的第一个时期，是封建派小说时期。这个时期的小说主要有“侠义小说”与“狭邪小说”。进入近代的“侠义小说”带有明显的近代社会的时代特征，就是作家“把小说作为表达自己对现实的观点和态度的有力工具”。比如《荡寇志》作者俞万春，“向清王朝出谋献策”，“主张对农民起义赶尽杀绝”，因而“全书就充满杀伐之气”。狭邪小说《品花宝鉴》写名士与男伶的同性恋爱，却写得风雅缠绵，反映了封建文人空虚、颓废、没落的灵魂。以上是就作家思想而言。再从题材内容看，这个时期小说发展的特点之一是：进入近代后，原来各自发展的侠义小说与公案小说，出现合流的现象。如《三侠五义》《彭公案》等书，其故事“大概是叙侠义之士，除盗平叛，而中间每以名臣大官，总领一切”。这种合流，体现了乱世之中说书人与听书人对贤明政治与除暴安良行为结合的愿望。特点之二是文人狎妓为题材的长篇言情小说即狭邪小说出现。狭邪小说把唐人写妓家杂事琐闻的短篇，发展到多达几十回的长篇。《品花宝鉴》《青楼梦》《花月痕》《海上花列传》是这个时期狭邪小说的代表。第三从艺术特色上去看，侠义小说多有平话习气，留有模拟说话艺术的痕迹。狭邪小说重在敷陈艳迹，不乏细腻缠绵的描写。作者之所以称这个时期是封建派小说时期，是因为这个时期的作者政治上维护美化封建制度，思想上追求功名利禄，情趣上偏好享乐颓废，道德观上充满忠孝节义。该文认为：1894—1911 年是改良派小说（或称谴责小说）时期。改良派小说的大量产生，并渐呈繁荣，与维新变法失败后政治变动有关，也与梁启超“小说界革命”的大力倡导有关。改良派小说的特点，一是不再粉饰和美化现实，而是对社会进行暴露和抨击。鲁迅称之为“谴责小说”。谴责小说在对社会暴露与抨击的同时，还抱着推行改良、挽救社会的愿望。二是改良派小说的题材空前广泛。小说成为晚清社会的一面镜子，各处的溃烂、各方面的矛盾几乎都得到暴露和反映。小说家把小说变成参与政治革命的工具。三是改良派小说揭露腐败现实，书中主要人物大都是抨击与谴责对象，无论内容或形式，都突破封建文艺的框框，属于资产阶级文艺范畴。稍后兴起的革命派小说思想是进步的，但所取得的成绩和影响都远远不及谴责小说。在艺术上，改良派小说呈现出的问题是：因为大多以报纸连载的形式发表小说作品，因此很难塑造出成功的人物形象，有的小说中的人物成为作者的传声筒。小说结构上多数属于短篇联缀而成长篇的性质。很多作品存在“辞气浮露，笔无藏锋”的弊端。1911—1919 年是颓废派小说时期。颓废派小说主要是指辛亥革命后出现的鸳鸯蝴蝶派小说、黑幕小说。此类小说的出现，是腐败黑暗政治、堕落颓废世风与作者对现实的态度共同造就的。鸳蝴派小说在题材内容上，大都写爱情婚姻生活，表现出浓厚的以游戏、消遣为主的“趣味性”。主要阵地是《礼拜六》，代表作品是《玉梨魂》等。鸳蝴派小说具有半殖民地的色彩。1914 年盛行起来的黑幕小说更是半殖民地社会的怪胎。鸳蝴派小说采用的是一种反现实主义的创作方法，导致故事情节大同小异，从外国小说中借鉴而来的环境心理描写、倒叙插叙手法，也渐渐成为套路。登在鸳蝴派杂志上，出自鸳蝴派作家之手的还有一些反映现实、“为人生”的作品，如周瘦鹃、叶圣陶的作品，以富有生命力的现实主义创作，迎接五四新文化运动时代。

用以上较多文字概述侯文是因为侯忠义先生的这篇中国近代小说专论代表着 20 世纪 80 年代初中国学术界对近代小说的认知水平。与之形成呼应之势的还有裴效维研究员 1985 年发表的《试论近代小说的兴盛与演变》。裴文开宗明义，对中国近代小说做了一个基本的评估：数量巨大，而呈繁荣局面，质量不高，没有出现伟大作家和作品。但近代小说在思想内容、表现形式、理论观念方面发生了巨变。这种巨变奠定了近代小说的文学史地位：在古典小说与现代小说之间，显示出过渡性特点，起到了过渡性作用。“对近代小说的演变过程加以探讨，不仅有助于正确评价近代小说，而且有助于正确划分近代文学的发展阶段”。与侯文相似，裴文把近代小说划分为三个时期：封建小说的延续期、资产阶级小说的兴盛期、封建小说的复辟期。其历史分期及政治化用语与侯文并无太多不同。裴文认为：在鸦片战争到庚子事变的 60 年间，小说与诗文的发展存在两个不平衡：小说与时代发展的不平衡，小说与诗文发展的不平衡。两个不平衡主要表现为小说在适应与反映时代发展方面，大大落后于诗文。造成两个不平衡原因何在？在于有关小说的文学观念落后，小说对现实生活的反映的意识和能力严重滞后。梁启超“小说界革命”之后，以上两种不平衡便不复存在。梁启超“小说界革命”带来的变化表现在五个方面：一是改变了传统的小说观念，由“小道”而为上乘。二是扩大了小说的题材范围，关注现实社会。三是加强了小说的政治倾向性，以小说发表政见。四是突出了反帝反封建的主题，改良派和革命派在反帝反封建主题上结成同盟。五是丰富发展了小说的表现形式，吸收了外国小说第一人称叙事、心理描写、倒叙插叙等表现手法。裴文称辛亥革命之后的小说是封建小说的复辟期，又从小说流派、小说观念、小说形式等方面予以分析。辛亥革命后的小说流派可分为鸳鸯蝴蝶派、武侠、侦探、社会、黑幕小说五个部分，鸳蝴派是狭邪小说的变种，庚子之前的狭邪小说，男主人公是才子＋呆子型，庚子事变到辛亥革命时期，男主人公是才子＋流氓型，鸳蝴派小说，男主人公是封建才子，女主人公是良家女子，讲述的是才子＋佳人型的爱情故事。鸳蝴派小说有一定反封建的意义，不可简单与狭邪小说等量齐观。此时期的武侠小说摈弃了皇帝清官，把民间的侠客作为主人公，这是一种进步。侦探小说排除了公案小说的鬼神帮助破案，又排除了侠义小说的荒唐怪诞，突出普通人聪明智慧和逻辑推理能力。社会小说和黑幕小说同源于谴责小说而向两个方向发展，社会小说有正能量，而黑幕小说则沦为“谤书”。辛亥革命后小说的复杂性，还表现在小说观念上。这一时期，占统治地位的小说观首先是“游戏说”，主张以富有“趣味性”的小说作品，供读者“消闲”“游戏”。其次还有劝诫说，显示出“小说界革命”的余响。此外还有金钱主义的魂魄不散。这一时期的小说形式，也呈现复杂的局面。文言小说增多，四六句式滥调小说出现。有些作家，如包天笑，文言白话并有，多以兴味为主。裴文在分析各类小说的进步与退步时，是较为客观细致的。但在政治定性时，仍愿意以“封建小说复辟”这样的词语一言以蔽之。当然，裴文也提及如鲁迅的《怀旧》、叶圣陶的《终南捷径》、恽铁樵的《工人小史》作为这个时期进步作品的代表。作者认为，这些进步小说的存在，为五四新小说出现做着积蓄准备。

裴文在“结论”部分，集中讨论了80年代近代文学学术界最为关心的几个学术热点问题：一是如何理解近代小说的发展及性质。裴文认为：“近代小说有过两次性质不同的大变化：一次发生在庚子事变以后，是资产阶级新小说战胜封建旧小说的革命性的变化：一次发生在辛亥革命以后，是封建旧小说重新战胜资产阶级新小说的倒退性的变化。”为文学作家与作品贴上政治的标签，是80年代普遍存在的一种做法，这种做法可能牺牲许多作家与文学作品的区别，而被简单粗暴地政治化、阵营化。在裴文中，梁启超“小说界革命”时期的小说被称为资产阶级新小说，而其前后的小说统统打入封建小说的泥淖，这给以进化论为价值遵循的文学史的阐释者带来阐释的困难。所以文中不惜采用“倒退”“复辟”的字眼描述辛亥革命后的小说。在80年代文学研究中，此为最常用的文学定性的方法与词汇。结论部分讨论的第二个热点是文学史的分期问题。裴文认为：现行近代文学史的分期，为“资产阶级启蒙时期文学”“资产阶级改良主义运动时期文学”“资产阶级民主革命运动时期文学”的三段论。这种分期对诗文来说也许是合适的，但却不能反映近代小说发展变化的实际情况。文学史分期，既然是探索文学变化轨迹的重要方式，我们就应“按照近代小说发展变化的实际情况加以单独分期”。80年代，北京曾专门召开会议，讨论近、现、当代文学分期问题，近代文学界也在广州召开学术会议，讨论近代文学分期问题。文学分期牵涉到对文学史内在节奏和外在态势的宏观把握，所以被当时的研究者格外看重。结论部分讨论的第三个热点是近代文学的过渡性特征。讨论近代文学的过渡性特征，实际是讨论近代文学在古典文学与现代文学的连接中的贡献与地位。80年代的中国近代文学研究，夹在中国古典文学与现代文学两个研究高峰中间，势单而力薄，谦卑而渺小，只能弱弱地以“过渡性”强调自己存在的价值和意义。裴文以“过渡性”描述近代文学的贡献与地位时，也基本上依据上述价值判断。“它向封建小说所进行的猛烈冲击，为现代新小说运动作了一次预演：它在小说理论、小说内容、小说形式诸方面所作的探索，又为现代新小说作家提供了正反两个方面的经验；它对欧、美、日本资产阶级进步小说的介绍和仿效，更为现代新小说乃至当代小说的欧化倾向开了先河。因此，如果我们说近代资产阶级是封建旧小说的掘墓人，现代新小说的启蒙者，也许并不过分吧。”裴文最后借用近代小说家金松岑的话演绎为结语：“近代资产阶级小说正好比处于‘蜕化’阶段的‘青虫’，它虽然‘甚丑’，却是美丽的蝴蝶——现代新小说的前身。”

读侯、裴两篇近代小说论文，让我们回到80年代的语境之中。从中，我们更多地体会到近代文学学科的筚路蓝缕。我作为亲历者，参与了1982年第一次近代文学学术会议和以后大部分学术会议，参与了任访秋先生主编的1988年版的《中国近代文学史》，以贴政治标签的方式定性作家作品，热衷于分期的争论，以过渡性描述近代文学的历史地位。这些都构成近代文学学科成长的起点。我们就是在这样的起点上出发，开始中国近代文学学科建设的。续选论文集的重要目的就是要回头检讨我们走过的学术之路和我们当年集体的学术思维和学术话语。

2004年，时任中国近代文学学会会长的郭延礼教授撰文《重新认识中国近代小说》，以郭文对中国近代小说的重新认识与80年代初侯文裴文对照阅读，我们也可以感受到近代文学学科的进步。郭文认为：“中国近代小说在中国小说史上占有重要的地位。这不仅仅因为八十年来的近代小说数量之多，要超过千余年间古代小说的总和，而且近代小说在西方小说的影响下也具有了新的主题、新的思想意蕴、新的人物形象、新的结构形式、新的表现手法，以及新的传播方式。过去学界曾认为近代小说美学价值不高，没有出现像《红楼梦》等古典名著之类的作品，有意无意地漠视对它的研究，这实在是中国小说研究中的一大误区。”郭文从四个方面呼吁重新认识中国近代小说。一是从小说数量上认识。日本人樽本照雄编《新编清末民初小说目录》收创作小说 7466 种，翻译小说 2545 种，合计 10011 种。《目录》列有小说书名（篇名）、出版机构或发表报刊、出版或发表时间可查可证。如此数量，在 90 年代以前是谁也想不到的。二是近代小说的整理与出版蔚为大观。近代小说在 20 世纪 80 年代之前出版得很少，所出版的主要是比较著名的几部小说，如四大谴责小说家的作品，以及《三侠五义》《儿女英雄传》之类的小说。绝大多数的近代小说没有整理出版过。90 年代后，近代小说的整理出版取得长足发展。数十家出版社所参与的数百种小说的整理出版，给读者和研究者提供了宝贵的文本。三是近代小说的研究取得进展。理论与研究范式上有较大开拓，如陈平原的《中国小说叙事模式的转变》。从宏观的角度深入探讨小说变革，如袁进的《中国小说的近代变革》。对作家与作品的研究系统深入，如颜廷亮、王祖献的研究。四是研究的不足，郭文呼吁加强近代翻译小说、近代报刊、近代女性小说家的研究。郭文最后做出近代小说的文学史意义不能低估的结论："中国近代小说不仅数量大，而在质量上同样值得我们重视。""比如说近代小说的转型问题，这是一个总题目，在这个总题目下，诸如近代小说的主题变化与认识作用，近代小说叙事模式的转变，近代小说的结构艺术，近代小说语言的走向，近代小说载体的变化以及与传媒的关系，近代小说的接受主体与近代都市市民阶层的壮大，近代小说与外国文学的关系，近代小说与五四后的新文学等等。这些问题都具有重要的文学史意义，都值得我们认真的研究。"从郭文提出问题的角度和认识问题的方式，以及论述语言的变化，我们是不是可以明显地感受到中国近代文学学科的走向成熟的脚步？

20 世纪 90 年代：近代小说研究的多方突围

在叙述 20 世纪 90 年代近代小说多方突围之前，我们还是先来回顾一下续选的80年代小说作家与作品研究的情况。80年代，一些20世纪初出生的老一辈学者还活跃在学术界，他们的近代小说研究成果是一座座学术高峰。谭正璧出生于1901年，任教于华东师大。其写作于1980年12月的《论小五义》，由《小五义》是《三侠五义》的续书入手，考证《小五义》原稿的述作者是石玉昆，刊刻时有人帮助整理。随后转入内容与思想艺术的分析。最后交代《小五义》三个版本的繁简优劣。论文结构完整，娓娓道来，显示出老一代学者严谨的治学态度。1909年出生的任访秋先生，80年代是他全力于近代文学研究的时期。他1981年写作的《曾朴和他的孽海花》收入续选。论文评述了曾朴的生平著述，着重分析了《孽海花》的思想与艺术，以为《孽海花》的思想性与艺术性，“虽然远逊于《儒林外史》同《红楼梦》，但较之并世作者，如李伯元、吴沃尧等人的作品，似乎还是略胜一筹的”。老一辈学者之后，近代文学研究队伍领头人便是60年代进入大学与研究机构的中年学者。首任近代文学学会会长邓绍基收入续选的论文是《从三侠五义谈侠义人物》。邓文认为:《三侠五义》是写一群侠义人物由民间行侠到归附官府，最后充当封建王朝扫除反对派和农民起义队伍先锋的故事，因此，只从一般的清官审案公正的意义上，或者从一般的侠义人物抱打不平、扶危济困的角度来评论《三侠五义》，都失之片面。时任文学所近代组组长的王俊年收入续选的论文是《从〈九命奇冤〉的表现特色看它在文学史上的地位》。王文认为：如果按照思想性与艺术性统一的标准衡量，《九命奇冤》是吴趼人一生写过的十八部长篇小说中最好的一部，至少也不应在《二十年目睹之怪现状》之下。王文称赞《九命奇冤》的原因在于它和其他的社会小说一样，对官场予以彻底的揭露，同时在故事结构、人物描写、心理刻画等小说艺术表现手法上有全面的革新与进步。《九命奇冤》显示出小说从古典向现代嬗变的轨迹。同时期谴责小说研究成果还有钟贤培。其《刘鹗论辨》围绕刘鹗评价、《老残游记》评价中的不公正提出自己的意见：刘鹗作为一个历史人物，他的政治思想既有救国爱民的积极的一面，也有反对革命、顽固维护清朝政权的反动的一面，而洋务救国的思想是他政治思想的主流。由于成功地塑造了玉贤、刚弼和张曜这三个不同类型的官吏的艺术形象，《老残游记》在谴责小说中成为一部能形象地暴露清末官祸与黄祸给社会带来沉重灾难的优秀作品。颜廷亮是比较早注意晚清小说理论研究的学者。收入续选中的《晚清小说理论发展新阶段的一个标志》就革命派关于小说与社会生活关系的论述进行了深入的探讨。同是这个年龄段的学者郭长海，熟悉小说文坛掌故，其《鲁迅与周瘦鹃》一文，显示出其文趣擅长。

80年代中年学者的近代小说研究，大抵是文学社会学的研究路径。80年代中期以后，恢复高考后读书的新一代学者在学术界崭露头角。1988年，陈平原在上海人民出版社出版《中国小说叙事模式的转变》一书，成为从小说叙事模式入手研究小说史的先行者。收入续选的论文《史传诗骚传统与小说叙事模式的转变》，探讨的主要范围是从梁启超小说革命之后的“新小说”到五四现代小说。早就有海外学者如普实克、夏志清、韩南、浦安迪注意到中国小说形式受历史著作深刻影响。陈文认为：引“史传”“诗骚”入小说，并非始于20世纪初；但只有到了20世纪初，这种广义的文体渗透才呈现如此特异的风采，促进或限制了中国小说叙事模式的转变。像中国古代小说一样，“新小说”和五四小说也深受“史传”和“诗骚”的影响，只是各自有其侧重点：“新小说”更偏重于“史传”，而五四小说更偏于“诗骚”。这种侧重点的转移，使小说的整体面貌发生了很大变化，当然，也不能不波及中国小说叙事模式的转换。“新小说”家的借鉴“史传”，既体现在其实录精神，也体现在其纪传体的叙事技巧。真正最能体现“新小说”家取法“史传”传统的，是其补正史阙的写作目的，以及由此引申出来的以小人物写大时代的结构技巧。而这一点，既促进也限制了中国小说叙事角度的转变。“史传”传统使“新小说”家热衷于把小说写成“社会史”：而为了协调小说与史书的矛盾，作家理所当然地创造出以小人物写大时代的方法。倘若作家把历史画面的展现局限于作为贯串线索的小人物视野内，小说便自然而然地突破传统的全知叙事——实际上《老残游记》《邻女语》《上海游骖录》《剑腥录》等小说正是这样部分成功地采用了第三人称限制叙事。“史传”传统间接促成了小说叙事角度的转变，可也严重阻碍了这种转变的完成。作家们往往为了“史”的兴趣而轻易放弃这种很有潜力的艺术创新的尝试。如果说“新小说”家看重“史传”传统，五四作家无疑是突出“诗骚”传统。五四作家引“诗骚”入小说的艺术尝试，不单为20世纪中国文学贡献了一大批优秀的抒情小说，而且促成了中国小说叙事结构的转变。五四作家把“情调”和“意境”作为判定小说优劣的重要标准，大多不大善于编故事，却善于捕捉一种属于自己并属于自己时代的特有“情感”。引“诗骚”入小说，突出“情调”与“意境”，强调“即兴”与“抒情”，必然大大降低情节在小说布局中的作用和地位，从而突破持续上千年的以情节为结构中心的传统小说模式，为中国小说的多样化发展开辟了光辉的前景。

陈平原《史传诗骚传统与小说叙事模式的转变》是从史传与诗骚审美对新小说、五四小说叙事模式的影响入手，谈近代小说是如何植根于传统的，王祖献的《外国小说与清末民初小说艺术的近代化》则从外国小说影响的角度谈小说艺术的近代化，讲述近代小说是如何实施“拿来主义”的。王文认为：清末民初小说思想上有新内容，艺术上不仅仅是“旧瓶装新酒”，也存在很多变化。这些变化与外国小说的译入有关。在翻译小说的影响下，清末民初小说变化有四：章回体的突破与新体短篇小说产生，小说叙事角度与叙事时间变化，“联缀短篇”无中心人物、事件作线索的结构改善，清末民初小说人物描写艺术的提高。

陈、王两文发表在80年代末，但他们的研究带动了90年代后小说研究的多方突围。1993年起，栾梅健教授和他的团队开始注意从社会制度层面探讨近代小说繁荣的原因。收入续选的《稿费制度的确立与职业作家的出现》是其20世纪中国文学发生论系列论文代表作。栾文认为：随着我国近代出版事业的发展和出版制度的形成，20世纪的中国作家第一次破天荒地可以通过自己的精神产品直接得到经济上的报酬。稿费是我国近代商品经济的产物，也是文化市场中的一个具体标尺。近代之后，是稿酬制度造成了现代一大批数量众多的文学作家和准作家。他们带给20世纪中国文坛的固然有金钱消遣的一方面，也有人格独立与精神自由的一方面，但最为内在的，则是他们的存在，为实现文学观念的新变创造了有利的条件。在近代小说研究方面卓有成就的学者袁进，把目光投向晚清小说读者的研究。其《试论晚清小说读者的变化》认为：上海是中国近代最为现代化的城市，它又是中国通俗小说出版的最重要基地，它的都市化过程与通俗小说的崛起可以作为一个研究典型。进入20世纪后，尤其是在"小说界革命"后，上海的小说种数如洪水一般增长，晚清的小说数量激增，其中大部分都出版于上海，而且都在进入20世纪后。晚清最著名的四大小说杂志《新小说》《绣像小说》《月月小说》《小说林》等，除了《新小说》第一年在日本编辑、在上海发行，其他杂志都在上海编辑发行。以"政治小说"为本位的"小说界革命"成为一场应者云集的小说运动，其读者既有士大夫又有市民。晚清大批士大夫阅读通俗小说帮助通俗小说崛起，却混淆了原先的纯文学与通俗文学的界限，造成雅俗合流的局面。晚清小说表现的实际上是市民意识与士大夫意识的结合。大批士大夫介入小说的作者与读者之后，市民小说也就"雅化"了。此时出现的鸳鸯蝴蝶派不完全是一个通俗文学流派，至少在民国初年，在雅俗的合流中，它代表了当时中国小说的水平。鸳鸯蝴蝶派的"文化改良主义"与五四新文学的"文化激进主义"在许多方面是一致的，如提倡白话文，如吸收外国小说影响等等。当五四新文学问世之后，鸳鸯蝴蝶派才完全转入通俗文学。中国的纯文学与通俗文学的界限又再次分明起来。袁文发表于2001年，其对鸳鸯蝴蝶派的评价，与80年代的相比，已不可以道里计。

范伯群晚年致力于中国近现代通俗文学研究，成绩斐然。2006年，范先生发表《〈海上花列传〉：现代通俗小说开山之作》影响很大。范文认为：我们考察中国文学的线路图，从文学的古典型转轨为现代型时，是要有一个鲜明的转轨标志的。经过反复的勘测与论证，我们选定《海上花列传》就是这样的一个新站点。论文列举《海上花列传》的六个“率先”，说明它在文学创作上具有开创性的意义：《海上花列传》是率先将目光投向“现代大都会”的小说，是以商人为贯穿人物的小说，是以乡下人进城为题材的小说，是以吴语苏白为主的方言小说，小说首先在结构上使用“穿插藏闪”手法，作者韩邦庆自办期刊，自写小说。缘于以上六个“率先”的存在，《海上花列传》可以被看作中国现代通俗小说的开山之作，作为中国文学古今演变的“换乘点”，也是中国现代文学的起步点。

《海上花列传》是否可以成为中国文学古今演变换乘点、现代文学的起步点，尚需要假以时日。与范伯群先生一起进行近现代通俗文学研究的汤哲声教授2001年发表的《蜕变中的蝴蝶》，专论民初小说创作的价值取向。汤文所论及的民初小说是指1911年民国建立以后至20年代初五四新文学登上文坛以后这段时间内中国传统作家所发表的小说。其所言价值取向是指民初小说创作倾向和创作模式的变革。论文认为：创刊于1914年的《礼拜六》杂志，发表过民初所有重要小说家的作品，以至于后人称民初小说家为“礼拜六派”。“礼拜六派”宣言作“高兴时游戏和失意时消遣”的小说，其小说类型可分为社会伦理、描写国难、言情与翻译小说，礼拜六小说的基本价值取向是在游戏、消闲和趣味之中达到“警世觉民”的效果。民初小说的消遣趣味观是和“三言二拍”一脉相承的，它来自于中国的传统，又得到了时代的强化和确认。这一价值取向，在民初文人办刊与写作的实践中，体现为“副刊意识”。作者认为，民初的文学期刊，大多是报纸副刊演变而来。副刊除了作为报道新闻、指导舆论的“正刊”的补充之外，还承担着扩大报纸影响，争取更多读者的任务。而副刊的优劣则又和能否吸引读者紧密相连。当副刊逐步地演变成文学期刊之后，办刊人的编辑思想中的副刊意识并没有发生改变，他们是用编副刊的方式编小说，以副刊的文字要求写小说，游戏、消闲、趣味的副刊定位和意识，极大影响着小说创作的倾向。民初小说并没有多少启蒙意识，但对现实社会生活领域正在发生的悄悄变化却十分感兴趣。他们非常敏感地将正在变化中的生活写入他们的小说之中，并从中表达出他们的文化观念。汤文以《小说画报》为例，分析民初小说叙事模式的变化趋势。民初作家用第一人称写作已非常普遍；全知叙事之外，人物叙事视角增加；小说叙事中心之外，人物命运的性格中心、社会问题的背景中心占比增加；倒叙与交错叙述的叙事结构增加。但中国现代小说的创作模式并没有在他们手中建立。他们未能从写事为中心走到写人为中心上来。汤文认为：五四新小说的价值取向与晚清“小说界革命”是一脉相承的。处在“小说界革命”与五四小说之间的民初小说，很难说是晚清“小说界革命”的继续，更难说是五四新文学的铺垫或前奏。民初小说在小说文学功能开拓和表现能力提高方面，为传统小说走向现代化做出属于自己的努力和贡献。

收入续选以民初小说为研究对象的还有黄霖的《民国初年“旧派”小说家的声音》、郭浩帆的《清末民初小说与报刊业之关系探略》、黄锦珠的《论清末民初言情小说的质变与发展》、刘铁群的《鸳鸯蝴蝶派作家与市民社会》、刘大先的《清末民初京旗小说引论》。黄霖论文中所说的“旧派”小说，指的是鸳鸯蝴蝶派、礼拜六派、黑幕派小说。黄文认为：民国初年的所谓“旧派”小说，在当时历史条件下呈现了难得的多元性、平民性、自由性与趋新性，是中国小说现代化过程中的重要一环。“旧派”小说具有坚主兴味第一，坚持传统路数，坚守社会责任的特点。在分析作品、论证主张的基础上，黄文认为：“旧派”小说家并不旧。他们在晚清小说界强调内容“革命”的道路上，救弊补偏，更弦改张，宣扬“兴味第一”，小说为百姓人生的娱乐、消闲服务，自有其积极的意义。当时小说界的论争，实质上是“载道派”与“艺术派”，是坚持传统与全盘西化之争。假如当时双方能取长补短，和衷共济，而不是专作门户标榜之见，相互攻其一点，不及其余的话，或许中国现代小说的发展就更有一点民族的气派，而不会被人说是“建立在翻译的基础上"了。郭浩帆的《清末民初小说与报刊业之关系探略》认为：19、20世纪之交的中国，是报刊小说时代。这个小说时代有两个主要特征：近代小说产量的消长与报刊业的盛衰始终保持着密切甚至是微妙而复杂的关系，小说杂志始终是小说和小说理论发表的最主要阵地。刘铁群的《鸳鸯蝴蝶派作家与市民社会》通过对鸳蝴派作家的考察，得出如下的描述：正是由于在市民社会中安置自己的人生，鸳鸯蝴蝶派作家才放弃了传统的谋生方式，成为职业作家，成为自食其力的个体劳动者；正是由于以满足市民的文化消费需求为创作宗旨和编辑方针，他们才打破了文化的等级制；对传统的文以载道的文学观念形成反叛，使文学成为广大公众所共享的事业。他们通过自己的努力不仅过上了较好的生活，还在一定程度上获得了精神与人格的独立，并且成为广大市民关注的焦点。刘大先《清末民初京旗小说引论》认为：清末民初的京旗小说全然写日常生活，他们的小说故事本身没有多少跌宕起伏、引人入胜的情节，主要靠叙述的技巧设置关节，靠方言土语的魅力引起读者的兴趣。中国小说从宏大叙事转向日常叙事、从情节重心转向结构重心、从偏好故事到偏好语言，京旗小说起到了一个但开风气不为师的作用。由上我们可以看出，进入21世纪后，研究民初小说的论文明显增多，质量也明显提高。

张俊才80年代开始的林纾研究在学术界有较大的影响。续选中收入他的《林纾小说创作简论》，论文对林纾60岁之后才开始的小说创作进行了初步梳理。林有长篇小说五部，以爱情为纬，以国事为经，是林纾长篇小说结构的显著特征。其短篇小说，题材构成与思想倾向表现得更复杂。有的谈狐说鬼，语灵志怪，有的写技击之事，有的叙见闻趣谈。缺乏有思想意义之作。陆建德2009年写作《再说"荆生"——兼及运动之术》，对林纾的短篇小说《荆生》中的"荆生"这一人物的原型进行考证，认为荆生是林纾自指，而非新文学史著作中众口一词的军阀徐树铮。小说《荆生》中在陶然亭怒斥废汉字、灭伦常三位少年的是拼命卫道的《荆生》的作者自己。《荆生》

有过激骂詈之嫌，而不含以借军阀武力铲除异端的假想。

在续选下限的截止之年，《文学评论》推出两位近代小说研究大家的论文。一篇是陈大康的《论近代日报小说》，一篇是夏晓虹的《晚清“新小说”辨义》。陈大康2014年在人民文学出版社出版《中国近代小说编年史》，有大贡献于学术界。此文是他在编年史出版后的新的研究成果。陈文认为：日报小说占了近代小说总数的将近一半。近代小说在最后十年爆炸式增长，日报小说繁盛是重要原因。新发表模式的建立、职业作家队伍的形成、创作风格的流行，读者与作者与报社互动的频繁，都显示出日报小说的优势。在详尽占有材料，严谨考论的基础上，陈文对近代日报小说的走向、地位与作用作出以下描述：日报为提高销量而刊载小说，而它发行迅捷、影响面广的优势，又使小说读者群极大扩容。作、译者偏少导致稿源不足是维持小说持续刊载的最大瓶颈。报社以征文方式打开局面，众多小说爱好者开始投身创作，作品数量迅速猛增。稿酬制度的相应建立，使创作保持了旺盛势头，也催生了一批职业作家。至此，日报小说已成为数量最大的小说品种，它在规模、作者培养以及创作影响传递等方面都改变了当时小说创作格局，成为主导近代小说发展的重要推动力。夏晓虹的《晚清“新小说”辨义》认为：晚清出现的“新小说”，在雅俗文学中的归属一直比较模糊。按照学界通常的理解，自古代传衍而来的四大重要文类，其中诗、文大抵属于雅文学，小说、戏曲则被归入俗文学。作者为本文提出的学术目标是回到历史现场，主要依据晚清提倡者与创作者的自我论述，还原诸人对于“新小说”的构想。而在辨析其性质、确认“新小说”并非通俗小说的过程中，揭示理想与现实的落差，为观察晚清到五四的小说流变趋向提供一个内部的视角。夏文考察新小说的由来，以为晚清“新小说”的得名与流行，无疑源自1902年11月14日创刊的《新小说》。而《新小说》于1902年行世后引发的连锁反响，确实带来了“新小说”翻译与创作的极大繁荣。“新小说”已然成为一个值得夸耀的名号。正是在众多新小说杂志与书局的合力推动下，数以千计的

“新小说”结队而来，中国文学史上新的篇章就此展开。梁启超等人对“新小说”的设定，是针对“旧小说之体裁”，其指向是章回小说与白话。在经历复杂的演进与无奈后，晚清新小说所选择所呈现的是章回体甚鲜、文言作品多于白话的局面。梁启超等人对“新小说”意境的期望是新理想。“新小说”倡导者把富含新知、启发蒙昧、改造世界的想象寄托于“新小说”。但同时也不免存在悬得过高、读者寡趣的落差。近代小说界在共同构建“新小说”的理想时，在小说文体与内涵方面均作出了有益的尝试和开拓，从而使新小说成为一个具有巨大包容量和弹性的文类，切实引领了小说时代的到来。

重读近 40 年近代小说研究的成果是让人感到十分欣慰的事情。今天的回顾是为了明天的进步。我们期待今后的时日，有更多更优秀的中国近代文学、近代小说的研究成果问世。

（刊于 2018 年 12 月《汉语言文学研究》第 4 期）

中国近代文学研究三十年

开始于20世纪初的中国近代文学研究，其发展是不平衡的。从世纪初直到70年代末，几代学人筚路蓝缕，多方探索，取得了令人瞩目的成就，留下了诸如《五十年来中国之文学》(胡适)、《中国近代文学之变迁》(陈子展)、《现代中国文学史》(钱基博)、《近百年来的中国文艺思潮》(吴文祺)、《晚清小说史》(阿英)、《中国小说史略》(鲁迅)等至今仍为研究者所珍视的经典之作，整理出版了《近代诗选》《中国近代文论选》《晚清文学丛钞》以及一些作家文集等重要研究资料，为中国近代文学的研究与学科建设奠定了较为坚实的基础。但客观地说，由于没有明晰而坚定的学科意识，相对于研究对象本身的丰富性与复杂性，这一时期的近代文学研究显得单薄，不够深入，缺乏系统性。

20世纪80年代以来，随着解放思想、实事求是观念的深入人心，近代文学研究者的价值体系、思想方法、文学史观得到更新，研究视野、研究领域、研究方法不断扩大，许多妨碍正确认识中国近代文学发展历史的禁忌被不断打破，近代文学研究步入历史的“新时期”。短短30年间，近代文学研究呈现出前所未有的繁荣景象。

检点、打量30年来中国近代文学研究所取得的成就，我们大致可以勾勒出三个阶段，以描绘近代文学学科逐渐开始走向成熟的发展轨迹。

一、从改革开放伊始的1978年到1988年近代文学研究学会的成立，是近代文学研究正本清源、拨乱反正的阶段。“真理标准”问题的讨论以及随后进行的十一届三中全会的召开，使中国社会开始了思想上的“破冰之旅”。思想解放的潮流所及，为学术研究营造了相对正常的氛围。近代文学研究开始挣脱“泛政治化”的牢笼，回到学术研究自身。同时，高考制度的恢复与不断完善，使人才培养机制逐渐恢复并不断完善。在近代文学领域，初步形成了以北京、上海、山东、河南、广东、江苏、东北为主的学科研究与培养基地，为近代文学研究培养和输送一代代后续人才。

这一阶段对于近代文学学科意义最为重大的当是学科共识的达成。鸦片战争至五四时期的中国近代文学，完成了中国文学由古典向现代的变革。在民族解放、民族革命大背景下完成上述变革的中国近代文学，在整个中国文学史的长链中，具有特殊的意蕴和典型的意义。有意识地把近代文学研究作为一门学科予以全面建设，是80年代以后研究工作者的共识。1979年开始，中国社科院文学所近代组的研究工作者通力合作，将1919—1979年间有关中国近代文学的研究论文精选为七卷，由中国社科出版社出版。1982年，文学所与河南大学联合，在开封召开了第一次近代文学学术讨论会，次年在北京召开中国近、现、当代文学分期问题的讨论，以期全面推进近代文学的学科建设。《中国近代文学的特点、性质和分期》和《认真求实共同探索——中国近、现、当代文学史分期问题讨论会纪实》的出版和发表，基本上确定了近代文学的疆域，完成了近代文学史的框架构建。1988年成立的中国近代文学学会，经国家批准为国家一级学会，挂靠在中国社科院文学所，稍后，中国南社与柳亚子研究会成立。中国近代文学学会以及其他近代文学研究机构的相继成立，是学科建设步入正轨的标志性事件，既意味着近代文学研究日益走向系统化、规范化。也可以看作近代文学获得正式身份的证明，近代文学作为一门独立学科“能否可能”和“如何可能”的争论，自此方算尘埃落定。

在恢复、重建过程中，近代文学研究收获了“新时期”第一批成果。

其中任访秋的《中国近代文学作家论》《中国新文学渊源》《中国近代文学史》，时萌的《中国近代文学论稿》《曾朴研究》，管林的《龚自珍研究》，陈则光《中国近代文学史》（上卷）、佛雏的《王国维诗学研究》以及季镇淮、钱仲联有关近代文学研究的论文等，出手不凡，见识卓绝，显示出第一代研究者深厚的学术积淀与专业功力。资料整理方面主要有孙文光主编的《龚自珍研究资料》、魏绍昌编辑的《李伯元研究资料》《吴趼人研究资料》《〈孽海花〉研究资料》《鸳鸯蝴蝶派研究资料》，薛绥之、张俊才编写的《林纾研究资料》，牛仰山编写的《严复研究资料》，郭长海的《秋瑾事迹研究》、刘慈荪的《铁云先生年谱长编》、郭延礼的《龚自珍年谱》《秋瑾年谱》、孙静的《龚自珍文集与年谱序跋补辑》等。

在这个阶段，无论是文学史还是专著，包括资料的搜集整理，持论均较为拘谨，题材也相对集中，比如小说研究集中在“四大谴责小说”，诗文研究关注龚自珍、秋瑾等，显示出政治标准仍或隐或显地影响着研究者。不惟近代文学如是，其他领域的研究也是如此，这是时代赋予文学研究的特征。

二、80 年代末至 90 年代末，是近代文学研究取得长足进步的阶段。主要原因在于：

1. 中国近代文学学会的正常运作，使研究日渐系统化、规范化。以近代文学学会等为依托，定期或不定期举办各种类型的国际国内学术交流活动，其中最成规模的是近代文学学会每两年一次的年会。定期召开年会不仅可以总结学会工作，更为研究者交流、交换学科研究信息提供了平台。除定期会议外，还频繁举办不定期会议，在诸如“黄遵宪研究”“刘鹗与《老残游记》”等专题下展开探讨，推动近代文学研究向纵深掘进、发展。

2. 随着研究队伍的成熟与日益壮大，一个年龄结构合理、学术个性鲜明的学术群体逐渐培育成熟，显示出近代文学既重学术传承又张扬学术个性的学科特色。这一阶段的研究主力多是高考制度恢复之后陆续进入学校和研究机构的学者，较之前辈，他们以更加系统的知识背景，更加开放的学术眼光，更加泼辣的学术胆识，不断为近代文学研究带来新的生机和活力。

3. 90 年代初，随着社会主义市场经济体制的确立，中国社会进入转型时期，社会思想观念、文化形态、价值体系日益趋向丰富、多元，置身于一个更宽容也更强调个性色彩的学术氛围，研究者获得前所未有的创作激情，这一阶段的研究也因而异常丰富、生动。

经过前一个十年的丰厚积累，加之上述诸种有利条件，中国近代文学研究进入了蓬勃发展时期，出现了一大批高质量的学术论著，在专著、文学史、资料搜集与整理诸方面，都取得了令人瞩目的成绩。

在文学史写作方面，郭延礼的《中国近代文学发展史》、王飚等的《中华文学通史》(近代文学卷)、黄霖的《近代文学批评史》、陈平原的《二十世纪中国小说史》(第一卷)、欧阳健的《晚清小说史》、谢飘云的《中国近代散文史》、马亚中的《中国近代诗歌史》、郭延礼的《中国近代翻译文学概论》，陈伯海、袁进主编的《上海近代文学史》和钟贤培、汪松涛主编的《广东近代文学史》等，都产生了相当大的学术影响。

这一时期多部近代文学史的写作出版既是近代文学学科建设的迫切需要，在某种程度上也是对当时学界“重写文学史”呼声的回应。“重写”意味着以新的学术眼光重新审视、梳理文学史实。研究者在以开阔的视野整合所有文学史现象的过程中，开始体现了对近代文学的丰富性、整体性与体系性的深切追求。而且得益于研究者文学史观和方法论的更新，文学史写作也开始突破“时代与作家作品”的传统写作模式，呈现出多种可能性，文学史正由死板的“历史的堆积物”日益走向丰富与多元。

资料的搜集整理趋向体系化、系统化。《中国近代文学大系》《中国近代小说大系》《二十世纪中国小说理论资料》《中国近代传奇杂剧经眼录》《清末民初小说书系》《吴趼人全集》《李伯元全集》等的整理出版，都体现了这种趋向。上海古籍出版社策划并陆续出版的《中国近代文学丛书》，更是一项近代文学史料建设的大型系统工程。

在学术论著方面，研究者既具有宏观学术把握能力，又学有专攻，集中展示了近代文学研究的整体学术实力。陈平原的《二十世纪小说叙述模式的转变》、夏晓虹的《觉世与传世——梁启超的文学道路》及其他学术论文，王广西《佛学与中国近代诗坛》，郭延礼的《中国近代文学发展史》《近代翻译文学史》等，康保成的《中国近代戏剧形式论》等著作都颇具影响。而马亚中、马卫中等的近代诗文研究，黄霖的近代文学批评史研究，徐中玉、郭豫适的近代文学理论、近代小说研究，王杏根、曹旭对文学改良运动、诗歌理论的研究，王卫民的近代戏曲研究，牛仰山、赵慎修的近代诗文研究，裴效维的南社研究，袁凯声、李慈健等关于近代文学的研究，在此期也引人瞩目。

考究此期的研究成果，有两个非常显著的特征，一是研究者的学术胆识与视野，二是研究的整体性眼光。

（一）得益于开放、宽容的学术背景，研究者显示出非凡的学术勇气和广阔的学术视野，主要表现为对禁区的突破，对权威的质疑，对新的研究方法、新的理论资源的大胆借鉴，以西方理论返视中国传统的文学资源，得出新的结论。如魏绍昌、范伯群、袁进等对鸳鸯蝴蝶派的研究，关爱和等对桐城派的研究，刘瑜、刘德隆等对刘鹗及其《老残游记》的再审视等，都是对近代文学研究长期存在的研究禁区的突破，研究者无一不在做着“力求客观地叙述历史，再现历史的真相”的努力，以使过去被遮蔽的近代文学历史的丰富意蕴得以敞亮。研究者的学术胆识不仅体现在突破研究禁区，还体现在对权威的质疑与超越。秉持“回到原点、回到历史语境、回到文本”的原则，研究者对近代文学研究的一些由来已久的概念、说法提出质疑，并以自己言之有据的新见解，完成对权威的超越。比如对改良派的再认识，由此涉及文学标准问题，文学的灵魂是文学性或曰审美性，以此相衡，则改良派文学、革命派文学、维新派文学、鸳鸯蝴蝶派文学的命名均不再有效。又如晚清小说研究，研究者日益实现对鲁迅《中国小说史略》等传统经典的超越，从多个角度解读晚清小说的丰富性。比如王德威把晚清文学、晚清小说纳入“现代性”这一大课题下进行研究，清理出20世纪初的文学谱系，“挖掘多年以来隐而不彰的现代性线索”。发人未发，独具特色。

另外，研究者还借鉴西方的理论话语重新阐释中国传统文学，西方与中国的异质碰撞与阵痛带来的必然是极大地丰富。其中米列娜主编的《从传统到现代——世纪转折时期的中国小说》较早用西方视角来阐释近代小说，以“促进对于晚清小说更为广阔的理解”，表现出作者试图沟通中西、融汇中西的努力。

（二）上一阶段提出的“二十世纪中国文学”概念得到拓展和深化，成为文学研究领域最有影响的事件之一，整体性眼光日益成为研究者的自觉追求。

近代文学研究的整体性眼光首先是指，既注意把近代文学研究置于20世纪中国社会转型的宏阔背景下进行整体观照，在广泛的联系与历史的纵深中考察社会文化的近代化转换对文学的广泛影响，又注意仔细梳理文学内部不同文体诸如主题、语言、审美、叙事手法等要素在新的时代所发生的深刻变化。研究者日益突破传统较为单一的研究模式，尝试从不同侧面不同角度切入研究对象，以期对研究对象尽可能全面、客观地把握。左鹏军《文化转型中的中国近代戏剧》对中国戏剧近代转型的研究，始终围绕中国近代戏剧发展的文化史背景展开，认为中国近代文化变迁与戏剧走向、与戏剧诸方面变迁紧密相关。陈平原《中国小说叙事模式的转变》则从“叙事”角度，论证近代小说在中国小说发展史上的重要位置，给读者留下深刻印象。

近代文学研究的整体性眼光还体现在对新旧两派文学研究的统筹兼顾，研究格局日趋合理。中国文学由古典向现代的转型，包含两个层面，一是沿袭古典的文学在思想、形式、语言诸方面由渐次遭到怀疑到自我调整以求延存，终于无力“挽狂澜于既倒”而走向式微终结的过程；一是文学“新质”

在传统文学中艰难孕育、蹒跚发展、终于云开日出的过程。旧派文学的研究在以“新”为主线的历史叙述中曾长期被置于历史的背阴处。进入 90 年代，研究界日益意识到，旧派文学不唯是文学“新质”得以孕育的“产床”，其本身亦和文学“新质”一样，构成中国文学近代化过程不可或缺的一部分。这种认识贯彻到研究中，就是对上述两个层面的研究并重，研究格局渐趋合理。

在第一个层面，对桐城派、宋诗派（同光体）、常州词派等旧派文学的研究取得相当成绩，研究者在对流派、作家、作品考察之外，格外关注旧派文学在新的时代背景下的自我调适与更新。比如对桐城派的研究，无论是姚鼐等对桐城义法的坚守、曾国藩对桐城派的改造与背离、吴汝纶的复归，还是马其昶的挣扎，研究者在致力清理流派由盛而衰的线索时，不惟探讨、再现历史进程的真实样态，更力图揭示蕴含在诸多文学现象之中的数代文人面对变动不居的时代不甘寂寞又进退失据的复杂心态。对同光体的研究，注意辨析在其“奇奥生新”的诗句中的时代风云之气，辨析他们在新诗与旧诗的结合上所进行的积极而有意义的探索，肯定其对新文学革命与建设的启示作用。制度、文化的衰败决定了依附其上的旧派文学没落的必然，但一代代文人企望“延文化命脉于一线”的挣扎与努力仍让人为之动容。对历史“体贴的同情”显示了研究者日益冷静、成熟的研究心态，这也是学科成熟的重要标志。

在第二个层面，研究者致力于细致发掘、辨析、描摹在传统文学中萌生的文学“新质”的成长脉络。袁进对《花月痕》《海上花列传》《玉梨魂》《广陵潮》等作品所做的诠释就是基于此种目的所作的努力之一。他指出《花月痕》塑造的“落拓文人”形象一直影响到郁达夫、郭沫若等人的创作，“从古代士大夫的‘零余者’转到现代知识分子的‘零余者’，构成了中国文化独特的‘零余者’系列，《花月痕》构成了二者之间的连接”，具有“超前意识”；《玉梨魂》提供的新因素则体现了小说发展的潮流，曾经在中国小说发展史上起过重要作用。龚喜平的《新学诗·新派诗·歌体诗·白话诗——论中国新诗的发生与发展》等论文则在诗学概念与创作实践两方面梳理中国诗歌近代化历程，勾勒出中国新诗由探索、尝试到走出传统、面向世界的清晰线索。

两个层面的研究都注意到近代文学“新”“旧”纠缠、杂糅的总体特色，20世纪中国文学的生成过程就是新旧两派文学在有所张扬有所压抑之间完成嬗递、取舍，并最终形成自己的独特品格。

随着“二十世纪中国文学史”概念的深化，近代文学研究的整体性眼光还体现在研究者开始有意识地把近代文学研究与整个20世纪中国文学的历史进程联系起来考察，在这一维度，影响研究和比较研究是最常见的研究方法。比如对苏曼殊、林译小说、鸳鸯蝴蝶派、文学界革命以及对桐城派、同光体等的研究，研究者都注重分析探究其在20世纪文学史中的影响与意义。近代文学不仅是古代文学的收束，最关键是为20世纪中国文学的现代化进程做了一个气宇不凡的开场，这样的论断渐成学界共识。在这些作者笔下，专业界限趋于模糊，跨学科研究备受青睐。学科疆域由模糊到清晰，再由清晰到模糊，这种变化是非常有意味的。

三、进入世纪之交，近代文学研究的主要发展路向仍在延续，但也出现了新的因素。

首先，“世纪之交、百年回眸”的话题为学术研究的检讨与总结提供了契机。检讨与总结主要从以下几个方面展开：

1. 经过两个十年甚至更长时间的酝酿，对同一论题往往有了系统、深入的体认，出现了集大成之作。比如鸳鸯蝴蝶派研究，在“众声喧哗”之后，此期范伯群推出《中国近现代通俗文学史》，由论而史，既意味着论题的相对成熟，也为以鸳鸯蝴蝶派为代表的通俗文学进入文学“正史”做了充分的铺垫；又如袁进在“中国文学的近代化”题目下，由《中国小说观念的变革》《文学观念的近代变革》等到《中国文学的近代变革》，完成了对中国近代文学“近代化”进程比较全面、细致的考察。

2. 研究者个人学术道路的总结。比如关爱和继 20 世纪 90 年代陆续推出《从古典走向现代——论历史转型期的中国近代文学》《悲壮的沉落》《古典主义的终结——桐城派与“五四”新文学》等著作之后出版的《中国近代文学论集》，显然带有学术上的自我回顾和自我总结的意味，而总结往往是为了在更高起点上的再出发。

3. 近代文学研究与学科发展的总结。比较有代表性的著作是关爱和、王飙、袁进的《探索中国文学从古典到现代的转型历程》、关爱和《20 世纪中国近代文学研究述评》、郭延礼《20 世纪中国近代文学研究学术历程之回顾》等。随着近代文学学科的不断发展和研究的不断深入，这一学科的学术史和学科史的研究也开始受到人们的重视。郭延礼的《20 世纪中国近代文学研究学术史》就是对中国近代文学研究百年历程的回顾与总结，在近代文学学科史上具有开创意义。

其次，近代文学的个案研究进一步拓展和深化。随着新的资料的挖掘和新的研究方法的采用，研究的深度与广度较前一阶段均有较大推进。对现有的文学范式、研究视角以及与此相关的结论的不断质疑，引起了广泛的学术讨论。质疑和讨论是学术研究的活力源泉。事实上，那些经过广泛讨论的题目业已成为学科研究最为成熟而丰满的部分。比如近年来，近代文学研究领域对西方传教士与中国文学的关系问题的讨论。中国近代文学的特殊性决定了它的每一个进步几乎都是在与西方文化的纠缠中完成的。关于西方文化的输入在中国文学近代化过程中的意义和作用，一直是近代文学研究首先必须正视的问题。传教士问题的焦点集中在传教士在近代中国的活动目的是文化侵略还是文化交流或者文化援助，争论至今尚没有结束，但如何全面、理性地辨析近代文学由传统向现代转型过程中“中”“西”交融碰撞汇通的复杂面貌，争论本身已给予了我们诸多启迪。

第三，文学的文化研究更加活跃。由于市场经济体制带来的文学在生产、传播方式上的变化，以及文化立场的分化，上一阶段业已出现的文学的文化批评更趋活跃。文化批评重视从作品的文化品质、文学的生产、接受过程等角度切入文学研究。晚清文学尤其是小说的发展，很大原因也正在于文学市场的形成和职业作家的出现，因而在近代文学研究中引入文化研究，对于更准确地审视、把握、判断这一时期的文学现象，具有特别重要的意义。郭浩帆的论著《中国近代四大小说杂志研究》与潘建国的论文《清末上海地区书局与晚清小说》均从文学生产方式入手，前者指出近代报刊的兴盛促成了中国小说传播方式的变革，并成为中国小说现代转型的主载体和推动力量。后者则考察了清末上海地区的书局与晚清小说编撰、刊印、销售诸环节之间的联系。除了文学生产方式，近代文学研究对广告、书价、稿费制度、读者群等诸多方面的关注，在文学日益市场化的今天，其“当下意义”都是不言而喻的。

第四，对史料的重视是近代文学研究的传统，此期的史料工作更加注重由单纯的史料搜集、校勘、整理、以史证论走向史论结合、论从史出。研究者不再囿于现有结论，而是多有发现与创新。左鹏军致力于近代（晚清民国）戏曲曲目的搜集、整理与研究，其《新见晚清民国传奇杂剧十五种考辨》《〈时报·余兴〉副刊和〈余兴〉杂志所刊传奇考述》《近代传奇杂剧的文体变革及其文学史意义》《〈申报〉所刊传奇杂剧十三种考述》等均为近代戏曲研究提供了许多新见的第一手资料，披露了以往未为人知的戏曲史事实，推动了近代戏曲研究的新发展；另外王学钧、刘德隆、潘建国等基于报刊资料对近代文学尤其是晚清小说所做的研究也在引起学界注意。报刊资料的搜集整理工作在近年形成了一个学科热点，越来越多的研究者开始意识到，报纸期刊作为近代文学的重要载体，是贴近、进入那个业已远逝的时代的最佳通道之一。从报刊的角度切入，往往会发现许多被遮蔽被忽略的丰富细节，而诸多细节的整合对更真实地再现近代文学发生、发展的“历史场景”具有重要意义。郭长海最近出版的《中国近代文学史证》就是其多年来对报纸期刊资料爬梳、整理、辨伪工作的一个总结。

2004年和2006年在青岛和长春召开的第十二届和第十三届中国近代文学年会，史料问题成为会议的中心议题之一；2006年史料问题与百年中国文学转捩点学术研讨会的召开和中华文学史料学学会近现代史料学分会的成立，以及随后近现代史料学分会首届年会的召开，无一不再昭示着近代文学研究对“史学本是史料学”这一学科根本性原则的秉持与坚守。

近年来，中国文学研究领域“中国文学古今演变研究”的倡导和深入探索，克服了“20世纪”作为文学概念范畴的局限，将“20世纪中国文学”概念向前推进了一大步。在“中国文学古今演变研究”的框架内，古代文学、近代文学、现代文学、当代文学一起构成了既各有特色又浑融一体的充满张力的学术体系；而对“演变”的探讨，又势必涉及“中国文学近代化”的话题，在这一话题下，中国文学与世界文学构成了对话关系。可以预期，置身于该框架之中的中国近代文学研究，必将以更开阔的视野、更恢宏的气度、更开放更从容的心态，走向更加辉煌的未来。

（刊于2008年7月《文学评论》第4期）

中国近代文学研究：建立学科自信和学术话语体系

1982年，中国社科院文学研究所与河南大学联合在开封召开了第一次近代文学学术讨论会，距今已经有32年了。32年来，一切都发生了很大的变化。1988年，我们在敦煌召开年会。会后经过努力，成立了中国近代文学学会，由邓绍基教授担任会长，后来接力棒传到了郭延礼先生、黄霖先生和王飚先生手里。这次年会，蒙大家的错爱，由我担任会长。邓先生已经作古。学会理事会经过协商，由三位前任会长和为学会做出重要贡献的原华南师范大学校长管林先生出任名誉会长。诸位前辈学人都为学会的发展做出了重要贡献，对此，我们表示衷心的感谢！这将成为我们学会学术的传统，凡是为学会做出过学术贡献的人，都应受到我们的尊重与爱戴。

对近代文学学会的工作，我有几句话要说。

第一句话，把推动研究、培养队伍、繁荣学术作为近代文学学会的唯一使命。我们的学会是一个群众团体，每一个近代文学学会会员都是这个团体的一分子。中国近代文学学会是我们每一位会员的学术之家。作为一个运转了20多年的学会，我们要像爱护自己的眼睛一样爱护它的荣誉，爱护它取得的所有成就，真正地为发展近代文学学科做出贡献。近代文学学会作为一个群众性学术组织，推动研究、培养队伍、繁荣学术是其最重要的使命。我们两年一次的年会，都是在各位同仁的关心和支持下召开的。在年会之间，还有分会的若干次小型会议、专题会议，在各地不断召开。刚才遵义师范学院的同志提出希望明年在遵义召开会议，云南民族大学的同志也提出愿意承办下一届年会，还有一些其他的组织提出要召开一些专题会议，对某一个问题进行深入的交流。年会呢，我们希望有更多的会员参加，使学会成为会员的学术之家；专题的会议，我们希望各位专门研究的学者进行更为深入的研讨。我们也希望每个愿意把自己的学术志向贡献于近代文学研究的会员，能够发挥自己的智慧和才能，发表更多的研究成果。我们的学会，要以推动研究、培养队伍、繁荣学术作为唯一使命；我们的理事会、常务理事会、副会长、会长，只有一个职责，那就是为会员的学术成长做好服务工作；也希望各位理事、各位会员，也要为学会的学术繁荣发展做出应有的贡献。

我们的学会是一个学术组织，要为学科的发展担负起引领的作用。我们每个会员都有自己的学术目标和学术追求，也有自己熟悉的研究领域与研究方法。但我们的学会既然是一个学术组织，就应当担负起学科发展的引领责任。不然，这个组织就没有必要存在。所以在我们的成员之间，在鼓励各自个性研究的基础上，我们希望组织起来，共同合作，探讨学科当中的基本建设问题和重大课题，提高学会的学术水平和学术能力。现代学术发展，尤其是理工科的发展已经充分显示，没有团队就无法工作，文科也逐渐在显示，没有团队也是无法更好地工作。我们每个人个性化的研究应该受到尊重，但是，涉及学科发展的重要问题、重大课题、重大研究项目，还需要在座各位鼎力合作。我们学会成立之后，就曾经有过整理近代文学研究资料的活动，当时在常熟召开了中国近代文学史料会议，后来没有真正坚持下去。但是，这项工作还是需要我们号召一批有识之士共同做下去，做好基本史料建设工作。我们希望，对近代文学研究过程中的重大课题、重大趋势，要进行团队合作。我们希望在学术会议的基础上，有更多的学术合作。

与我们近代文学相邻的学科，如清史研究、近代史研究、现代文学研究，都是学术研究的热门学科。这些学科从事研究的人员之多、学术会议之频繁、发表论文数量之大、团队作战之有效，都令我们羡慕，都应当是我们的榜样。更重要的是，这些学科的价值趋向，学科的自信、自豪和自觉，都大大优于我们。这个月初，我在南京参加中国现代文学年会时就感觉到，我们应当借鉴他们的学会发展过程中积蓄的经验，来思考我们学会、学科的发展。

第二句话就是，我们怎样谋划学科的发展？

首先要准确认识到近代文学学科的自身价值，这就需要我们对学科的自信和自觉达到一个比较高的程度。在很多人看来，我们的研究好像面临着两座大山，前面一座大山是古代文学，后面一座大山是现代文学。我们强调过渡性，在我们的研究过程中存在以五四为中心的价值取向，但是，中国近代文学的发展历史在中国文学的发展历程当中，是一段不可替代的、充满着很多挑战、也充满着许多重大课题的文学历史，其学术价值绝不低于现代文学，也绝不低于当代文学。所以，怎么样在我们的学科建立起学术自觉和学术自信，应当是我们这一代学人，或者是比我们更年轻的、受过完整教育的、有更好的学术背景的新一代学人共同努力的方向。所以，我们怎么样在集体的学科意识，在国际化、普世化、全球化和学科化的全方面，都取得更大的成绩，这应当是我们学会努力的方向。怎样使我们的研究，由自说自话变为学术界共同的话语，应当是我们学科努力的一个方向。

我们的学科在某种方面的露怯和不自信，大家常常归结于大学的学科设置。比如有人认为，在大学的学科设置之列没有近代文学的空间。学科的自信，主要来自于我们对研究成果的自信，对我们学科在中国文学发展过程中的地位、价值和判断的自信。王飚先生在讲话中提到了三个“三十年”的问题。中国社科院文学研究所 1979 年编了一套书，概括了两个“三十年”，从 1919 年到 1949 年，这是一个“三十年”；从 1949 年到 1979 年，这是另一个“三十年”。在文学研究所编的这一套七本书之后，从 1979 到 2009 年，我们又经历了三十年。这三个三十年当中，有很多学术的话题值得我们深思。我们的学科从无到有，再到现在我们提出学科自信、学术自觉的问题，应该来说在学科的发展过程中，每个阶段都有值得深思的地方。

第一个三十年，我认为是我们国家的现代学术体系建立的时期。在严复《天演论》出版的时候，吴汝纶为其作序，提出两个很值得深思的概念。他说，严复翻译的《天演论》是西方的学术文章；而在中国文体史上，唐代以前多“自著”之文，而唐代之后多“集录”之文。什么是“自著”之文？用句通俗的话来讲，就是学术专著；什么叫“集录”之文？就是论文集。就是说，唐代以前，司马迁的《史记》、班固的《汉书》，这些都是自成一家的“自著”之文；唐代以后的文人诗集，喜欢合并起来，做成合集，这叫作“集录”之文。他曾天才地预告，严复翻译《天演论》之后，我们国家应该有若干自成体系的“自著”之文出现。这个预告出来大概经过二十年之后，在 1920 年前后，随着西风东渐的深入和中国现代大学教育制度的建立，我们国家出现了很多自成体系的学术著作，如《中国小说史略》《五十年来中国之文学》等。这些著作都是在 20 世纪 20 年代以后出现的，形成了学术史上的一种现象，那就是在西方现代知识体系的冲击下，中国由于大学教育的需要，逐渐形成了现代的学术体系，这一学术体系使中国出现更多的“自著”之文。这些著作，到今天仍然是我们研究近代文学的重要参考。

1949 年到 1979 年发生了很大的变化，我们的民族独立、国家更替、新政权建立，这是一种革命叙事普遍存在的时期，唯物史观、反帝反封建理论成为我们编写教材和文学史著述的指导思想。这种革命叙事，把中国自鸦片战争以来的历史，分为近代、现代和当代三个时期，这完全是政权更替的原因。

1979 年到 2009 年的三十年，应该是多元化的时期，出现了很多范式。除了革命范式之外，又有了现代化范式。现代化范式的描述把鸦片战争以来的近代、现代、当代看作一个时期，是中国现代化的起步时期，跨域了三个历史阶段。把清王朝时期的洋务运动、戊戌变法、辛亥革命，以及国民政府时期各个阶段的现代化轨迹，和共产党领导下的六十多年的发展，都视为中国的现代化过程。在现代化过程的叙述下，完全可以有政权的痕迹存在，但是也可以完全消解这些政权痕迹的存在。当我们在描述中华民族复兴过程时，我们在很多情况下都采取了模糊政权更替的描述方式。中共党史对鸦片战争之后的历史描述，就采取了一种现代化叙事范式，没有完全按照反帝反封建的革命叙事模式去对这个过程进行描述。所以，我们从中看到了一种新的学术体系。中华民族在争取现代化、实现复兴的过程中，整个民族都为之付出了努力。某个政权影响过现代化的进程，但总的趋势是逐渐走向平等、自由、富强、民主的民族复兴之路。

第三句话，是在我们对革命叙事和现代化范式如何使用的背景下，在全球经济一体化、中华民族复兴的大背景下，我们的近代文学研究应当注意的问题。

第一，近代文学研究应当注重鸦片战争之后中华民族被迫现代化的过程中的民族精神和民族情感的经历和过程。中华民族是一个没有中断五千年文明传统的民族，这在世界上是唯一的。没有中断古代文明传统的中国，在鸦片战争之后因为帝国主义侵略而被迫走上现代化进程。在这一历史过程中，中华民族的精神历程有过怎样的艰难曲折，民族情感经历了怎样的跌宕起伏，这应当是我们关注的重点。文学研究就是要关注精神层面和情感层面。一个占世界人口四分之一的民族，一百多年的精神历程和情感历程，应该是我们进行近代文学研究的关注点。这是一个很宏大的话题，其中存在着很多值得我们大书特书的东西。在近代以来百余年精神和情感演变的过程中，中华民族始终面临着古今转换、中外融合的两组矛盾。古今与中外，是开启鸦片战争以来中华民族精神、情感历程最好的钥匙。在古今转换、中外融合的扬弃过程中，旧的逝去，新的建立，一个最古老、最伟大、人口最为众多的民族的凤凰涅槃得以完成。

第二，中国文学和文化的现代化还处在未完成的过程中，但是，从鸦片战争到20世纪的文学发展已经形成了相对固定的历史形态。我们怎么样用今天的观点来观照这段历史？一切历史都是当代史，都是这一代人去观察、去了解、去剖析的一段精神和情感的历史。所以，我们这一代人必须有我们的眼光，而更年轻的研究工作者则有他们的眼光。我们必须建立起我们的方法论，建立我们的观察近代文学史的视角。不同的国家以不同的方式走向现代化，中国也是以特殊的方式走上现代化之路。尤其是在一个文化传统没有中断的国度，对其现代化进程的意识形态的观察更为复杂。中国文学和文化在鸦片战争之后，实际上经历了一个精神文化重建的过程，这个重建的过程，具有其独特性，没有其他国家的文学和文化的现代化过程与之雷同。我们要有理论自信，在保持理论自信的同时，还要保持理性的判断。在对历史饱含同情的同时，应当张扬一种批判精神。我们对我们民族的历史肯定是饱含同情的，但是，在同情的过程当中，要有批判精神，然后才能确定我们的研究立场和价值判断，这是一件不容易做到的事情。我提出这个问题，希望我们这一代的研究人员能够引起重视。在走向现代化过程当中，中华民族的利益情感、精神发展应当受到尊重。在对其尊重的同时，也要进行理性的判断；在对历史给予同情的同时，也要张扬批判精神。哪些是我们做的，哪些是没做的；哪些是做对的，哪些没有做对；哪些是我们选择对的，哪些是选择错的。保持同情，保持批判的张力；我们既要有理论自信，也应当有理性批判。只有这样，我们才能对这段历史进行恰如其分的描述。

第三，我们的研究立场和价值判断，既要站在人类进步的方向，又必须和中华民族的复兴息息相关，这是我们的立足点。人类进步的方向，是整个世界化的发展方向。从逻辑上来讲，它应该是和中华民族的复兴同步的。作为研究者，我们必须站在人类进步的立场，站在中华民族复兴的立场上。在一个国家的现代化过程当中，民族独立是最基本的。没有民族独立，就谈不上民族现代化。我们经过几十年的战争，于1949年建立了中华人民共和国，实现了民族独立。而民族独立是民族复兴的基础，在半殖民地半封建的国家，是无法实现现代化的。民族独立实现了，民族复兴的任务更重，需要在传统性、现代性、民族性、全球性统一的条件下进行。自由、平等、尊严，是每个民族的共同追求。假如没有自由，没有平等，没有尊严，就谈不上现代化，也谈不上中华民族的复兴。我们希望世界给中国的发展进步提供更多的平等，给中华民族的和平崛起以更多的尊重；也希望中国的发展进步保持和现代主流文化相同、和人类进步相同的价值取向。

第四，我想谈一谈研究历史的两个条件，就是材料和思想的问题。我注意到，论文集中的作者很多都很年轻。在阅读论文的时候，我总是感觉到，我们该怎样对近代文学中的重大问题做出合理的解释，我们的材料、考据怎么样与近代历史的宏大叙事、近代文学的重大判断联系起来，所以，没有材料的思想是空话，没有思想的材料是垃圾。在材料的爬梳过程中，要有认识，要有发现，但是把材料变成思想的过程需要判断，需要联想，需要思想。所以，没有地毯式的全面详细地收集材料，我们就没有说话的权利；但是没有独立的思考，我们的文章就无法建立自己的学科话语，无法代表我们的学术实力。我们应当有更宏大的学术目标，构建我们自己的学术话语。现在的研究条件比前三个“三十年”都要好，我们应该有更多的期待。让我们共同努力，把我们的学科推向一个更高的水平，建立我们更多的学术话语，带给我们学科更多的自信。

（刊于2015年3月《汉语言文学研究》第1期）

中国近代文学研究七十年

中华人民共和国的成立，标志着中国近代以来无数仁人志士为之奋斗的民族独立、人民解放的基本任务胜利完成，中华民族从根本上结束了一百多年来遭受帝国主义侵略压迫的历史，开始朝着社会主义方向和国家现代化目标迈进。当中国人民在一穷二白、百废待兴的基础上开始社会主义现代化建设的时候，鸦片战争以来中国在割地赔款、饱受欺凌的背景下，逐渐陷入半封建半殖民地的过程，便凝结成为一种民族曾经的苦难历史，一种民族复兴的共同记忆。曾经的苦难历史，随着新中国成立而宣告结束；而民族复兴的共同记忆，则随着社会主义现代化的行进而步步深化。如何看待近百年来的中国选择、中国道路，如何诠释近百年来的中国觉醒、中国命运，并使之成为支撑中华民族发愤图强、生生不息的精神资源，便成为自新中国成立以来中国学术未敢懈怠的重要任务。

中国近代文学以展示鸦片战争到 1918 年中国人的情感经历、研究中国文学的发展变革作为学术使命。在鸦片战争之后全面危机下孕育发展的近代中国文学，在其呱呱坠地之后，时代之父便带领它开始了生命旅程上风驰电掣地奔走。历史的发展是那样迅猛，文学以匆忙而惶惑的目光注视着瞬息万变的现实世界，运用并不纯熟也无暇雕琢的艺术方式，参与了历史的进程，责无旁贷地担负起“他新”与“自新”的双重使命。担负“他新”任务的中国近代文学，真实地反映了中华民族所蒙受的屈辱与屈辱中的觉醒；处在

“自新”状态下的中国近代文学，完成了中国文学由古典向现代的转变。

七十年中国近代文学的研究，其发展成长与七十年间中国学术的眼界与认知，有着大致相同的发展轨迹；但作为精神史、情感史、审美史，且植根于古代文学与现代文学夹缝中的学科，又呈现出自身成长的特殊与艰难。本文将七十年中国近代文学研究分为前三十年与后四十年两个时段予以叙述，借以展现中国学术七十年嬗递之雪泥鸿爪。

单一叙事模式与视野下的中国近代文学（1949—1979）

中国近代文学的研究范围是1840年到1918年间近80年的文学。1840年以前，属古代文学的领地；1919年至1949年，是现代文学的场域；1949年以后，归当代文学的范畴。这种文学时期的划分，带有明显的新民主主义理论时代划分的痕迹：近代文学属旧民主主义的范围，现代文学属新民主主义的范围，当代文学属社会主义的范围。新民主主义论认为，自鸦片战争外国资本主义侵略中国之后，中国逐渐沦为半封建半殖民地社会。中国的政治、经济、文化均带有半封建半殖民地社会的色彩。在半封建半殖民地社会产生的中国资产阶级，在政治、经济、文化上是软弱的，无法担负起领导中国革命的责任。第一次世界大战后，社会主义阵营出现，全世界被压迫民族反对帝国主义的事业，便有了新的性质与方向。五四之后的中国，进入无产阶级领导的人民大众反帝反封建革命阶段，即新民主主义革命阶段。在新民主主义的理论中，鸦片战争至五四时期的近代文学，属于旧民主主义革命时期的文学。

新民主主义论在深刻论述中国民主革命发展阶段与规律的同时，对鸦片战争以来中国政治、经济、文化的历史变迁给出理论解释，并形成了特有的新民主主义学术话语体系。新中国刚刚步入社会主义社会，如何运用新民主主义论的思想与学术方法，去描述鸦片战争至五四时期中国文学的发展变化，构建近代文学知识体系，成为学术界普遍关注的课题。新中国前30年的近代文学研究就是从这里起步的。

李何林《从鸦片战争到“五四”的社会背景和文学概况》（1954）①拉开了中国近代文学学术讨论的帷幕。文章对晚清到五四的文学发展做出大致勾勒，创见性地提出了“文学改良”运动一词，并且运用社会学的方法对其产生的条件进行了细致分析，文章把文学评价与经济、阶级决定论，与阶级斗争紧密结合，引起了学界的关注。而其综合运用经济基础与意识形态理论、阶级分析方法及新民主主义论词汇解释晚清至五四时期文学发展的尝试，有新意但不免显得生硬隔膜。强大理论与学术实践的交融结合，对学术而言，并非易事。而后，舒芜、傅璇琮分别发表《开展自鸦片战争到“五四”时期文学史的研究》（1956）②、《对〈从鸦片战争到“五四”的社会背景和文学概况〉一文的商榷及其他》（1956）③。舒芜的文章是有感于“从鸦片战争到五四运动之前这一段时期的文学史，在实际研究工作中就几乎成了‘两不管’的空白地段”的学术现状而发，进而倡言古典文学研究者应该着手来改变这种不合理的情况。他认为戊戌辛亥时期文学不受重视可能与这个时期没有产生特别杰出的作家与作品有关。但从这个时期的文学在社会大众中所产生的效果衡量，其传播效应又是极为巨大的。因此对近代文学，应该坚持政治标准第一，兼及艺术标准的评价原则。他多次强调：爱国主义和民主主义是这一历史时期文学思想的主流；旧民主主义革命时期文学传统和五四以来社会

① 王俊年等主编：《中国近代文学论文集（1949—1979）·概论卷》，北京：中国社会科学出版社1981年版，第1—3页。

② 王俊年等主编：《中国近代文学论文集（1949—1979）·概论卷》，北京：中国社会科学出版社1981年版，第22—30页。

③ 王俊年等主编：《中国近代文学论文集（1949—1979）·概论卷》，北京：中国社会科学出版社1981年版，第31—42页。

主义现实主义文学发展，有着直接的、密切的关系。在近代文学刚刚起步之时，舒芜的文章是比较能够回到历史现场，具有知人论世之明的文字。傅璇琮的文章主要围绕中国近代文学史的主流、中国近代文学发展过程中的新旧斗争、对于作品评价的具体历史观点三个问题展开。傅璇琮认为，在近代文学史的发展中，爱国主义和民主主义的线索是非常鲜明的。近代文学发展存在着新、旧之争。不揭示新旧思想在文学领域中的激烈斗争，就不能深刻把握这一时期文学的本质。对中国近代文学的作家和某些复杂的文学现象必须采取谨慎小心、实事求是的态度和具体的历史观点。以黄遵宪为例，他认为黄遵宪是中国近代文学中具有代表性的大诗人，对黄遵宪的评价，往往有过高或过低的偏向。王瑶1951年在《人民文学》撰文《晚清诗人黄遵宪》，文中依据黄的一两句诗，即做出判断，以为黄遵宪作品表现出反帝爱国的思想和变法维新的要求，未免有评价过高之嫌。而任访秋次年在同一杂志刊出的《对于〈晚清诗人黄遵宪〉的意见》，以为黄遵宪始终未脱清代王朝的立场，则评价又不免过低。傅文告诫研究者，面对中国近代复杂人物、复杂文学现象，必须从详细而全面地占有材料出发，而不能让材料迁就研究者所持观点。

20世纪50年代初，是一个百废待兴的年代。诸位学术大家有关鸦片战争到五四文学研究的论文和加强此段文学研究的倡议，对推动新中国成立后的近代文学研究有着重要的意义。

诸位大家关于鸦片战争到五四文学研究的倡议，很快得到教育部及北京大学、复旦大学在校学生的响应。教育部1957年颁发的《中国文学史教学大纲》专设“鸦片战争到五四文学”的内容。《大纲》的制定对高校的课程设置有指导意义，北京大学开展教师与学生共同编写《中国文学史》的活动，为中国近代文学专设章节。《中国文学史》出版后，季镇淮又带领参与过《中国文学史》编写的学生编选《近代诗选》。《近代诗选》1963年由人民文学出版社出版时，其《前言》[1]把80年的近代史，看作“在帝国主义侵略下，中国的封建社会一步一步地变为一个半封建半殖民地的社会，同时中国人民也进行了不屈不挠的一系列的革命斗争，即反帝、反封建的旧民主主义革命”的过程。80年的近代史可以分为鸦片战争和太平天国革命时期、资产阶级改良主义运动和义和团运动时期、资产阶级民主革命时期。随着社会历史的发展，“在诗歌范围内，首先发生了内容的变化，逐渐发生了形式以至风格的变化，出现了前所未有的新的精神面貌。这是服务于反帝反封建斗争的诗歌，是进步的现实主义和积极浪漫主义的诗歌。它们是近代诗歌的主流，是在新的历史条件下进步诗歌的新发展。它伴随近代历史的进程，不断成长壮大，并通过对诗歌逆流的斗争，起了一定的历史的进步作用。它以自己的成就，打击了正统诗坛的各种反动腐朽诗派；在文化思想战线上，配合了反帝反封建的革命斗争；并为‘五四’时代无产阶级领导的、属于新文化运动的新诗歌运动，准备了一定的历史条件”。近代诗歌发展的特点，一是政治性、战斗性增强，二是题材、意境扩大，三是诗歌形式、语言与风格特征发生变化，四是呈现出复杂性特点。近代诗歌发展最大的复杂性是时代发展迅速，作家不能与时俱进。“他们的进步倾向又往往表现在某一个时期。当现实变革进一步发展进入另一个时期时，他们中的大多数都跟不上时代的步伐，或者意志消沉，退入园林；或者变为保守的力量，成为社会变革的敌人，而为时代所抛弃。在资产阶级改良运动到民主革命前后，这种人物最多。如康有为、梁启超曾经是资产阶级改良运动的领袖人物，到了资产阶级民主革命时期却变为革命的死对头了。如章炳麟曾经是一个强烈的资产阶级革命派，到了‘五四’运动时期以及孙中山决定了联俄、联共、扶助农工三大政策以后，则暴露了资产阶级反人民的反动立场。”上述三个时期和

① 王俊年等主编:《中国近代文学论文集（1949—1979）· 诗文卷》，北京：中国社会科学出版社 1981 年版，35—63 页。

两个阵营的划分[①]、近代文学为五四新文学的产生准备了条件的历史定位及近代作家复杂性的描述，代表着这一时期学术界对中国近代文学认知水平的进步。

与北京大学的编写活动紧相呼应，复旦大学中文系1956级则进行了《中国近代文学史稿》的编写。《史稿》在突出爱国主义文学主线和阶级斗争主线、加强西方学术传入对中国文学发展影响的研究、强调作品思想性与艺术性关系、运用一分为二的方法区分作家的进步性与局限性等方面都做出了积极努力。但因为是急就章，加上是在校生的集体写作，书中的生硬、粗疏与错误也在所难免。

1963年，人民文学出版社出版游国恩等编著的高校教材《中国文学史》，这是教育部组织专家统一编写的文学史教材，极具权威性与示范性。文学史中设“近代文学——晚清至五四的文学”一编，执笔人是《近代诗选》的主编季镇淮。他沿用了《近代诗选》关于近代文学三个时期两个阵营划分等思想成果，既坚持回到历史现场，又比较圆熟练达地运用社会分析、阶级分析的方法叙述文学的发展，比较全面地描述近代80年文学的发生发展。在近代文学的第一个时期，龚自珍被明确称为“近代文学的开山作家”，龚、魏等早期改良主义人物的诗文，以及太平天国革命领袖的诗文，构成了这个时期进步的文学潮流。第二个时期，梁启超等由于政治改良运动的需要，发出文学改良的呼声。西方社会科学和文学在严复、林纾的努力下传入

---

① 《近代诗选》所划分的鸦片战争和太平天国革命时期，被归入诗歌主流中的诗人有：龚自珍、魏源、张际亮、贝青乔、张维屏、陆嵩、朱琦、林昌彝、太平天国领袖；被划入腐朽诗派的有：程恩泽、祁寯藻、曾国藩、何绍基、郑珍、莫友芝等宋诗派诗人。在资产阶级改良主义运动和义和团运动时期，归入进步诗歌潮流中的有：黄遵宪、康有为、梁启超、夏曾佑、谭嗣同、蒋智由、丘逢甲及严复；列入腐朽诗派的诗人有：陈三立、陈衍、沈曾植、王闿运、樊增祥、易顺鼎、李慈铭。在资产阶级民主革命时期，归入进步诗人阵营中的有：秋瑾、章炳麟、南社；归入腐朽诗派的有：陈衍、樊增祥、易顺鼎、陈宝琛、郑孝胥、林纾、王国维等。

中国，促进了新闻事业和文学期刊的兴盛，也促进了小说等文学的繁荣。他们共同成为这个时期进步的文学主流。第三个时期，南社及章太炎、陈天华、秋瑾代表着新的文学潮流。王国维与进步潮流背道而驰，前一时期改良派人物如梁启超、严复、林纾则成为腐朽文学的代表。历史的任务落到无产阶级领导的五四新文化的肩上。季镇淮将近代文学发展的特点总结为：一是政治性、战斗性，文学发挥了阶级斗争工具的作用。二是文学反映现实领域空前扩大。三是现实主义和浪漫主义的优良艺术传统得到了继承和发展。四是文学的形式、语言乃至风格特征向通俗方向发展。上述种种特点，共同显示出近代文学的过渡性特征：传统文学依然活跃，进步文学不够深广；旧形式、旧风格与通俗化不彻底。但近代文学是有成就的。它的反帝爱国和民主主义的基本主题，它的现实主义和浪漫主义的精神与方法，它的突破旧形式，语文合一、走向通俗化的探索和努力，都为五四以来的新文学准备了一定的条件。[①] 教育部统编《中国文学史》对“近代文学”发展的描述及“过渡性”特征的总体评价，体现出以五四为中心的价值判断。这种带有权威性的文学描述与价值判断，影响着 1979 年以前的学术界对中国近代文学的认知。

除了文学史的写作外，构成 20 世纪 50 至 70 年代近代文学研究热点的还有如下问题：

1. 龚自珍研究。龚自珍去世于鸦片战争爆发后的第二年。但因其文学影响主要在鸦片战争之后，所以近代文学研究者毫不犹豫地把龚自珍放在近代文学开山作家的位置。北京大学《近代诗选》以为：“龚自珍是这个时期最敏感、最突出的先驱者。他是一个具有批判眼光和叛逆精神的改良主义的启蒙思想家和诗人。他的先进的思想就是他的诗作的灵魂。他的许多诗篇，揭露了在封建统治阶级内部，到处可以感觉到的一种昏沉、庸俗、愚昧无能、

① 游国恩等主编：《中国文学史》，北京：人民文学出版社 1963 年版，第 1258 页。

令人窒息的生活和精神状态，表现了面临崩溃的封建制度不可挽救的腐朽，同时交织着作者的忧郁、愤激、无可奈何以及某种幻想和希望。”“龚自珍诗的创作方法，基本上是一种积极浪漫主义。他观察敏锐，想象奇异，揭露矛盾，憎恶黑暗，而又热情地幻想和要求变革现实。他的表达方法也是独特的，语言瑰丽清奇，运用传统形式而能放纵自如，无视于声调格律的束缚。龚自珍的诗诚然是‘奇境独辟’‘别开生面’的。他不为当时的腐朽诗坛所重视，到了十九世纪下半纪和本世纪初才发生广泛的、深刻的影响。”①

20 世纪 60 年代对龚自珍的评价就是在较高起点上进行的。至 70 年代，这种较高起点的评价有增无减。1975 年《龚自珍全集》由上海人民出版社重印，陈旭麓以《九州生气恃风雷》的题目作重印前言：“恩格斯说，但丁在欧洲是中世纪的最后一位诗人，同时又是新时代的最初一位诗人。在中国历史上，龚自珍也恰是这样一个最后和最初转折时代的著名思想家、文学家、诗人。”②1977 年王元化著文《龚自珍思想笔谈》③，试图把龚自珍从法家队伍中解脱出来，还其思想家、文学家的本来面目。王元化认为：“中国近代史以鸦片战争为起点，在这个新旧交替的大动荡时代需要有魄力的人物出现，并且也确实产生了一批学识渊博、性格坚强、才气横溢的思想家。他们留下的著作不仅反映了自己的时代，而且也开导了以后资产阶级启蒙思潮的先河。他们中间的主要代表就是龚自珍。”龚自珍的文学主张可以通过《识某大令集尾》这篇文章中所提出“达”“诚”“情”三字来概括。龚自珍诗文充满“自我”和“个性解放”的思想倾向。以文为例，其文可分为两类：一

---

① 王俊年等主编：《中国近代文学论文集（1949—1979）· 诗文卷》，北京：中国社会科学出版社 1981 年版，第 37 页。

② 王俊年等主编：《中国近代文学论文集（1949—1979）· 诗文卷》，北京：中国社会科学出版社 1981 年版，第 164 页。

③ 王俊年等主编：《中国近代文学论文集（1949—1979）· 概论卷》，北京：中国社会科学出版社 1981 年版，第 190—226 页。

类为经世致用之学，另一类是批判性的讽刺文。“龚自珍给我们留下的遗产是他的批判性的寓言，它们一直保存着生命和活力。这些寓言的最大特色就是讽刺。这类讽刺诗文，需要丰富的想象力和强烈的现实感，要使两者毫不露出斧凿痕迹地结合起来，彼此相涵，化为浑然的有机整体。这是很不容易做到的，因为弄得不好就会流于浅薄恶俗的比附影射。”20 世纪 70 年代末的龚自珍研究，尚未摆脱非学术因素的影响。而王元化的文章，发人所未发，代表着拨乱反正时期龚自珍思想与文学研究的全面与深刻。

2. 鸦片战争文学研究。鸦片战争文学是中国近代文学的起点。1957 年，文学史料专家阿英将其最初写于 1937 年的《鸦片战争文学集》增补出版，并修改完成《关于鸦片战争的文学》[①]一文，阐发研究鸦片战争文学的意义。文章认为，鸦片战争是资本主义国家侵略中国和中国人民反抗资本主义国家侵略的最初的战争，也是中国人民开始觉醒的日子。鸦片战争时期的文学，最有成就的是诗歌。林昌彝的《射鹰楼诗话》、谢兰生的《咏梅轩杂记补遗》收集了不少关于这一重大事件的诗歌作品。张维屏、朱琦、魏源、徐时栋、金和、贝青乔、黄燮清等人有较多诗歌反映了战争所带来的苦难和中国人在苦难中的觉醒。其他散落的与鸦片战争有关的小说、戏曲、散文等史料也都被编者甄别收集，汇编成 70 万字的文学史料，其筚路蓝缕之功让人钦佩。《鸦片战争文学集》增补完成后，阿英又增补完成了《中法战争文学集》《甲午中日战争文学集》《庚子事变文学集》与《反美华工禁约文学集》，由中华书局总题为《中国近代反侵略文学集》推出。这些史料集的出版，给近代文学研究带来了便利。这一时期，陈友琴《略谈林则徐的诗及其文学活动的影响》、陈丹晨《试谈魏源的诗》、萨兆寅《略谈林昌彝和他的文学思想》、赵宗颇《陆嵩记述鸦片战争的爱国诗歌》、洪克夷《评鸦片战争时期的爱国诗

---

① 王俊年等主编：《中国近代文学论文集（1949—1979）· 概论卷》，北京：中国社会科学出版社 1981 年版，第 117—133 页。

歌》，均为研究鸦片战争文学的代表作品。研究者在鸦片战争文学中，着意生发的是爱国精神和民族觉醒。

3. 太平天国文学研究。在新中国成立之后的学术体系中，太平天国革命是反帝反封建的农民革命。太平天国在 18 年的存在过程中，组织了军队，建立了政权，达到了农民革命的最高峰。麦若鹏《太平天国时代的文学》（1951 年）[①]认为，太平天国时代存在着太平天国将领创作的“革命的农民阶级的现实主义文学”和以桐城派、宋诗派为代表的“没落的贵族地主官僚阶级的伪古典主义文学”。太平天国起义时期，洪秀全、杨秀清、石达开均有一些反映革命要求而受旧文学影响明显的诗歌作品。起义后，太平天国的领导人物常常用浅近通俗的文字写成读物和诏谕。太平天国后期的文艺政策有两个特点：第一，在作品的内容上，强调政治性、思想性，反对言之无物与对政治的漠不关心。第二，在形式上，强调新颖、活泼、通俗，反对陈腐、呆板、古奥。1960 年，太平天国研究大家罗尔纲为中华书局出版的《太平天国诗文选》作序，序文把太平天国 1861 年发布的《戒浮文巧言谕》中提出的“言贵从新”“文以纪实”要求以及删定新字典、制定标点符号等举措一起称之为“文学革命”。他认为：“太平天国的文学革命，虽然是有着不少缺点，如不够深入，不够彻底，语文还在粗朴阶段，并且应用许多隐语和避讳文字等，但是，它在中国文学史上却是具有极其重大意义的。它在中国历史上第一次站在人民立场提出反对封建古文，提倡语体文，提出反对浮文巧言的封建文学，提倡文以纪实的人民文学，无论在语文的形式方面，或思想内容方面，都反映了人民的要求，并且实践了它的主张。它在近代中国文化启蒙运动上实居于先导的地位，这是应该大书特书的。”“太平天国的诗文，是用有生命力的人民语言的语体文，表现出反封建、反侵略的革命斗争的伟

---

① 王俊年等主编：《中国近代文学论文集（1949—1979）· 概论卷》，北京：中国社会科学出版社 1981 年版，第 161—171 页。

大内容。它是农民在革命斗争中自己表现自己的力量，是农民的理想与感情的高度结合，具有高度的思想性与艺术性。它是生长在农民革命土壤上的红花，是我国文学遗产宝库中永远不朽的花朵。”[①]

4. 公案侠义小说研究。1956年1月，上海文化出版社出版《三侠五义》，校订者赵景深在《〈三侠五义〉前言》[②]中指出，《三侠五义》在武侠小说中是较好的一部。一是该书极少有荒诞、神怪和猥亵的成分。二是其中没有《施公案》等效忠异族、卖友求荣的卑鄙行径。三是语言流利生动。在校订中改删较为集中的是因果报应的句子、用方言表达地方歧视的句子、文言字句及有关一妻一妾的情节。赵景深校订小说的做法引发学术争论。熊起渭《〈三侠五义〉的思想和艺术》（1956年）对赵景深的删改提出批评：删改一妻一妾的内容，是在“拿现代人的眼光来要求古代人，这未必是真正科学的、历史的态度”。删改方言俚语，也大可不必。“在叙述和描写人物中运用方言，这原是评话的特色，目的是要求风趣和生动，不等于‘嘲笑该地人’。”[③]

侯岱麟《略谈〈三侠五义〉》以为，“整理古书，不能不管它所产生的时代，而将其中不合现代思想的东西随便删去。如果这样，那就等于‘草菅’书命了。古书是古人写的，整理者加以校订是可以的，但决没有权力擅加更改。如果这样，那就不算整理古书，而是自己在‘创作’古书了”[④]。吴小如《读〈三侠五义〉札记》（1957年）[⑤]从中国侠客传统特征、侠客与公案

---

① 王俊年等主编：《中国近代文学论文集（1949—1979）· 诗文卷》，北京：中国社会科学出版社1981年版，第320—345页。

② 王俊年等主编：《中国近代文学论文集（1949—1979）· 小说卷》，北京：中国社会科学出版社1981年版，第41—45页。

③ 王俊年等主编：《中国近代文学论文集（1949—1979）· 小说卷》，北京：中国社会科学出版社1981年版，第55页。

④ 王俊年等主编：《中国近代文学论文集（1949—1979）· 小说卷》，北京：中国社会科学出版社1981年版，第59—60页。

⑤ 王俊年等主编：《中国近代文学论文集（1949—1979）· 小说卷》，北京：中国社会科学出版社1981年版，第71—80页。

故事的关系、《三侠五义》思想和艺术、与《三侠五义》相比其他侠义公案小说（如《施公案》）的缺点方面入手，得出《三侠五义》一书思想有积极意义，艺术得评话所长，侠客与绿林豪杰关系健康的总体结论。刘世德、邓绍基《清代公案小说的思想倾向》（1964年）①认为：以《施公案》《彭公案》《三侠五义》为代表的清代公案小说，与前代相比，有两大改变。一是通过官吏的审案活动来歌颂他们的忠君思想。二是歌颂的对象不仅仅是清官，还有他们手底下的一大群侠义人物。而欺骗性和奴性，是清代公案小说中清官与“侠义”人物共同的实质。“这种幻想就会妨碍人民群众自己起来，特别是组织起来，向统治者展开殊死的斗争。”《三侠五义》之外，《荡寇志》所受到的批评更多。公盾《关于〈荡寇志〉》（1962年）直接将此书称为“披着艺术盛装出现在我国古典文坛上的反动古典小说”②。

5. 谴责小说研究。这一时期对谴责小说的争论是从《老残游记》开始的。张毕来《〈老残游记〉的反动性和胡适在〈老残游记〉评价中所表现的反动政治立场》（1955年），③要通过批判《老残游记》批判胡适，认为“刘鹗的《老残游记》，由于胡适的推崇，三十多年来一贯被认为是一本‘好书’”。文章的目的就在于说明下面两点：第一，《老残游记》是一部坏书；第二，胡适评论介绍文学作品，是一种政治性的活动。《老残游记》是一部坏书，是因为作者刘鹗与书中的老残均反对革命，其描写的清官可恨且具有欺骗性。胡适对《老残游记》的推崇，是以对小说形式的赞美，在政治上为刘鹗开脱，也在政治上为自己开脱。与张毕来批判胡适与《老残游记》的文

① 王俊年等主编：《中国近代文学论文集（1949—1979）· 小说卷》，北京：中国社会科学出版社1981年版，第6—31页。

② 王俊年等主编：《中国近代文学论文集（1949—1979）· 小说卷》，北京：中国社会科学出版社1981年版，第94页。

③ 王俊年等主编：《中国近代文学论文集（1949—1979）· 小说卷》，北京：中国社会科学出版社1981年版，第361—386页。

章对应，刘维俊《〈老残游记〉简论》认为：“《老残游记》这部书在短短的几十年中得以在广大人民中普遍流传和获得崇高的荣誉，它和胡适的推荐无丝毫瓜葛，而张毕来同志对于这方面的事实却熟视无睹，以粗暴的态度横加诋毁，在打击胡适的同时，也无情地撕毁了这部现实主义杰作。”[①]主张评价刘鹗，需要与批判胡适区分开来。后来有人专就刘鹗生平事迹予以辨证，以证明刘鹗“只能是一个买办文人，还不能算是汉奸”[②]。

第二部进入争论范围的作品是《二十年目睹之怪现状》。剑奇《略论〈二十年目睹之怪现状〉》（1957年）[③]以为，在晚清数以千计的小说中，吴趼人的《二十年目睹之怪现状》是具有代表性的作品之一。它结构性强、细节真实、语言具有性格化特点；作品的不足是缺乏对典型人物的塑造，此外，作者过分追求故事的离奇性、偶然性，因而许多情节在作品中显得累赘，缺乏真实感。1959年人民文学出版社出版《二十年目睹之怪现状》，舒芜在《前言》[④]中指出，《二十年目睹之怪现状》是一部著名的暴露封建专制制度末期政治和社会黑暗的小说。它的一个特色是鲜明地把“做官”和“经商”对立起来，重在暴露官场商场的种种丑恶，但对这种丑恶没有提出任何解决方案。有感于学术界对《二十年目睹之怪现状》评价过高，王俊年在《怎样看待〈二十年目睹之怪现状〉》（1965年）一文中指出：“半是哀怨，半是讽刺，半是过去的余音，半是未来的幻想，它虽然对当时丑恶的现实不满，但不愿意经历消除这种丑恶的现实所必然产生的斗争和危险，它有时固然也能

---

① 王俊年等主编：《中国近代文学论文集（1949—1979）·小说卷》，北京：中国社会科学出版社1981年版，第401页。

② 王俊年等主编：《中国近代文学论文集（1949—1979）·小说卷》，北京：中国社会科学出版社1981年版，第410页。

③ 王俊年等主编：《中国近代文学论文集（1949—1979）·小说卷》，北京：中国社会科学出版社1981年版，第309—315页。

④ 王俊年等主编：《中国近代文学论文集（1949—1979）·小说卷》，北京：中国社会科学出版社1981年版，第316—330页。

用俏皮而尖刻的评判鞭挞封建统治者，但是由于作者完全不能理解近代历史的进程，却常常使人感到可笑。这是这部作品的特点，也是晚清改良主义的特点。”[①] 文章不时提醒读者，这是一个改良主义受到批判的时代。

最热闹的争论在《官场现形记》，由章培恒《论李伯元作品思想倾向》（1965 年）一文引发，主要集中评价作家作品的标准问题。文乃山《李伯元作品思想倾向初探》[②] 和海孺《李伯元作品的思想倾向是进步的》[③] 认为，评价作家要从作品本身出发。李伯元作品反映了时代的矛盾，也代表了当时的进步思想，其时代局限性不可苛责。章培恒后在《关于李伯元作品评价的几个问题》[④] 中给出回复。他认为对李伯元作品的争论包含着对三个问题认识的分歧：晚清文学的主流是什么？怎样看待改良主义作品的谴责作用，它们能不能跟资产阶级革命小说“合二而一”？晚清文学跟五四新文化的关系如何？他指出，在清末的文学界，代表着历史的进步方向而成为当时文学的主流的，必然是属于资产阶级民主主义革命运动这一政治路线的文学，而绝不可能是属于改良主义政治路线的文学。资产阶级革命民主派和改良派在 20 世纪初就是相互对立的两个派别，属于革命派的文学和属于改良派的文学也必然相互对立，不可能“合二而一”。五四新文化是对旧民主主义文化的否定，而绝不是它的简单延续。

章培恒文中提出的问题，笼罩着 20 世纪五六十年代的中国近代文学学界。革命与改良、新文化与旧文化、政治话语划分开的文学鸿沟，被研究者

---

① 王俊年等主编：《中国近代文学论文集（1949—1979）· 小说卷》，北京：中国社会科学出版社 1981 年版，第 340—343 页。

② 王俊年等主编：《中国近代文学论文集（1949—1979）· 小说卷》，北京：中国社会科学出版社 1981 年版，第 248 页。

③ 王俊年等主编：《中国近代文学论文集（1949—1979）· 小说卷》，北京：中国社会科学出版社 1981 年版，第 256 页。

④ 王俊年等主编：《中国近代文学论文集（1949—1979）· 小说卷》，北京：中国社会科学出版社 1981 年版，第 258—270 页。

机械地视为不可混同、不可躐等。唯物史观、阶级分析的思维和方法，赋予新中国成立之后的学术以强大的穿透力、解释力，使研究者具备了在历史隧道中荡涤廓清的能力；但如果过于依赖理论力量而脱离作品实际，袭用政治语汇而代替知人论世的分析，也极容易走上贴标签式的简单化或泛政治化的非学术之路。贴政治标签式的批评，在这一时期谴责小说的评论中表现得最为明显。类似的争论围绕《孽海花》也曾经出现过。[①]

6. 王国维研究。王国维研究的难点也在于思想定位。1957 年，中国戏曲出版社出版《王国维戏曲论文集》，《出版说明》强调论文集的出版“旨在介绍先驱研究者的学术成果”[②]。王季思《王国维戏曲理论的思想本质》（1960 年）[③]从正反两方面评价王国维的文学史价值：王国维“作为一个比较早的对我国戏曲作系统论述的学者……他的个别有关戏曲资料的考证以及说明古代歌舞戏形式发展的论点等等，也还有值得我们参考之处。因此我们对于王国维的戏曲理论也不能采取全面否定的态度而是有批判地继承”；王国维戏曲论需要批判的地方，主要在于其在强调帝王贵族在戏曲发展上的影响的同时，还夸大了外来艺术对于我国戏曲的影响；从形式方面论述我国戏曲的发展，而把我国戏曲的成就限止在宋元时期；对作家作品的欣赏评价，偏重于感伤情味一类，等等。吴奔星《王国维的美学思想——“境界”论》（1963 年）[④]认为：“王国维的美学思想可以说初步立足于唯物主义的基地，具有现

---

① 相关的文章有：陈则光《正确估计〈孽海花〉在中国近代文学史上的地位》、张毕来《〈孽海花〉前言》、葛杰《关于〈孽海花〉的评价问题》、徐梦湘《评〈孽海花〉的思想内容和社会作用》。具体参见王俊年等主编《中国近代文学论文集（1949—1979）· 小说卷》，北京：中国社会科学出版社 1981 年版，第 472—515 页。

② 王俊年等主编：《中国近代文学论文集（1949—1979）· 戏曲卷》，北京：中国社会科学出版社 1981 年版，第 30 页。

③ 王俊年等主编：《中国近代文学论文集（1949—1979）· 戏曲卷》，北京：中国社会科学出版社 1981 年版，第 18—27 页。

④ 王俊年等主编：《中国近代文学论文集（1949—1979）· 戏曲卷》，北京：中国社会科学出版社 1981 年版，第 386—411 页。

实主义的倾向。”“对于‘境界’说的这种理论意义和实践意义，过去一些研究《人间词话》的论著是肯定不够的，有的甚至予以全盘否定，笼统地斥之为唯心观点，似欠公允。”林雨华《试论王国维的唯心主义美学观》（1964年）[①]认为，王国维美学思想是建筑在以“欲”为基础的历史唯心主义上面的。表现为两个基本侧面：一是要求艺术脱离政治，变成人生“解脱”的工具；二是要求艺术脱离社会斗争内容，变成表达“真性情”的纯形式。前者表现为《〈红楼梦〉评论》的悲观主义，后者表现为《人间词话》的“境界”说。“王国维的美学思想的时代根源、阶级根源，使他的同情总是在最保守、最落后的清朝封建势力方面。”

王国维属于唯物主义还是唯心主义的争论持续到1979年。在思想解放的大潮推动下，李泽厚《梁启超王国维简论》（1979年）以梁启超和王国维为例，提出如何看待评价中国近代人物这一学术界争论不已的话题。李泽厚认为：“中国近代人物都比较复杂，它的意识形态方面的代表更是如此。社会解体的迅速，政治斗争的剧烈，新旧观念的交错，使人们思想经常在动荡、变化和不平衡的状态中。先进者已接受或迈向社会主义思想，落后者仍抱住‘子曰诗云’‘正心诚意’不放。同一人物，思想或行为的这一部分已经很开通很进步了，另一方面或另一部分却仍很保守很落后。政治思想是先进的，世界观可能仍是唯心主义，文艺学术观点可能是资产阶级的，而政治主张却依旧是封建主义。如此等等，不一而足，凑成了中国近代思想一幅极为错杂矛盾的图景。用形而上学的简单办法是不能正确解释这种图景的。关于梁启超和王国维的许多评论，就可以说明这个问题。解放以来，对他们两人的评议虽多，但基本论调则几乎一致，即都是作为否定的历史人物来对待。”“批判一切唯心主义和科学地评价历史人物，毕竟还不完全是同一件事

① 王俊年等主编：《中国近代文学论文集（1949—1979）·戏曲卷》，北京：中国社会科学出版社1981年版，第412—438页。

情或同一个任务。先进人物也有许多应该批判的唯心主义思想，落后者也可以在某些方面作出重要的贡献。因之，科学地评价历史人物，就不只是批判他的唯心主义或政治思想，而应该根据他在历史上所作的贡献，所起的客观作用和影响来做全面衡量，给以准确的符合实际的定位。如果从这个角度和标准着眼，梁启超和王国维则都是应该肯定的人物。他们在中国近代历史上所起的客观作用和影响，其主要方面是积极的。”[①]不简单以唯物或唯心、改良或革命、封建阶级或资产阶级划分，而把历史人物放在历史的现场中，以历史贡献作为科学评价历史人物的标尺。李泽厚所讲道理，在思想解放初兴的时代，起到了开启鸿蒙的作用。

同样在1979年，中国社会科学院文学所的王俊年、梁淑安、赵慎修为他们所编辑的《中国近代文学论文集（1949—1979）》写作《序言》——《建国三十年来中国近代文学研究的回顾》[②]，明确提出该文“力求找出症结所在，彻底打碎那无形的精神锁链，以求对今后的研究工作能有所裨益”。文章指出了以往近代文学研究存在的弊端：第一，不从研究对象所处的时间、地点条件出发作历史的具体的分析，而是从当前的政治需要出发，以今天的是非标准去评价历史事件、褒贬历史人物、分析文学作品。在近代文学的研究中，如何认识外国资本主义文化的影响和资产阶级文学，是一个核心问题。“在解放后的近代文学研究中，对资产阶级改良派的研究并没有能给予应有的重视。”第二，不是实事求是地从材料、从作品的客观实际中引出固有的结论，而是根据作家的政治立场、态度和世界观来评判他们的文学事业和学术研究成果，并以此作为研究工作的“革命性”的一种标志。这样就往往肯定了不应该肯定的东西而否定了真正有价值的东西。第三，不是从

① 李泽厚：《梁启超王国维简论》，见《中国思想史论》中，合肥：安徽文艺出版社1999年版，第745页。

② 王俊年等主编：《中国近代文学论文集（1949—1979）·概论卷》，北京：中国社会科学出版社1981年版，第1—24页。

思想和艺术两方面研究文学作品，而是片面地强调思想性，忽视甚至无视艺术性；以对作品的思想内容的分析代替对作品的艺术成就的分析，把文学作品与一般的政治思想宣传读物等同起来。这样一来，便在文学研究工作中取消了文学的特点，从而也就取消了文学研究本身。上述三种弊端，在编辑资料、选注作品、编选作家文集（全集或选集）及确定研究项目等问题上，也同样存在。在反思的基础上，文章进一步明确了近代文学的特点——“作为中国古典文学的终结和五四新文化运动的准备，在内容和形式方面都产生了许多既不同于中国古代的传统文学，又不同于五四以后新文学的特点”——并明确了今后的研究方向及方法，即中国近代文学研究更需要“历史科学的革命性与科学性”。历史科学的根本任务在于发现和揭示自然和社会的发展规律，而历史科学的革命性，就是对人类历史发展所起的推动作用，它必须接受客观实践的检验。

通过以上梳理可见，随着时间的推移，社会环境的变化，近代文学研究也逐步走向成熟，而 1979 年注定成为新中国成立后中国近代文学研究的转捩点。

多元叙事模式与视野中的中国近代文学（1980—2019）

党的十一届三中全会提出解放思想，实事求是，团结一致向前看的指导思想，号召全党把工作的重点转移到社会主义现代化建设上来。在改革开放的历史背景下，现代化叙事逐渐成为观察、叙述中国近代史的又一新视角。现代化叙事与原有的革命叙事、舶来的挑战—反应叙事，把中国近代文学的研究带入一个多元叙事的时代。在多元叙事的视野中，中国近代文学的研究如长江水初出夔门，汹涌澎湃，向着浩荡且广大的方向发展。

20 世纪 80 年代，思想的坚冰在学术界渐渐打破消融。唯物史观仍然是学术研究的指导思想。反帝反封建的一条主线、沦为半封建半殖民地和反抗斗争的两个过程等革命叙事的框架还在支撑着中国近代文学研究。但阶级斗争不再是唯一的历史动力，研究者开始从经济、社会、文化、思想、学术史的不同视角观察叙述中国近代 80 年，建立了“横看成岭侧成峰”的多样性研究路径。以现代化的标准叙事，鸦片战争之后的洋务运动、维新变法、立宪运动与辛亥革命一样，均成为现代化过程中的重要节点、重要组成部分。李泽厚所提出的把历史人物放在历史的现场中，以历史贡献作为科学评价历史人物的标尺的看法，逐步得到接受。王俊年等人文章中所指出的中国近代文学研究的三大弊端，也逐渐在学术研究中得到纠正。

1982 年 10 月，中国社会科学院文学研究所与河南大学在开封联合召开中国近代文学学术研讨会。这是新中国成立以来第一次全国性的近代文学讨论会。会议号召学术界提高认识，加强对中国近代文学的研究，弥补近代中国文学史研究的不足。此后，又有 1984 年杭州、1986 年广州的第二、第三次中国近代文学学术会议。1988 年，在敦煌召开的第四次学术会议上，经民政部批准，宣布成立全国性的一级学会——中国近代文学学会。与会代表推举中国近代文学研究的前辈季镇淮、钱仲联、任访秋为第一届学会名誉会长，文学所研究员邓绍基为会长。自 1988 年起，学会担负起统筹学术资源、团结学术力量、共襄研究事业的责任。1985 年，中山大学召开“中国近代文学的特点、性质和分期”学术讨论会，邓绍基在会上提出：讨论中国近代文学的分期问题，要能够回答文学史与一般历史学的相同与不同。重大历史事件是历史分期标志，是不是也必然是文学史的分期标志？历史学家评价历史人物、历史事件，判别的标准是对人民的态度和在历史上有无进步意义，用这两条标准评论作家与文学作品，就显得简单不够了。文学史研究与史学研究既有联系，又有区别。寻找文学自身发展变化的节奏，才是文学分期讨论的基本遵循。寻找文学的判别标准和演变节奏，使文学研究与历史研究有同也有不同，这是 20 世纪 80 年代中国近代文学研究工作者的一个反省，一个觉悟。以文学的眼光和节奏审视近代 80 年历史的起承转合，便成为一种学术风尚。这种风尚形成的重要标志就是讨论近代文学特点、性质与分期文章的增多。大家都试图用自己的阅读及理解来阐释、建构近代文学史体系。

1988 年，任访秋主编的《中国近代文学史》出版。这是一部在当时较为详尽、能反映近代文学研究最新成果的文学史（教材）。该书分为三编：上编为 1840—1894 年。在这一时期内，时代风云的急骤变化，改变了诗文家悠闲的步伐与浅斟低唱式的吟诵，文学开始注目拥抱现实生活。但从总体上讲，近代文学的发展仍是在中国古典文学的轨道上运行。这个时期的文学尚未明显地表现出引人注目的近代意识与近代色彩。龚自珍对人的尊严及个性解放的呼唤，在这半个世纪中，少有知音与响应者。中国古典文学的高度成熟，还使人流连忘返，明清小说、戏曲虽然曾经取得了令人炫目的成就，但人们却仍把诗、文视为文学正宗。中编为 1895—1905 年。在西风东渐背景下，文学发生了巨大变化。梁启超的“文学界革命”开创了文学的新时代。黄遵宪主张别创诗界，以反映一系列近代重大历史事变和西方世界新事物的诗篇，代表了“诗界革命”的实绩。这一时期的小说创作与翻译特盛，小说理论也有明显发展，小说杂志如雨后春笋，显示了文学界革命的实际成效。传统诗文，仍拥有相当的作家群。他们因师承和共同的艺术旨趣而形成各自流派。下编为 1906—1918 年。以辛亥革命为中心的 20 世纪初期的中国文学，从内质到外形，都是时代的真实写照。它在中国文学从旧内容、旧形式向新内容、新形式的过渡中，迈出了重要的一步，是传统文学向新文学发展过程中重要的一环。从历史发展的眼光来看，20 世纪初期至辛亥革命时期的文学，应该在中国文学史上占有一席光荣的位置。20 世纪初期的中国文学，是古老的中国文学一个新的黎明时期。[①] 从任访秋主编《中国近代文学史》的分期与描述，我们明显地感觉到 20 世纪 80 年代写作的文学史在向

① 任访秋主编:《中国近代文学史》，开封：河南大学出版社 1988 年版，第 1—27 页。

文学的内容与文学的节奏靠近。

任访秋主编的文学史是集体合作的结果，郭延礼1988年完成的《中国近代文学发展史》则是个人著作。该书将80年的近代文学发展分为三个时期：资产阶级启蒙时期的文学（1840—1873）、资产阶级维新时期的文学（1873—1905）、资产阶级民主主义革命时期的文学（1905—1919），共3卷，煌煌100余万言，特别注意强调多民族、中西交流、文学创新和比较眼光等观察视角，体现出这一时期中年学者的识力和勤奋。

1991年，华南师范大学的管林、钟贤培主编出版了国家教委七五文科教材项目《中国近代文学发展史》。其《前言》[①]认为，文学的分期和历史的分期一样，只能搞“模糊”概念。历史的发展只是到了质变时才是明晰的，而在量变阶段则往往是模糊的。新中国成立后新编的各类文学史，都比较普遍地存在两种倾向：一是片面强调文学的现实性或人民性的一面，自觉或不自觉地把文学视为政治历史的附庸，从而狭隘地从机械决定论的视角去探讨文学发展的动因，研究文学发展的变化轨迹，这实际上是把文学视为民族史、社会史、思想史、文化史的文献，忽略它作为文学所特有的特性、规律，文学史被写成了历史的文学，而不是文学的历史；二是片面地以政治观代替艺术观，以政治上的进步和反动作为衡量文学优劣的唯一标准，在古代作家中搞政治站队，不是现实主义，就是反现实主义，一部文学史，就看不到错综复杂的文学现象，看不到一个时代文学发展所特有的特点和规律。一种倾向是注意了文学，或者说注意了名家名作，但又往往忽视了史实的纵横变化，文学史往往成了作家作品的汇集，未能从探索文学规律着眼。这些对文学史写作的反省，代表着当时学术界对文学史写作的最新认识。

从上述几部文学史著作中我们欣喜地看到，20世纪80年代以后，近代

---

① 管林、钟贤培：《中国近代文学发展史·前言》，北京：中国文联出版社1991年版，第1—25页。

文学研究的观念在变化，研究视角在更新，研究范围在扩大，对作家作品的研究多了许多知人论世的同情，少了很多“打棍子”“扣帽子”式的简单与粗暴。

1985年，在学术界思考中国古代、近代、现代、当代文学的性质、特点与分期的讨论中，产生了“二十世纪中国文学”这样一个概念。“所谓‘二十世纪中国文学’，就是由上世纪末本世纪初开始的、至今仍在继续的一个文学进程，一个由古代中国文学向现代中国文学转变、过渡并最终完成的进程，一个中国文学走向并汇入‘世界文学’总体格局的进程，一个在东、西方文化大撞击大交流中、从文学方面（与政治、道德等其他方面一起）形成现代民族意识（包括审美意识）的进程，一个通过语言艺术来折射并表现古老的民族及其灵魂在新旧嬗替的大时代中新生并崛起的进程。”这个概念由陈平原、钱理群、黄子平三位近、现、当代文学研究者首先提出。在后续的讨论中，三位学者申明，“二十世纪”不是一个物理时间，而是以文学现实为依据的，也不是简单地将百年文学史（1840—1949）打通，而是要建立新的理论模式。二十世纪中国文学概念从方法论上包含总体文学意识、比较文学意识，也隐含着“现代化”的叙事模式。现代化叙事模式的引入使文学史研究中的历史感、现实感、未来感得到了统一。现代化叙事与革命叙事的共同使用大大开拓了研究者的研究视野。①

二十世纪中国文学概念很快为学术界所使用。最早使用现代化视角研究鲁迅的严家炎，又较早使用《二十世纪中国文学史》（2010年）的书名编写教材。严先生认为，历史悠久的中国文学，到清王朝晚期，发生了前所未有的重大转折，开始与西方文学、西方文化迎面相遇，经过碰撞、交汇而在自身基础上逐渐形成具有现代性的文学新质，至五四文学革命兴起达到高潮。从此，中国文学史进入一个明显区别于古代文学的崭新阶段。二十世

① 陈平原：《压在纸背的心情》，上海：复旦大学出版社2011年版，第5—11页。

纪中国文学的成分是复杂多元的，但毫无疑问，现代性不仅构成这阶段文学的重要脉络，并且也是其区别于中国古代文学的根本标志。所谓“现代性”，除了现代物质生活条件外，更指传统社会转变为现代社会过程中形成的一系列新的知识理念与价值标准。严家炎从文学理念、创作方法、文学体裁三方面详细论述了二十世纪文学的现代性特质[①]，得到学界的普遍认可。严家炎著作出版前后，使用“二十世纪中国文学”名称的学者渐多，稍后的刘中树、张福贵也以《20世纪中国文学史》的题目承担了“马工程”教材的编写工作。20世纪过去了，中国近代、现代、当代文学研究的基本格局没有变，二十世纪中国文学的概念也许还会继续使用下去。

“二十世纪中国文学”概念不胫而走之际，李泽厚“启蒙与救亡双重变奏”的观点也在学术界开枝散叶。1986年李泽厚在《走向未来》创刊号上发表《启蒙与救亡双重变奏》一文，以“启蒙与救亡双重变奏”与“救亡压倒启蒙”的线索描述五四之后的思想史、革命史，以“转换性创造”作为20世纪80年代思想解放的路径选择。

助力学科实事求是、拨乱反正的还有出版社。改革开放初期成立的中国大百科全书出版社于1986年推出《中国大百科全书》第一版中国文学。其中的近代文学部分由季镇淮主编，共设立撰写近代文学词条190余个。设置条目数量之多，涉及作家流派之广，词条叙述之真实平和，显示了尚在学术回归时期词条写作者的学术勇气和学术眼光。“近代文学”词条为季镇淮所撰，其关于近代文学分期的基本叙述，与他执笔写作的游国恩主编《中国文学史》中的叙述大致相同。其对近代文学特点的概括是：近代文学的政治性趋于加强；文学反映现实的领域空前扩大；现实主义、浪漫主义的优秀传

① 严家炎：《二十世纪中国文学的现代特征》，见严家炎主编：《二十世纪中国文学史》，北京：高等教育出版社2010年版，第1—6页。严家炎关于20世纪文学的现代性问题的讨论，还见于他2003年为中国人民大学杨联芬《晚清至五四：中国文学现代性的发生》一书所写的序言中。

统得到继承发展；文学团体、文学刊物空前增多；文学形式语言向通俗化发展；文学变化呈现出过渡性。近代文学的过渡性表现在“近代文学的成就在于它的反帝反封建的进步主流，它的反映现实和追求理想的精神和方法，它的语文合一、走向通俗化的探索和努力，为‘五四’时代新文学运动准备了一定的历史条件”①。这种学术表述，已经是满满的正能量了。此外，许多原来因为政治倾向不见于近代文学史书的人物、流派与史料，也在一版中专列词条。如镇压太平天国的曾国藩、伪满洲国“国务总理”郑孝胥，都赫然在册。季镇淮写曾国藩词条，首句将其身份界定为“晚清军政大臣、近代作家、湘乡派古文的创立者”。论及曾国藩湘乡古文理论的作用，季文认为，他利用桐城派，私立门户，创建湘乡派，有扩大势力、反对人民革命的一面；但他强调“经济”，要求应时实用，纠正桐城派古文日益脱离实际、追求清闲的倾向，有一定的意义。正像他兴办洋务、选派留学生一样，为先进的中国人向西方寻求救国真理，学习西方近代科学文化知识，准备了一定的条件，客观上有利于中国的近代化。② 如此评定曾国藩，在当时是需要胆识的。在思想解放大潮中，《中国大百科全书·中国文学》的出版，也成为一道靓丽的学术风景线。

1994 年上海书店完成出版的《中国近代文学大系》是另外一道靓丽的学术风景线。上海是中国近代文学重要的发生地。1935 年，上海良友图书印刷公司赵家璧筹划《中国新文学大系》，约请新文学大家择选 1917—1927 年新文学第一个 10 年的作品，辑为 10 册，并请蔡元培作总序一篇，胡适、郑振铎、茅盾、鲁迅、郑伯奇、周作人、郁达夫、洪琛、朱自清分别为理论、小说、散文、戏剧、诗集作导言 9 篇，成为现代出版的典范之作。1987

① 见《中国大百科全书·中国文学》，北京：中国大百科全书出版社 1991 年版，第 327 页。

② 见《中国大百科全书·中国文学》，北京：中国大百科全书出版社 1992 年版，第 226 页。

年，上海老一代出版人范泉向其供职的上海书店建议，仿照《中国新文学大系》体例，编辑一套《中国近代文学大系》，以解决近代文学资料繁、碎、乱问题。编成出版的《中国近代文学大系》共12专集30分卷[①]，计两千余万字。吴组缃、季镇淮、陈则光写作《总序》。《总序》以“求新、求变、求用”概括中国近代文学的主要特征。中与西的碰撞、古与今的抵牾、旧与新的裂变，贯穿于近代文学的全过程。文学的历史，既是历史对文学的选择，也是文学自身选择的历史。中国近代文学的变革与演进，是一个历史与文学双向选择的结果。[②]《中国近代文学大系》出版地在上海，各卷主编特邀上海专家居多。这些专家对近代文学发表了甚为可贵的学术意见。徐中玉为《理论卷》作序，强调从整体上评价近代文学不断进步的意义：如果没有1840年以来特别是戊戌政变后形势的发展与各种努力和准备，就不可能有1919年文学革命的胜利。后者实际是瓜熟蒂落，是近代文学发展由量变到质变的飞跃和结果。施蛰存为《翻译文学集》作序。他把1890年到1919年的翻译，看作“中国文化史上继翻译佛经以后的第二次翻译高潮”。在第二次翻译高潮中，外国文学被介绍给中国读者，最多的是小说。我国文学，上古文学以散文为大宗，中古文学以诗为大宗，近代文学以小说为大宗。晚清小说翻译成就很大。短短的30年间，欧洲几个文学大国，18、19世纪许多主要的作家几乎都有译本，甚至在19世纪最后一二十年才蜚声文坛的作家作品也迅速地有了中国译本。根据文献资料，1890年到1919年30年间，文学译本的数量，要多于五四到1950年30年间的数量。外国文学的翻译给中国文学

① 分别是《文学理论集》2卷，徐中玉主编；《小说集》7卷，吴祖缃、端木蕻良、时萌主编；《散文集》4卷，任访秋主编；《诗词集》2卷，钱仲联主编；《戏剧集》2卷，张庚主编；《笔记文学集》2卷，柯灵、张海珊主编；《俗文学集》2卷，范伯群、金名主编；《民间文学集》1卷，钟敬文主编；《书信日记集》2卷，郑逸梅、陈左高主编；《少数民族文学集》1卷，马学良主编；《翻译文学集》3卷，施蛰存主编；《史料索引集》2卷，魏绍昌主编。

② 《中国近代文学大系》第1卷，上海：上海书店1991年版，总序第1页。

带来的影响有三：提高了小说在文学上的地位；改变了文学的语言；改变了小说的创作方法。外国文学译本尽了它们在文化转型期的任务。[①] 范伯群为《俗文学集》作导言，认为俗文学的兴起是与市民文艺联系在一起的。近代俗文学中，曲种由明代的数以十计到近四百种，俗文学的各种讲唱样式相互渗透，如演义之于评话、评书，评话、评书之于相声、弹词等。其他民歌与唱本大融合，文人参与俗文学的写作，各大城市形成自己的“天桥”。清代的俗文学如野火之燎原，如水银之泻地，活跃在中国的城镇乡村，循环于市民、农民的血脉之中。[②]魏绍昌为《史料索引集》作导言，以为正确、完备、客观是资料编写的三大要素。其于20世纪50年代收集编辑《老残游记》《孽海花》、吴趼人、李伯元资料，尤其注重第一手材料，避免重复与烦琐，力求简洁完美。[③]

《中国近代文学大系》以南方为主要研究者的发声，与《中国大百科全书·中国文学·近代文学》以北方为主要研究者的发声，显示着解放思想之后学术界的活跃与热闹。中国近代文学的研究进入到一个众声喧哗的时代。

20 世纪 90 年代之后的中国近代文学研究，在 60—80 年代的研究基础上，自然形成了数个不同学术风格、不同研究路径、不同研究特色的研究与人才培养基地。1988 年成立的中国近代文学学会，也自然成为全国近代文学研究与人才培养的学术组织者、促进者和领导者。

1. 北京基地。北京，中国近代文学的研究与人才培养相对集中于北京大学和中国社会科学院。北京大学近代文学研究的开创者是季镇淮。北京大学中文系 1955 级编写《近代诗选》和《中国文学史》时，他以指导教师的身份参与，并写作《近代诗选》前言。当时参与两项学术工作的学生有孙静、

---

① 《中国近代文学大系》第 26 卷，上海：上海书店 1991 年版，第 1 页。
② 《中国近代文学大系》第 20 卷，上海：上海书店 1991 年版，第 1 页。
③ 《中国近代文学大系》第 29 卷，上海：上海书店 1991 年版，第 1 页。

杨天石、孙钦善、陈丹晨、陈铁民、刘彦成、李坦然。这些学生中的大部分毕业后从事与近代、古代文学有关的学术工作。季老1964年参与游国恩等主编的《中国文学史》编写，负责近代部分。20世纪70年代末参与北京大学近代文学专业研究生培养，张中、张永芳、夏晓虹、吴迪等均出自季先生门下。后担任《中国大百科全书·中国文学·近代文学》主编，著有《来之文录》《来之文录续编》。季老之后北京大学近代文学研究与人才培养的担纲者是陈平原、夏晓虹。1989年两人合编的《二十世纪中国小说理论资料》第一卷出版，标志着学术合作的开始。同年，陈著《二十世纪中国小说史》第一卷出版，研究内容为清末民初小说。1991年，夏晓虹的硕士学位论文《觉世与传世——梁启超的文学道路》出版。此后，两人的学术研究，逐渐向文学史与近现代学术史、教育史、报刊传播史结合处偏移。“进入报刊，返回现场”的价值取向，影响到他们的学生。在文学史视野中，通过报刊、图像、文献等路径，返回晚清现场，成为北京大学中文系近代文学研究的学术特点。

20世纪80年代的中国近代文学研究，其他地区大多为散兵游勇状态，只有中国社会科学院文学研究所可称为研究的重镇。在1979年的思想解放中，文学所陈荒煤提议编辑《中国近代文学论文集（1949—1979）》，按文体分为小说、诗文、戏曲等若干小组，研究水平居学科前沿。近代组于70年代末开始招收近代文学研究生和研究工作者。这些后来者很快成为近代文学研究的主力军。1996年，由中国社会科学院文学研究所张炯、邓绍基、樊骏担任主编的九五国家社会科学规划重点项目《中华文学通史》着手编写。在《中华文学通史》的结构中，近、现代文学合为一编。做出这种调整的原因，是近代章节的设计者希望在符合《中华文学通史》编撰体例基本要求的前提下，力求反映出近代文学是转型期文学的性质和文学转型过程的轨迹。近代文学部分的《绪论》说明《中华文学通史》将近、现代文学合为一编的理由如下：1928年陈子展的《中国近代文学之变迁》和1930年钱基博的

《现代中国文学史》，是最早分别以“近代”“现代”冠名的文学史专著，但两书论述范围却基本相同，大体始于清末戊戌维新时期，以迄五四文学革命之后，分叙“新文学”与“旧文学”。说明当时新、旧文学有别，而近、现代文学未分。20 世纪 50 年代初形成“现代文学”“近代文学”概念的依据是新民主主义论。这一理论包含着可以将近、现代文学视为一个完整的文学发展历史过程的逻辑。新、旧民主主义革命时期，不是对中国历史大时代的划分，只是指近代民主革命过程的两个段落。新民主主义论在指出这两个时期区别时，也多次指出半殖民地半封建社会的性质、民主革命的基本性质和基本任务没有改变。就对文学事实的认定而言，呈现过渡状态的近代文学既非独立的文学形态也非完整的文学过程；它们未能完成的历史任务由现代文学来完成，也说明近、现代文学承担着共同的历史使命，并构成从开始到完成的序列；五四后新文学反帝反封建的彻底性和坚决性以及领导思想固然有别于近代文学，但反帝爱国和民主主义的基本主题则一致。从龚自珍开始，到清末文学界革命，近代文学不是也已不可能只是古代文学的延续，而是一种转型期文学。中国文学的这一转型并没有在五四时期结束。近代与五四两个时期文学变革的深度和广度存在重大差异，但变革方向却一致且衔接；文学表现的时代精神不同，却从不同侧面构成对近代意识的艺术把握；不同文学体裁的转换存在着时差，有些新体裁在清末已开始生成。戊戌至辛亥的文学是五四文学的“序幕”“奠基”或“胎孕期”，而五四时期实现了比晚清全面、深刻得多的革命。当我们把近现代文学置于整个中华文学历史中审察，就更清楚地看到，近、现代文学固然存在着区别，而与古代、当代文学比较，就显出基本的共同性和变革的连续性。①《绪论》的主要观点，显示学术界 20 世纪 80 年代以来对近、现代文学分期的讨论，已经开始进入文学史

---

① 张炯、邓绍基、樊骏主编：《中华文学通史》第 5 卷，北京：华艺出版社 1997 年版，第 1—29 页。

的知识体系中。

同是20世纪90年代的文学所，在近代室高屋建瓴地为近代文学与现代文学联袂牵手寻找理论契合的时候，现代室的刘纳却在用自己的文本细读，细腻地从文学作品中寻找线索，描述中国文学由古代到近代的变革，她的研究成果题为《嬗变——辛亥革命时期至五四时期的中国文学》。《嬗变》一书的学术观点，在书的首页已开宗明义："我国文学从'古代'到'近代'的变革，开始于1902、1903年间，完成于五四之后。它跨越三个时期——辛亥革命时期和五四时期以及在这之间的一个没有名目的时期：1912—1919年，经历近20年，由两代文学作者完成，辛亥与五四，以及横亘在它们之间的1912—1919年，这是三个信仰的转换时期，它们作为历史时期与文学时期早已成为过去，但它们向一代代文学青年昭示着对文学和人生作出不同解释与不同选择的可能性。这样的可能性永远都会存在。"[①]正因为"一千个读者就有一千个哈姆雷特"，作者在《嬗变》中，恪守着"止于描述"的写作原则。其"后记"中交代说："回想当初进入这个课题时，曾经设想本书并不以提炼规律为目标，它止于描述。即使在对一个时期文学现象的描述中已经能推导出某些包含超出现象本身意义的结论，我仍然无法将这些结论指认为规律——我们几乎总可以以其他时期的文学现象为依据推出相悖的结论。"刘纳"止于描述"的书写策略，使得《嬗变》至今仍然是一个学术的高峰。

中国社会科学院文学研究所近代室近年来得到重建。重建后的近代室已经取得了累累硕果，再次成为中国近代文学研究的重镇。我们衷心祝愿文学所近代室年轻的队伍继续站在学术前沿与研究高地。

2. 苏州基地。苏州基地得以建立，缘于钱仲联教授。钱仲联毕业于无锡

---

① 刘纳：《嬗变——辛亥革命时期至五四时期的中国文学》，北京：中国社会科学出版社1988年版，第1页。

国专。这是一个专门培养国学人才的地方。后又被唐文治校长聘为无锡国专教授；新中国成立后，在苏州大学任教，是国务院1981年批准的首批博士生导师。钱先生对明清诗文研究有较深的造诣，擅长笺注与年谱之学。《人境庐诗草笺注》《清诗纪事》是其与近代文学有关的文献整理的代表作。钱老1981年在《文学评论》发表《论同光体》一文，把“同光体”分为闽派、江西派、浙派，引起学术界对同光体诗派的重视，影响很大。钱老晚年主持苏州大学明清诗文研究室工作，并办有《明清诗文研究丛刊》。钱老学生的研究，均以明清与近代诗文见长。近年来年龄更轻的一代学者的学术研究也渐入佳境。

3. 开封基地。河南大学成为中国近代文学研究与教学基地，缘于任访秋。任老求学于北京师范大学和北京大学研究院。毕业后到河南大学工作。先治古典文学，后治现代文学。20世纪60年代后，专攻近代文学。著有《中国近代作家论》《中国新文学渊源》《中国近代文学史》等近代文学研究著作。任老治学，古今兼容，文史不隔，在作家、流派、思潮研究方面收获颇丰。与季镇淮、钱仲联先生一起，用自己的学术努力，为近代文学学科的建立、发展作出贡献，留下学术的绿荫。缘于此，中国近代文学学会成立时，三老共同为学会顾问。学会成立30年后，又以三老的名义设奖，鼓励年轻学者的成长。目前河南大学已形成完整合理的学术梯队，他们共同继续着任老开创的学术事业。

4. 济南基地。济南基地以山东大学为骨干。山东大学是一所以文史哲见长的大学，学术传统源远流长。20世纪50年代末毕业于山东大学的郭延礼，留校后即讲授近代文学课程。90年代辞去山东社科院文学所所长的职位，重返母校教学研究。数十年间，以个人之力写成3卷本170万字的《中国近代文学发展史》，可见其著述勤奋，也可见其贡献良多。继踵者成果丰硕，厚重扎实。

5. 广州基地。广州基地的依托主要是中山大学、华南师范大学。中山大学陈则光1959年写作《中国近代文学的社会基础及其特征》发表于《中山大学学报》。80年代重治近代文学。1987年出版《中国近代文学史》上册。上海书店《中国近代文学大系》总导言初稿也出自陈先生之手。陈先生1992年病逝，《中国近代文学史》未完成下册成为永久的遗憾。中山大学与陈则光同时治近代文学的还有吴宏聪，曾担任广东丘逢甲研究会会长。陈、吴两位后，有张正吾教授等。中山大学近代文学研究的后起之秀，显示出宽阔的学术视野和研究的功力。华南师范大学的近代文学研究传统是管林、钟贤培两位教授开创的。管林1991年与钟贤培主编《中国近代文学发展史》，参编者均为华南师范大学近代文学研究队伍成员。华南师范大学在研究广东籍作家如康有为、梁启超、黄遵宪等方面具有比较优势。

6. 上海基地。把上海放在最后，笔者是试图取得一种“曲终奏雅”的阅读效果。因为只有上海的学术内蕴和研究实力，才能和上文提到的第一个基地——北京基地相提并论。上海是近代文学重要的发生地。上海高校与科研机构近代文学的研究人才辈出，成果丰厚，特色明显。1937年起在复旦大学任教职的陈子展是近代文学研究的先驱，他于20世纪20年代末完成的《中国近代文学之变迁》《最近三十年中国文学史》是近代文学研究的奠基之作。50年代，复旦学生编写《中国近代文学史稿》时的指导教师是鲍正鹄。鲍正鹄在无锡国专是钱基博的学生，在重庆复旦大学时，又曾是陈子展所开选修课的唯一学生。80年代，鲍到北京图书馆、社科院科研局工作后，回到复旦，仍以近现代文学为题目开设讲座。60年代，章培恒就晚清小说诗文发表多篇论文。其于80、90年代组织的古今文学演变学术讨论会，均把中国近代文学列为主要讨论题目。中国文学批评史是复旦的学科强项。黄霖1993年出版《近代文学批评史》，建立了近代文学批评的学术框架，以“十大变化”概括文学理论近代化的特征，贡献颇多。近年黄霖主编了“马工程”《中国文学理论批评史》，其守正出新的学风，得到学术界的好评。复旦从事近代文学研究的另一员大将是袁进。《中国小说的近代变革》《近代文学的突围》等著作为他赢得了良好的学术声誉。复旦中文系现当代文学方向的栾梅健及其同仁把研究的触角延伸到近代。栾梅健主编的《中国近代文化转型与文学现代化》丛书，从近代出版、近代报刊、近代思潮、新式教育等角度切入，研究中国近代文学的转型。他们把这种研究路径称之为“外部研究”。“外部研究”与从文学作品的主题、思想、结构、语言的“内部研究”相对，可以清晰地揭示出作品与社会、时代的对应关系。

华东师范大学也是中国近代文学研究的重镇。郭豫适研究明清小说，也关注过清代嘉道之际的章回小说、林译小说。明清及近代小说、戏曲及词的研究成为华东师范大学的学术特色，在学术界有较高的声誉。陈大康1998年完成《明代小说史》出版，接下来的计划是顺流而下，准备清代小说史的撰写。清代小说史中，以近代小说最为繁杂，最难把握。于是陈大康决定先从近代小说的编年梳理开始。结果是一发而不可收。作者在“书序”中感叹：“刚进入近代小说研究领域时，我计划用两三年时间对该领域的基本状况进行一次盘点，然后再回到《清代小说史》的撰写上。我对近代小说的庞大与复杂性实在是太低估了。《中国近代小说编年史》的完成或许可算作是盘点告一段落，可是时间却已过去了十四年。刚进入这一领域时刚年方五十，如今却已六十有四。耗去了光阴，留下一部或可在较长时期内有益于近代小说研究的书稿，这总比为应对某种要求推出各种著述却很快又成为过眼烟云要强些。”更重要的是陈大康在多年从事《中国近代小说编年史》的过程中，培养了一批以近代小说为研究方向的学生。“书序”不无自豪地写道：“我的博士生们基本上也都以近代小说为研究对象，他们的论文有一个共同的特点，即引用的多为学界不知或不熟悉的第一手资料。”[①]

从陈大康研究与教学实践的现身说法中，我们可以更深切地感受到

① 陈大康：《中国近代小说编年》，上海：华东师范大学出版社2002年版，序言第1页。

“基地”存在的意义。“基地”就是有学术传统、学术精神的地方，是自然形成学术特色，自觉担负起薪火相传责任的地方。“基地”同时也是中国近代文学学会工作的支点。2018 年，学会成立 30 周年之际，编辑出版 1980—2017 年近代文学论文集，设立“季镇淮钱仲联任访秋青年奖励基金”，其人力物力支持，均来自上述基地。

1988 年在敦煌举行的第四次近代文学会议上，中国近代文学学会成立。每两年一次的年会有条不紊地进行，目前已成功举办 19 届。年会召开的空隙，还穿插召开各类专题性学术研讨会，促进学术交流，带动青年学者的成长。2017 年 9 月，中国近代文学学会在苏州大学召开学术会议。讨论若干事宜中最重要的一项就是续编《中国近代文学论文集》。之所以称为续编，是因为 20 世纪 70 年代末，在中国社会科学院文学研究所陈荒煤提议下，近代组编选过一套《中国近代文学论文集》，其时间起止与卷帙是 1919—1949 年 3 卷、1949—1979 年 4 卷。“续编”顾名思义就“接着选”，从 1980 年续选至 2017 年，作为献给中国近代文学学会成立 30 周年的学术礼物。续选《中国近代文学论文集（1980—2017）》共有概论卷、诗词卷、小说卷、散文卷、戏剧与说唱文学卷 5 卷。[①]“续编”可以让我们清楚地看到 1980 年以后中国近代文学研究从量到质的巨大变化。1980 年之后，思想解放的潮流，使中国近代文学的研究挣脱“泛政治化”的牢笼，逐渐回到文学自身，近代文学作为古典与现代文学之间不可或缺的重要一环得到确认，近代文学的学科共识逐渐达成；本着实事求是的科学精神，近代文学研究工作者逐渐以新的学术眼光审视文学史实，以多元、宽容的学术胸怀，突破着研究的禁区、敏感区，完成对过去权威的超越；中国近代文学的丰富性、整体性以及自身发展所体现的逻辑性，得到更多的认知。文学史料的收集、整理、研究更引

① 分别由孙之梅、马卫中、关爱和、王达敏、左鹏军担任分卷主编，由苏州大学出版社出版。

起学者的普遍重视，回到文本、还原历史语境，越来越成为一种学术自觉。“接着选”目的是为了更好地“接着讲”。在近百年的精神与情感演变过程中，古与今的转换，中与西的融合，旧的毁坏，新的生成，其间蕴含着丰富的感情密码和重大的学术命题。在近代文学学科确立、思想藩篱不复存在的新时代，我们需要阅读史料，更需要独立思考；我们需要大开大合的宏大叙事，也需要步步为营的细心考证；我们需要与其他学科共有的价值取向，也呼唤中国近代文学独特的学术话语。

结语

新中国成立70年间，中国近代文学研究经历了单一革命叙事向革命叙事、现代化叙事等多元叙事的转变，研究者对中国近代文学的研究价值与存在意义的理解，也经历了前30年“过渡性质”到后40年“转型性质”的转变。多元叙事和转型性质的认识，集中体现了中国近代文学学科的进步，也体现了中国文学研究的进步。晚清的政治、思想、学术、文学变革是紧紧纠缠、浑然一体的，共同构成了民族与国家现代化的主体。中国近代文学在近代中国走向现代化、中华民族伟大复兴的过程中，担负起“他新”与“自新”的双重责任。勉力于“新民救国”，在诗文、小说戏曲各类文体中，传播新思想、新观念、新词语，促进国民启蒙，呼唤民族复兴，文学深度参与了近代现代化进程；在西学东渐的学术背景下借助民族现代化的强大力量，让文学走出复古拟古、陈陈相因的窠臼，创造出富有思想张力、新鲜活泼、表达现代人情感、言文合一的新文学，文学完成了由古典向现代的历史嬗变。在80年中国近代文学“他新”与“自新”的历史过程的研究中，我们有许多正本清源的工作要做，有许多阐发诠释的工作要做。有很多研究的空白需要弥补，有很多重要的学术课题需要精耕细作。在回顾总结新中国成立

70年中国近代文学研究的学术历程时，我们呼唤中国近代文学研究与近代历史、近代学术史、近代思想史更紧密的结合，以获取更宽广的学术视野；我们呼唤中国近代文学研究中从文学问题出发，在中国与世界思想学术的发展框架中，认识文学进步的作用和意义；我们呼唤更多的年轻学人，秉承实事求是、勇于创新与“智山慧海传真火，愿随前薪作后薪”的精神，投身于中国近代文学的研究：因为这块土地充满着未知，充满着魅力。也充满着成功，充满着收获。

（刊于2019年9月《社会科学战线》第9期）

“亦狂亦侠亦温文”

——《文艺研究》四十年与中国近代文学研究

创刊于1979年的《文艺研究》走过了四十年的辉煌历程。四十年来，我作为读者与作者，仰望并见证了《文艺研究》的成长、成熟与繁花硕果。四十年间，《文艺研究》取天地之精蕴、融中外之学术、总人文之化成，已成为中国文艺研究领域的参天大树和学术标杆。四十年前，《文艺研究》创刊号中所言及的“百花齐放，百家争鸣”“促进社会主义文艺的繁荣发展”“为建设四个现代化的社会主义强国做出应有的贡献”的宗旨目标，已得到了圆满的实现。在《文艺研究》创刊四十周年之际，笔者将四十年来《文艺研究》发表的有关中国近代文学的50余篇论文拈出再次拜读，作以简单的学术综述，旨在通过一个学科的学术嬗递，展示四十年间《文艺研究》的成长、成熟与使命担当。

一

《文艺研究》创刊于1979年。十一届三中全会提出的“解放思想，实事求是，团结一致向前看”的思想路线，以及果断停止使用“以阶级斗争为纲”的决定，给学术的发展带来了春天。在改革开放的春天里创刊的《文艺研究》，自然把解放思想、正本清源的责任放在肩头。

最初在近代文学方面的争论是因五四新文学革命而起的。《文艺研究》1984 年第 1 期发表林志浩《关于“五四”文学革命指导思想问题的商榷》的论文，对许志英 1983 年发表在《中国现代文学丛刊》上的《“五四”文学革命指导思想的再探讨》一文提出批评意见。批评的焦点在于如何确定五四文学的指导思想，如何看待历史的事件与文学的分期。林文认为：五四文学革命大抵可以分为三个阶段。从 1917 年初胡适、陈独秀分别发表《文学改良刍议》和《文学革命论》到 1918 年 5 月鲁迅发表《狂人日记》，为第一阶段；从 1918 年 5 月到 1919 年 5 月，李大钊、鲁迅加入《新青年》编辑部，为第二阶段；从五四爆发到 1921 年中国共产党成立，为第三阶段；五四文学革命，是在无产阶级文化思想指导下完成的。这从鲁迅、郭沫若、沈雁冰为代表的新文学作家作品中所表达的走俄国人路的愿望、对被压迫人民的同情与反对帝国主义、封建主义压迫等三个方面，可以得到证明。林文最后批评道：在新民主主义论已经对五四革命、五四文学革命做出科学而深刻的总结之后，“作为一位科学工作者，现代文学研究者，难道今天还要弃利器而不用，置科学的结论于不顾，重新回到前人摸索、探求的阶段，再去蹈前人的覆辙么？我想，这是智者所不取的”。林文最后所表达的观点，在思想解放初期是极具代表性的。有了“放之四海而皆准”的理论之后，科学工作者、文学研究者的任务是什么？是满足于证明诠释理论，还是不断丰富发展？稍后的 1984 年第 4 期上，《文艺研究》刊载了魏洪丘《也谈“五四”文学革命指导思想》一文。魏文不同意许志英论五四文学革命偏重于新文学运动前期、林志浩论五四文学革命又过于强调后期的偏狭，认为必须把五四文学革命看作一个整体，以 1918 年初《新青年》迁到北京，李大钊、鲁迅、钱玄同、刘半农、沈尹默、胡适等先后参加编辑工作，看作五四文学运动重要的转折点。马克思主义在中国传播，新文化的统一战线形成，《新青年》

全部改为白话，鲁迅《狂人日记》发表，具有新民主主义性质的新文学扬帆起航。魏文在结末处提出两个基本观点：一是历史的分期，以重大历史事件为标志，而文学的分期，则需考虑文学现象等因素来划定；二是在复杂的历史环境中，文学的定性不能简单划一，“而应按照人们公认的客观史实，作出较为全面的反映”。魏文的两个基本观点，显示出解放思想、实事求是大背景下学术界观念和思想方法的进步。回到历史现场，寻找文学节奏，尊重客观史实，不正是研究工作者拨乱反正、回归学术的开始吗？

随着80年代学术回归、学术变革的推进，《文艺研究》很快走向学术的前沿。1987年第3期到1989年第2期，《文艺研究》连续推出陈平原的三篇论文。此时的陈平原，刚刚完成博士学位论文《中国小说叙事模式的转变》的写作，并因在学术界提倡“二十世纪文学”颇受学人瞩目。《文艺研究》连续发表其三篇论文，可以看出其学术敏感和学术眼光。陈平原的三篇论文大体均与他的博士学位论文有关。在《中国小说叙事时间的转变——从“新小说”到“现代小说”》一文中，作者把1898—1917年产生的、开始自觉不自觉模仿西洋小说叙事技巧的作品称为“新小说”，而把1918—1927年产生的、基本完成中国小说叙事模式转变的作品称为“现代小说”。晚清“新小说”家坚守着中国小说以情节为中心的立场，其对西洋小说叙事时间的借鉴，停留在倒装叙述的层面；“五四”“现代小说”注意表现人物心灵的颤动和捕捉思绪的变化，在经历小说从长篇转为短篇，从讲故事到描摹世态、抒发情感的变化之后，其对西方小说的借鉴才全面展开，从而建立了小说叙事时间多样化的格局。从固守连贯叙述，到采用多种方式自由切割小说时间，是个漫长的历史进程。“新小说”家和“五四”作家毕竟为这可贵的转折迈开了关键性的一步，为整个20世纪中国小说家在叙事时间方面的探索奠定了坚实的基础。陈平原的第二篇论文《传统的创造性转化与小说叙事模式的转变——从“新小说”到“现代小说”》，仍然讨论“新小说”与“现代小说”。文章认为：在20世纪最初30年中国小说叙事模式转变中，西方小说的输入与传统文学的创造性转化，不过是同一过程的两个不同侧面。西方小说输入引起的对其表现技巧的模仿，与中国小说从文学边缘向中心移动过程中对传统文学养分的吸收，这两者的合力共同促成中国小说叙事模式的转变。尽管在此中间，“输入新知”占主导地位，但不能无视并非无足轻重的“转化传统”。陈平原的第三篇论文《论“新小说”主题模式》，主要讨论清末民初小说主题模式。文章认为：清末民初小说的题材相对集中，前期主要为官场，后期主要为情场；官场小说中分化出“忠奸对立”模式的消解和“官民对立”模式的转化这两种趋向；情场小说则分化出无情的情场和“三角恋爱”这两个主题模式。

陈平原80年代中后期在《文艺研究》发表的关于20世纪前30年间中国小说叙事模式研究的学术意义有三。一是把晚清小说与五四小说做比较研究，在细致入微的文本阅读后，从作家的创作选择及作品的结构表现等不同角度，寻求中国小说叙事模式转变的轨迹，以阶级属性笼罩一切、对作家作品简单定性的做法不复存在。二是在确定与区分外来小说作品影响中国小说叙事模式转化的同时，充分注意中国文学传统对小说叙事模式转变所带来的影响，认为30年间“输入新知”与“转化传统”的合力促成了中国小说叙事模式的现代转换。三是对五四文学革命的功过得失，作者不赞成以“断裂”或“再生”作简单的价值判断；“如果说‘断裂’，那也是一种‘脐带式的断裂’，如果说‘再生’，那也是一种‘凤凰式的再生’。强调五四新文学‘变异’一面的同时，不应忽略这一传统的‘脐带’。正是这也许不起眼的‘脐带’，隐隐约约限制着这一‘变异’的方向、程度与效果”。这种由历史的同情而带来的细心和公允，透射出实事求是的学术精神。作者多处综合运用西方小说叙事学的理论，也让人有耳目一新之感。

20世纪80年代，出现了一些在革命叙事之外，运用现代化理论与“挑战—反应”理论诠释近代思想、文化、文学演进的论文。这种多元化叙事理论的运用，使中国近现代历史和文学的研究变得丰富多彩，研究成果呈现山重水复的景象。刘再复、林岗发表在《文艺研究》1988年第3期上的《“五四”文化革命与人的现代化》即运用现代化的视角审视观察近代社会与文化的一次尝试。文章认为：中华民族自我认识的历史是从鸦片战争之后开始的。英国历史哲学家汤恩比认为，中国人的秉性，进入近代以来，已由世界主义变成民族主义。鸦片战争以后中国的知识分子的第一个最重大的发现，是自己的国家不是强国；而五四则完成了我国近代思想史上第二个最重大发现，就是发现自己不是现代文化意义上的“人”。五四时代的知识分子认为，要把国家推向现代化，除了必须改革国家的政治、经济制度之外，还必须改革人的精神素质，疗治和重新塑造人的灵魂，把人当成人，把人变成具有现代文化意义的人。五四运动是一场真正的“文化革命”，是一场对父辈文化无情批判的文化革命，而并非西方意义上的文艺复兴运动。五四新文化运动对国民性弱点的反思和对人的重新思考，本来是在文化层面上展开的，旨在重塑与现代社会相适应的新的国民灵魂。但是，由于当时民族灾难过于深重，民族“救亡”的实际要求太过迫切，先驱者们便纷纷转入实际的革命实践活动，把精力放在救国的实际行动上，对民族弱点的思考也就匆匆结束。在刘再复、林岗对五四新文化运动的描述中，隐含着救亡压倒启蒙的遗憾。作者在文章的最后一节，借批评当代新儒学的迷失，提出在现代化强国的当下，对传统文化应“着眼于批评，着眼于寻找转化的机制”。以新时代的思想启蒙与对传统的批判，实现全面的现代化，尤其是人的现代化，构成了作者心向往之的文化理想。

二

《文艺研究》的第一个十年所刊发的有关近代文学的论文，几乎都从中国近代文学革新讲起，而落脚在五四文学革命。在五四被当作中国文学现代性兴起的唯一坐标的时代，中国近代文学的进步均被看作五四文学革命的过渡与准备，五四文学的创新均是对近代文学的扬弃与否定。这种文学史发展中的线性思维定式，使近代文学的研究充满尴尬和失落。1989 年以后的《文艺研究》在经历了拨乱反正的历史阶段后，与时俱进地提出将“坚持科学精神，强化建设意识”作为办刊宗旨。在《文艺研究》的第二、第三个十年中，在中国近代文学研究领域，一些方兴未艾的学术话题在“接着讲”，更多具有学科建设意义的学术话题也不断“开新篇”。中国近代文学的历史地位逐渐得到确认，中国近代文学自身的复杂性、丰富性，在研究者的成果中得到再现。

属于“接着讲”的问题是如何看待晚清与五四文学。上述刘再复、林岗所著之文中明确认定：“在中国现代化过程中，负有历史使命的中国知识分子应当为实现这一目标创造充分的文化条件，其中迫切和重要的工作是持续地反省和检讨我们的文化传统。”因此，他们对五四的反传统精神是予以高度评价的。之后，有关五四反传统问题的争论于 90 年代以后继续在《文艺研究》进行。林非在 1990 年第 1 期发表《鲁迅论中国新文化的建设》一文，论文分析鲁迅早年在《摩罗诗力说》《文化偏至论》中提出的主张，即“首在审己，亦必知人，比较既周，爰生自觉”；“外之既不后于世界之思潮，内之仍弗失固有之血脉，取今复古，别立新宗，人生意义，致之深邃，则国人之自觉至，个性张，沙聚之邦，由是转为人国”。认为这些论述已充分表明鲁迅对新文化建设的态度：“择取”和“承传”。鲁迅对中国新文化建设的态度，为我们确立了如何对待传统的标杆。他既注意到了与整个世界的“比较”，要赶上西方近代文化的先进潮流，又注意到了不能离开自己民族的“血脉”，在民族解放及“人”的觉醒中，完成建立近代国家的任务。鲁迅的见解，不止在提出的当时，就是放在后来的五四启蒙主义运动或马克思主义学说得到广泛传播的背景上去加以衡量，也是异常杰出的结论。

在林非以“择取”和“承传”诠释鲁迅新文化建设观念的文章发表数年后，《文艺研究》仍持续关注五四反传统问题的讨论。1999 年第 1 期，《文艺研究》邀请现代文学研究工作者做了一个题为“传统与现代：中国新文学研究的回顾与反思”的笔谈。“笔谈”收录陆耀东、刘纳、蓝棣之、钱理群、温儒敏、郑敏、龙泉明等现代文学研究者的文章。因为谈“新文学”与“传统”，其议论多与近代文学有关。关于“笔谈”的现实背景，蓝棣之文中有一些透露：90 年代初以来，五四启蒙运动、新文化运动和文学革命受到质疑，反传统的思想观点亦受到质疑，而守旧复古派得到肯定。浪潮所及，一些博士生、硕士生都拿此做学位论文，形成风气。蓝棣之认为：我国现代文学从五四启蒙运动和文学革命开始，就高举起鲜明的反传统旗帜；这种反传统是扬弃，是有所继承的批判；五四的反传统精神，五四启蒙运动，已经成为重要的文化遗产，成为 20 世纪历史文化发展的界碑；90 年代出现的“既悖于常识，更悖于历史潮流”的学术，是无法改变其被边缘化命运的。蓝文维护五四思想与文学的学术立场是鲜明而坚定的。我们更注意到他对五四文学革命前的文学现状的描述：“在文学方面，针对辛亥革命失败后几年间充满的萎靡没落景象，针对着风行一时的以黑幕、艳情、武侠、侦探、宫闱为基本题材的黑幕派、鸳鸯蝴蝶派小说，庸俗低级趣味的‘文明戏’，启蒙主义知识分子提出了‘文学革命’的口号。”由此可见，截至 20 世纪末，近代文学与现代文学的鸿沟与隔膜是依旧存在的。现代文学研究者对五四文学发生的认识，依然是以中国近代文学的萎靡没落作为背景陪衬的。近代文学的进步与存在的意义，仍是“藏在深闺人不识”。近代文学的失落固然令人扼腕，而学术界看来兵强马壮的现代文学也存在着深深的学科忧虑。钱理群则在题为“‘回到传统’与‘沉入国民’”的笔谈中，借樊骏“先天不足，后天失调”的话，描述现代文学研究队伍的知识结构。他认为：现代文学研究者涉及古代文化，总有一层隔膜。在当下全球性呼唤新的思想、新的想象力与创造力的时代，如何为新思想的创造做准备？钱文借助鲁迅的经验，开出

“回到古代”与“沉入国民”两大药方。“回到古代”，是主张从古代原典读起，而不忘创造的目的；“沉入国民”，是主张在民间寻找真正的学术问题，以永葆赤子之心。“回到古代”和“沉入国民”，最终都要落实到自身精神世界的扩展与人格的自塑。其时担任中国现代文学学会会长的温儒敏的笔谈文章，对学科发展有不同的看法：“现代文学研究目前比较冷落，大学里现代文学课的课时减少了，许多现代文学的专家纷纷转行到古代、近代或其他领域。对此，有人未免失落感慨。但我看这些变化还是正常的。都说现代文学的研究领域有些拥挤，现在来点‘精兵简政’，未尝不是好事，也许还能促进学科走向成熟。”

《文艺研究》在1999年组织的这次“笔谈”，是学科认识、学术多元化的一个标杆。众专家谈及的青年学者开始注意对守旧复古者的研究，现代文学专家纷纷转行到古代、近代等的种种忧虑，在当时和今天看来都不是“狼来了”的信息，而是一种涌动中的求变迹象。求变的涌动之后，原有的学术建构、学术板块或面临消解，或得以重构，学术天地更宽了，学术路径更多元了。

稍后，陈方竞、刘中树《对“五四”新文学发生及源流的再认识》（1999年第2期）、杨义《新文学开创史的自我证明——为〈中国新文学大系导言集〉所作导言》（1999年第5期）、郭延礼《中国文学由古典向现代的转型及其文学史意义》（2002年第6期）相继在《文艺研究》发表。众文在论述五四文学发生时，均把五四文学的渊源推至晚清。陈、刘之文重在寻找五四新文学发生的三种成分：一是内源性成分，进入北京大学的章太炎弟子钱玄同、沈尹默“已启革新端绪”；二是外源性成分，即陈独秀、胡适的加入；三是严复、林纾的成分，他们的自负守旧成为新文学的反动力。陈、刘之文写作的目的在于说明作者对五四文学发生的判断：“我们不能否认陈独秀和胡适在文学变革临界点上的‘点爆’之功，但这种理解与描述的主要问题是，它忽略了文学自身变革与发展的内在根源，忽视了‘五四’新文学是中国几千年文学符合逻辑的变革性承续与发展的事实。”杨义的论文是为上海文艺出版社重版20世纪40年代良友版《中国新文学大系导言集》所作的“导言”。杨文认为：当年写作导言的蔡元培、胡适、郑振铎、茅盾、鲁迅、郑伯奇、周作人、郁达夫、洪深和朱自清，均是早期新文学的先驱者和开拓者。新文学运动似乎已经成为他们生命的一部分，他们的立场就是新文学运动的立场。晚清文学改良孕育着五四文学革命，虽流产，却证明这个民族不乏生育之能力。谈五四而不谈孕育着五四文学许多新因子的晚清，不少问题是讲不清楚的。洪深为大系“戏剧集”所写的长篇导言，就首先关注了晚清对五四戏剧许多因素的孕育和流产的过程，从而提倡了探讨五四文学发生学的另一种解释模式。这种模式的要点，在于重视孕育与发生过程的艰巨性和曲折性。他从梁启超亡命日本、写《新罗马传奇》的“识力过人处”谈起，谈到留日学生曾孝谷、李叔同创办春柳社，演出《茶花女》《黑奴吁天录》，从而开创文明戏的潮流。不过这股潮流也是一波三折，它介入政治，而借辛亥革命的高潮，达致全盛，却又在商品化过程中消磨精品意识和创新机制：戏文退化为仅用“幕表”，甚至专取坊间弹词唱本；演员生活放荡，满足于混饭碗，缺乏远大志向。作者以前车之鉴，论证五四新戏剧须另起炉灶。文明戏潮流给五四新文学运动既留下沉重的教训，也留下若干革新戏剧的实践家。杨文认为，蔡元培大系“总导言”至为深刻之处，是把中国文学作一贯通古今的整体观，毫无“百事不如人”的自卑自弃，而多“奔轶绝尘的猛进”的自省，在参互沿革的宏观思维中，体现出一种涵容中外古今的雍容大度的风范。另一个深刻之处，是把文学与文化的现代化，看作一个依托本土资源的复兴与革新、鉴往与策来的相辅相成的过程。这就要不仅采摘西方现代化的枝叶，而且要探究西方现代化的根柢，在借鉴西方思潮中那些可供人类共享的优秀成果的同时，借鉴西方对传统进行长期的充分的现代化转化的过程。蔡元培的“总导言”以高瞻远瞩的眼光、胸襟和文化魄力，确实发挥了总揽全局的结构功能。强调本土资源、能量在五四文学发生过程中的作用，是上述两文的共同的价值取向。从事现代文学研究者在价值取向上越来越看重晚清对于五四的意义，郭延礼作为近代文学研究者，更是如此。其文认为：文学的转型是一个历史的范畴。中国文学由古典向现代转型基于两个动因，一是中国文学创造性的转化，二是西方文化的影响。中国文学转型开始于 1898 年，转型的标志有三：近代知识分子进入创造主体，“西学东渐”进入文学，文学语言的通俗化和现代化走向。20 世纪的前 20 年，是转型的初级阶段，文学在创造主体、文学概念、文学主题、文体结构、语言形式、传播方式和接受主体等方面都发生了全方位的变化，也表现出许多不完善、不彻底性。中国文学从古典到现代转型的真正完成，在五四之后。探讨五四文学的发生，确认晚清文学的意义，在近现代文学史研究工作者的共同努力下，历史过程中的自然联系得到学术界的认可，这不能不归功于学术界的拨乱反正、解放思想和不间断地“接着讲”。

三

“接着讲”的魅力在不断寻找真实，“开新篇”的意义在扩大研究视野。在《文艺研究》1999 年到 2009 年刊发的近代文学论文中，可以列入“开新篇”范畴的是夏晓虹、余虹等中青年学者的作品。

夏晓虹在《文艺研究》的第二个十年发表了两篇学术论文。第一篇是在 1990 年第 3 期发表的《但开风气不为师——论梁启超的文学史地位》。夏晓虹 1982 年以后随季镇淮攻读近代文学方向研究生，此文与她在研究生期间的学术方向有关。论文从梁启超的“善变”性格入手，指出“不惜以今日之我，难昔日之我”的梁启超，是一个一直追随着时代不断进步、一直保持锐意求进的少年心态的时代英雄。随时代进步，使固守古文传统的严复、林纾、章太炎、章士钊等在成为五四文学革命的对立面的时候，梁启超却能改弦更张，用白话写起《欧游心影录》来。虽然从大步前行的领路人降为步履蹒跚的随行者，但最终成为新文学的同路人。保持少年心态，使他常能得风气之先，采择域外之长，不墨守中国传统，在人文学科的许多领域都有开创之功。在文学思想方面，可以毫不夸张地说，梁启超“文学救国”的声音笼罩了整个近代文学界。鸦片战争以来百年，中国社会始终处在风雨飘摇中。以文学服务于政治不仅是政治家一厢情愿的要求，也成为许多作家自觉的行动。近现代中国特定的社会背景，使得梁启超的“文学救国”论香火不断。梁启超发表在报刊上的新文体是一种具有新思想、新词语，介乎文、白之间的语体，晚清的白话文不可能直接转变为现代白话文；只有经过梁启超的“新文体”把大量文言词汇、新名词通俗化，现代白话文才超越了语言自身缓慢的自然进化过程而加速实现。梁启超在诗、小说、戏曲文体上的创作实践，都体现出“文学救国”“以旧风格含新意境”的革新精神。“但开风气不为师”，梁启超曾经引用龚自珍的这句诗表达自己的志向。梁启超十分尽责地完成了自己所应负的历史使命，在中国文学界开创了一种新风气，以沾丐后人。夏晓虹在《文艺研究》发表的第二篇论文，是1995年第6期上的《“英雌女杰勤揣摩”——晚清女性的人格理想》。论文认为：20世纪初年接受新思想的知识者，其诗文作品中对新女性形象的期待与称谓，折射出国民意识的觉醒。在南社诗人“娶妻当娶”与“嫁夫当嫁”套式之中，寄寓着对救国女性、新知识女性的渴望与赞美。更有甚者，如柳亚子等人，站到女性立场，主张使用“英雌”一词，以与“英雄”相对。柳亚子“良妻贤母真龌龊，英雌女杰勤揣摩”的诗句，表明少数先觉之士对于男女平等要求之强烈、思虑之深入。尽管“英雌”这一新创词语日后并未流行，却无碍于其作为历史遗留物的价值存在。梁启超与女性研究，是夏晓虹90年代研究的两个着力点。她在2016年接受陆胤的采访时谈到上述两个研究方向。她说：梁启超对她的近代文学研究具有多重意义。首先，他是一个对其时文化、文学具有覆盖性影响的人物，研究梁启超，可以收到纲举目张之效；其次，梁启超是一个百科全书式的人物，对梁的研究，可以扩展为对近现代社会文化的研究；最后，她被梁启超坦率、天真的性情所吸引。至于进入女性研究领域，并非因为受到西方时新思潮的启悟，而是在阅读最基本的史料后，能够贴近历史现场。[①] 夏晓虹的回忆，可以帮助读者理解她的上述两篇在《文艺研究》所刊发的论文。

余虹1996年到2000年在《文艺研究》有多篇探讨现代性的学术论文发表。他在《“五四”新文学理论的双重现代性追求》（2000年第1期）中认为：“五四”新文学理论的最大特点是兼容性和混杂性。在梁启超和王国维那里，新文学工具论和新文学自主论是泾渭分明的，而在五四新文学理论家那里，这种界限就不清楚了。政治与艺术的双重现代性追求，构成了五四时期新文学理论的内在张力与冲突。它导致了新文学理论作为“工具论”与“自主论”的悖论式存在。五四新文学理论的这种双重现代性追求，影响到整个20世纪中国文学艺术及其理论的发展走向，是我们深入反省20世纪中国文学革命的重要路标。从现代性的角度讨论五四文学，是对革命叙事模式的一种补充。

其他如秦弓在《寻觅与失落——20世纪初中、日文学的性爱主题》(《文艺研究》1994年第6期）中探讨了同一时期中国与日本文学的性爱主题；刘为民在《西方科学思潮对“五四”文学创作方法的影响》(《文艺研究》1995年第2期）中揭示出科学文明如何影响了文艺创作等；秦燕春在《青楼传奇：秦淮记忆的晚清命运》(《文艺研究》2007年第2期）中则认为：晚清秦淮烟花现实距离文人趣味越来越远，而只留下晚明想象；施晔《晚清小说城市书写的现代新变——以〈风月梦〉〈海上花列传〉为中心》(《文艺研究》2009年第4期）以两部作品作为考察对象，论述晚清的城市书写；

① 夏晓虹、陆胤：《打开多扇窗口，眺望晚清风景——夏晓虹教授访谈》,《学术月刊》2016年第2期。

蒋述卓、郑焕钊《群体心理与梁启超启蒙小说理论的形态》(《文艺研究》2009年第8期)，则从群体心理学维度细致考察了梁启超的小说理论。上述论文均属另辟新境之作，拓展了近代文学研究的学术领域。

四

在2009年《文艺研究》创刊三十年之际，时任主编方宁曾以"始终与时代相伴而行"作为《文艺研究》对过去的总结与面向未来的祝福语。[①] 2009年至今，又十年过去了，《文艺研究》始终践履"与时代同行"的诺言。最近十年，《文艺研究》所刊发的中国近代文学研究论文，向更深入与广阔的方向发展。

就文体研究而言，最近十年间，《文艺研究》小说与词的研究论文，数量增多。谭帆《术语的解读：中国小说史研究的特殊理路》(2011年第11期)在反思20世纪初小说研究成为中国文学研究的显学、小说史著述层出不穷之后，小说史写作的依据大多以西方小说观作为参照，而距离中国小说的自身谱系越来越远。中国小说历来有"无论文白，不拘雅俗，以子、史为渊薮"的传统，今人以"虚构之叙事散文"限定小说，不符合中国小说实际。中国小说研究又以"重文轻白""重笔记轻传奇"为传统，而20世纪以来的小说研究格局则是"重白轻文""重传奇轻笔记""小说"与"novel"对接。长此以往，我们将失去中国小说的"丰赡"和中国小说家的"博学"。谭帆关于中国小说观念的正本清源有其特别意义。但20世纪初文体观念包括小说观念与西方的对接，是文学现代化的重要内容。国人对小说的认知，恐怕是很难再回到《汉书·艺文志》的时代。小说研究理路需要知古鉴今，

① 方宁：《〈文艺研究〉与当代中国文艺学术史》，《文艺研究》2009年第5期。

近代小说的研究也呼唤深入与扩展。汤克勤的眼光注意到留学生小说。其《论转型视野下晚清留学生小说家和晚清小说中的留学生形象》(2001 年第 3 期)认为：晚清留学生是传统的士向近代知识分子转型过程中的人物，他们逐渐摆脱忠君意识和依附性格；留学生所创作的小说作品中的留学生形象，其主流是积极进取、爱国爱民的形象，是人们心目中的英雄和才子，但也良莠不齐，主流之外还有一些不学无术、卑劣无耻而非主流的留学生形象；主流和非主流的留学生形象的共同存在，真实反映了中国士阶层在近代转型过程中的复杂状况。研究晚清留学书写的还有李洪华的论文《"五四"大学叙事中的留学书写》(2018 年第 3 期)。作者认为，五四大学叙事中的留学书写，大多具有自传特征，具有身份焦虑，充满异域情爱想象。刘涛的题为"晚清至新中国期间个人、家庭、国家关系问题——以《精卫石》《一缕麻》《终身大事》《家》《青春之歌》为例"的论文(2014 年第 11 期)，别出心裁地选择了近现代五位作者(秋瑾、包天笑、胡适、巴金、杨沫)涉及家庭问题的五部小说做比较研究，梳理 20 世纪前半期家庭、个人、国家关系的变化。孙超的《由传世、觉世到娱世——民初主流小说家的自我调适与智慧抉择》(2015 年第 2 期)，描述了民国初年主流小说家抱着"兴味"的宗旨从事创作，以自我调适的方式，使民国小说由梁启超时代的"觉世"走向民国初年的"娱世"。

最近十年，在《文艺研究》形成中国近代文学研究热点的还有词、文学教育、文学翻译。张宏生在《晚清词坛的自我经典化》(2012 年第 1 期)中指出，谭献、况周颐、陈廷焯在词选与词话写作中，自我揄扬、自立标杆的做法，构成晚清词坛自我经典化的过程。昝圣骞《论清末民初词体声律学的新变》(2017 年第 2 期)认为，清末民初是词体声律学结穴传统、孕育新变的重要时期；朱祖谋、郑文焯等大家的努力，使词体声律学通过报刊、图书、大学讲堂等渠道，牢牢扎根词坛；而在词学之后，曲学也登上大学讲堂。沈卫威《民国文学教育中的大历史与小细节》(2012 年第 5 期)讲述了北京与南京大学讲堂上文学教育的同与不同。朱家英《清末博学鸿词科与中国文学传统的“重振”》（2018 年第 2 期）追述光、宣年间清廷诏开第三次博学鸿词科的成败得失。论及晚清翻译的论文，有刘宏照《中西比较视野中的林纾翻译小说及其影响》（2012 年第 6 期）、陈才训《论读者对晚清民初翻译小说文本形态的潜在影响》（2014 年第 2 期）、孙晓娅《如何为新词命名？——论民国初年的“翻译名义”之争》（2015 年第 9 期）等。这些论文从不同角度分析翻译对中国文学的影响。其他如姜文涛《近代印刷文化的形成与女性情感的关系——以浪漫主义诗人华兹华斯为例》（2014 年第 9 期）、邱雪松《“启蒙”与“生意”之间——“五四”新文化与出版业关系论》（2018 年第 7 期），则从出版印刷的角度探讨晚清文学特殊的生产消费方式。

积沙成山，集腋成裘。由以上罗列中我们可以看出：近代文学各种文体的演变，近代文学发展中的各个环节的关系及相互影响，《文艺研究》都刊有不同程度的深入、细致的研究之作。中国近代文学正在摆脱身份焦虑和思想束缚，在近代文学自身学术问题的多元化、多角度的积极探索中，走向充满收获的广阔天地。自《文艺研究》创刊，我即是其忠实的读者。其奇文妙义，引领着我的学术视野和学术思维。我以文与《文艺研究》交契，始于 1998 年。这一年，我的《稗官争说侠与妓——19 世纪中国长篇白话小说的创作主旨与主题模式》在《文艺研究》该年第 2 期发表后，随即被《新华文摘》全文转载。这次成功，给我巨大的鼓舞。此后，《文艺研究》便成为我从事文学研究心仪的圣地。之后又相继发表了《姚鼐的古文艺术理论及其对桐城派形成的贡献》（1999 年第 6 期）、《义法说：桐城派古文艺术论的起点和基石》（2004 年第 6 期）、《同光体诗人的诗学观与创作实践》（2008 年第 1 期）、《论中国文学的近代转型》（与袁凯声合作，2013 年第 11 期）等文。在我个人的学术之路中，《文艺研究》是良师，也是诤友。在《文艺研究》

40岁生日之际，我以读者、作者的身份送上心香一瓣：衷心祝愿《文艺研究》的学术生命之树长青。

（收入金宁主编《〈文艺研究〉与我的学术写作》，文化艺术出版社2019年11月版）

百年坚守　百年辉煌

有着110年办学历史的河南大学，设置中国语言文学学科已经100年了。在河南大学中国语言文学学科设置100年之际，魏清源教授受文学院委托，爬梳众多资料，历经千辛万苦，以筚路蓝缕、以启山林的精神，完成了《河南大学中国语言文学学科史》一书的编辑写作，为河南大学中国语言文学学科设置百年献上一份厚礼。《学科史》完成后，清源师命我为书作序。我初甚惶恐，以为有翔实可读的《学科史》在，序文反成画蛇添足、佛头着粪之举。但转而思忖：我自恢复高考制度后到河南大学求学，迄今已经40余年。四十余年间，读书于斯，教书于斯，个体生命中的春夏秋冬在斯迁延，个人情感中的喜怒哀乐在斯维系。青春中的最好年华得与文学院共度，学术上的些许收获得与文学院分享。河南大学的中文学科一百年，我与其共同走过将近半数的历程。作为百年学科的受教者、获益者，我还是有话要说，有话想说的。故而不揣简陋，拉杂书之，向百岁生日的河南大学中国语言文学学科，献上心香一炷。

学运关乎国运

中国现代大学，发轫于20世纪初年西学东渐的背景下，发轫于“中华民族到了最危险的时候”的特殊年代。在这个年代，保学、保校、保国、保族问题纠缠一起。国家、民族的命运左右学科、学校的命运，学人、学科的命运，紧紧维系于学校与国家民族的命运。辛亥革命以后的一个多世纪中，我们的国家、民族的发展，多半在颠沛动荡、山雨欲来的紧张匆促的节奏之中，学科、学校发展最需要的闲庭信步、谈玄论道的环境氛围，反成为中国大学的梦想与奢求。这是我读《学科史》最为强烈的感受。在国家民族存亡与现代化的背景下，勉力发展学术，培养人才，书写学科与大学的艰难与辉煌，这是河南大学与国内大学的相同之处。而河南大学地处中国中部，地处中华文明的发源地。中国现代化过程中的中部劣势与中部艰难，河南办学人决策的观念与能力，又使这所中原地区的名校，在走向高水平大学建设的过程，充满着独有的曲折与艰辛。在中国，河南是最具中国底色的省区，河南大学就生长在最具中国底色的省区。其艰难挣扎、命运多舛，而自然成为中国大学成长的一个缩影和代表。

河南大学是中国新旧教育交替嬗递的一个标杆。河南大学明伦校区是河南大学的根，也是河南数所名校的根。明伦校区所在的夷山，是一个有故事的地方，在此建立的河南大学注定成为有故事的大学。明伦校区的第一个故事是：这里的方寸之间浓缩了开封二千年建城史。河南大学的前身——河南留学欧美预备学校在清代河南贡院旧址上建成。清代河南贡院北依宋代开宝寺塔，东靠明代古城墙。东靠的明代城墙曾经历多次黄河水患，目睹过李自成借黄河水灌淹开封惨剧的上演。北依的开宝寺塔俗称铁塔，是鼎盛北宋重要的文化遗存，见证过一千年前世界最大都市的兴盛繁华。宋代铁塔建在战国魏都城夷门山。夷门是信陵君窃符救赵故事的发生地，是开封七朝古都故事的序曲。因此称明伦校区是开封历史的风暴眼，并不过分。明伦校区的第二个故事是：它是中国科举考试终结地，又是河南现代高等教育的萌生地。1900 年庚子事变，北京贡院被毁。1901 年光绪、慈禧回銮北京，路经开封，看到新修的河南贡院，决定把 1903、1904 年的全国会试放在河南贡院进行。1905 年废除科举，河南贡院也便成为中国上千年科举考试的终结地。废除科举 7 年之后，一所名为“河南留学欧美预备学校”的新式学堂在河南贡院的旧址上建立。这所新式学堂 1923 年更名为中州大学，1930 年更名为河南大学。从河南贡院到留学欧美预备学校，是一个新旧转移、进化蝶变的历史过程。河南大学是从上千年传统抡才制度的废墟上，成长起来的一棵中国现代高等教育的大树。

河南贡院到河南留学欧美预备学校新旧教育蝶变的完美，让在铁塔下古城边读书的河大学子过分迷恋。因此一代代河南大学的校史编写者，谈河南大学的创建，总是从河南贡院说起，却很少谈起河南大学与河南大学堂的关系。河南大学堂创建于 1902 年，是“清末新政”的成果。校址选在前营游击署，年招生 200 人。1903 年改为河南高等学堂，1912 年停办。河南大学堂办学旧址现在在河南大学第一附属医院院内，河南大学堂毕业生秉志、傅铜、李敬斋、张鸿烈、王毅斋成为河南大学的重要办学人。河南高等学堂停办后，其剩余办学经费用于另在禹王台举办一所农业专科学校。这所农业专科学校于 1927 年合并到中州大学，成为河南大学的农学院。以上三条理由的支撑，仍不能让校史编写者把河南大学的办学起始点从河南大学堂算起。河南留学欧美预备学校在河南贡院的旧址上办学，新旧蝶变的浪漫与魅力，远远大于将办学起始点提早 10 年的诱惑。河南大学人的学统认同与“轴”的性格，在办学起点的自我的选择中体现得十分充分。如此，一直是 1912 年，而不是 1902 年，被认为是河南大学的建校元年。

河南大学 110 年的办学历史有几个重要节点：一是从 1912 年，河南留学欧美预备学校破土而出，1923 年省立中州大学成立，初设文理两科。1927 年到 1930 年国立第五中山大学筹建、河南大学成立。1942 年在抗战的烽火中国立河南大学命名。这个过程总体上是走上坡路。二是 1948 年中原大学从河南大学中横空逸出，1952 年、1956 年两次院系调整，校史上称为“折枝成林”，这是一个离析多于聚合的时期。河南大学作为一个整体，元气大伤，走了一段下坡路。三是自1984年恢复河南大学校名，经过30余年的爬坡过坎，2008年、2017年进入省部共建和国家一流学科建设行列。这是一段不忘初心、聚集元气、再振名校雄风、重返国家队的过程。在国运与校运桴鼓相应的历史律动中，我们才能更好地把握河南大学中国语言文学学科兴衰起伏的节拍。

河南留学欧美预备学校运行十年，硕果累累。1921年起，河南有识之士又萌生在预校的基础上，筹建大学的想法。恰在1922年，中华教育改进社第一次年会在北京召开。辛亥革命后做过教育部长、时任北大校长的蔡元培，在会上提出《国立大学与省立大学分别设立议》，议案提出：中国大学分为国立与省立两种。"国立大学为全国高深学术之总枢，全设文、理、农、工、医、商，法，美术、音乐各科，并设大学院及观象台，动植物园、历史、美术、科学诸博物院等"，"省立或区立大学，采法国大学区制，以大学为本省或本区各种教育事业之总机关。于特设高等学术机关外，凡本省或本区各种教育事业之计划、布置、监督，均担任之，即以代现有之教育厅"。按蔡元培议案的规划：国立大学设五所，除北京大学、东南大学粗具规模、更求完备外，更于广东设西南大学、成都设西部大学、武汉设中部大学。国立大学的设置如此布局与高格，河南的当务之急只能是积极申报省立大学。为创造申报条件，第一次督豫的冯玉祥，查抄河南督军赵倜家产，充作办学之资。北洋政府在批准河南办学方案时，要求贯以"中州"二字，以示省别。于是，河南第一所大学便以"中州大学"为名，原计划合入政法、农业专科学校，因时间匆促，未及实现。中州大学是继北京大学、南洋大学、北洋大学以后，与武汉大学、兰州大学、清华大学一起，相继走入中国第二批合并改制的大学阵营的高校。河南的大学兴办，醒得早，跟得紧，迈出了关键的第一步。

1923年成立的中州大学，完全依靠河南留学欧美预备学校的班底。北洋政府规定：改大学者，必须至少有两个科（学院）。中州大学便首先设置了文科、理科。据《学科史》记载，文科1923年成立时设国文、哲学两系，冯友兰担任首届文科主任。1924年设教育学系，1925年设历史学系。冯友兰是河南南阳唐河县人，1918年6月毕业于北京大学哲学门，1919年5月考取河南官费留学生，1920年入美国哥伦比亚大学研究院哲学系学习，1923年获博士学位，被中州大学校长张鸿烈聘为文科主任。据蔡仲德《冯友兰先生年谱初编》所引冯氏自述：

> 这时候，河南的教育界也起了变化。原先的留学欧美预备学校升级了，改为河南的省立大学，定名为中州大学。师资缺乏，要靠我们这一批留学生回来补充。我们在回国之前，中州大学都已经同我们取得联系。我被内定为文科主任（相当于后来的文学院长），回到开封以后，就走马到任。

冯友兰走马上任后，对办大学颇有研究，也甚有心得。1925年5月，冯友兰在《现代评论》发表题为《怎样办现在中国的大学》一文。文章认为：中国现在欲谋求学术上的独立，必须做好输入新学术、整理旧学术的工作。输入与整理学术，需要有人才；人才的培养，需要有好的本科大学、好的教员。本科教员的培养途径，一是办研究部，引导教员研究学术；二是办编辑部，编译西洋学术，提升自我学术能力。冯友兰办好现代大学的思想，因为有国内的北京大学、西方的哥伦比亚大学的成功做法为根据，在二十年代的中国，极具针对性。中州大学、河南大学的发展，也基本循此方向。可惜的是，冯友兰发表此文不久，就离开了中州大学，到广东大学、燕京大学任教。冯友兰之后的文学院，至1935年的十年间换了八位院长，其中在学术界较有影响的是杨亮功、李廉方、傅铜、萧一山。

杨亮功是安徽人，毕业于北京大学国文系，1928年在美国取得博士学位后，到中州大学任文科主任。后任安徽大学校长、台湾考试院副院长。李廉方是湖北人，留日学生，在张之洞创办的两湖师范学堂任历史教习，辛亥革命的参与者，到河南后，任教育厅长，1930 年任省立河南大学文学院首任院长兼教育系主任。1933 年傅铜接任。傅铜是河南大学堂学生，公费留学英国、日本，在北大、西北大学任教，出任河南大学文学院院长后，转任安徽大学校长。中华人民共和国成立后任中国科学院哲学学科一级教授。萧一山是江苏人，清史专家，1935 年出任河南大学文学院院长，1938 年离任。

院长更换频繁，与校长更换频繁有关。校长更换频繁，与学校的设置和更名频繁有关。1927 年，冯玉祥再次督军河南，借筹备国立第五中山大学的机会，将河南政法专科学校、河南农业专科学校合并至省立中州大学，设置为中州大学法学院、农学院。1928 年筹建成立医学院。至 1930 年省立河南大学的校名启用时，已经是拥有五大学院的大学，远超教育部规定的"三院九系"的大学设置条件。1930 年前后，也是国内知名学者来河南大学执教数量最多的时期。

1935 年萧一山出任文学院院长后，国文系与历史学系合并为文史学系。萧一山 1938 年离任后，嵇文甫继任文学院院长。嵇文甫北京大学哲学门毕业，与冯友兰同届同门。北京大学哲学门 1918 届毕业生 18 人中，有两位河南籍学生。两位均入选学部委员，都在河南大学发展中写下浓重的一笔。而嵇文甫在河南大学的时间更长，带给河南大学的影响更深远、更长久。

各省省立大学快速发展的同时，国家 1922 年通过的设立国立大学的计划，也在发生变化，即开始考虑大学教育的布局与地区均衡发展。具体的做法就是创造条件，每省设一所国立大学。地方设立国立大学较早的是浙江（1928 年），其次是云南（1938 年），再其次是贵州与河南（1942 年），稍后是安徽（1945 年）。至此，中国基本上实现每省一所国立大学的布局。国立河南大学是河南大学办学历史上的顶峰，它标志着河南大学进入高等教育的国家队行列。

获得国立河南大学称号时，河南大学在流亡办学的途中。1930 年省立河南大学成立，五大学院阵容整齐，踌躇满志跃跃欲试之时，抗日战争爆发。1936 年夏天，张学良为主要办学人的东北大学流亡内地，借河南大学校舍办学半年，然后西迁。1937 年 12 月，在抗日战争全面爆发之后，河南大学也步东北大学后尘，踏上了豫南豫西流亡办学之路。在极其困难的流亡条件下，图书设备受损，师资学生散落，但大学还在，弦歌不辍。晋升国立大学的喜讯，使流亡途中疲于奔命的大学，看到了希望与曙光。在国内所有抗日流亡的大学中，河南大学是少数与日本军队正面遭遇的学校。1944 年在日军围剿的潭头惨案中，师生死伤 20 余人。在侵略者的铁蹄下，寻找一张安静书桌，也需要付出血与生命的代价。

强调“国立”对于河南大学的意义，不仅是强调其办学水平，更重要的是强调其办学境界。在八年贫瘠山区粗茶淡饭供养、铁蹄践踏血雨腥风来袭的生存环境下，河南大学咬紧牙关，昂首挺胸走入国立的行列，创造了办学的辉煌。其不屈的意志、不死的精神，已经化为河南大学百折不挠的精神底色。嵇文甫作词的河南大学校歌诞生在 1940 年，它写出了师生的心声：“嵩岳苍苍，河水泱泱，中原文化悠且长。济济多士，风雨一堂，继往开来扬辉光。四郊多垒，国仇难忘，三民是式，四维允张，猗欤吾校永无疆。”以中原、中华文化继承者自任的“济济多士”，既满怀“国仇难忘”的愤恨，又秉持“继往开来”的志向。“曾经沧海难为水”，既然战争的血腥屠杀不能把大学毁灭，此后所面临的艰难险阻，更可以坦然面对。“猗欤吾校永无疆”，是一种心愿与祝福，也是一种意志与底气。

国立河南大学命名，使河南大学进入教育的国家队行列。之所以看重“国家队”，是因为国立河南大学的桂冠，只保留了十年。在 1952 年的院系调整中，河南大学失去了这一桂冠。直到 2017 年进入国家双一流大学建设，才获得重返国家队的机会。得而复失，失而复得，成为描述百年河大光荣与梦想的关键词。

1942 年进入国立行列的河南大学，在接下来的 20 年里，经历了三次伤筋动骨的拆分，三次拆分的结果是拥有六大学院的国立大学，成为一个只剩下文科院系的开封师范学院。

第一次拆分发生在1948年的解放战争中。1948年6月，中国人民解放军华东野战军攻克开封，然后撤离。与在开封的河南大学师生受国民政府指令迁往苏州的同时，嵇文甫、王毅斋带领河南大学、开封高中部分师生，随解放军到了中共中原局的驻地宝丰县，办起了中原大学。10月下旬，开封第二次解放，中原大学随后迁回开封河南大学校区。1949年8月，中原大学随中原局迁往武汉，在苏州的河南大学被省政府接回开封明伦校区。这次危机，原有的河南大学的师资队伍有了一次深度的分裂与瓦解，其流向分别是台湾、江南和武汉。

第二次拆分是1952年的院系调整。百废待兴的新中国，需要现代化建设人才，大学工程与专业型人才培养数量不足。国家借鉴苏联模式，在每大区保留一所综合性大学的前提下，调整组合若干所单科性学校。在中南区确定保留武汉大学为综合大学之后，拥有六大学院的河南大学，面临的是若干专业学院的拆分独立。在医学院、农学院、行政学院分别独立，经济、财政、建筑等专业调整至中南各校后，河南大学仅剩的文、理学科与撤销的平原师范学院合并，易名为河南师范学院，开封、新乡两地办学。开封为河南师范学院一院，新乡为河南师范学院二院。校史上把这一分崩离析的调整过程称为“折枝为林”，河南大学成为河南若干所大学的根。

第三次拆分是1956年开始，1962年完成的河南师范学院的调整。如果1948年河南大学的危机是因为战争与政权认同带来的，1952年河南大学的危机是国家高校设置政策调整引发的，1956年开始的河南师范学院内部的专业调整则是河南教育工作者缺乏远见卓识的瞎折腾行为。1956年河南师范学院内部开始的调整重点是文理分院：文科专业调到开封，称开封师院；理科专业调往新乡，称新乡师院。方案出台后，教师反对以开封、新乡冠校名，反对文、理科合并调整专业。据闻，当时主持分校事宜的院长是一位学术上很有造诣的学者，为了劝说老师接受分校而治的结果，循循善诱：“大学何必在乎冠名？清华大学以清华园得名，不也照样成为名校？”此类大言，在调整后的开封、新乡两师院渐入颓境后，被讥为欺世笑谈。1960年前后，河南艺术学院、河南体育学院、开封师专并入开封师院。开封师院师范教育的特色愈趋显著。

中文学科在三次危机中有惊无险。在与新乡师院中文专业的合并中，有20余位老师加入开封师院中文系，其中包括华锺彦、于安澜、钱天起等名师。

恢复河南大学校名是在1984年完成的。2014年是恢复河南大学校名30年，我当年曾写过一篇文章，评价恢复河南大学校名的意义：

> 1984年恢复河南大学校名，在河南大学发展史上是一个重要的里程碑。在改革开放大潮刚刚涌动的年代，校名的恢复，对积蓄力量、渴望发展的河南大学来说，是久旱而逢甘霖。恢复校名之后的河南大学，如同千回百转的长江冲出夔门，一路无可阻挡地奔腾向海。当年为恢复河南大学校名而作出努力和贡献的前辈先贤，他们的名字应该和创办河南留学欧美预备学校的林伯襄一样留在河南大学的校史上。
>
> 30年间，河南大学把敬畏与低调植入心底，把骨气与自信融入生命，把迎接挑战、逾越难关、奋力前行作为常态，以积沙成塔、集腋成裘的不懈努力，化小胜为大胜，由量变到质变，赢得了河南大学又一个最为珍贵的黄金发展时期。

化小胜为大胜，由量变到质变的河南大学，需要国家的支持，需要发展的名分。但教育部门一省一校的懒汉思维，使河南大学总是没有走出河南的机会。2012年是河南大学百年校庆的年头，国家启动综合能力提升工程，河南大学是有机会进入其中的。河北、山西省审时度势，在其本省的211工程学校之外，另辟蹊径，给以省名命名的高校一次冲击国家队的机会。而河南的教育官员，在重大机遇面前，又一次表现出缺乏眼界胸怀、不愿积极作为的态度，坚持重复申报河南的211建设高校，将河南大学得天时、行地利的机会付之东流。记得我们当时与教育官员据理为河南大学力争时，这位官员脱口而出："我们现在的申报也没错。"天底下的人都知道"没错"和"更好"是两种有云泥之别的做事境界。以"无错"作底线，只能是错失良机。我们深知：只要这类不明大势与事理的人还在，只要这种鼠目寸光的思维还在，中科大不能落地河南，河南师范学院分割为开封师院、新乡师院的怪剧就会继续在河南上演。在这种背景与心情下，我在纪念河南大学恢复校名三十年的文章中有以下表述：

> 河南大学与中华民族共同经历20世纪的风风雨雨，并在艰难曲折中形成了卓越的品格和成熟的心态。她以人才培养、学术发展、社会服务和文化传承的贡献服务国家、服务人民、服务中原。她根植中原大地，香飘五湖四海，是一所赢得尊敬、值得敬仰的中国名校。不必抱怨河南大学有名气而无名分，河南大学的名分在中华复兴，在中原崛起的伟大事业中。中华复兴不能没有中原复兴，中华崛起不能没有中原崛起。中原复兴、中原崛起不可能没有河南大学的参与。这就是河南大学的价值所在，也正是河南大学的底气所在。不犹豫彷徨，不左顾右盼，脚踏实地，力戒空谈，耕耘今天，收获未来，这才是河南大学发展的康庄大道。

写作这篇文字的2014年，我们希望进入国家一流的建设行列，但不知道机会何在。我们相信天道轮回，机会只会给有准备的人。我们相信坚持自强不息、百折不挠的河大精神，终会有成。2017年国家一流大学一流学科的建设圆了我们重返国家队的梦。有了重返的机会，我们的责任是将河南大学的学科，包括中文学科做得更好。这也是我们回顾历史，纪念中文学科创办 100 年的重要目的。

学术系于学人

学科的基础是学术，而学术的发展，又系于学人。中州大学首任文科主任冯友兰 1925 年提出的依靠教授、发展学术、办好大学的设想，被近百年的办学实践证明是行之有效的方法与路径，并一直为河南大学中文系、文学院所遵循。

河南大学文学院第一代师资，大致是在 1900 年以前出生，接受国内外新式大学教育后来校任教的。他们是冯友兰（1895—1990）、郭绍虞（1893—1984）、董作宾（1895—1963）、嵇文甫（1895—1963）、段凌辰 1900—1948）等。

郭绍虞 1923 年应聘到河南中州大学任教。1934 年再次来到河南大学任教，并担任国文学系主任。董作宾 1923 年经北大教授徐旭生推荐，入北京大学研究院国学门学习，1925 年在中州大学任教。冯友兰、嵇文甫毕业于北京大学哲学门。冯、嵇回到开封后，出版《心声》杂志，成为五四前夕在河南发行的唯一新型刊物，开启河南新刊物的先河。冯 1925 年离开中州大学。嵇最初在开封第一师范任国文教员，1924 年入职中州大学国文系，1927 年到苏联学习。1933 年重新就职于河南大学。

1926 年以后就聘中州大学、省立河南大学的知名学者还有江绍原（1898 年—1983）、刘盼遂（1896—1966）、罗根泽（1900 年—1960）、胡山源（1897—1988）等。这是一个今天看来近于奢华的国文阵营。一代民国知名学者，因为种种机缘，来到河南大学，或惊鸿一瞥，或长期坚守，他们均凭藉自己的学术造诣与学术影响，让河南大学文学院显现一时的辉煌。

冯友兰初任中州大学文科主任时刚刚 28 岁，月薪二百元。这是一份与北京大学教授相差无几的收入。冯友兰除教授“中国哲学”“西方哲学”课程外，关心国内正在进行的“人生观”论战。1924 年，冯友兰把他在曹县中学演讲两周的稿子整理为《一种人生观》，由商务印书馆出版。他以自己的学理，回答了对人生目的、人生价值的思考，参与了张君劢、丁文江的文化论战。冯友兰后又以此题目在中州大学演讲，将国内最前沿学术的信息与思想的种子带进了中原大地。冯友兰中州大学期间在商务印书馆出版了他的博士论文《人生理想之比较研究》，由此获得哥伦比亚大学研究院哲学博士学位。1925 年 4 月，中州大学文艺研究会创刊《文艺》杂志，冯友兰撰写发刊词，宣言“文艺研究会以研究国故及文学为宗旨”，并以“芝生”之名发表译作《赫拉颉利图斯残句》。冯友兰以自己的行为履行了以研究、翻译为手段，提高教师学术水平、扩大学生视野、培育大学风气的主张。

郭绍虞 1924 年到中州大学，缘于顾颉刚的推荐。郭绍虞初到中州大学为副教授，一年后为教授，在中州大学约两年半的时间。郭绍虞是文学研究会的发起人，写作很多新诗。进入中州大学前，曾在福建协和大学任教三年。在中州大学期间，郭绍虞写作的兴趣开始向学术研究方向转移。他在中州大学办的《文艺》刊物上发表《晚周古籀考》《中国文学演化概论》《赋在中国文学史上的位置》等论文，在《小说月报》上发表《中国文学演进之趋势》，在“小说月报社丛刊”中出版《谚语的研究》单行本。郭绍虞 1927 年离开中州大学到武汉中山大学短期任职，很快又被在燕京大学任职的冯友兰推荐任燕京大学国文系教授。郭在燕京大学确立了中国文学批评史的研究方向。1934 年，郭绍虞借燕京大学休假之暇，再次任教河南大学，一度代系主任。这一年，他的《中国文学批评史》上卷出版，并列为教育部“大学丛书”。

五四之后的中国大学，在西风东渐与再造文明的学术背景下，学科分类与构建过程进展迅速。因为大学教学工作的需要，文学史的研究与写作自然成为国文系教授的学术目标。郭绍虞从创作转向文学史研究，再独辟蹊径进入文学批评史研究的经历，显示着五四之后学术分类研究的细化、专业化过程。学术畛域的划分与思想的种子，在大学传播速度极快。1928 年入职河南大学的刘盼遂与次年入职的罗根泽，曾先后在清华国学研究院学习，最初确立的方向是随梁启超研究诸子学。后为获得津贴，罗根泽兼入燕京大学研究院，与冯友兰、郭绍虞有交集。罗根泽在河南大学讲授“诸子概论”“中国文学史”课程。有《战国策作始蒯通考》《邓析子之真伪及年代考》《五言诗起源说评录》在《中州大学周刊》《河南大学文学院季刊》发表。晚年任职南京大学，与郭绍虞同以文学批评史家名世。刘盼遂到中州大学后，教授“说文”“尔雅”等课程。任职期间，《跋王贯山〈说文〉部首表》发表于河南中山大学《励学》杂志，《〈文选〉篇题考误》《〈天问〉校笺》发表于清华《国学论丛》。1929 年秋到北京，任教于北师大、清华，1934 年重回河南大学任教约半年。其间，有《文字音韵学论丛》由北平人文书店出版。晚年就职于北师大，参与全国古籍整理规划工作，与嵇文甫同在哲学组。刘、罗在河南大学任职的时间都不长，但他们的学术成就以及学术路径，对河南大学文学院学术风气的形成，还是具有积极的影响。他们的学术方向的选择与任职去留的选择，都比较随意和有着较大自由空间。这与民国较为松散的大学制度有关，也与自我发展与养家糊口的生存需要有关。

董作宾参与发掘殷墟、研究甲骨文的学术活动，对河南大学的学科建设影响更大。1926 年董作宾被聘为中州大学讲师，教授语言学和史学课程，时约一年半。1928 年中央研究院历史语言研究所成立，董作宾凭着学术敏感，建议史语所主持发掘安阳殷墟，并代表史语所，主持数次小屯发掘工作。随着发掘工作的深入，董作宾在史语所的身份由通讯员，变为编辑员，1932 年为研究员。董作宾 1933 年发表《甲骨文断代研究例》一文，主张将殷墟所藏 200 余年卜辞，依照十个标准，分为五个时期。甲骨文断代学说，大大提高了甲骨文作为历史与语言资料的价值，也奠定了董在甲骨学界的地位。第三次挖掘后，中央研究院与河南省博物馆在发掘权上有争议，中央研究院的工作停止一年。时任史语所所长傅斯年来河南调停。调停的结果是河南大学史学与国文系教授及学生可以参与有关考古工作。此后，教授马非百、张邃青，学生尹达、石璋如等参与了以后的考古发掘的过程。殷墟的发掘，使河南大学师生有机会在家门口参与 20 世纪中国最重要的考古事件，培养出数位考古与甲骨文研究人才，大大夯实了学校文史研究的基础与传统。

段凌辰，河南卫辉人，毕业于武昌高师，1926 年就聘于中州大学。主讲“中国文学史”等课程，专攻《文选》《文心雕龙》与魏晋六朝诗文。有《中国文学概论》等著述，黄侃作序，给予极高评价。段先生随河南大学经历流亡全过程。1945 年 8 月，抗战胜利的消息传到河南大学所在的石羊庙，在师生的欢庆会上，段先生吟诵杜甫的《闻官军收河南河北》诗为大家助兴。

河南大学文学院第一代师资显现辉煌之际，第二代师资已经奔走在学术的途中。第二代师资约在 1905 年前后出生，在 1930 年以后省立河南大学时期入职。其中刘节（1901—1977）、姜亮夫（1902—1995）、高亨（1900—1986）、朱芳圃（1895—1973）均为清华大学国学研究院前三届的毕业生，分别于 1930—1934 年之间来河南大学任教。清华研究院的一代新秀翘楚集中来河南大学任教，使省立河南大学中文学科一时呈现出人才荟萃的局面。

刘节在清华国学研究院与陆侃如、王力、姜亮夫同届。毕业论文为《中国古代哲学之起源》。毕业后到南开大学任讲师，1930 年 8 月到河南大学任文学院教授兼国文系主任。1931 年秋到北京图书馆任金石部主任。曾为《古史辨》第五册写序。中华人民共和国成立后执教中山大学，是历史系四大学者之一。有《刘节文集》传世。“文化大革命”中替老师陈寅恪挨斗的故事，留下一段人间温情。

高亨因东北沦陷而于1933年入职河南大学。在开封期间开始《古今通假会典》的写作，出版《庄子今笺》，撰成《墨子新笺》，启动了终其一生的子学研究。朱芳圃第二次到河南大学任教，即是高亨推荐。高亨1938年8月，受聘于武汉大学。1953年后任山东大学教授。

姜亮夫1934年1月到河南大学教授“文学史论”，成书一册，约七八万言。完成《楚辞校笺》，开始着手对严可均《全上古三代秦汉三国六朝文》的增补之事。所作《古声考》刊于《河南大学学报》，《甲骨吉金篆籀文字统编》一书，由河南大学石印40部。姜亮夫20世纪80年代所写的《自传》中回忆到：“在开封三年。此时我想仿裴松之《三国志注》之例注《宋史》，大量读唐、宋、五代人文集，录了名人生卒，后来又通考唐以前、宋以后名人，成《历代名人年里碑传综表》，交商务印行。”《自传》对开封的读书生活一往情深。姜亮夫1935年底离开河南大学到法国学习。1937年应聘在开封办学的东北大学，不久随东北大学西迁西安。

朱芳圃是这一时段清华研究院毕业生中在河南大学工作时间最长的一位学者。朱先生是湖南人，1926年入清华国学研究院，依当时学制，1927年6月1日毕业。为进一步深造，朱芳圃与刘盼遂、吴其昌、刘节申请留校继续研究一年。毕业典礼后的第二天，王国维自沉昆明湖，众弟子参与治丧。朱芳圃有《述先师王静安先生治学之方法及国学上之贡献》在1927年的《东方杂志》发表。1931年夏，由刘节介绍，到河南大学国文系、历史系任教，开设“文字学”“训诂学”“国学概论”等课程，并与张邃青、马非百等教授参与殷墟考古发掘和甲骨文研究工作，在文学院开设“甲骨学”课程，对文学院学生尹达、石璋如的学术发展有重要影响。1933年出版《甲骨学文字编》，1934年出版《甲骨学商史编》。其间，也曾在湖南大学、东北大学任教，1939年在河南大学流亡办学期间，重回河南大学任教。1951年创办《新史学通讯》（《史学月刊》前身）并题写刊名。1973年病故于湖南株洲。

20世纪30年代省立河南大学时期在文学院任教的知名教授还有缪钺（1904—1978）、卢前（1905—1951）、邵瑞彭（1887—1937）。

缪钺1930年到河南大学任职前，只有北京大学预科的学历和保定私立中学国文教员的任职经历。经人介绍，河南大学校长张广舆破格聘其为文学院教授，讲授“六朝文”“六朝诗”“杜诗”“词选”等课程，利用图书馆，编写讲义，有《鲍明远年谱》在《河南大学文学院季刊》上刊载。1931年夏，缪钺从文学院离职。

卢前是南京人，毕业于东南大学国文系，受老师吴梅的影响，研究曲学。1931年到河南大学任教的当年，其《霜厓曲录》由商务印书馆出版。在开封的三年中，与陈绂卿、邵瑞彭关系最好。陈绂卿是林纾小说翻译的合作者，邵瑞彭通朴学与词章。任职期间，有《散曲选》《清文选》《明清戏曲史》出版。

邵瑞彭，字次公，浙江淳安人。曾为国会众议院议员，1923年因揭露曹锟贿选而名扬天下。1927年受聘北京大学任教授，1931年受聘于河南大学国文系，任系主任。1933年2月，《河南图书馆馆刊》出版，邵题写刊名，自己有文章发表，并约卢前等人撰稿。主编《国学》周刊，编选学生习作《夷门乐府》及辑录之《元明曲萃》。倡组金梁吟社，词集《山禽余响》在开封出版。1937年，年仅50岁的邵瑞彭卒于开封火神庙后街寓所。

1930年以后的省立河南大学时期，清华国学研究院毕业生群体的学术路径偏于国故整理、国学研究。缪钺、卢前、邵瑞彭的所长，则在诗词曲赋研究、欣赏、吟诵、习作方面。师资招聘不拘一格，使之各擅其长，形成了河南大学文学院名师云集的局面。文学院1931年毕业学生于安澜1989年回忆邵瑞彭对他《汉魏六朝韵谱》补佚工作的指点帮助时写道：

余毕业后任教之下学期，因事返校。知交尹达告余曰：“本期新到有邵次公教授，诗词名家，学识渊博，曷往进谒？”即于晚饭后至邵寓，并袖出篇章就正。邵阅毕，鼓励备至，并纵谈当时名家。既而为言师范校课忙碌（时于在信阳师范任教），阅读之暇无多，明年拟北上报考研究生，致力考据，题目尚在考虑中。先生当即提出汉魏六朝时期韵书散佚，应行补之，余深韪其言。

知名教授与向学者的学术传承，可能就是从一节课，一席谈话开始的。而大学所提供的，就是传承的环境和条件。如果说尹达的甲骨文研究、历史研究的学术目标是在参与殷墟发掘过程中形成的，于安澜的汉魏六朝音韵研究计划，就是在邵瑞彭这样的知名教授的耳提面命中，臻于成熟的。尹达、于安澜进入学术研究的过程，标志着河南大学文学院第三代师资力量在形成与发展之中。

河南大学文学院第三代师资大约出生在1910年前后。进入学校任教分别在国立河南大学时期、1949年新河南大学时期、1956年新乡师院中文系并入开封时期。国立时期进入河南大学任教的知名教授有于庚虞（1902—1963）、张长弓（1905—1954）、任访秋（1909—2000）、李嘉言（1911—1967）。新河南大学时期入职的有高文（1908—2000）、李白凤（1914 1978）、万曼（1903—1971），1956年由新乡师院并入的有于安澜（1902—1999）、华锺彦（1906—1988）、刘纪泽（1901—1960）、钱天起（1906—1968）。

第三代师资中，有数位读研究院的时间在30年代初。2020年上半年读《钱玄同日记》，我吃惊地发现《日记》中与河南大学学人有关联的记述甚多。这些关联可以从一个切面看出河南大学学人的学术活跃程度。嵇文甫1928年从苏联归国后，曾在北京大学、清华大学任教。《钱玄同日记》1930年11月11日记："访颉刚，晤嵇文甫（初遇）。"1931年4月21日记："车中适遇嵇文甫，大谈其今古文及两汉问题（因钱玄同、胡适、顾颉刚与钱穆为今古文问题又龃龉也）。"《钱玄同日记》1931年6月14日记在河南大学任国文系主任的刘节事："午后回孔德，晤建功及颉刚。颉刚说，颇有意于再兴末次之今古文论战，刘节必加入，适之将成敌党。"刘节此后不久到北京图书馆任职，成为钱玄同的侄孙女婿。任访秋先生 1929 年到北师大读本科，后又到北京大学读研究院。钱玄同此时是北师大国文系主任，北大研究院教授。《钱玄同日记》1934 年到 1937 年七次记"任访秋来访"的信息。于安澜 1932 年到燕京大学读研究院，继续《汉魏六朝韵谱》的研究，请益于音韵大师。《钱玄同日记》关于于安澜来访有六次记载，《日记》中最初称于海晏（安澜），后直称于安澜，也可知于老以字为名的变化当在此时。钱玄同与董作宾、罗根泽、郭绍虞的来往多见于日记。1933 年 7 月某日记购白寿彝新编成《朱熹辨伪书语》，1934 年 5 月、1936 年 4 月，分别记购朱芳圃之《甲骨学文字编》《甲骨学商史编》之事，并称《商史编》"采集众说而成，似尚简明"。钱玄同 30 年代在北京的学术地位较高，在音韵文字学研究及国语运动推广方面形成了学术"死党"。音韵文字学方面的两位死党，一是赵荫棠，一是孙海波，其人生故事，因为种种原因，与河南大学有所交集。赵荫棠为河南巩义人，1924 年入北京大学研究所，研究中原音韵，甚得钱玄同赏识，《日记》中称赵为"赵老铁"。据钱《日记》记载，赵 1934 年想到河南大学工作，后因校长更换，取消计划。另一位北漂学者敖士英知道赵荫棠不去河南大学后，希望赵能推荐自己去。最终敖士英因傅铜在安徽大学做校长，去了安徽大学。而傅铜是从河南大学堂与河南留学欧美预备学校走出的学者。《钱玄同日记》在记载此事时，附带说明了赵、敖愿意到外地大学求职的一个重要原因："北平所入太少，仅有 120 元。"赵荫棠在中华人民共和国成立后任职于河北师范学院、西北师范学院，1969 年回原籍，1970 年病逝于巩义。孙海波（1911—1972）是河南光山人，1934 年毕业于北师大研究院，抗战时期曾任北师大秘书长，古文字专家。1955 年在辗转数校后，到开封师范学院任职，两年后划为右派，1972 年去世于开封。我们以上故事的穿插讲述，重在通过《钱玄同日记》的阅读，说明河南大学学人在快速成长，河南大学的学术影响力在不断增大。

30 年代在北京读书后来成为河南大学文学院知名教授的还有李嘉言、张长弓。李、张原籍河南。李嘉言 1930 年考入清华文学院国文系，1934 年留校任教，经历了西南联大办学的过程，跟从闻一多研究唐诗，有《贾岛年谱》等著述。1947 年，第一次受聘为河南大学文学院教授。因不愿随学校南迁回到家乡武陟，后到北京。1949 年新河南大学成立后，被河南大学校长请回，1951 年起担任中文系主任多年。有《古诗初探》《岑诗系年》《长江集新校》等多部著作传世。张长弓 1929 年入燕京大学研究院随郭绍虞做中国文学史研究。后在包括燕京大学的若干所学校教书，1942 年入河南大学文学院任副教授，1945 年晋升教授。张长弓早年从事文学创作，入研究院后，治学以中国文学史和河南鼓子曲、坠子书为主攻方向，有《中国文学史新编》《鼓子曲言》等著作。因文学史家段凌辰先生前两年去世，1950 年，李嘉言领衔为新河南大学编写《中国文学史讲授提纲》时，由李嘉言、张长弓、任访秋三人合作完成。其分工是：张长弓负责先秦两汉部分，李嘉言负责魏晋至唐部分，任访秋负责宋元明清及总结部分。

于庚虞先生是新月派的重要诗人，在北京创办过《绿波周报》多种刊物。1935 年到英国伦敦大学研究欧洲文学史，1937 年任河南大学文史系副教授。后到西北师大任教，1945 年重返河南大学。1963 年病逝于开封家中。

高文先生 1926 年考入金陵大学中文系，1934 年入金陵大学国学研究院成为胡小石先生的弟子。曾在西北大学等校任教，1951 年到河南大学。早年从事汉碑研究，有《汉碑集释》著作。晚年继李嘉言之后，引领河南大学《全唐诗》编纂工作。

李白凤先生与于赓虞先生经历近似，是诗人、书法家和文字学家。与柳亚子、田汉交往甚多，有多种诗集问世。1954 年到河南大学任教，继续发表诗作，有《李白凤印谱》《东夷杂考》出版。1978 年在开封家中去世。

万曼先生早年与于赓虞同为绿波社成员。1953 年入职河南大学，主讲

“现代文选”等课程。曾任中文系副主任。有《唐集叙录》《汉唐风物杂考》《白居易传》出版。1971 年病逝于开封。

于安澜先生 1931 年向邵瑞彭请益、1934 年送钱玄同审看的《汉魏六朝韵谱》1936 年由中华书局出版。于先生再接再厉，又接着完成《画论丛刊》的出版。这两部书成为他学术的奠基之作。后又出版《画史丛书》《画品丛书》，成为美术专业的必读书。

华锺彦先生 1929 年入东北大学学习，1931 年九一八事变后转学至北京大学，1933 年毕业于北京大学。早年在河北、北京及东北各校任教，后到平原师范学院，1955 年并入开封师院。华锺彦先生的学术研究从《花间集注》起步，有《戏曲丛谭》《中国历代文选》等著作，晚年倾心于先秦文学研究。喜作诗，善吟诵。有旧体诗作品 2000 余首。2009 年河南大学出版社出版《华锺彦文集》。

刘纪泽先生是江苏盐城人。东南大学国文系毕业后，入清华国学研究院。在暨南大学、安徽大学任教，是我国著名的“目录学”家，著有《目录学概论》《世说新语校注》等著作。1954 年到平原师院任教，后到开封师院。1960 年去世。

钱天起先生是浙江瑞安人。1927 年毕业于武昌中山大学国文系，在上海、山东等地工作，新中国成立后，任平原师院中文系主任。到开封师院后，任院长助理，兼中文系主任、开封师院副院长。编写有《学生国文类书》等著作。钱先生去世于 1968 年。

余生也晚，到河南大学文学院学习已经是 1978 年。20 世纪 80 年代，上述列入第三代的知名教授健在的还有于安澜、任访秋、高文、华锺彦四老。华老 1988 年离世，其他三位老人都在 2000 年前后离世。1978 年前后，任老作系主任，华老、高老作副主任。再以后，在中文系管理岗位的主要是 1956 年的毕业生陈信春、何法周、刘增杰教授。他们成为李嘉言、任访秋先生之后的文学院掌门人，为文学院八十年代以后承前启后的发展，做出了重要的贡献。

河南大学文学院开办以来，未曾举办过研究院。1978 年中文系开始招收研究生，应该相当于设置研究院，有了研究性人员培养的层次。至第一届、第二届毕业研究生张家顺、赵福生、蒋连杰、王立群、康保成、张宝胜、李一平及 77、78 级本科毕业生留校任教，师资得到很大补充。按照 10 年一代的师资年轮，20 世纪 80 年代初，河南大学文学院的师资更替，应该是在第 6 代第 7 代之间了。

进入开封师院时期，学校成为地方性院校，学生招生日趋于地方化。国家人事、户籍制度的管理，及布票、粮票按户口所在地发放，使高校教师队伍的流动变得困难，流动的趋势趋于减缓。以优秀学生留校，补充师资来源，成为师资队伍建设的主要方式。在一个来来往往的流动群体中，区分出师生代际，划分出前浪后浪，也变得十分困难。

好在进入开封师院之前，河南大学文学院办学的“初心”已经形成，围绕办学初心而生的道统、学统也隐然而在。后来者、继踵者，无不审时度势，跟着走，接着讲，行天时、地利、人和之大道。虽然前路漫漫，行走艰难，但意志坚定，阵法不乱。河南大学文学院因此而人才辈出，硕果累累，继续成为国内高校中文教育的重镇。河南大学中文学科 100 年的奋斗历程中，在这里辛勤工作过的每一个人都值得回忆，每一个人都值得尊敬。有了每一个人的努力，每一个人的坚守，每一个人的贡献，我们才有值得骄傲的昨天，才有花团锦簇的今天，才有星光灿烂的明天。

学科强盛之道

回顾河南大学文学院 100 年的办学历史，深感学科强盛之道有三：曰学术引领，曰均衡发展，曰保持优势。

所谓学术引领，就是继承良好的学术研究的传统，提倡思想自由严谨求实的学术精神，营造鼓励学术研究的氛围，形成有利于学术研究的制度。大学是知识传播的地方，更是知识生产的地方。留学欧美预备学校的追求是睁眼看世界，走出国门，拥抱西方，寻求融合中西；中州大学的传统是学术独立，输入新知，整理旧学，力图通贯古今。对天文地理、古今中外问题的探究，成为这所大学的学术传统。在学校、学院任教的大师，无不以研究学术、探究学术为生命的第一需求。冯友兰任河南大学文科主任时所写的《怎样办现在中国的大学》中谈到如何解决“像样大学的教员”问题，设置了两个基本条件：“（一）所请之人，要有继续研究他所学之学问之兴趣与能力，（二）大学要给他继续研究他所学之学问之机会。”100年过去了，冯友兰所说的培养“像样大学的教员”的条件，依然可以成为我们办院的遵循。1982年9月，87岁的冯友兰重返哥伦比亚大学，接受母校名誉文学博士学位，用英语写作了一篇答辞，由女儿钟璞代为宣读。答辞概括了自己从哥伦比亚大学走出60年的治学与思想经历：第一阶段是五四以后来到美国，最先用东西方的地理区域解释文化差别。第二阶段大约在30年代，以古代与近代的历史时代解释文化差别。进入40年代，则以社会类型的不同解释文化差别：

> 在四十年代，我开始不满足于做一个哲学史家，而要做一个哲学家。哲学史家讲的是别人就某些哲学问题所想的，哲学家讲的则是他自己就某些哲学问题所想的。在我的《中国哲学史》里，我说过，近代中国哲学正在创造之中。到四十年代，我就努力使自己成为近代中国哲学的创作者之一。我开始认为，要解释不同文化的矛盾冲突，无论是用地理区域还是用历史时代都不如用社会类型来得令人满意，因为前两种解释不能指出解决的道路而后一种解释正好指出了道路，即产业革命。

在西方大学讲坛和个人学术出发地，袒露自己的学术与情感历程，为中国道路的选择，大胆辩言，冯友兰的学术真诚是值得敬佩的。在哥大期间，冯友兰还有一首诗：

一别贞江六十春，
问江可认再来人？
智山慧海传真火，
愿随前薪作后薪。

读过这首诗的人很多，但读过作者对此诗亲自诠解的人不多。作者在《三松堂自序》中自我解说道：

《庄子·养生主》说：火的燃烧靠燃料。前边的燃料着完了，后边的燃料要赶紧续上去。这样火就可以继续传下去，不会熄灭，“火传也，不知其尽也”。人类几千年积累下来的智慧真是如山如海，像一团真火。这团真火要靠无穷无尽的燃料继续添上去，才能继续传下来。我感觉到，历来的哲学家、诗人、文学家、艺术家和学问家都是用他们的生命作为燃料以传这团真火。唐朝的诗人李贺年轻的时候做诗很苦。他的母亲说：“是儿将呕出心肝来。”其实何止李贺？历来的著作家，凡是有传世著作的，都是呕出心肝，用他们的生命来写作的。照我的经验，做一点带有创作性的东西，最容易觉得累。无论是写一篇文章或者写一幅字，都要集中全部精神才能做得出来。这些东西，可能无关宏旨，但都需要用全副的生命去做，至于传世之作那就更不用说了。李商隐有两句诗：“春蚕到死丝方尽，蜡炬成灰泪始干。”蚕是用它的生命来吐丝的，蜡是用它的生命来发光的。

冯友兰用呕心沥血、以生命写作之类的词语，描述创新知识之难。创新知识固难，传播知识也不易。它同样需要教师站在学科的前沿，对需要传授的知识，追根寻源，抽茧剥丝，条分缕析，知其然知其所以然，才能胜任传播的责任。现代知识的传播，同样需要研究能力、治学能力作为基础。因此，学术研究的能力，是一个“像样大学”教师的基本能力。大学的每一个成员都应以发展学术、传播学术作为自己的职责。一所大学，一个学院，其教师的学术能力越高，其学科的水平越高。

冯友兰办“像样大学”的第二个条件是“大学要给他继续研究他所学之学问之机会”。第二个条件的创造，与国运国力、校运校力有关，与学院的经济支撑条件与价值导向有关。让教师生活得更好、更富足、更有尊严，同样是重要的。夷门有“养士”的传统，把旧时夷门“养士”的传统与现代学术创新的精神结合，也是我们创建一流学科不能回避的话题。

所谓均衡发展，对“像样一点”的高水平大学来说，就是中文专业所设置的七个二级学科，均保持较高的教学与科研水平。中国语言文学专业，是现代大学的科系与课程设置。在书院转大学过程中，中国语言文学虽然由原来的一枝独秀变而为一干众枝的一枝，但却一直是现代综合性大学的主要科目。只要汉语还是中华民族的共同语，中国语言文学学科就必然成为融合中西、沟通古今的重要工具，成为承继传统、实施国民教育的不可或缺的生力军。创建世界一流学科，中国语言文学学科，是离世界一流学科距离最近的学科。

中文学科的骨骼是中国语言与文学。五四是现代文学与古代文学、现代汉语与古代汉语的分水岭。五四文学革命推动文学与语言两个领域的现代化过程，胡适“国语的文学、文学的国语”十字方针，包含着对两者关系的描述。胡适在《〈中国新文学大系·建设理论卷〉导言》中，分两条线索追溯文学革命的背景：一条是曾国藩、梁启超、严复文学变革的线索，一条是王照、劳乃宣拼音文字改革的线索。在文学革命未发生前，它们始终没有合拢。五四文学革命的努力方向，就是促成这二者的合流。

在白话文取代文言文，现代汉语取代古代汉语之后，中国语言文学学科的设置，就更加必不可少。中国语言文学专业课程的学习与训练，至少需要达到三个目标：一是兼知中外。了解中国语言与文学的发展历史及理论，并从比较的角度了解外国语言与文学发展历史及理论。二是贯通古今。获取阅读古文字、文言文，使用古典文献、整理古代典籍的知识和能力。三是出类拔萃。综合提高汉语应用与文学写作的水平，使汉语的使用更加纯正规范，应用写作更加准确得体，文学写作更加优雅富有张力。

河南大学文学院自成立起，其学科建设就呈现出文学与语言兼重、文献整理与现代研究双臻、学术写作与文学写作并行、书案研究与田野考查结合的局面。许多知名教授往往是多领域发展，多途径治学。教授中以文史研究见长的学者居多。文人加学者类型的抑或不少。以 1931 年入职文学院的邵次公教授为例，早年参加包括南社、新南社在内的多个诗社词社，有多种诗词集印行。受聘河南大学后，主编《国学》周刊，组织学生诗社，编选学生习作《夷门乐府》刻印发行，是一位游走于写作与研究之间的教授。华锺彦教授在东北大学、北京大学受到的教育也大同小异。华先生个人传记回忆北大毕业时“文字声韵、经传诸子、诗歌词曲”已“初步会通”，至于“如何取舍，要看从事工作需要决定”。华先生在高校教授古典文学之余，不忘诗词写作。晚年在河南大学为高年级本科生开设“古典诗歌韵律及其作法”专题课，指导旧体诗的写作与吟诵。张长弓教授早年从事小说创作。考取燕京大学后，专攻文学史与河南曲艺研究。到河南大学任职后，到相国寺及南关茶棚与坠子艺人长处深谈，采录坠子唱段及乐曲，写成《鼓子曲言》《河南坠子书》两种著作。以学者的眼光和立场，研究民间艺术，其开拓精神，让人感佩。

中国语言文学学科设置百年有余（2020 年北大中文系庆祝设立 110 年），其二级学科之间具有越来越紧密的学理联接。一个“像样的中文系”需要七个二级学科（设置少数民族语言文学学科的院校有限）的全面建设与发展。在均衡发展的大盘子中，七个二级学科一个也不能少，一个也不能掉队。河南大学文学院具有一级学科博士点、博士后流动站多年，师资的补充又是五湖四海式的招聘，保持各学科点较高水平的均衡发展并非十分困难的事情。

所谓保持优势，就是在学科均衡发展的前提下，形成学术与研究优势。在每个国立综合性大学都有中文系的情况下，我们进入第一方阵是困难的，但作为“像样的大学与像样的学院”，最好的办法是尽量接近第一方阵。做到尽量接近，就必须形成学术界认可的学术与研究优势。所形成的优势点越多，接近第一方阵的相对面积就越大。

河南大学文学院在多年的办学历程中形成了自己的研究优势。让我们先从唐诗的整理说起。李嘉言先生 1956 年在《光明日报》发表“改编全唐诗草案”，得到学术界的支持。1962 年，中文系组建了校订全唐诗工作组。李嘉言、于安澜等七位教师及十几位学生参与其中。1964 年工作组完成《全唐诗首句索引》《全唐诗重出作品综合索引》，交中华书局。1967 年，李嘉言先生去世之后，全唐诗工作由高文先生主持，完成《全唐诗诗句索引》800 余万字。在没有电脑的情况下，《索引》是由 100 多位学生和老师手抄完成的，其艰难可知。80 年代高文先生主编了《唐文选》与《全唐诗简编》，在全国古籍整理学界获得广泛好评。1995 年之后，佟培基先生逐渐接手主持河南大学的《全唐诗》编写，国内学术界情况风云突变。变化的结果是河南大学由第一主编的位置退至第五主编的位置，原来定于中华书局出版的《全唐诗》改由某省级出版社出版。学术领域的丛林法则，在河南大学已进行 20 余年的《全唐诗》的学术工程中上演。担任河南大学承担任务的主编期间，佟培基先生以多病之身强撑危局。至 2015 年《新编全唐诗》初、盛唐部分出版时，与李嘉言先生倡导时的格局，已不可同日而语。李嘉言先生 1964 年交中华书局的《全唐诗首句索引》一直未能出版。中华书局总编徐俊 2020 年写文章，回忆在文学编辑室成长的过程时，有以下一段话：“那个时候没有好的检索工具，还好我们文学编辑室当时存留了河南大学李嘉言先生主持唐诗研究室的时候手抄的一套《全唐诗首句索引》，这又给我提供了一个非常便利的条件。X 老师的《补编》，我每一首都用这个索引查过，核查是否佚诗。”读到此段话时，我心中在流泪。先辈的学术心血，我们未能尽到守护的责任，先辈传下来的学术工程，我们本可以做得更好。其中的教训，何其惨痛！唐诗的整理与研究，仍然是文学院的学科优势，如何将这种优势巩固下来，发扬开去，需要新的一代，有远大的学术理想与本领，在唐诗的整理与研究的路上，走得更好更远。

《文选》研究也是文学院的研究优势领域。《文选》是南朝萧梁时期昭明太子编纂的一部文学总集，梁代之前的文学精华几乎悉数收入。20 世纪中文教育中，《文选》是绕不过的重要典籍。河南大学的《文选》研究大家，最早可以追溯到 1926 年入职的段凌辰教授。学界评段氏《选学》是“戛然独造，文笔斐然，有闻于时”。改革开放以来，《文选》的研究不断升温深入，逐渐成为国际性的学术话题。王立群教授数十年来从事《文选》研究，取得了一批重要成果。《文选》在流传的历史过程中，版本繁多，注家纷纭。围绕《文选》研究所形成的学术问题混乱复杂，莫衷一是。王立群教授以他所承担的国家社科重大招标项目《〈文选〉汇校汇注》为中心，组成了一支中青年专家为主体的优秀团队，致力于《文选》版本搜集、注释、整理、研究工作。《〈文选〉汇校汇注》在继承传统校雠理论与方法的基础上，采用图文结合的全新形式汇校汇注，预计成果 1000 万字。完成后，将极大有利于国内国际《文选》研究的推进。

中国现代文学与近代文学研究的结合也是文学院前辈富有学术眼光的布局。任访秋先生 1940 年到河南大学，先治古典文学，后治现代文学。1964 年可以重新发表论文后，研究龚自珍。李嘉言先生看到任先生的研究成果后，建议任先生专攻近代文学，打通古代与现代。任先生在七十年代后遂将研究重点移到近代。任先生 1981 年在全国率先招收中国近代文学研究生，1982 年中国近代文学学术会议在开封召开。国内高校的学科建构中，近代文学大部分与古代文学学科结合较紧密，河南大学近代文学则植根于中国现当代文学学科。任访秋先生之后，中国现当代文学学科的带头人是刘增杰、刘思谦教授。20 世纪 80 年代初刘增杰教授与王文金、赵明教授的中国解放区文学史研究、刘思谦教授的当代小说研究，90 年代刘增杰教授的 20 世纪中国文学思潮史研究、刘思谦教授的女性文学研究，使河南大学文学院的现当代文学学科在学术界享有盛誉。新世纪以来中国近代、现当代文学研究力量的携手合作，形成了河南大学文学院的学科特色。

明清文学、语言与文字学的研究，也经历了几代人的努力与传承。明清小说研究、戏曲研究、音韵学研究、甲骨文研究、《说文解字》研究、近代汉语研究都曾经是我们的优势，今后还应该成为我们的优势。现代语言学、方言调查与研究、文艺学、比较文学学科，目前都聚集了一批学养深厚的学者。只要齐心聚力，方向明确，方法得当，抓住学科、人才、项目、成果集聚的龙头，都应该成为河南大学文学院的优势学科。七个二级学科的争芳斗艳，才是文学院期待的春天。

历数河南大学的学科优势时，我脑海中还有两个“劳模”式的人物，一个是张振犁教授，一个是梁工教授。张振犁教授早年在北师大读书，随民俗与民间文学大师钟敬文先生治民间文学。到河南大学工作后，把田野调查与案头工作结合，用一生的精力从事中原神话体系建构与研究。在上世纪《中原神话研究》《中原神话论》完成的基础上，2017 年，又以 93 岁的高龄，完成近 200 万字的《中原神话通鉴》，被学术界称为“中原神话的开拓者”。梁工教授本科毕业于北师大，后随南开大学朱维之教授读研究生，专攻《圣经》文学研究。入职以来，心无旁骛，出版十余部著作，发表近 200 篇学术论文，主办《圣经文学研究》刊物十余年，均与《圣经》文学研究有关。张振犁教授、梁工教授这样甘坐冷板凳，做“窄而深”的研究，事一学而终身的“劳模”，和上述立身学术前沿、擅长以学术优势攻城略地的作战“团队”，在文学院的学科建设中，都是值得尊敬和提倡的。

地方院校在教育部的建设与评价体系中是少有发言权的。李伟昉教授在担任文学院院长多年后，跻身教育部中文专业指导委员会，实属不易。这与河南大学文学院中文专业的地位有关，也与他个人出色的学术表现有关。李伟昉教授在四川大学的博士论文《英国哥特小说与中国六朝志怪小说研究》，获得国家2007年度百篇优秀博士论文奖。他本人2018年入选国家万人计划。2020年，河南大学为他成立“莎士比亚研究中心”，相信他领导的比较文学团队会取得更出色的成绩。

在讨论均衡发展时，我们强调七个二级学科的齐头并进；在讨论继续形成学科优势时，我们提倡七个二级学科之间，以及与相关学科间的跨界融合。目前国家正在实施“新文科”建设工程，有人预测新文科建设的中心是弱化学科壁垒，突出问题意识；有人宣布新文科将启动中华人民共和国成立以来的第三次学术转型，重建学科体系，提升文化实力。新文科建设，可能为我们提供一次知识整合、革故鼎新的机会。我们应该有所准备，应该有所作为。我们衷心祝愿文学院在新的学术大潮中，百尺竿头，更进一步。

1978年的3月，在十号楼一楼大堂的走廊的板报栏里，有一首手抄的小诗发表：

在这里什么最动听？
——塔铃伴书声；
在这里什么受推崇？
——无畏地攀登！

小诗的作者是中文系一位知名的教授。刚刚入学的我，被这朴素的诗句所打动。四十余年间，文学院勤奋向学的氛围，大师们耳提面命的教诲，催我努力。但细细想来，心中的力量，又何尝不是源于这首朴素的小诗？这首发表在壁报上的小诗，读者有限，不如冯友兰“智山慧海传真火，愿随前薪作后薪”的诗句，流传广远。但细品两首诗的思想逻辑和内在情感，又何尝不是曲畅旁通？文学院一百年生生不息的密码，也许就蕴藏在两首诗中：

传播知识创新知识，永远是大学的使命所在；

传承学术发展学术，永远是文学院的精神追求。

以此为序，与文学院同道共勉！

（刊于2021年1月《汉语言文学研究》第1期）